사도적 교회개척

신학과 실천과 방향

사도적 교회개척
신학과 실천과 방향

2019년 9월 5일 초판 1쇄 발행
2024년 10월 5일 초판 3쇄 발행

지은이 | 양현표
펴낸이 | 박영호
교정·교열 | 김혜지, 김태림
펴낸곳 | 도서출판 솔로몬

주소 | 서울시 동작구 사당로 143
전화 | 599-1482
팩스 | 592-2104
직영서점 | 596-5225

등록일 | 1990년 7월 31일
등록번호 | 제 16-24호
E-mail | solcp1990@gmail.com

ISBN 978-89-8255-580-0 03230

2019 ⓒ 양현표
Korean Copyright ⓒ 2019
by Solomon Publishing Co., Seoul, Korea

저작권법에 의하여 한국 내에서 보호를 받는 저작물이므로
무단전재와 복제를 금합니다.

사도적 교회개척

신학과 실천과 방향

양현표 지음

솔로몬

차례

서문 • 6
    1장 여는 글 ... 11

1부 교회개척, 그 신학 • 21
    2장 한국교회가 직면한 현실과 교회개척 ... 23
    3장 교회개척의 정의 ... 40
    4장 교회개척의 당위성 ... 54
        교회생명주기 이론 ... 67
    5장 교회개척의 형태 ... 76
    6장 교회개척자의 소명 ... 99
    7장 교회개척자의 동기 ... 115
    8장 교회개척자의 성품과 자질 ... 130

2부 교회개척, 그 실천 • 151
    9장 교회개척 준비(1) ... 153
    10장 교회개척 준비(2)-개인적 준비 ... 162
        목회백서 ... 179
    11장 교회개척 준비(3)-후원그룹 준비 ... 186
        두 직업 목사 ... 207
    12장 교회개척 준비(4)-개척멤버 ... 214
        개척멤버 확보를 위한 관계망 확립 ... 235
        개척멤버 확보를 위한 사람 모으기 ... 239
        개척멤버의 자세 ... 245

13장 교회개척 준비(5)-개척 지역 ... 248
14장 교회개척 준비(6)-모임 장소 ... 257
15장 교회개척 준비(7)-교회 이름 ... 270
16장 교회개척자의 가정과 배우자 ... 276
　　　교회가 개척되는 과정 및 개척자의 역할 ... 287

3부 교회개척, 그 방향 • 291

17장 교회개척 방향(1)-전통 답습에서 창조적 상상력으로 ... 293
18장 교회개척 방향(2)-건물에서 사람으로 ... 296
19장 교회개척 방향(3)-양적 비대에서 공동체적 번식으로 ... 301
　　　작은 교회 목사의 목양: 원리와 방법 ... 305
20장 교회개척 방향(4)-교회중심에서 지역중심으로 ... 311
21장 교회개척 방향(5)-현재에서 미래로 ... 317
22장 교회개척 방향(6)-의존에서 자립으로 ... 321
23장 총결론-교회개척을 위한 제언 ... 324

부록 • 331

24장 교회개척 마스터플랜 샘플 ... 333
25장 한국교회의 대안으로서 교회개척 ... 372
26장 한국교회 개혁을 위한 대안-이머징교회 운동 ... 386

참고문헌 ... 417

서문

　내 인생에 큰 변화를 가져다 준 사건들이 꽤나 많이 있었다. 그 많은 사건들 중에서도 신학대학원을 졸업한 후 강도사고시에 낙방한 사건은 나에게 있어서 정말 중요하고도 의미 있는 사건이었다. 낙방했기에 도피처를 찾아 유학을 떠났고, 그렇게 떠난 유학은 나로 하여금 단독자로서 하나님을 대면하게 만들었고, 이민교회를 개척하게 했으며, 결과적으로 짧지 않은 기간을 이민교회 목회자로 살도록 했다.

　이민자로서, 그리고 이민교회 목회자로서 그렇게 사는 것이 나를 향한 하나님의 모든 계획인줄만 알았었는데, 또 하나의 사건이 찾아왔고 그리고 그 사건은 나로 하여금 이전과는 전혀 다른 삶을 살게 만들었다. 그 사건이 바로 총신대학 신학대학원 교수로 부름 받음이었다. 목사로만 불리던 목회현장을 떠나, 교수로도 불리는 신학교라는 현장에 입문했을 그때의 그 얼떨떨하고 어색한 감정이 지금도 기억에 생생하다. 그런데 세월이 유수라고 하더니만, 교수로 살아온 지도 어느덧 7년째를 맞이하고 있다.

　교수가 되어 지금까지 가르친 주요 과목은 "교회개척과 복음전도"이다. 사실은 이 과목은 오늘날 신학생들에게 인기 없는 과목이다. 신학생들이 교회개척에 큰 관심이 없다는 것을 깨닫기까지는 그리 오랜 시간이 걸리지 않았던 것으로 기억한다. 더군다나 이 과목은 커리큘럼상 3학년들의 필수과목이다. "신학교 3학년"이라는 성숙함과 무거움과 다소간 회의주의적 경향은 "교회개척과 복음전도"라는 이 과목이 왜 3학년들의 필수과목이어야만 하는지를 되묻게 하는 듯 했다.

그렇게 환영받지 못한 "교회개척과 복음전도"라는 과목의 열매가 바로『사도적 교회개척: 신학과 실천과 방향』이라는 본서이다. 나는 본서를 통해, 지난 7년 동안의 강의를 위해 축척된 자료와 정립된 생각들을 정리했다. 사실 강의를 위해 사용되던 자료들이 책으로 발간되었다는 사실에 대해 부끄럽기 그지없다. 먼저는 부족하고 얕은 생각들을 책으로 출간한다는 사실이 부끄럽고, 또한 그나마 그러한 생각들을 표현하는 데 있어서 너무나 어설픈 글솜씨를 동원해야만 한다는 사실이 정말 낯 뜨겁다.

"교회개척"이란 무엇인가? 교회개척은 성경을 기초로 한 "신학"이자 동시에 현장에서 행해져야만 하는 "실천"이다. 교회개척은, 일주간의 금식기도 후에 하나님의 뜻이라고 믿고 믿음으로 밀어붙이는 감성적 신앙 행위라기보다는 오히려 심오한 신학적 기초와 주도면밀한 실천을 필요로 하는 이성적 신앙 행위이다. 그럼에도 불구하고, 그동안 교회개척을 신학과 실천으로 접근하는 책들이 없음이 상당히 아쉬웠다. 물론 교회개척과 관련하여 여러 책들이 있음을 알고 있다. 그런데, 교회개척과 관련된 그 많은 책들이 대체로 교회개척 간증집 정도이며, 실용주의에 근거한 서구의 교회개척 방법론을 그대로 소개하는 정도의 책들이었음 또한 사실이다.

본서는 크게 세 부분으로 구성되어 있다. 제1부에서는 사도적 교회개척에 관한 신학을 다루었다. 교회개척은 분명한 신학적 토대가 필요하기에 성경으로 돌아가 교회개척 신학을 찾았다. 제2부에서는 사도적 교회개척에 관한 방법론을 다루었다. 교회개척은 이론을 실행하는 실천이므로 방법론이 필요하며, 그 방법론은 교회개척 현장과 밀접한 관련이 있다. 더군다나 직면한 그 현장은 대한민국이다. 이것은 단지 서구의 방법론을 그대로 이식하는 것만으로는 충분하지 않음을 시사한다. 그렇기에 본서는 대한민국이라는 현장에 맞는 방법론을 찾았다. 마지막 제3부에서는 사도적 교회개척을 위한 새로운 방향을 제시하였다. 사도적 교회개척은 당면한 그 시대 속에서 살아남아야만 하는 교회개척이다. 여전히 이전 시대의 교회개척 패러다임에 고착되어 있다면 성공할 수 없다. 그렇기에 포스트모더니즘과 제4차 산업혁명이 정신과 문물을 지배하는 21세기에 적실성을 갖는 패러다임을 찾았다. 이러한 구성과 내용을 고려해볼 때, 본서는 지금까지의 교회개척과 관련된 책들과는 차별화될 수 있으리라고 본다.

『사도적 교회개척: 신학과 실천과 방향』을 출간하기까지는 큰 용기가 필요했음을 고백한다. 그 큰 용기는 주변의 많은 분들의 격려와 소통을 통해 내게 주어졌다. 그 많은 분들을 어찌 다 열거할 수 있으리오마는 그러나 단 몇 사람만에게라도 이 서문을 통해 감사의 말을 전달하고 싶다.

먼저 나의 부모님 양경용 목사님 부부께 한없는 감사를 드린다. 내가 초등학교 시절 양목사님은 서울 어느 변두리의 쓰레기장으로 사용되던 공터 위에 천막을 치고 교회를 개척하셨다. 그리고 그때부터 시작된 개척교회 목사 아들로서의 경험은, 오늘 내가 교회개척학을 강의하고, 나아가 이 책을 쓰는데 있어서 결정적인 자신감과 확신을 가져다주는 최고의 자원이다. 두 분은 내 생명의 근원임은 당연하거니와, 오늘 내가 나 되는데 있어서의 결정적인 원인이기도 하다. 이제 90세를 눈앞에 두고 계신 양목사님 부부의 건강과 안위를 위해 진심으로 기도한다.

이 책이 나오기까지, 지난 7년 동안의 약 2,500여 명의 제자들에게 감사를 전하지 않을 수 없다. 정녕 그들이 없었다면 교회개척을 연구하지도, 고민하지도 않았을 것임이 분명하다. 나를 바라보는 제자들의 표정은, 그리고 그들이 던진 몇 개의 질문들은 내 생각을 성숙시켰고, 나로 하여금 더 공부하게 만들었다. 제자들은 나의 최고의 멘토들이었다. 주변의 동료 교수들께도 감사의 말을 전하고 싶다. 나이 들어 뒤늦게 교수된 용기 없고 미숙한 나에게 끊임없는 조언과 격려와 우정을 나누어준 김, 박, 이, 정 등 많은 교수들께 진심으로 감사를 드린다. 책의 출판을 위해 원고정리와 교정, 그리고 출판사를 오가면서까지 헌신적으로 도와준 김혜지 전도사께 어떻게 감사해야 할지 모르겠다. 또한, 미천한 내용임에도 출판을 자원해주신 솔로몬 박영호 장로님께 감사를 드린다.

마지막으로, 내 가족들을 언급하지 않을 수 없다. 아내(봉실), 자녀들(효천, 효은과 준섭, 효경), 그리고 손녀 딸(이나)! 이들은 내가 지금까지 살아온 중요한 이유이요, 앞으로도 사는 목적 중의 하나일 것이다. 이들을 나에게 선물로 주신 우리 하나님께 감사하지 않을 수 없다. 이들이 있었기에 이 책을 쓸 수 있었다. 특별히 책을 쓰라는 아내 봉실이의 격려와 압박(?)이 없었다면, 결코 이 책은 세상에 나오지 못했음이 확실하다. 나의 가족들에게 이 책을 바친다. 고맙고 사랑한다.

아무쪼록 이 책이 교회개척을 준비하는 누군가엔가 유용하게 사용될 수 있기를 소망해본다. 소명을 받은 누군가에게 도전을 주는 책이 될 수 있기를 꿈꿔본다. 하나님께 모든 영광을 돌린다.

2019년 8월 1일
시카고를 향한 비행기 안에서,
졸작의 출간을 부끄러워하는 마음으로…

양현표

1
여는 글

본서는 "사도적 교회개척"의 이론과 실천을 논의하기 위한 목적으로 써졌다. 따라서 사도적 교회개척의 개념은 기회가 되는대로 본서에서 반복될 것이다. 사도적 교회개척이라 함은 사도들이 사용했던 교회개척 원리와 방법을 이 시대에 활용하여 교회를 개척하는 것을 의미한다. 물론 우리가 "사도"가 될 수는 없다. 그러나 "사도적"은 될 수 있다. 사도를 본받고 그들을 흉내 낼 수는 있다는 의미이다. 지상에서의 교회개척을 위해 최초로 사용된 사도들이 보여준 교회개척 원리와 방법은 오늘 우리가 활용하기에 충분하다 확신한다.

사도들이 사용한 교회개척 원리와 방법은 마태복음 28장에 기록된 지상대명령에 담겨져 있다. 지상대명령의 핵심은 "가서 제자를 삼는 것"이다. 제자들은 단지 이 지상대명령을 순종했을 뿐이다. 그래서 가서 제자를 삼았을 뿐이다. 그런데 그 결과가 교회이었다. 페인J. D. Payne이 말한 바와 같이 성경 어디에도 교회더러 교회를 개척하라는 명령은 나타나지 않는다. 그러한 성경 구절은 없다.[1] 오직 "가서 제자를 삼으라"는 지상대명령이 있을 뿐이다. 사도들은 이 명령에 순종하여 제자 삼는 일에 열중했을 뿐이다. 그리고 그것이 그들이 사용한 교회개척 원리요 방법이었다.

---

[1] J. D. Payne, *Apostolic Church Planting: Birthing New Churches from New Believers*, (Downers Grove: IVP, 2015), 17.

사도들의 교회개척은 "한 영혼에 대한 집착과 그 영혼을 찾아감"으로 이루어졌다. 그렇기에 사도들의 교회개척은 다름 아닌 "복음전도를 통한 교회개척"이라고 말할 수 있다. 사도들의 교회개척은 언제나 사람들이 있는 그곳을 찾아감으로 시작되었다. 사도들의 교회개척은 정해진 한 장소로 사람들이 모이기를 기다리고 있는, 혹은 사람들을 그곳으로 끌어 모으는 것이 아니었다. 사도들의 교회개척은 언제나 사람들이 있는 그곳으로 직접 찾아가서, 그 사람들이 바로 교회가 되도록 하는 것이었다. 그렇기에 사도들의 교회개척은 결코 건물 중심이나 장소 중심이 아니라 사람 중심이었다. 이것이 본서에서 거듭해서 주장되는 사도적 교회개척의 핵심 원리이다. 이것을 다르게 표현한다면, "성육신적 교회개척" 혹은 "선교적 교회개척"이라고도 할 수 있을 것이다.

오늘날 한국의 전통적인 교회개척은 사도적 교회개척과는 상반되는 점이 많다. 한국의 교회개척은 대체로 장소 중심이고 건물 중심이고 기신자(旣信者) 중심이다. 교회당을 먼저 정하고 그 교회당을 채우는 것이 한국의 전통적인 교회개척이다. 당연히 그 공간에 채워질 암묵적인 주 대상은 기신자들이다. 이러한 한국적 교회개척 방법은 70년대부터 시작하여 약 30여 년 동안 통했었다. 그러나 이 방법의 유효성이 이제는 사라졌다. 왜냐하면 이 방법은 성경적 교회개척 방법이 아니기 때문이다. 다만 한국의 상황과 맞물려 잠깐 동안 효과가 있었던 것뿐이다. 그리고 이 방법은 성장주의, 개교회주의, 교회 파산 등의 여러 문제점을 야기했으며, 결과적으로는 오늘날의 열악한 교회 생태계를 만들어 냈을 뿐이다. 성경적 방법이 아닌 방법도 때로는 단기적으로 효과가 있고 유용해 보일 수 있다. 그러나 분명한 사실은 성경적이 아닌 모든 방법은 일시적인 붐Boom은 일으키지만 많은 후유증만을 남긴다는 것이다.

한국교회 교회개척이 사도적 교회개척으로 돌아가야만 한다. 본서는 사도적 교회개척의 신학과 실천을 드러내는 것을 목표로 한다. 필자는 본서에서 사도적 교회개척의 성경적 근거와 그 당위성을 논의하려고 한다. 그리고 교회개척이 복음전도와 하나님 나라의 확장에 있어서 어떤 역할을 하는지를 논하려고 한다. 또한 교회개척자에 관하여 말하려고 한다. 교회개척자가 갖추기를 노력해야 하는 성품, 영성, 소명, 열정, 비전, 목회철학 등을 말하려고 한다. 그리고 궁극적으로 21세기 한국적 상황 속에서 다양한 형태의 교회개척 전략과 과정을 소개하려고 한다.

개척교회란 어떤 교회를 의미하는가? 일반적으로 두 가지 차원에서 접근하는 경향이 있다. 첫째는 양적인 차원에서 접근한다. 사람들은 교인들의 숫자가 적으면 개척교회라고 부른다. 두 번째는 시간적인 차원에서 접근한다. 사람들은 교회가 세워진 역사가 짧으면 개척교회라고 부른다. 그러나 이러한 일반적인 접근에 의한 정의가 개척교회의 진정한 의미라고 보기는 어렵다.

본서에서는 개척교회를 정의할 때 스피릿Spirit 차원에서 접근한다. 즉, 개척교회 스피릿이 있는 교회가 개척교회라는 것이다. 아무리 교인수가 적고, 아무리 교회 역사가 짧다 하더라도, 그 교회에 개척교회 정신이 없다면 그 교회는 단지 미자립교회일 뿐이지 개척교회는 아니다. 반대로 교인수가 100여 명이 넘어갔더라도, 혹은 교회 역사가 10년이 되었더라도 그 교회에 개척교회 스피릿이 존재한다면 그 교회는 여전히 개척교회이다.

그렇다면 개척교회 스피릿이란 어떤 것인가? 개척교회 스피릿은 마치 아이를 출산한 가정의 가족들이 갖는 정신이라 하겠다. 아이를 낳은 부모들의 정신과 자세는 남다르다. 생명이 잉태된 가정에는 활기가 넘치고, 아이를 길러내야만 한다는 굳건한 의지가 있다. 필자는 세 명의 자녀를 두었는데, 그중의 막내는 둘째와 10년이 넘게 차이가 나는 늦둥이 아들이다. 필자는 이 늦둥이가 태어났을 때의 집안 분위기를 아직도 생생하게 기억한다. 필자로부터 시작하여 당시에 이미 십대에 들어간 아들과 딸의 태도가 확실히 달라졌다. 하나의 새 생명이 집안 분위기를 활기차고 창조적으로 바꾸었음을 경험했다.

  개척교회 스피릿이 이와 비슷하다. 교회가 꿈틀꿈틀 하는 분위기, 뭔가 좋은 일이 일어날 것 같은 분위기, 의욕과 가능성과 결의가 넘치는 분위기, 할 수 있다고 믿고 도전과 행동하는 것을 두려워하지 않는 분위기, 그것이 개척교회 스피릿이다. 이러한 개척교회 스피릿을 팀 켈러 Timothy Keller의 표현대로 한다면 "운동역동성"Movement Dynamic[2]이라고 할 수 있다. 켈러는 말하기를 살아 있는 모든 조직은 두 가지 특징적 요소를 갖고 있는데 하나는 "제도적 특성"이요 다른 하나는 "운동역동성"이라고 했다. 이 두 요소의 결합에 의하여 그 조직체의 성격이 결정된다는 것이다.

  여기서 "제도적 특성"은 규칙과 정책과 전통, 도덕적 의무, 권위에 대한 순종, 질서 등을 특징으로 한다. 따라서 제도적 특성이 강한 조직체에서는 정착되고 안정된 행동 패턴이 존재하고, 그 패턴에 의해서 조직체가 유지되는 특성이 나타난다. 소위 말해 전통적인 교회에서 나타나는 특징이라 하겠다. 반면 "운동역동성"은 매력적이고 생생하고 분명하고 단순하고 강력한 비전, 그 비전을 위한 자발적 희생과 헌신, 목표를 성취하기 위한 유연성, 창조적 아이디어와 방법 등을 특징으로 한다. 따라서 운동역동성이 우세한 조직체에서는 창조적이고 도전적이며, 그 활력에 의해서 조직체가 유지되는 특성이 나타난다. 이제 막 시작된 조직체, 특별히 이제 막 개척된 교회에서 볼 수 있는 특징이라 하겠다.

  개척교회는 운동역동성이 강한 교회이다. 즉 개척교회다운 스피릿이 존재하고 그 스피릿에 의해 움직이는 교회가 개척교회이다. 유능한 목회자는 자신의 목회 현장에서 이 스피릿을 보다 오랫동안 유지하도록

---

2. Timothy Keller, *Center Church: Doing Balanced, Gospel-Centered Ministry in Your City*; 오종향 역, 『팀 켈러의 센터처치』 (서울: 두란노, 2016), 709. "조직은 제도적 성격과 운동 역동성을 모두 가지고 있어야 한다." Keller, 『팀 켈러의 센터처치』, 711.

한다. 아직 개척교회 스피릿이 유지되는 교회의 목사가 보이는 가장 큰 특징은 말이 많다는 것이다. 그에게 있어서 개척 목회 현장의 모든 것이 하나님의 은혜요, 역사요, 생생한 간증거리이다. 그는 비전에 사로잡혀 있고, 가능성에 사로잡혀 있다. 영적으로 흥분되어 있다. 그러니 말이 많아질 수밖에 없다.

하지만 이러한 스피릿을 유지시키기가 쉽지만은 않다. 일반적으로 교회가 설립된 이후 3년이 지나면 개척교회 스피릿이 사라지는 것이 보통이다. 간혹 설립된 이후 5년까지도 유지될 수도 있지만 대개는 3년 안팎에 스피릿이 소실되고 만다. 개척교회 스피릿이 사라진 교회는 그 규모와 상관없이, 그 역사와 상관없이 개척교회라기보다는 단지 미자립교회라 할 수 있다.

본서는 몇 가지 전제 위에서 쓰여졌다. 필자는 본서의 전제들을 독자들이 잘 이해할 수 있기를 진심으로 소망한다. 왜냐하면 그 전제를 이해하지 못하면 본서의 내용이 이해되지 않을 수도 있기 때문이며, 나아가 일부 내용에 대해 오해할 소지도 있기 때문이다. 물론 본서의 전제 자체가 잘못되었다고 비판하는 독자들도 있을 수 있다. 그러한 비판은 당연히 독자들의 몫이자 권리라고 믿기에 존중하는 바이다. 그럼에도 불구하고 필자는 정통 개혁신학을 공부한 사람으로서, 실제로 교회를 개척하여 다년간 목회한 사람으로서, 그리고 이 영역의 전공자로서 본서의 전제로 제시한 다음 몇 가지가 성경적으로, 신학적으로, 그리고 역사적으로 틀리지 않았다고 확신하는 바이다.

첫 번째 전제는 용어와 관련된 전제이다. 본서에서는 "복음전도"Evangelism, "교회개척"Church Planting, 그리고 "교회성장"Church Growth이란 용어를 동의어로 간주한다. 실제로 이러한 용어들은 하나님 나라 확장이라는 한 현상을 각기 다른 차원에 바라본 것뿐이다. 따라서 본서에서 주로 교회개척이라는 용어를 사용하겠지만 그러나 그

의미는 복음전도라는 의미이기도 하고 교회성장이란 의미이기도 하다.

두 번째 전제는 신학적인 면의 전제인데, "교회개척은 이 땅에 교회를 존재하도록 하는 하나님의 전략"이라는 전제이다. 이 전제는 "교회개척의 당위성"을 논하는 부분에서 보다 세밀하게 논의하게 될 것이며, 이 책 전체를 통하여 자주 반복되는 주제이기도 하다. "출산"은 이 땅의 모든 생명체가 자신의 종족을 유지하는 방법으로써 하나님께서 정하신 창조 법칙이다. 교회도 생명체로서 교회가 이 땅에 유지되기 위해서는 출산을 해야만 한다. 새로운 교회의 출현만이 지상교회가 주님 오실 때까지 이 땅에 편만하게 존재하게 하는 유일한 방법이다. 왜냐하면 영원히 존재하는 지상교회는 없기 때문이다. 물론 우주적 교회(불가시적 교회, 천상교회)는 주님 다시 오실 때까지 더욱 왕성해질 것이다. 그러나 지역 교회(가시적 교회, 지상교회)는 언젠가 그 생명을 다하면 사라진다. 이와 같은 사실은 성경이, 교회 역사가, 그리고 지금의 현장이 충분히 증명하고 있다. 그렇기에 지상교회가 이 땅에서 번성하기 위해서는 개척교회가 계속 출생되어야만 한다.

세 번째 전제는 현실적 측면의 전제인데, 이 책은 소위 말해 "보통 목사"들을 위해 써졌다는 전제이다. 이 책은 이 땅의 대부분의 교회를 차지하고 있는 "작은 교회" 목사들을 염두에 두고 쓰였다. 필자는 작은 교회를 "한 목사의 '목양 능력'이 지켜지는 교회"라고 정의한다. 여기서 "목양 능력"이란 예수님께서 요한복음 10장 14절에서 말씀하신 "나는 내 양을 알고 양도 나를 아는" 정도의 능력을 의미한다. 이 능력을 수치로 말하면, 한 목사의 목양 능력은 일반적으로 100가정(최대 400명)까지라고 생각한다. 와슨David Watson은 "작은 모임의 가치는 무궁무진하다"[3]라고 말하면서 "한 사람의 지도자(교구 목사나 담임목사) 혼자서는

---

3. David Watson, *I believe in Evangelism*; 박영호 역, 『복음전도』(서울: 기독교문서선교회, 1980), 156.

결코 최대로 해야 150명 내지 170명을 목회할 수 없다"⁴라고 주장했다. 유진 피터슨 역시 진정한 목회와 목양을 위한 섬김 공동체는 장년 규모 250여 명이라고 했다.

이 땅의 목사들은 "목양"과 "목회"의 차이점을 인식해야 한다. 목양은 목양 능력 안에서만 가능하다. 목사가 자신의 목양 능력을 넘어서게 되면 당연히 목양은 사라지고 목회만 남는다. 그런데 많은 목사들이 양 떼를 목양하는 목사보다는 교회를 운영하는 목회자가 되기를 원한다. 그것도 가능하면 빠른 시간 안에 목사를 벗어나 목회자가 되기를 원한다. 세상은 목사를 벗어나 목회자가 되는 기간이 짧을수록 유능한 목사로 간주한다. 참으로 비성경적이고 어리석은 세태라 할 수 있다. 벡스터Richard Baxter는 그의 저서 『참된 목자』에서 "목양의 본질"을 말하면서, 목사들에게 자신의 능력에 맞게 양 떼를 맡으라고 조언했다. 그는 "우리가 양 떼를 감독해야 한다는 말 속에는 양 떼의 크기가 우리의 능력을 넘어설 만큼 커져서는 안 된다는 뜻을 내포하고 있다"라고 하면서 "하나님께서 감독 한 사람에게 한 지역 전체를 책임지라고 하시거나 누가 누구인지 알 수도 없을 정도로 많은 교구나 수천 명의 영혼을 맡기시겠는가?"⁵라고 질문하고 있다.

모든 목사가 대형교회의 목사가 될 수 없다. 그것은 하나님의 계획이 아니다. 신학교 교수로서 발견한 놀라운 사실은 거의 대부분의 신학생들이 중대형교회 목회자가 되는 것을 목표로 삼고 있다는 것이다. 세속적 엘리트 의식으로 무장되어 있는 신학생들을 만나는 것은 그리 어렵지 않다. 현실적으로 50% 이상의 교회가 미자립교회이다.⁶ 따라서 중

---

4. Watson, 『복음전도』, 157.
5. Richird Baxter, *The Reformed Pastor*, 고신석 역, 『참된 목자: 현대인을 위한』 (서울: 프리셉트, 2011), 83.
6. 한국의 대표적 거대 교단 중의 하나인 대한예수교장로회 합동 측 교회의 42%가 미자립 상태라는 조사 결과가 나왔다. 2018년 기준, 교단 소속 1만 1,414개 교회 중 설문에 응답한 8,637곳의 자립 현황을 분류한 결과, 미자립교회(연간 예산 3,500만 원 이하)가 3,690

대형교회 담임목사가 되는 것을 꿈꾸는 모든 목사 후보생들의 꿈은 결코 이루어질 수 없다. 도리어 대형교회 목사가 되는 것이 예외적이며 특별한 경우이다. 이 땅의 대부분의 목사들은 작은 교회의 목사들이며, 대부분의 목사 후보생들은 작은 교회 목사가 될 것이다. 이 책은 이렇게 작은 교회 목사들을 염두에 두고 써졌다. 이 책을 읽는 모든 독자들이 작지만 강한 교회, 즉 "강소교회" 목사이며, 그러한 교회 목사가 될 것이라는 전제 위에서 본서가 저술되었다.

네 번째 전제는 "교회개척은 모든 목회 형태의 기본이다"라는 전제이다. 즉, 교회개척자로 준비된 자는 어떤 목회 상황 속에서도 최소한 살아남을 수 있다는 전제이다. 교회개척은 그 정의상 영혼을 구원하여 제자로 삼아가는 과정이다. 영혼을 구원하여 제자로 삼아가야 한다는 지상대명령은 모든 소명을 받은 자들에게 주어진 절대적 과업이다. 많은 사람들이 교회개척을 "사명의 영역"으로 간주하는 실수를 범한다. 즉, 교회개척을 소명 받은 자가 선택할 수 있는 많은 목회 영역 중에 단지 한 영역으로 간주하는 것이다. 그렇기에 "나는 교회개척은 안 한다"라는 말을 할 수 있는 것이다.

그러나 교회개척은 사명이 아니라 소명 그 자체이다. 하나님의 부르심을 받은 자들은 영혼을 구원하여 제자로 삼기 위해서 부름 받았다. 이 땅에서 목사가 어떤 목회 사역을 감당하더라도 그 사역의 결과로 제자가 만들어지지 않는다면, 그 사역은 비즈니스는 될 수 있지만 목양이나 목회는 될 수 없다. 소명의 목적은 다름이 아닌 교회개척이다. 청빙을 받은 많은 목사들이 그 교회에서 어려움을 겪는다. 필자는 그 이유를 그들이 교회개척자로 훈련되지 않았기 때문이라고 본다. 한 영혼의 소중함을 경험해보지 못했기에 영혼을 목양하는 데 있어서 실수하게 되고, 그로 말미암아 결국은 큰 어려움을 겪는다고 본다. 목양이 전제

개로 42.7%를 차지했다. "교회 42%가 예산 3500만 원 미만 '미자립'," 「뉴스앤조이」 (2018.9.13.), http://www.newsnjoy.or.kr/news/articleView.html?idxno=219807.

되지 않는 목회는 실패할 수밖에 없다. 교회개척은 진정한 목양과 목회이다. 따라서 교회개척에 준비가 되고 훈련이 된 목사는 어떤 목회 현장에서도 적용할 수 있다.

이 책은 이러한 전제 위에서 쓰였다. 따라서 이 책을 접하는 독자들 가운데에, 혹시라도 "교회개척"이라는 말에 조금이라도 거부감이 있다면, 그렇다면 "교회개척"이라는 단어를 "목회"라는 단어로 바꾸어 읽기를 제안한다. 분명 이 책이 그분들에게는 목회학 책으로 매우 유용한 책이 될 것으로 확신한다.

마지막 전제는 본서는 하나님의 주권과 인간의 책임 사이에서 인간의 책임을 강조하는 측면에서 쓰였다는 전제이다. 목회를 하는 과정에는 하나님의 영역과 인간의 영역이 공존한다. 물론 인간의 영역 모두도 하나님의 주권과 섭리가 일어나는 영역임은 당연하다. 우리는 하나님의 절대 주권을 인정한다. 하나님께서 그분의 의지대로 행하신다. 하나님께서는 당신의 일을 당신의 방법대로 영원토록 행하실 것이다. 그런데 그렇다 하여 인간의 영역, 즉 인간의 책임과 역할이 사라지는 것은 아니다. 하나님께서는 우리를 기계로 만들지 않으셨다. 어떤 자들은 목회는 하나님이 하신다고 말한다. 목회는 무릎으로 하는 것이라고 말한다. 옳은 말이다. 그러나 이러한 말은 자칫하면 하나님을 마술쟁이로 만들 위험성이 있다.

이 책은 하나님의 주권과 섭리보다는 인간의 책임과 자세에 관심을 둔 책이다. 예를 들어, 두 명의 교회개척자가 같은 문화권, 같은 지역, 같은 시기에 교회를 개척했다. 그런데 한 명은 교회개척에 성공했지만 한 명은 성공하지 못했다. 왜인가? 그들의 하나님이 달라서인가? 그들의 기도가 부족했기 때문인가? 아니다. 그들의 하나님도 같은 하나님이시고 그들이 직면한 조건도 동일하다. 또한 그들의 기도가 부족하지도 않다. 정상적이라면 교회를 개척해 놓고 기도하지 않을 목사가 없을 것이다. 문제는 사람이 다르다는 것이다. 그들의 자세가 다르다. 일하는 방법이 다르고 사물에 대한 접근자세가 다르다. 모든 상황이 동일하지만 결국 사람이 다르다. 그래서 결과도 다르다. 이 책은 인간이 해야 할 일에 초점을 맞춘 책이다.

　이상의 전제들 하에서 교회개척의 성경적 근거와 실제적 요소들을 다루려고 한다. 특별히 교회개척자가 어떤 사람이어야만 하는지를 이해하게 하는 데 중점을 두려고 한다. 성경적이고 건강한 중소형교회들의 출현만이 한국교회의 미래임을 확신하고 그러한 교회개척을 위한 신학과 실천을 정립하는 것을 목적으로 본서가 쓰였다. 이 책은 크게 세 부분으로 나뉘어져 있다. 첫 번째 부분은 교회개척론, 즉 사도적 교회개척에 관한 신학적 이론을 다룬 부분이다. 두 번째 부분은 실제 사도적 교회개척의 방법론을 다루는 부분이다. 한국적 상황 속에서 교회개척 준비와 전략을 다루었다. 그리고 세 번째 부분은 21세기의 교회개척 방향을 논하는 부분이다. 패러다임 전환의 필요성과 교회개척 방향에 있어서의 창의성을 강조하는 부분이다. 그리고 마지막으로 필자가 교회개척과 관련하여 작성한 여러 글들을 참고로 포함시켰다. 아무쪼록 독자들이 이 책을 통하여 교회개척에 대한 새로운 관점과 신학과 방법론을 장착할 수 있기를 소망하는 바이다.

1부
교회개척, 그 신학

Church Planting, The Theology

2
한국교회가 직면한 현실과 교회개척[7]

사람들은 한국교회가 어려움에 직면했다고, 아니 이미 어려움 속에 빠져들었다고들 말한다. 오늘날 한국교회의 미래가 밝다는 주장을 들어보기 힘들다. 비교적 최근에 출간된 한국교회에 관한 몇 권의 저술들만을 훑어봐도 한국교회의 부정적 현실을 쉽게 파악할 수 있다.[8]

박영돈은 그의 저서 『일그러진 한국교회의 얼굴』에서, 한국교회가 대형화를 추구하는 성장주의에 빠졌다고 전제하고, "우리 교회에 [성장주의를 극복할 만한] 성경적인 교회관이나 목회철학이 부재했을 뿐 아니라, 한국교회의 미래를 내다보고 대비하는 예언자적인 혜안도 없었기에 오늘 한국교회가 이 지경이 되고 말았다"[9]라고 말한다. 양희송은 그의 저서 『다시, 프로테스탄트』에서, 한국교회를 "거대한 몸통, 작

---

7. 본장은 필자의 논문 "한국교회 현실과 교회개척 패러다임의 전환," 「복음과 실천신학」 제 40권 (2016)"의 일부분을 발췌한 것임을 밝혀둔다.
8. 한국교회의 어려움은 이미 1990년대부터 예견되었고 관련 출판물이 쏟아져 나오기 시작했다. 박하규의 『한국교회 어떻게 살릴 것인가?』(1995), 한국교회문제연구소의 『한국교회 성장정체의 현안과 심층, 그 대안의 모색』(1996), 이종윤의 『한국교회 진단과 처방』(1996), 이원규의 『한국교회 무엇이 문제인가?』(1998), 한국기독교문화연구소의 『한국교회 성장문화 분석과 대책』(1998) 등이 이미 90년대에 출간되었으며 그 이후 꾸준히 한국교회의 위기와 부정적인 측면을 강조하여 관심을 얻는 저술들이 등장하였다. 이러한 측면에서 보건대, 오늘날 대안 없이 위기만을 지적하여 세간의 관심을 끄는 것은 전혀 새로운 것이 아니며 궁극적으로 한국교회를 위한 길이 아님이 분명하다.
9. 박영돈, 『일그러진 한국교회의 얼굴』 (서울: IVP, 2013), 69.

은 두뇌, 그리고 기후 변화에 취약한 공룡"[10]이라고 비유하고, 공룡이 자멸했듯이 한국교회도 자멸하여 사라질 수 있음을 경고한다. 자신을 미래학자라 칭하는 최윤식은 그의 저서 『2020-2040 한국교회 미래지도』에서, "벼랑 끝에 선 한국교회"라는 표현을 사용한다. 그는 "목회자의 성 윤리 문제, 돈에 대한 탐욕의 문제, 교회 권력의 세습 문제, 시대에 맞지도 않고 성경적이지도 않은 타종교를 향한 현대판 십자군 전쟁의 문제, 타락한 중세 시대에나 있었던 교권의 절대화 문제"[11] 등을 지적하면서, 한국교회가 존립하기 어려울 정도의 엄청난 위기 속에 빠져들고 있다고 평가한다. 종교사학적 관점에서 한국교회를 분석한 이원규는 자신의 저서 『한국교회의 위기와 희망』에서 한국교회가 왜 세상으로부터 존중받지 못하고 있는지 그 원인을 지적하고 있다. 그는 교회가 세상으로부터 매우 부정적이고 비판적인 평가를 받고 있으며, 그리스도인들은 강한 개인적 종교성에도 불구하고, "사회에 비친 인상은 바람직하지 않아 사람들(특히 무종교인과 비개신교도인)로부터 존경과 신뢰를 얻지 못하고"[12]있다고 지적한다. 물론 이상에서 언급된 저술가들의 주장을 아무런 비판의식 없이 무조건적으로 수용할 수만은 없을 것이다. 하지만 이들이 분석한 한국교회의 상황을 우리가 무시할 수만은 없다. 분명한 사실은 한국교회가 어려운 시기로 들어갔다는 것이다.

이러한 부정적 한국교회 상황 속에서, "교회개척"이란 주제는 학계나 교계에서 어떤 대우를 받고 있는가? 오늘날 한국교회 상황 속에서, "교회개척"은 분명 환영받지 못하는 주제이다. 필자는 실천신학 교수로서 매년 400여 명의 학생들과 교회개척 과목을 진행하고 있다. 필자

---

10. 양희송, 『다시, 프로테스탄트: 한국교회, 우리는 지금 어디에 서 있는가?』 (서울: 복 있는 사람, 2012), 184.
11. 최윤식, 『2020-2040 한국교회 미래지도』 (서울: 생명의말씀사, 2013), 13.
12. 이원규, 『(종교사학적 관점에서 본) 한국교회의 위기와 희망』 (서울: 도서출판 KMC, 2010), 115.

의 느낌에 의하면 대부분의 신학생들은 왜 교회개척 과목이 필수과목이어야만 하는지에 대해 이해하고 있지 못한다. 오히려 이 과목이 필수과목이라는 사실에 대해 불만을 갖고 있다. 자신을 단 한 번이라도 교회개척과 연결시켜본 적이 있는 학생은 드물다고 하겠다. 극소수의 학생들만이, 그것도 대부분 나이 들어 신학을 시작한 학생들이 교회개척을 염두에 두고 있을 뿐이다. 그만큼 "교회개척"이란 용어는 목사 후보생들에게는 회피의 대상이며, 나아가 부정적이다. 이러한 현상은 신학생들뿐만이 아니라, 목회자와 평신도 그리고 한국교회 전체가 보편적으로 보이는 현상이다. 교인들을 포함한 대부분의 사람들은 한국교회의 총체적 문제가 너무 많은 교회들 때문이라고 여기는 듯하다. 그러니 교회개척을 환영할 리 없다. 혹자들은 교회의 숫자를 거리의 편의점과 비교하면서, (과거에는 십자가의 숫자와 다방의 숫자를 비교했다.) 지금은 교회개척 시대가 아닐 뿐 아니라 교회개척이 더 이상 가능하지 않다는 교회개척 무용론을 주장하고 있다.[13] 이러한 판단의 기초에는 교회가 너무 많다는 생각이 깔려 있다. 이미 현존하는 교회나 잘 유지시키자는 주장이 깔려 있다. 물론 이러한 생각이 우선 보기에는 일면 합당할 수 있다. 그러나 성경적으로 그리고 신학적으로 바른 판단이라 할 수 없는 편견에 불과하다. 이러한 판단이 편견일 수밖에 없는 이유는 "교회개척의 당위성"을 논하는 부분에서 자세히 설명하려고 한다.

이제 본 장에서는 교회개척과 관련된 한국교회의 생태계를 보다 구체적으로 살펴보려 한다. 왜 교회개척이 부정적인 의미를 갖게 되었는지 그 현실을 몇 가지로 구별하여 분석하려고 한다.

---

13. 민장배 교수는 교회개척 무용론을 주장하는 자들이 내세우는 이유를 네 가지로 열거하고 있다. "첫째, 이미 너무 많은 교회가 설립되었다는 것이다. 둘째, 새로운 교회의 개척은 기존 교회의 약화 원인이 된다는 것이다. 셋째, 교회개척은 대형교회의 몫이라는 것이다. 넷째, 교회성장에 대한 연구를 토대로 개척의 시대는 끝났다는 것이다." 민장배, "교회개척의 원리와 전략," 한국복음주의실천신학회, 「복음과 실천신학」 제10권 (2005): 277.

1. 개척교회의 생존이 쉽지 않다

교회개척과 관련하여 직면한 한국교회의 첫 번째 현실은, 오늘날 개척된 교회의 생존율이 현저하게 낮다는 것이다. 목회컨설팅 연구소를 운영하며 목회컨설턴트로 활동하는 김성진은 그의 저서 『Church Planting: 개척교회의 이론과 실제』에서 교회개척 성공률에 관하여 다음과 같이 말하고 있다. "1970년대에는 50 대 1이었고, 1980년대에는 100 대 1이었으며, 1990년대에는 150 대 1의 성공률을 보이던 것이 2000년도에 들어와서는 200 대 1 정도로 어려움을 나타내게 되었다. 지금은 [2005년] 교회개척의 성공률이 무려 250 대 1에 이르는 어려운 점수판을 갖게 되었다."[14] 김성진의 말을 인정한다면, 이 글을 쓰고 있는 오늘(2019년)은 교회개척 생존율이 더 악화되었으면 되었지 향상되었다고 보기는 어려울 것이다. 하지만 250:1이라는 표현은 다소 과장된 수치라 판단되며, 개척교회 생존율을 식당의 생존율과 동일한 25%로 보는 것이 타당하다 여겨진다.[15]

아무튼 현실은 교회개척 성공률이 매우 낮다는 것이다. 그렇기에 교회개척 현장에서는 악성 루머가 꽤 많이 회자되고 있다. "개척교회는 인테리어를 하는 순간부터 망한다," "인테리어 업자들을 교회와 식당이 먹여 살린다" 혹은 "소명이 목회를 가능하게 하는 것이 아니라 보증

---

14. 김성진, 『Church Planting: 개척교회의 이론과 실제』 (성남: 목회전략컨설팅연구소, 2005), 5. 물론 김성진은 이러한 비율에 대한 어떤 객관적인 근거를 제시하지 않고 있음으로 해서 그 수치가 객관적인 것인지 아니면 그의 추측에 근거한 것이지 확인할 길이 없다.
15. "한국개발연구원(KDI) 영세 사업자 실태 분석 보고서를 보면 여관의 생존기간이 5.2년, 태권도장이 3년, 치과 의원의 생존기간이 평균 4.9년으로 나온다. 일반 음식점 등은 길어야 2-3년이다. 즉 100곳 중 75곳은 3년 안에 문을 닫는다는 의미다. 종교사회학자들은 교회 역시 리사이클 기간이 2년에서 3년 정도에 불과할 것으로 본다. 1년에 국내 모든 개척교회가 인테리어로 버리는 비용이 수백억 원에 달한다고 한다. '개척교회는 인테리어를 하는 순간부터 망한다'는 말도 나오고 있다. 심지어 항간에는 인테리어 업자들을 교회와 식당이 먹여 살린다는 말까지 있을 정도다." 최영경, "[개척교회 '2012 新풍속도] 카페·식당… 개척교회는 변신 중."

금이 목회를 가능하게 한다" 등의 자조 섞인 말부터 시작하여 "유아 사망형 교회" 혹은 "요절형 교회"라는 표현들이 통용되고 있다. 교회개척에 실패한 목사는 교회의 문을 닫거나 교회를 매매할 수밖에 없다. 실제로 교회의 부도와 매매는 심각한 수준이다. 김진호에 의하면, 대체로 연간 1천 개의 교회가 생겨나고 1천 3백여 교회가 문을 닫는다.[16] 이러한 현상은 오늘날 개척교회 하나가 생존하는 것이 얼마나 어려운지를 보여준다 하겠다. 오늘날 교회개척에 성공한 목사가 마치 개선장군처럼 대우받는 현실 한 가지만 보더라도 교회개척 성공률이 낮음을 반증한다 하겠다.

2. 갑작스럽게 교회개척에 임한다

교회개척과 관련하여 한국교회가 직면한 두 번째 현실은, 교회개척자들의 대부분이 갑작스럽게 교회개척자가 된다는 점이다. 이러한 사실은 필자가 확보한 자료에서 잘 나타난다. 연구자는 수업의 일환으로 매 학기에 수강 학생들에게 설립된 지 5년 미만의 개척교회 목회자 인터뷰를 과제물로 부과해왔다.[17] 현재 약 3,000여 건의 인터뷰 자료를

---

16. 김진호, 『시민 K, 교회를 나가다: 한국 개신교의 성공과 실패, 그 욕망의 사회학』 (서울: 현암사, 2012), 156.

17. 필자는 총신대학 신대원의 필수과목 "교회개척과 복음전도"라는 과목의 과제물로서 개척목회자들과의 다음과 같은 10가지 질문의 인터뷰를 학생들에게 부과하고 있다. ①어떻게 교회개척자로 소명을 받았고 그 소명을 확신하게 되었는가? ②개척한 교회의 비전과 사명이 무엇인가? ③교회개척을 계획하고 첫 예배를 드리기까지 구체적인 과정이 무엇인가? ④현재의 장소를 선택하게 된 이유가 무엇인가? ⑤개척 비용은 얼마나 들었는가? 어떻게 그 개척 비용을 마련하였는가? 가족과 자신의 삶을 위한 비용을 어떻게 충당하고 있는가? ⑥교회 내의 리더십 구성을 위한 방법(전략)이 무엇이고 현재까지 효과가 있는가? ⑦교회개척을 고려하고 있는 사람에게 권면하고 싶은 내용이 있는가? ⑧앞으로의 새로운 장소로 이전이나 교회 건축에 관한 계획이 있는가? 있다면 무엇인가? ⑨개척교회를 함에 있어서 사모의 역할은 무엇인가? (여성목회자 경우 남편의 역할) ⑩개척교회를 하는 부모

확보했는데, 교회를 개척한 목회자들 중에 신학도 시절부터 교회개척을 소명으로 삼고 나름 준비한 자들은 불과 5% 정도에 불과하다. 교회개척자들 대부분이 비교적 안정된 전임 사역을 하다가 갑작스럽게 개척의 상황으로 내몰렸다. 대부분의 교회개척자들은 그들의 전임 사역 말미에 다양한 방법의 사임 압력을 체감하였으며, 적지 않은 횟수의 청빙 과정에 응시하였고, 청빙이 되지 않음에 대한 절망감을 안고 고민하다가, 결국 "하나님의 인도하심"이란 절대적 명제로 무장하고 교회개척으로 뛰어들었다.

물론 신학도 시절부터 교회개척을 소명으로 삼고 교회개척을 시도한 자들도 있다. 그러나 그들 역시 그것이 자신들의 상황에 따른 불가피한 결정이었다는 사실로부터 결코 자유롭지 못했다. 왜냐하면 이들 대부분은 연령 면에서 담임목회자나 부교역자로 초빙되기 어려운 고령자들이었기 때문이다. 따라서 실제로 심신이 가장 왕성한 젊은 시절부터 소명과 비전을 따라 의도적이고 계획적으로 교회개척을 계획하고 시도한 자들은 소수에 불과했다. 목회자들이 갑자기 개척으로 내몰리도록 하는 두 가지 원인이 있다고 생각한다. 첫째는 정상적이지 못한 청빙 과정이요, 둘째는 목사의 과잉공급이다.

1) 정상적이지 못한 청빙 시스템

청빙의 원래 의미는 교회 쪽에서 목회자를 찾아가는 것이었다. 그러나 오늘날에는 그 원래 의미가 완전히 뒤바뀌었다. 오늘날의 청빙은 일종의 "채용 과정" 혹은 "경쟁구도"를 의미한다. 그만큼 목회자 청빙 과정이 정상적이지 못하고 왜곡되었음을 의미한다. 백번 양보하여 채용과 경쟁이라는 어쩔 수 없는 상황에 직면했음을 인정한다 하더라도, 그

에 대한 자녀의 감정은 어떠하다고 생각하는가?

모든 과정이 공정하게 진행된다면 그래도 다행스러운 일일 것이다. 그러나 그마저도 그렇지 못하다. 청빙 과정에 온갖 세속적 방법들과 기준들이 적용된다. 학벌과 경력과 배경 등을 중시하는 청빙 제도가 정착되었으며, 그 결과 온갖 스펙과 관계, 정치력, 심지어 금전적 거래까지도 청빙의 조건이 되어버렸다. 가장 심각하게 왜곡된 청빙의 형태는 "세습"이란 것이다.[18]

연구자는 세습을 두 가지로 나누는데, 하나는 혈연에 의한 세습이요, 다른 하나는 영향력에 의한 세습이다. 많은 이들이 혈연에 의한 세습을 문제시 하고 있다. 하지만, 영향력에 의한 세습, 즉 영향력 있는 목회자 밑에서 부교역자 생활을 하다가 그 영향력으로 청빙을 받으려는, 소위 말해 엘리트 코스를 갈망하고 그것을 추구하는 것을 세습으로 여기지 않는다. 하지만 영향력에 의한 청빙도 결국은 공정한 게임을 하지 못하게 하는 것으로서 혈연에 의한 세습 못지않은 세습이다. 이러한 여러 유형의 세습을 특혜로 누리지 못하는 대다수의 목회자들은 소외감과 박탈감으로 방황하다가 마지막 선택으로 교회개척을 택하게 된다.

2) 목회자의 과잉공급

목회자의 과잉공급은 어제 오늘의 문제가 아니다. 필자가 대학을 다니던 1980년대에도 목회자 과잉공급은 하나의 이슈이었다. 다만 차이점은 당시에는 한국교회가 급속도로 성장하고 있었던 상황이었다고 한다면 지금은 교인이 감소하고 있음에도 불구하고 목회자의 수가 증가하고 있다는 점이다.

---

18. 목회 리더십 연구소 심민수 소장은 그의 논문 "교회 리더십 승계의 실행전략"에서 세습에 관해 구체적으로 다루고 있다. 그는 세습이 사회적 이슈가 되는 이유와 세습의 폐단, 세습의 실행하는 측의 논리, 그리고 세습에 대한 교회론적, 목회론적, 윤리적 문제들을 고찰하고 있다. 심민수, "교회리더십 승계의 실행전략: (초)대형교회를 중심으로," 「복음과 실천신학」 제21권 (2010): 246-83 참조할 것.

2012년 문화체육관광부 통계에 의하면 현재 한국에는 118개 종단에 140,483명의 목사와 77,966개의 교회가 존재한다고 한다. 이 통계에는 자료 제출을 하지 않은 114개 교단이 포함되지 않았다고 하니 실제로는 목사의 숫자가 통계보다 훨씬 더 많음이 분명하다.[19] 2001년부터 2017년까지의 17년간의 합동 교단과 통합 교단의 통계를 보면, 목사 수가 합동 교단은 128% 증가했으며, 통합 교단은 90% 증가했다. 교인 수나 교회 수의 증가율보다도 훨씬 큰 비율로 목사 수가 증가했다. 특이한 점은 합동 교단은 2013년을 기점으로, 그리고 통합 교단은 2010년을 기점으로 해서 교인 수가 감소하고 있음에도 불구하고 교회 수와 목사 수는 증가하고 있다는 점이다. 교인 수가 감소함에도 불구하고 교회 수가 증가한다는 의미는 그만큼 작은 교회가 많아지고 있다는 의미이며, 이는 그나마 부사역자로 사역할 수 있는 기회마저 줄어든다는 의미이다. 더군다나 새로 안수 받은 목사 수까지 증가함으로 인해 목사의 수요보다 공급이 훨씬 많다는 결론에 도달할 수 있다.

년도	교회 수		교인 수		목사 수	
	합동	통합	합동	통합	합동	통합
2001년	6,795	6,793	2,300,327	2,328,413	10,424	10,415
2005년	10,717	7,279	2,716,815	2,539,431	17,037	12,223
2010년	11,456	8,162	2,953,116	2,052,311	19,268	15,521
2012년	11,538	8,417	2,994,873	2,810,531	21,768	16,853
2015년	11,770	8,843	2,700,977	2,789,102	23,179	18,699
2017년	11,922	9,096	2,688,858	2,627,696	23,726	19,832
17년간 변화	75% 증가	34% 증가	17% 증가	13% 증가	128% 증가	90% 증가

결과적으로 균형을 이루지 못한 목사 수급 문제는 목사들 간의 뜨거

---

19. 양희송, 『다시, 프로테스탄트』, 97.

운 청빙 경쟁을 불가피하게 만들었고, 이 경쟁에서 살아남지 못한 목사들이 마지막 선택으로 교회개척을 택하고 있는 것이다. 마치 퇴직금으로 분식집이나 해볼까 하는 사람들처럼, 갈 곳 없는 목사들이 개척이나 한 번 해볼까 하는 자세로 교회개척에 임하는 것이다. 이 모든 것이 오랜 시간 동안 누적된 목회자의 과잉공급으로 인한 현상일 것이다. 물론 이 문제는 본서의 직접적인 주제와 관련이 없기에 목회자의 과잉공급에 대한 대안과 해결방안 등에 관해서는 논하지 않겠다. 그러나 목회자 과잉공급의 문제는 한국교회가 반드시 해결해야만 하는 이슈임에 분명하다.

3. 교회의 영향력과 권위가 세상에서 사라졌다

교회개척과 관련하여 직면한 한국교회의 세 번째 현실은 교회의 영향력과 권위가 세상에서 사라졌다는 것이다. 용한규는 "19세기 말 복음이 이 땅에 전해진 이래로 사회를 책임지고 여러 부문에서 견인차 역할을 해오던 개신교는 오늘날 대중들에게서 외면당하는 비극을 맞이하고 있다"[20]라고 말한다. 한국교회에 관한 이런 유의 부정적 묘사들은 작금의 많은 연구자들이나 저술가들의 자료 안에서 쉽게 찾아 볼 수 있다. 인터넷에 떠도는 교회와 관련된 묘사들만 살펴보아도 한국교회가 사회적으로 어떤 평가를 받고 있는지를 짐작할 수 있다. 기복 신앙, 성장주의, 성공주의, 세속주의, 개교회 이기주의, 상업적 교회 운영, 재정 비리, 세습, 직분 매매, 초대형 교회당 건축, 이단의 범람, 성적 타락, 양극화된 정치 이념화, 분열과 분쟁 등의 단어들이 오늘날 한국교회를 묘사하는데 사용되고 있다.

---

20. 용한규, "한국교회 정체성 회복을 위한 목회패러다임의 전환," 「복음과 실천신학」 제35권 (2015): 226.

한국교회는 지금 배금주의에 빠졌으며, 그 결과 세상에 대한 영향력을 잃어버렸을 뿐만 아니라 세상으로부터의 신뢰받음을 상실하였다. 한 통계에 의하면, 현재 10명 중 2명만이 교회를 신뢰하고 있다고 한다.[21] 이것은 교회가 사회 속에서 "고립된 성"이 되었음을 보여주는 통계이다.[22] 이러한 교회의 신뢰성 상실은 필연적으로 교인의 양적 감소로 연결되었다. 한국교회의 교인 수는 1990년대부터 둔화되더니만 이제는 정체의 시기를 지나 감소하고 있다.[23] 교인수가 감소하고 있다는 통계는 이제 여기저기서 쉽게 찾아볼 수 있는 자료 중에 하나가 되었다.[24] 양희송은 1995년에서 2005년 사이 144,000명이 사라졌다고 했다.[25] 최윤식은 "이대로 가면 2050-2060년경에는 400만, 아니 300만 명대로 교인 수가 줄어들 수 있다"라고 말하면서, 주일학교 학생 수는 30-40만 명대로 줄어들 수 있다고 경고하고 있다.[26] 용한규의 지적대

---

21. 기독교윤리실천운동이 2014년 2월 5일 발표한 "2013 한국교회의 사회적 신뢰도 여론조사"의 결과를 보면, 한국교회에 대한 한국 사회의 신뢰도는 19.4%에 불과한 것으로 드러났다. 안성모, "탐욕에 찌든 우상, 부끄럽지 않은가," 「시사저널」 (2014.2.20.), http://media.daum.net/v/20140220133023091.
22. 김진호, 『시민 K, 교회를 나가다: 한국 개신교의 성공과 실패, 그 욕망의 사회학』, 137.
23. 1960-70년 사이 교인 수가 412%나 증가했고, 1970-85년 사이에도 103%나 증가했지만, 1985-95년 사이에는 증가율이 35%로 떨어졌다. 그러다가 1995-2005년 사이에는 드디어 14만 4천 명이 줄어들어 -1.6%의 성장률을 보이게 되었다. 이원규, "한국교회, 새 희망을 말할 수 있는가?", 2014년 9월 10일 접속, 해당 사이트: http://www.churchr.or.kr/news/articleView.html?idxno=3438 에서 재인용.
24. 하지만 2015년도 통계에 의하면 거의 모든 전문가들의 예상을 뒤엎고 기독교인의 수는 소폭 증가했다. 2005년에서 2015년 동안 기독교는 전 국민의 19.7%인 968만 명이 되어 제1종교가 되었다. (2005년에는 18.2%인 844만 명) 그렇다면 실제로 교회들은 오히려 쇠락하고 있는데, 통계에서 보여 준 약 천 만에 가까운 기독교인들이 어디에 있는가? 그 통계 안에는 200만의 이단과 100만의 교회 밖 성도들이 포함되어 있다고 전문가들은 분석한다. 이들은 기독교인들의 30%이다. 조성돈, "잃어버린 300만을 찾아라," 「목회와 신학」 (2017.2): 170-174. 결과적으로, 교회에 출석하는 기독교인들은 668만 명 정도로 전 국민의 13.6%에 해당한다. 실제 기독교인의 수는 감소하고 있다고 보아야 할 것이다.
25. 양희송, 『다시, 프로테스탄트: 한국교회, 우리는 지금 어디에 서 있는가?』, 40.
26. 최윤식, 『2020-2040 한국교회 미래지도』, 39.

로, 교회의 신뢰도 하락은 복음 전파에 대한 커다란 걸림돌로 작용하였던 것이다.[27] 이러한 현실 속에서 교회개척이 쉽지 않음이 사실이다. 이미 존재하는 교회들도 살아남기 쉽지 않은 상황 속에서 새로운 교회를 개척한다는 것은 모험 중에서도 모험이 되고 말았다.

4. 교회개척자의 무한책임 하에 전통적인 방법의 교회개척이 시도되고 있다

교회개척과 관련하여 제기되는 네 번째 어려운 현실은 교회개척자가 홀로 시작부터 무한책임을 지고 교회를 개척해야 된다는 점이다. 또한 개척자가 개척 전략에 있어서 전통적인 교회개척 방법만을 모방한다는 점이다. 물론 오늘날 새로운 방식으로 교회를 개척하려는 경향이 늘고는 있지만, 그러나 여전히 전통적인 방법이, 즉 교회개척자가 모든 책임을 지고, 지인들 중심의 개척멤버들을 모집하여, 어떻게든 예배드릴 장소를 마련해서 교회를 시작하는 방법이 대세를 이루고 있다 하겠다.

교회개척에 있어서 교회개척자가 무한책임을 지고 지인 중심, 장소 중심 혹은 건물 중심의 교회개척을 하는 이러한 방법은, 사실은 성경적 근거를 찾을 수 없는 매우 비정상적인 교회개척 방법이다. 그리고 이 방법은 과거에는 통하였으나 지금은 통하지 않는 방법이라 하겠다. 왜냐하면 지금은 사람들이 교회를 찾아오는 시대가 아니라는 아주 단순한 이유 때문이다. 그럼에도 불구하고 지금도 많은 교회개척자들이 전통적인 방법을 따라 엄청난 빚을 떠안으면서 교회를 개척하고 있다. 이러한 방법은 교회개척자에게 심각한 정신적 그리고 물질적 부담을 안기는 것이며, 교회가 3년을 버티지 못하게 하는 주요한 요인이 되고, 최

---

27. 용한규, "한국교회 정체성 회복을 위한 목회패러다임의 전환," 226-27.

악의 경우 개척자의 몸과 정신, 나아가 가정까지도 파괴하는 요인이 될 수도 있다는 점에서 매우 위험스러운 방법이라 하겠다.

사실 교회개척과 관련하여 개척자 선발, 훈련, 후원 그리고 관리에 이르기까지의 전 과정을 체계적으로 운영하는 교단이나 단체를 우리나라에서 찾아보기란 힘들다. 필자가 속한 합동 교단만 보더라도 그러한 시스템을 구비하고 있지 않다고 판단된다. 교회개척자는 시작부터 끝까지, 심지어 교회가 문을 닫는 경우에 있어서까지도 홀로 무한책임을 져야만 한다. 교회개척자 선발부터 시작하여 각종 후원, 그리고 관리에 이르기까지 총체적 시스템을 구비하여 운영하고 있는 외국의 경우와 비교하면 아쉬운 우리의 현실이다.

5. 교회개척자들에게 패배의식이 만연해 있다

교회개척과 관련하여 직면한 또 하나의 어려운 현실은 오늘날 교회개척자들이 지나친 패배의식에 빠져 있다는 점이다. 사실은 규모 있는 교회의 목회자들까지도 목회 황금기는 이제 지나갔다는 의식이 팽배하다. 교회개척자들은 교회가 성장하지 않음에 대한 실망감, 경제적인 어려움, 영적 탈진, 실패자로 취급되는 서러움과 자괴감 등으로 인해 목회자로서의 정체성과 자존감을 잃어버리고 있다. 비커Dennis Bickers의 말대로, 많은 [작은]교회와 목사들이 자존감에 상처를 입은 상태다. 이들은 "하나님이 자신을 요긴하게 사용하시지 않으신다"[28]라고 스스로를 자학한다. 사실 앞선 세대의 몇몇 선행자들의 교회개척 성공담은 개척교회 목사들을 좌절시키는 심각한 요소 중에 하나이다. 과거 그들의 교회개척 성공담이 지금의 교회 생태계에서 작동되지 않기 때문이다.

---

28. Dennis Bickers, *The Healthy Small Church: Diagnosis and Treatment for the Big Issues*; 조계광 역, 『건강한 작은 교회』 (서울: 생명의말씀사, 2009), 6.

이러한 패배주의는 결과적으로 교회개척을 실패하게 하고 목회자 자신을 파괴하는 결과를 가져오게 한다. 개척교회는 어렵고 힘들다는 보편적 인식이 개척교회 목회자들을 더욱 힘들게 한다. 그 결과, 김홍근의 지적대로, 교회개척 목회자의 낮은 자존감은 세상에 대한 불만, 성공에 대한 세속적 열망, 은둔생활, 나태함, 자기 연민 등으로 나타난다.[29] 심하면 영적 탈진으로 이어지며 동시에 각종 중독에 빠지게 되기도 한다. 물론 교회개척자들이 빠지는 그러한 패배주의는 당연히 성경의 지지를 받지 못한다. 그럼에도 불구하고 교회개척자들은 시간이 지날수록 패배의식에 깊이 빠져 스스로의 존재가치를 평가절하하고 의기소침하고 있는 형편이다.

6. 포스트모던 시대의 각종 대체 종교, 유사종교가 범람하고 있다

교회개척과 관련하여 고려해야만 되는 여섯 번째 시대적 특징은 이 시대가 포스트모던 시대라는 사실이다. 포스트모더니즘은 모더니즘에 대한 "비판과 저항"을 그 기조로 한다. 포스트모더니즘은 해체주의와 다원주의, 그리고 상대주의를 기치로 내세운다.[30] 포스트모더니즘은 이

---

29. "다른 사람을 비난하고 불평하는 것이나, 결점을 찾아 비판하려고 한다. 또한 주의 집중과 인정의 욕구가 강하며, 친한 친구가 없으며, 승리에 대한 공격적 성향을 지니거나 지나친 탐닉에 빠지면서, 우울적 성향을 지니게 되며, 우유부단과 질질 끌기를 좋아한다. 그리고 자기 동정이나 가식적인 행동성향을 지닌다." 김홍근, "초기 자아개념 형성과 목회자 정체성 확립과의 관계성," 「복음과 실천신학」 제9권 (2005): 98.
30. 이러한 포스트모더니즘의 특징을 에릭슨은 다음과 같이 정리하고 있다. ①객관적인 지식은 거부된다. ②지식은 불확실하다. ③모든 것을 포괄하는 설명의 체계는 그것이 형이상학적이든 역사적이든 불가능하며 그러한 설명 체계를 건설하려는 시도는 포기되어야 한다. ④지식의 본래적인 선함 또한 의문시 된다. ⑤진보가 거부된다. ⑥개인이 인식의 주체라는 의식에서 공동체에 근거한 지식으로 대치되고 있다. ⑦탐구의 객관적인 방법을 집약한 과학적 방법이 의문시된다. Millard J. Erickson, *Postmodernizing the Faith*; 박찬호 역, 『기독교 신앙과 포스트모더니즘』 (서울: 기독교문서선교회, 2012), 27-28.

성의 절대 권위를 인정하고 인간의 무한한 발전 가능성을 믿는 모던 시대 합리주의를 해체시켰다. 포스트모더니즘 아래에서는 절대적 진리가 거부된다. 모든 사람들에게 그들 각자의 하나님이 존재하며, 따라서 각자에게 옳으면 그것이 곧 진리가 된다. 사람들 각자가 종교의 창시자이며 진리의 원천이다. 이러한 시대에, 진리의 유일성Exclusivism을 주장하고 선포하는 교회는, 포스트모던 사람들에게 인기가 있을 수 없다.

과거에는 교회가 유의미한 일을 할 수 있는 유일한 장소였다. 과거에는 교회가 가장 재미있는 곳이었고, 가장 앞서가는 문물을 경험할 수 있는 곳이었다. 그러나 지금은 아니다. 과거 교회가 감당했던 많은 유의미한 일들이, 소위 말해 전문가들에게나 특별한 목적의 비영리단체들에게 넘어가 버렸다. 지금은 교회에 가지 않아도 의미 있는 일에 참여하고 행하는 방법이 많다. 즉 대체 종교 혹은 유사종교가 많아져서, 교회는 그것들과 경쟁해야만 하는 입장이 되어버린 것이다. 과거에는 목사들이 감당했던 장례예식이 장례지도사라는 전문직에게 넘어갔다. 과거에는 한 사람의 임종을 목사가 맞이했지만 현재는 양로원이나 요양원의 도우미가 그 일을 대신한다. 목사가 그곳에 도착했을 때는 이미 상황이 종료된 후가 대부분이다. 각종 취미활동이나 동호회 활동이 종교의 자리를 차지하여 사람들을 끌어가고 있다. 이러한 상황 속에서 교회를 개척해야만 한다. 오늘날 교회는 인력과 자본을 갖춘 세상의 대체종교와 유사종교와 경쟁해야만 하는 현실이다.

7. 제4차 산업혁명으로 인하여 교회 주변 환경이 급변하고 있다

교회개척과 관련하여 고려해야만 하는 일곱 번째 요소는 제4차 산업혁명이다. 이 시대는 제4차 산업혁명이 현실화 되고 있는 시대이다. WEF World Economic Forum의 정의에 의하면, 4차 산업혁명이란 "디지털혁명(3차 산업혁명)에 기반을 둔 물리적 공간, 디지털적 공간 및 생물학적 공간의 경계가 희석되는 기술 융합하는 기술혁명"31이다. 4차 산업혁명은 융합과 연결, 그리고 초지능화Hyper-Intelligent 등을 특징으로 한다. 기술이 진보되고, 산업 구조와 고용 구조가 변화될 수밖에 없다. 4차 산업혁명으로 큰 변화의 시대가 도래 하게 될 것이다. "새로운 기술의 등장은 단순히 기술적 변화에 그치지 않고 전 세계의 사회 및 경제 구조에 큰 변화를 가져온다."32 이러한 변화가 교회에 주는 영향은 어떤 것일까를 생각하고 교회개척자와 교회는 대비해야만 한다. 어쩌면 물리적 공간을 필요로 하지 않는 교회 시대, 한 장소에 모일 필요가 없는 교회가 보편화되는 시대가 올 수도 있다. 결국 교회는 이 시대의 4차 산업혁명의 결과물들을 사용해야만 하며 동시에 기계와 기술이 감당하지 못할 영역에서 승부수를 띄워야 하는 딜레마에 직면해 있다. 필자의 생각으로는, 결국 "창의력(상상력)"과 영적이고 실제적인 "공동체"만은 기계가 흉내 내지 못하는 영역이다. 제4차 산업혁명 시대에 있어서, 상상력이 배제된 전통적이고 획일적인 교회개척만으로는 교회개척의 성공이 담보되지 않는다는 사실을 교회는 직시해야만 한다.

8. 후기기독교Post-Christianity 사회가 도래했다

교회개척과 관련하여 마지막으로 고려해야만 하는 현실은 이 시대가 후기기독교 사회라는 점이다. 탈기독교 사회라고도 말하는 후기기독교 사회의 특징은, 이제 더 이상 기독교가, 혹은 기독교 신앙이 공

---

31. 김진하, "제4차 산업혁명시대, 미래 사회 변화에 대한 전략적 대응 방안 모색," 「KISTPEP Int」제15호: 47. https://www.kistep.re.kr/getFileDown.jsp?fileIdx=6694&contentIdx=10502.
32. 김진하, "제4차 산업혁명시대, 미래 사회 변화에 대한 전략적 대응 방안 모색," 45.

적이거나 주류가 아니라는 점이다. "후기기독교"라는 말은 기독교왕국 Christendom 혹은 콘스탄티니안Constantinian과 대치되는 말이라 하겠다. 기독교왕국 시대는 기독교가 사회의 모든 것을 통솔하고 통제했던 시대를 말한다. 기독교 문화가 주류 문화인 사회이다. 서구 사회는 오랜 기간 동안 이러한 기독교왕국 시대이었다. 그러나 현대는 더 이상 그러한 세상이라 할 수 없는 후기기독교 사회이다. 기독교가 공적인 영역에서 사적인 영역으로 밀려난 시대이다. 기독교가 문화의 주변부로 밀려났다. 기독교왕국 사고방식은 더 이상 오늘날 문화 속에서 통용되지 않는다. 머레이Stuart Murray는 그의 저서 *Post-Christendom: Church and Mission in a Strange New World*에서 이러한 후기기독교 사회에서의 기독교의 위치를 매우 적절하게 분석하고 있다.[33]

물론 한국 사회가 기독교왕국 시대를 거쳤는가에 대한 질문이 제기될 수 있다. 기독교왕국 시대를 거치지 않았다면 후기기독교 사회라는 말 자체가 성립되지 않기 때문이다. 필자는 한국 사회가 양적 차원에서는 기독교왕국 시대를 경험하지 못했지만, 영향력 차원에서는 기독교왕국 시대를 경험했다고 주장한다. 적어도 90년대 중반까지는 영향력 차원에서 기독교왕국 시대를 구가했다고 확신한다. 즉, 기독교가 한국의 근대화에 결정적 영향력을 끼쳤다는 의미이다. 그리고 이 시대에 양적인 부흥을 경험함으로 전 국민의 1/4이 기독교인이라는 자부심도 기졌다. 그런데 문제는 기독교가 더 이상 과거의 영향력을 대 사회적으로 갖고 있지 못하다는 것이다. 이러한 차원에서 한국 사회 역시 후기기독교적 사회라고 본다.

---

33. ①중심에서 주변부로(From the centre to the margins) ②다수에서 소수로(From majority to minority) ③정착민에서 체류자로(From settlers to sojourners) ④특권에서 다원성으로(From privilege to plurality) ⑤지배층에서 증인으로(From control to witness) ⑥현상유지에서 선교로(From maintenance to mission) ⑦제도에서 운동으로(From institution to movement) Stuart Murray, *Post-Christendom: Church and Mission in a Strange New World* (Milton Keynes, MK: Paternoster, 2005), 11-12.

많은 교회개척자들이나 목회자들이 한국 사회가 후기기독교 사회임을 인식하지 못하거나 인정하지 않으려 한다. 이러한 인식부족은 때때로 지나치게 긍정적인 자세를 만들어낸다거나 또는 매우 오만하고 무례한 기독교로 보이도록 하는 부정적 결과를 가져온다. 아직도 70-80년대 교회 부흥을 추억하면서, 그 때의 성공에 붙잡혀 있는 교회개척자들이 많다. 그렇기에 아직도 당시의 교회개척 방법을 답습하고 고집하려고 하는 것이다.

이상에서 교회개척과 관련하여 한국교회가 직면한 현실 여덟 가지를 제시하였다. 어찌 오직 여덟 가지 현실로만 제한 할 수 있겠는가? 세상은 지금도 움직이고 있다. 마찬가지로 교회 역시 살아 있는 생명체로서 움직인다. 변화는 살아 있는 생명체의 특징이다. 이러한 움직이는 세상 속에서 교회는 적응하고 생존해야 한다. 때문에 교회개척자는 시대적 현실을 정확하게 바라볼 수 있어야 한다. 현재의 생태계 안에서 개척교회가 살아남을 수 있어야 한다. 비록 생존하기 쉽지 않은 생태계이지만 그러나 살아남기 위해서 교회 주변 세상의 흐름을 분석하여 대안을 찾아야 한다.

3
교회개척의 정의

교회개척을 어떻게 정의할 수 있을까? 단순하게 말한다면 "새로운 지역에 새로운 교회를 세우는 것"이라고 정의할 수 있다. 하지만 교회개척을 그렇게 간단하게 정의할 수는 없다. 교회개척에는 가시적 그리고 불가시적 수많은 요인들이 포함되어 있다. 교회개척에는 인간적 요소도 있지만 그러나 인간으로서는 어쩔 수 없는 신적 요소도 포함되어 있다. 당연히 교회개척에는 사회적 요인도 결정적 역할을 감당한다. 그렇기에 교회개척은 종합적인 목회이자 모든 목회의 기초라 하겠다.

그렇다면 교회개척을 어떻게 정의할 수 있을까? 프랭크 비올라Frank Viola에 따르면, 교회개척은 농부가 씨를 뿌려 열매를 얻게 되기까지의 모든 과정이요, 건축가가 건축하기 원하는 하나의 건물에 대한 설계부터 완공하기까지의 모든 과정이다.[34] 성경은 복사를 묘사하기 위해 농부 혹은 건축가라는 은유적 표현을 사용하고 있다(롬 15:20; 고전 3:6-11). 비올라는 이러한 농부 혹은 건축가의 일과 삶이 바로 교회개척이라고 정의한 것이다. 교회개척자는 씨를 뿌려 열매를 얻는, 혹은 터를 닦아 건물을 짓는 자이다. 물론 그 씨와 터는 예수 그리스도이고, 그 씨로부터 그리고 그 터 위에 교회가 세워진다.

비올라 외에도 많은 이들이 교회개척을 나름대로 정의했다. 오트

---

34. Frank Viola, *Finding Organic Church*; 이남하 역, 『유기적 교회 세우기』 (서울: 대장간, 2010), 22-23.

Craig Ott와 윌슨Gene Wilson은 교회개척을 "지역의 영적 지도자와 더불어, 복음전도와 제자화를 통해서, 그리스도를 믿는 천국 공동체를 재생산하는 것"35으로 정의했다. 필자는 교회개척을 "하나님의 사역자로 소명 받은 자가, 영혼 구원의 뜨거운 열정을 갖고, 복음 전파를 통해, 지역 교회를 세우고, 목회하는, 모든 영적인, 현실적인 과정"이라고 정의한다. 교회성장학의 창시자 도널드 맥가브런Donald McGavran은 "기존의 한 교회가 다른 공동체에게 예수 그리스도에 대한 믿음을 나누기 위해 그리스도의 제자로 이루어진 새로운 회중을 형성하는 행위"36라고 정의했다. 교회개척 전문가로 인정받는 오브리 멀퍼스Aubrey Malphurs는 "친히 교회를 세우시겠다는 예수님의 약속에 근거하고, 지상대명령을 이루어내기 위해, 어떤 지역에 새 교회를 세우고 성장시켜가는 계획된 과정으로서, 힘들지만 신나는 믿음의 모험"37이라고 다소 구체적으로 정의했다.

본장에서는 멀퍼스의 정의를 중심으로 해서, 교회개척에 관하여 보다 구체적으로 살펴보려 한다. 교회개척에 관한 이러한 구체적 요소들을 살펴봄으로써 교회개척이 목사가 선택할 수 있는 하나의 사역이라기보다는 모든 목사가 반드시 실천해야만 하는 일, 즉 소명 차원의 과업임을 드러내려는데 본장의 목적이 있다.

---

35. Craig Ott & Gene Wilson, *Global Church Planting: Biblical Principle and Best Practice* (Grand Rapids: Baker Academic, 2011), 8.
36. Donald McGavran & Winfield C. Arn, *Ten Steps for Church Growth* (New York: HarperCollins Publishers, 1977), 127.
37. Aubrey Malphurs, *The Nuts and Volts of Church Planting: A Guide for Starting Any Kind of Church* (Grand Rapids: Baker Books, 2011), 17.

1. 교회개척은 예수님의 약속에 근거한다

교회개척은 예수님의 약속에 근거한다. 마태복음 16장 18절 말씀이 그 직접적 근거가 된다. 예수님께서는 "또 내가 네게 이르노니 너는 베드로라 내가 이 반석 위에 내 교회를 세우리니 음부의 권세가 이기지 못하리라"라고 말씀하셨다. 이 말씀은 이 땅의 교회개척자들에게 강렬한 확신을 주는 말씀이다. 교회개척자가 적어도 "예수님의 교회"를 세운다면 그 교회는 반드시 세워질 것이다. 물론 교회를 정의하고 목회를 규정할 때, 성경의 어느 한 구절에만 매달리는 것은 올바른 자세가 아니다. 이 땅의 교회들이 세워지지 못하는 모든 경우가 반드시 예수님의 교회가 아니기 때문만은 아닐 것이다. 그럼에도 불구하고 "이 반석 위에 내 교회를 세우리니"라는 예수님의 약속은 불변의 약속이다.

아마도 이 땅의 수많은 교회들이, 그것이 개척교회이든 아니면 기존 교회이든 간에, 무너지는 이유는 그 교회들이 예수님의 교회가 아니기 때문일 것이다. 예수님의 교회라면 반드시 예수님이 세우신다. 얼마나 많은 교회개척자들이 예수님의 교회가 아닌 자신의 교회를 세우고 있는가? 얼마나 많은 교회개척자들이 사업자의 자세로 교회개척을 접근하고 있으며, 예수님을 단지 자신의 사업을 축복하는 도구로 사용하고 있는가? 교회개척은 예수님의 약속을 근거로 한다. 교회개척자는 이 약속을 믿고 오직 예수님의 교회를 세워 가는데 집중하고, 어떤 교회가 예수님의 교회인지를 고민하면서 교회개척에 임해야 할 것이다.

2. 교회개척은 지상대명령(마 28:19-20)에 대한 순종이다

교회개척은 지상대명령에 대한 순종이다. 지상대명령의 핵심은 "제자를 삼아"이다. 우리말 성경에서는 분별하기가 쉽지 않지만, 그러나 원어 성경에 의하면, 지상대명령은 한 문장으로서 주동사는 "제자를 삼아"이다. 제자를 삼기 위해 가야하고, 세례를 베풀어야 하고, 가르쳐 지키게 해야 한다. 그리고 이 모든 과정을 위해, 즉 궁극적으로 제자를 양산하기 위해 예수님께서 "항상 함께" 하신다. 이러한 지상대명령에서 제자를 삼는 일은 다름 아닌 교회를 개척하는 일이다. 지상대명령에 대한 초기 그리스도인들의 반응과 그 결과는 교회개척이었다. 팀 체스터Tim Chester는 "사도적 선교"를 주장했는데, 사도들이 행했던 선교를 따라 해야 한다는 의미이다. 그런데 사도적 선교의 원천은 지상대명령이다. 때문에 팀 체스터는 "사도적 선교"는 교회개척이라고 분명하게 말한다.[38] 즉, 지상대명령은 이 땅에 교회를 개척하라는 명령이라는 것이다.

아마도 이 땅의 수많은 교회들이, 그것이 개척교회이든 아니면 기존 교회이든 간에, 무너지는 이유는 그 교회들이 지상대명령을 순종하지 않기 때문일 것이다. 만약 지상대명령에 순종하는 교회라면 "내가 세상 끝 날까지 너희와 항상 함께 있으리라 하시니라"는 약속으로 인해 결코 무너지지 않을 것이기 때문이다. 감히 단언하자면, 모든 예수님의 교회는 지상대명령을 순종해야 한다. 모든 지상교회는 교회개척의 도구가 되어야만 한다는 의미이다. 영혼은 또 다른 영혼을 출산해야 하며, 교회는 또 다른 교회를 출산해야 한다. 잃어버린 영혼을 구원하여 그들을 제자로 만들어야 한다. 본서 제1장에서 이미 언급한 바와 같이 지상대명령은 본서의 중심 주제라 할 수 있는 "사도적 교회개척"의 출발점이라 할 수 있다.

---

38. Tim Chester & Steve Timmis, *Total Church*; 김경아 역, 『교회다움』 (서울: IVP, 2012), 127-128.

제자 만들기의 완성은 재생산이 이루어질 때다

한 사람을 제자로 만드는 것은 그가 "재생산"하는 단계에 도달했을 때 완성된다. 여기서 "재생산"이라 함은 두 가지 측면을 의미한다. 첫 번째 측면은, 그 개인의 개인적 성화이다. 즉, 그가 그리스도인으로 변화되어 가고 있음을 의미한다. 두 번째 측면은 그가 나가서 또 다른 영혼을 구원하여 제자 삼기에 들어가는 것이다. 즉, 영적인 제3세대가 출현하였을 때, 제1세대의 제2세대에 대한 제자 삼기는 종결된다 하겠다. 보수적인 한국교회에서는 그동안 제자 됨에 있어서 객관적으로 측량이 가능하지 않은 개인적인 성화는 강조했으나, 실제 측량이 가능한 영적 부모가 되는 출산은 강조하지 않았던 면이 없지 않다. 즉, 제자 됨을 개인적이고 내면적인 측면만 강조해 온 것이라 하겠다. 하지만 진정한 제자 됨은 내적으로는 성화되고, 외적으로는 또 다른 제자들을 출산하는 것이다.

3. 교회개척은 "지역 교회"를 세우는 것이다

교회개척은 어느 지역에 새 교회를 세우는 것이다. 즉 하나의 새로운 지역 교회New Local Church를 세우는 것이 교회개척이다. 성경에 기록되어 있는 교회들은 모두 지역 교회들이다. 성경적 교회개척은 지역 교회를 세우는 교회개척이다. 그렇다면 지역 교회란 어떤 교회인가? 지역 교회는 그 지역 사람을 대상으로 하고, 그 지역에 뿌리를 내리는 교회를 의미한다. 이러한 지역 교회를 규정하는 요소는 두 가지인데, 첫째는 거리의 제한을 받으며, 둘째는 사역이나 영향력의 범위가 제한된다는 점이다. 지역 교회는 일정한 지역 안에서 그 지역 사람들을 대상으로 사역한다.

물론 과거와 달리, 특별히 신약성경이 기록된 1세기와는 달리 지금은 거리의 개념이 확연히 달라졌다. 많은 교통 수단들이 등장했기 때문이다. 또한 영향력의 범위도 지금은 거의 무제한이다. 새로운 통신 기술과 소통 수단들이 등장했기 때문이다. "지구촌"이라는 말이 나올 정도로 지역과 영향력의 개념과 범위가 달라졌다. 그러나 교회개척자는 의도적으로 지역 경계선을 설정할 필요가 있으며, 그 제한된 지역에 일차적으로 목회의 모든 역량을 집중할 필요가 있다. 왜냐하면 지역 교회가 되기 위해서이다.

오늘날 많은 교회들이 지역 교회라는 개념을 갖고 있지 않다. 지역에서는 비난을 받으면서 지역 밖의 일에 열심인 교회들이 많다. 교회가 그 지역을 통해서 성장했는데, 그 지역의 자양분을 통해서 성장했는데, 성장한 이후에는 더 성장해야만 한다는 목적으로 그 지역을 헌신짝 버리듯 떠나버린다. 교회가 지역에 대한 소속감과 헌신도를 보이지 못하는 것이다. 그러니 지역민들 입장에서는 교회가 번거로울 뿐이다. 소음과 교통 혼잡을 유발하는 귀찮은 존재일 뿐이다. 교회와 교회 인근 주민과의 불화는 너무나 흔한 현상이다. 필자가 어느 교회에 설교 목사로 잠시 동안 봉사 한 적이 있었는데, 우연히 만난 교회 앞 주민으로부터 교회에 대한 불만을 한 시간 이상 들었던 경험이 있다.

교회들이 지역 교회가 되지 못하는 중요한 원인 중의 하나가 교회의 지도자들이 그 지역에 거주하지 않기 때문이다. 심지어 담임목사 역시 그 지역에 거주하지 않는다. 교회 지도자들이 일주일에 한 번 혹은 두 번, 단 몇 시간의 예배를 드리기 위해 교회에 머물 뿐이다. 그러니 그 지역의 진짜 이슈와 주민들의 상황에 관심이 없다. 형식적인 관심과 구색을 갖추기 위한 프로그램으로서의 몇몇 구제 활동만 있을 뿐이다. 따라서 주민들은 교회의 활동에 진정성을 느끼지 못한다.

그러니 교회가 지역에 개척된다고 하면 환영받지 못하는 경우가 허다하다. 집값이 떨어진다고, 시끄럽다고 주민들이 교회가 그 지역에 들어오는 것을 반대하는 경우가 허다하다. 필자의 연구와 조사에 의하면 신도시 지역에서는 고가의 프리미엄을 얹은 임대료를 주지 않으면 교회개척을 위한 공간을 임대할 수 없다. 건물주들이 교회를 기피하는 것이다. 이 글을 쓰고 있는 현재 필자가 거하는 지역 역시 대대적인 개발로 인해 신도시가 형성되고 있다. 그런데 통상적으로 볼 때 여러 교회들의 간판이 보여야 함에도 불구하고, 그 많은 건물에 교회가 들어선 곳은 현재까지 전무하다. 분명 재정적인 부담으로 인해, 혹은 건물주들의 기피로 인해 개척자들이 엄두를 내지 못하고 있으리라 생각한다. (물론 필자는 건물부터 구입하여 시작하는 교회개척을 성경적 교회개척 방법으로 보지 않는다.) 그러니 신도시에는 대형교회의 거대 자본을 후원받는, 소위 말해 프랜차이즈식 교회개척이 자리 잡을 수밖에 없는 것이다.

4. 교회개척은 교회를 성장시켜가는 과정이다

교회개척은 교회를 시작하는 것뿐만이 아니라, 교회를 성장시켜가는 과정까지도 포함한다. 교회의 성장에는 두 종류가 있다. 하나는 영적 성장Spiritual Growth이며, 다른 하나는 양적 성장Quantitative/Numerical Growth이다. 오늘날 목사가 영적 성상을 추구하면 뭔가 수준 높은 성장으로 간주하고, 양적 성장을 추구하면 뭔가 기복과 성공에 치우친 수준 낮은 성장인 양 취급되는 경향이 있음이 사실이다. 이러한 경향은 양적 성장의 어려움에 대한 평계일 수도 있고, 혹은 변형되고 오용된 교회성장 신학에 대한 반감일 수도 있다.

그러나 중요한 사실은 영적 성장과 양적 성장 둘 다 주님께서 원하시는 성장이라는 점이다. 어느 한쪽에만 치우쳐서 그 한쪽만을 강조하는 것은 성경적이지 못하다. "양(量) 속에 질(質)이 있는가" 아니면 "질 속에 양이 있는가"는 교회성장학 영역에서 뿌리 깊은 논쟁임에도 불구하고, 필자는 실제로 의미 없는 논쟁이라고 보고 있다. 성경은 두 측면 모두를 말하고 있기 때문이다. 다만 교회가 위치한 지역과 상황에 따라 전자가 맞을 수 있고, 후자가 옳을 수도 있다. 대부분의 경우에 있어서 영적으로 성장하면 그 결과로써 양적으로도 성장한다. 마찬가지로, 양적으로 성장한 교회를 들여다보면, 그 안에는 우수한 질이 자리 잡고 있음을 알 수 있다. 대형교회가 그 양을 유지할 수 있는 이유 중의 하나는 그 안에 질이 존재하기 때문이다.

이처럼 양과 질이 모두 중요하고 조화가 필요함에도 불구하고, 여기서는 양적 성장에 대해 더 강조하고자 한다. 교회개척은 교회를 시작하여 양적으로 성장시켜 가는 과정이다. 먼저 지적하고 싶은 부분은 양적 성장에 대한 편견을 버려야 한다는 사실이다. 성경은 양과 숫자에 대해 매우 민감하다. 하나님이 역사하시는 증거를 성경은 숫자로 표기하고 있다. 구약에서는 백성들의 헌신과 헌금을 숫자로 표기하고 있다. 사도행전은 양적인 부흥을 구체적으로 여러 번 언급한다. 그리고 그 숫자를 하나님께서 함께 하신다는 표시로 삼았다. 교회는 양적으로 성장해야만 한다. 물론 그 양적 성장이 한 교회의 비대(肥大) 혹은 비만으로 연결되는 것을 경계해야 한다.

교회는 숫자적으로 성장해야 한다. 더군다나 우리나라의 경우 2015년 정부의 통계에 의하면, 교회에 출석하는 비율이 18.9%에 불과하다.[39] 거리에서 만나는 10명의 사람들 중에 오직 두 명만이 교회에 출석하고 있다. 이 통계 안에는 분명 이단들과 유사 기독교 종파에 속한 사람들까지도 포함되어 있다. 그렇기에 정통 건전한 기독교 소속 기독교인은 전체 인구의 약 15% 정도로 추산된다. 이 수치는 우리나라

---

39. "2015 인구주택 총 조사"에 의하면, 지난 10년 동안 120만 명 증가하여 968만 명이 되어 가톨릭과 불교를 제치고 대한민국 제1종교가 되었다. "신자 수, 개신교 1위… '종교 없다' 56%," 「조선일보」 (2016.12.20.) 출처: http://news.chosun.com/site/data/html_dir/2016/12/20/2016122000155.html.

교회들이 아직도 양적 성장에 관심을 가져야만 하는 중요한 이유를 보여 준다고 하겠다.

하지만 교회개척자들이 양적 성장을 간절히 추구함에도 불구하고 그 방법에 있어서 문제가 있음을 제기하지 않을 수 없다. 교회의 양적 성장은 일반적으로 세 가지 방법을 통해서 일어난다. 첫째는 생물학적 성장Biological Growth이며, 둘째는 전입 성장Transfer Growth이고, 마지막으로 회심 혹은 전도 성장Evangelism Growth이다. 이 세 가지 성장 방법 모두 기본적으로 가치 있는 성장 방법들이다. 적어도 그것들이 오용(誤用)되지 않는다면 말이다. 가장 심하게 오용되는 성장 방법은 전입 성장일 것이다. 많은 교회개척자들이 전입 성장을 통한 교회성장을 꿈꾸고 있다. 변질된 교회성장학에서는 현대의 실용주의를 차용하여 전입 성장을 부추긴다. 시설을 완벽하게 하고 프로그램을 잘 준비하고 방문자들의 첫 인상을 향상시키는 모든 조건을 구비함으로 사람들을 끌어 모으려 한다. 필자는 일반 은총 영역의 원리들을 교회성장을 위해 사용하는 것을 결코 반대하지 않는다. 그럼에도 불구하고 이미 구원받은 자들을 전입시켜 교회성장을 도모하려는 현대 교회들의 모습에 대해서는 동의하지 않는다. 교회개척자는 회심 성장을 목표로 삼아야만 한다. 필자는 이러한 교회개척 방법을 "사도적 교회개척"이라고 부른다.

5. 교회개척은 복음전도를 통해 시작된다

이 부분에서 본서의 주제인 "사도적 교회개척"에 관하여 다시 한번 논하려고 한다. 사도적 교회개척이라 함은 사도들이 사용했던 교회개척 방법을 의미한다.[40] 사도들이 교회개척을 위해 사용한 방법은 지상

---

40. 오늘날 "선교적 교회개척"이나 "성육신적 교회개척" 혹은 "유기적 교회개척" 등의 용어들이 등장하고 있는데, 근본적인 의미는 동일하다고 생각한다. 이러한 용어들이 함의하는

대명령에 순종하여 비신자를 찾아가 복음을 전하는 것이었다. 사도들이 수행한 교회개척의 본질적 도구는 복음전도이었다는 것이다. 복음전도를 통해 교회가 시작되었고, 복음전도를 통해 그 시작된 교회가 유지되었고 성장하였으며, 복음전도를 통해 교회는 세상에 영향력을 행사하였고, 복음전도를 통해 결과적으로 하나님의 나라가 확장되었다.

이미 언급한 바와 같이, 성경 어디에도 교회를 개척하라는 직접적인 명령은 없다. 더더구나 교회당을 마련하거나 건축하라는 지시는 없다. 오직 제자를 삼으라는 명령만 있을 뿐이다. 복음을 통해 구원받은 사람을 만들어 내라는 명령만 있을 뿐이다. 결과적으로 그 구원받은 제자들이 모임으로 인해 가시적 지역 교회가 탄생하였던 것이다. 이러한 성경적 교회개척 패턴에 대해 페인은 말하기를 "성경적 교회개척은 결과적으로 새로운 교회가 탄생하도록 하는 복음전도이다. 이러한 개념을 달리 설명하면, 복음전도가 결과적으로 새로운 제자들을 만든다. 그 제자들은 함께 모임으로 그리스도의 우주적 몸의 지역적 표현이 된다"[41]라고 했다.

때문에 한국적 교회개척 방법으로 자리 잡은 "교회당부터 마련하는 교회개척" 방법을 비판적으로 검토해볼 필요가 있다. 오늘날 대부분의 교회개척자들은 교회당을 마련함으로 교회개척을 시작한다. 선교사들 역시 선교지에서 교회당부터 지으려 한다. 그리고 그 교회당에 사람들이 가득 차지기를 기도한다. 그런데 그러한 기도를 하는 목회자의 모습에는 은연중에 비신자가 아닌 기신자가 자리 잡고 있다. 교회당을 차려놓으면(?) 찾아오는 이들이 누구이겠는가? 그들은 교회를 이미 아는 이들, 즉 이미 성도인 자들이다. 비신자들은 아예 교회에 관심이 없고 그렇기에 오지도 않는다. 교회당 안에서 신자를 기다리는 모습은, 심하

바는 초대교회가 세워진 그 과정을 통해서 교회를 세우고, 초대교회가 품었던 그 정신과 모습을 오늘의 교회 안에서 유지하자는 것이다.

41. Payne, *Apostolic Church Planting: Birthing New Churches from New Believers*, 18.

게 말하면 마치 무속인이 점집을 차려놓고, 고객 오기를 기다리는 모습과 너무나 흡사하다.

교회개척자는 영혼 구원의 뜨거운 열정을 갖고 세상으로, 비신자에게로 다가가는 것을 우선해야 한다. 교회개척은 거리에서, 시장터에서, 그리고 사람이 있는 그곳에서 시작되어야 한다. 기존 신자들과 더불어, 달리 말하면 개척멤버들과 더불어 교회를 개척하는 것은 실제로는 안전한 방법이지만 그러나 예외적이라고 할 수 있다. 페인은 이러한 사실을 분명히 한다. 그는 말하기를 "오래된 성도들과 더불어 교회를 개척하는 것은 예외규정으로 보아야만 한다"[42]라고 했다. 교회개척자에게는 사도들처럼 무에서 유를 창조하겠다는 도전 정신이 필요하다. 교회개척 현장에서는 널리 통용되는 "맨땅에 헤딩"이라는 다소 거친 표현이야말로 진정한 교회개척자의 자세이며 사도적 교회개척 정신이라 하겠다.

6. 교회개척은 개척자의 전략적 사고와 행동의 총합이다

교회개척은 치밀한 준비, 계획 그리고 합당한 전략을 필요로 한다. 멀퍼스의 말대로 교회개척은 "계획된 과정"Planned Process이다. 교회개척은 목회의 기초로서 목회 그 자체이다. 목회의 한 축은 운영이라는 측면이다. 그렇기에 목사는 행정가이자 동시에 관리자이다. 따라서 교회개척자는 "목표"를 세우고 구성원들의 "동기유발"을 촉진하고, 그들을 "훈련"시켜 목표를 이루어내야만 한다. 종종 목사가 계획을 세우고 전략을 세우는 것을 인본주의로 간주하려는 경향을 접하게 된다. 그러나 그것은 성경적이지 못한 관점이다. 예수님은 매우 계획적이고 전략적인 분이셨다. 하나님의 사용을 받은 성경 속의 사람들은 매우 전략적

---

42. Payne, *Apostolic Church Planting: Birthing New Churches from New Believers*, 23.

인 사람들이었다. 오늘날도 사역에 있어서 작은 열매라도 맺고 있는 자들의 공통점은 그들이 매우 전략적인 사고와 행동을 한다는 점이다.

기도로, 무릎으로 목회하는 것은 당연하다. 그러나 무릎으로만 목회할 수 있는 것은 아니다. 교회를 개척하고 난 후에 무릎 꿇지 않은 목사가 있겠는가? 교회개척자처럼 간절한 자세로 무릎 꿇는 목사는 아마도 없을 것이다. 그럼에도 불구하고 어떤 개척교회는 세워지고, 어떤 개척교회는 세워지지 못한다. 왜 그러한가? 그들의 하나님이 각각 다르기 때문인가? 결코 아니다. 그들의 하나님은 동일하신 하나님이시다. 그렇다면 교회가 세워지지 못하는 이유가 무엇인가? 물론 환경적 요소를 포함하여 다른 여러 이유가 있을 수 있겠지만, 결정적 원인은 목사가 전략적이지 못하다는 사실이다.

목사가 몸이 망가지도록 충성하는 것은 매우 중요하고 높이 평가할 만하다. 그러나 목사가 충성하는 것 자체로 만족하는 것은 목회를 지나치게 단순화하는 것이다. 충성함과 동시에 목회 열매까지도 거둘 수 있어야 한다. 열심히 일하고서도 아무런 목회 열매를 거두지 못하는 목사들이 허다하다. 결국에는 절망과 더불어 소명감 상실, 치유되지 않은 마음의 상처와 육체적 질병, 그리고 경제적 파탄과 가정 해체의 위험을 안고 목회에서 물러나는 목사들이 허다하다. 이것이야말로 불행 중의 불행이다. 하나님께서 원하시는 결과가 아님이 분명하다. 이러한 결과의 근본적인 원인이 무엇인가? 목회에 대한 목사의 전략적 접근 부재라고 결론지을 수 있다.

교회개척자에게, 아니 모든 목사에게는 전략적 사고와 전략적 행동이 필요하다(잠 15:22; 잠 20:18). 목사가 이성을 사용하고 더불어 일반 은총 영역의 모든 이론과 기술을 사용하는 것은 매우 중요한 목회 수단이다. 이러한 전략적 사고와 행동에 관해서는 뒤에서 다루게 될 "교회개척 준비"에서 보다 구체적으로 설명하도록 하겠다.

7. 교회개척은 피곤하지만 신나는 믿음의 모험이다

교회개척은 인간적으로 매우 피곤한 과정이다. 목회란 원래 피곤하고 고단한 과정이다. 한 영혼을 구원하여 교회의 신실한 교인으로 만드는 과정이 쉬울 리 없다. 목사의 희생 위에 한 영혼이 굳건히 세워지는 것이다. 그러나 신나는 과정이다. 한 영혼이 변화되어가는 과정을 본다는 것은, 그것도 목사 자신을 통해서 그 영혼이 성장해 가는 과정을 겪는다는 것은 이 땅의 어느 전문직에 있는 사람들이 겪는 기쁨보다 크다고 할 수 있다. 문전박대하던 비신자가 결국에 교회의 중요한 직분자가 되는 과정을 경험할 때, "목사 되기를 정말 잘했다"는 감사와 희열을 느낀다. 한 영혼이 구원되고 성숙하는 과정을 볼 때 그동안의 고생과 피곤함은 다 잊어버리게 된다. 때문에 교회개척의 과정은 믿음의 모험이라 하겠다. 농부가 열매가 맺어질 줄 믿고 씨를 뿌리고 농사를 짓는 과정이다. 히브리서 11장 8절 말씀대로 "갈 바를 알지 못하고" 나아가는 과정이며, 잠언 3장 6절 말씀대로 하나님을 인정하고 그분의 지도를 받는 과정이다. 교회개척자의 자세는 하나님을 신뢰하고 그를 인정하는 것뿐이다.

8. 교회개척은 영적인 과정이자 동시에 현실적 과정이다

마지막으로, 교회개척은 지극히 영적이자 동시에 현실적인 과정임을 언급하지 않을 수 없다. 잃어버린 자를 찾아 하나님의 가족으로 만드는 작업은 영적인 작업이다. 교회개척이 예수님의 약속에 근거한다는 사실과 지상대명령에 대한 순종이라는 사실에서 우리는 교회개척이 영적인 과정임을 충분히 알 수 있다. 그러나 교회개척이 단지 영적인 과정일 수만은 없다. 교회개척은 매우 현실적인 과정이다. 왜냐하면 교회개척은 이 지상 위에서 행해야 하는 과업이기 때문이다. 교회개척은 이 땅의 문화와 정치와 경제 상황의 영향을 받는다. 교회개척은 모든 인간관계가 총동원되는 일이다. 교회개척자 역시 생존의 문제에 직면한다. 교회개척자라고 하여 자녀 양육과 부모 공양과 대인관계와 문화생활을 위한 경비가 필요하다는 데서 비껴가지 않는다. 이 모든 것이 현실이다. 어떤 이들은 하나님의 일을 수행하는 것을 매우 이상적이고 낭만적으로만 여긴다. 그들은 하나님께서 인도하실 것이라는 믿음 하나면 충분하다고 생각한다. 그러나 이러한 자세는 하나님의 일을 수행하는 프로다운 모습이 전혀 아니다. 교회개척자는 생존에 대한 대안을 현실적으로 마련해야 한다. 이는 하나님의 손이 짧아서가 결코 아니다. 이것은 인간이 해야만 하는 책임이자 의무이다. 교회개척에 대한 정말 위험한 방법 중의 하나가 "하나님이 은혜를 베푸셔서 교회가 부흥될 것이고, 그렇게 되면 생존을 비롯한 모든 것이 해결될 것이다"라는 접근 방법이다.

4
교회개척의 당위성

앞 장에서 언급한 바와 같이 교회개척 현실과 현장이 어려운 것만은 사실이다. 그렇기에 많은 교회개척자들이 실패를 경험한다. 그렇다고 하여 교회개척이 폄하되어서는 결코 아니 된다. 교회개척은 하나님 나라의 확장을 위해서 어떤 희생과 실패가 있더라도 계속해야만 하는 위대한 과업이기 때문이다. 사실 교회개척이 쉬웠던 시대는 없었다. 목회가 쉽다고 한다면 이것은 비정상적이다. 때로 목회가 쉬웠던 적이 있었지만 우리는 그러한 시대를 오히려 비정상적인 시대 혹은 암흑시대라고 말한다. 교회개척은 원래가 어려운 과업이다.

교회개척은 소명을 받아 목사가 된 자들에게 있어서 너무나도 당연한 사명이다. 한 영혼들을 구원하여 제자로 만들어감으로 교회를 세워나가는 것은 어느 특별한 자들에게만 수어신 명령이 아니라 소명 받은 모든 목사들에게 주어진 보편적 명령이다. 소명 받은 모든 자들은 교회를 개척해야 한다. 모든 교회는 또 다른 교회를 출산해야 하고, 모든 성도는 또 다른 성도를 낳아야만 한다. 본장에서는 교회개척의 당위성을 논하고자 한다.

1. 교회개척은 하나님의 열망이자 동시에 우리에게 주신 명령이다

하나님께서는 당신의 나라를 확장하는데 지대한 관심을 갖고 계신다. 새로운 지경을 개척하라는 하나님의 명령은 신구약을 통해 면면히 이어지고 있다. 하나님께서는 그의 백성들에게 하나님 나라의 지경을 넓히라는 보편적인 사명을 주셨다. 하나님께서 아브라함을 부르셨는데, 그 부르심은 새로운 지경을 확장하기 위한 원대한 부르심이었다. 미정복지를 개척하라는 여호수아의 권면과 그 권면에 적극적으로 반응하는 갈렙의 모습은 하나님 나라의 지경이 확장되어야만 하는 당위성을 보여준다. 구약성경에 기록되어 있는 많은 사건들 속에서 우리는 하나님의 한 가지 열망을 발견할 수 있는데, 그것은 바로 새로운 지경을 확보하는 도전과 개척에 대한 열망이시다.

신약성경에서, 민족 개념의 "이스라엘"이 하나님의 자녀 개념의 "교회"로 그 의미가 확장된다. 신약의 많은 파송 메시지들(마 28:19-20; 막 16:15; 요 20:21; 행 1:8)에서 하나님 나라의 지경 확장을 위한 하나님의 간절한 열망을 발견할 수 있다. 특별히 지상대명령으로 불리는 마태복음 28장 19-20절은 하나님 나라 지경 확장을 위한 가장 강력한 파송 메시지라 하겠다. 이미 언급한 바와 같이 지상대명령은 교회개척의 당위성을 제공한다. 예수님은 이 땅에 자기 제자들이 풍성해지기를 간절히 바라신다.

하나님께서는 잃어버린 영혼을 그의 아들 예수께로 인도하기를 강력히 원하신다. 그렇기에 그분은 독생자 예수님을 보내셨다. 보냄을 받으신 예수님께서는 동일한 목적을 위해 그의 제자들을 세상으로 보내셨다. 보냄을 받은 제자들은 잃어버린 영혼을 구원하기 위해 이 땅에 "파송을 받은" 자들이다. 따라서 제자들은 당연히 잃어버린 영혼들을 찾아내어 교회를 세워나가야 한다. 이 땅에 다양한 하나님의 사역자들이 존재한다. 그들이 어떤 명칭으로 불리든 간에, 어떤 방식의 사역을 감당하든 간에, 만약 그들이 잃어버린 영혼을 구원하여 교회가 세워지는

"열매 맺음"에 기여하지 못한다면, 어쩌면 그들은 하나님의 소원과 관련이 없는 자일 수도 있다.

2. 교회개척은 하나님 나라의 확장을 위한 하나님의 유일한 방법이다

교회란 무엇인가? 이는 매우 본질적 질문이라 하겠다. 교회에 대한 다양한 정의가 가능하겠지만, 그중의 매우 중요한 정의 중 하나는, 프랭크 비올라가 "교회는 살아 있는 유기체이다"[43]라고 말했던 것처럼, 교회가 유기체(생명체)라는 것이다. "포도나무와 가지(요 15:5)," "몸과 지체(롬 12:5)," "머리와 몸(골 1:18)," 그리고 사도신경의 "성도의 교통" 등은 교회가 유기체임을 나타내는 표현들이다. 교회는 그리스도를 머리로 하여 유기적 연합을 이루고, 구성원 간에 한 몸을 이룬 유기적 모임 그 자체이다.

그런데 교회가 유기체(생명체)라는 말은, 다른 의미에서 말하면, 언젠가는 죽는다는 사실을 내포한다. 물론 우주적/불가시적 교회는 주님 재림 시까지 계속해서 팽창하게 될 것이다. 그러나 지상/가시적 교회는 상황이 다르다. 지상교회는 영원히 존재하지 못한다. 어떤 형태로든 그리고 언젠가는 죽는다. 왜냐하면 지상교회가 생명체이기 때문이다. 생명체는 반드시 죽는다는 하나님의 창조 법칙에 의해서이다. 사실 이러한 사실은 "교회의 생명주기"Congregational Life Cycle[44] 이론으로 뒷받침된다. 교회생명주기 이론을 연구한 학자들은 말하기를, 한 지역 교회가 30년 이상 동안 진정한 생명력을 유지한 적이 없었다고 한다. 이상훈은

---

43. Frank Viola, 『유기적 교회 세우기』, 23.
44. 본장에 이어지는 "교회생명주기(Congregational Life Cycle) 이론"을 참조할 것.

"아쉽게도 수 세대에 걸쳐 영향력 있는 사역을 감당하며 지속적인 성장을 이루는 교회는 드물다"[45]라고 말한다. 지상교회는 결국 생명의 연한이 있다. 그처럼 흥왕했던 성경 시대와 교회사 속의 지상교회들이 지금은 더 이상 존재하지 않는다.

그렇다면 이 땅에 교회가 유지 번성하게 하는 방법이 무엇인가? 이 땅에 생명체가 유지되는 방법은 오직 출산뿐이다. 이것이 하나님의 창조 법칙이다. 교회도 생명체로서, 교회가 이 땅에서 번성하는 방법은 교회가 생명력이 있을 때 할 수만 있으면 많이 새로운 교회들을 낳는 것뿐이다. 새로운 교회가 탄생되는 것만이 이 땅에서 교회가 번성하는 방법이고 그것만이 하나님의 방법이다. 그렇기에 팀 켈러는, 교회의 지속적인 쇠퇴를 막으려면 "평범한 수준"의 교회개척이라도 있어야 하고, 교회(하나님의 나라)가 성장하려 한다면 반드시 "공격적인 수준"의 교회개척이 필요하다고 주장했다.[46] 그렇다. 새로운 교회의 개척은 하나님이 사용하시는 그의 나라 확장을 위한 유일한 방법이다.

교회비대(肥大)가 교회성장(成長)이 아니다

하나의 교회가 비대해짐으로 해서 이 땅에 교회가 존속되는 것은 아니다. 모든 생명체는 하나님께서 정해 놓으신 물리적 크기 안에서 성장한다. 예를 들어 고양이가 아무리 성장해도 고양이의 크기를 넘지 못한다. 그런데 만약 고양이가 호랑이처럼 커진다면 어떻게 될까? 이것은 분명 비정상이요, 돌연변이요, 결과적으로 생태계를 파괴하는 주범이 된다. 인간을 포함하여 모든 생

---

45. 이상훈, 『Re Form Church: 변혁을 이끄는 미국의 선교적 교회들』 (서울: 교회성장연구소, 2015), 16.
46. Keller, 『팀 켈러의 센터처치』, 761.

명체에 있어서 주어진 크기 이상으로 비대해지면, 스스로의 건강에도 문제이지만 그가 속한 생태계 전체에 교란을 가져온다. 교회도 생명체이다. 그렇다면 하나님께서 이 땅에 교회를 남기실 때, 그분은 어느 정도의 교회 크기를 의도하셨을까? "교회비대"Church Obesity와 "교회성장"Church Growth은 반드시 구별되어야만 한다. 교회비대는 교회성장이 아니다. 진정한 교회성장은 하나의 교회가 비대해 지는 것이 아니라, 이 땅에 교회가 많아지는 것 Church Multiplication이다.

3. 교회개척은 영혼을 구원하는 가장 효과적인 방법이다

가장 효과적인 복음전도 방법이 새로운 교회를 세우는 것이라고 대부분의 복음전도학 학자들이 동의하고 있다. 피터 와그너Peter Wagner는, 비록 그가 그의 인생 후반부에 신사도 운동가로 전환함으로 해서 교회성장 학자로서의 그의 명성에 흠을 남기기는 하였지만, "하늘 아래 유일하고도 가장 효과적인 전도 방법은 교회를 개척하는 것"[47]이라고 주장했다. 팀 체스터는 말하기를 "선교를 생각할 때 우리는 반드시 '교회'를 생각해야 한다. 그리고 교회와 선교를 잇는 가장 좋은 방법이 바로 교회개척이다"[48]라고 했으며, "교회는 세상에서 하나님이 행하시는 제일의 선교 전략이다"[49]라고 주장했다.

---

47. C. Peter Wagner, *Church Planting for a Greater Harvest*; 편집부 역, 『교회개척 이렇게 하라』 (서울: 서로사랑, 1990), 8.
48. Chester & Timmis, 『교회다움』, 125.
49. Tim Chester & Steve Timmis, *Everyday Church*; 신대현 역, 『일상 교회: 세상이 이웃 삼고 싶은 교회』 (서울: IVP, 2015), 133.

특별히 팀 켈러는 이 부분에 있어서, 탁월한 주장을 하고 있다. 그는 주장하기를 새 교회는 같은 규모의 오래된 교회보다 6-8배의 비신자 전도율을 보인다고 했다. 그는 다음과 같이 말했다.

> 역사가 있고 부흥한 교회들이 새로운 교회만큼 비신자들을 품지는 못한다. 미국교회에 대한 여러 연구 결과에 의하면, 새로 시작한 교회들의 교인은 삼분의 일 내지 이가 전에는 교회에 안 다니던 사람들이다. 이에 비해 10-15년 이상 된 교회들에 등록하는 새 교인들은 80-90%가 이미 다른 교회에 다니던 사람들이다. 그러므로 평균적인 새 교회들은 같은 규모의 오래된 교인들보다 여섯 내지는 여덟 배의 높은 비율로 새로운 사람들을 그리스도의 생명으로 이끌고 있는 것이다.[50]

켈러는 한 도시에서 그리스도인들의 수를 확실하게 늘리는 유일한 방법은 새로운 교회의 숫자를 확실하게 늘리는 것이라고 확언했다. 켈러는 그 자신의 연구와 경험을 통해서 다음과 같은 결론을 내리기도 한다.

> 1만 명당 하나의 교회가 있을 때 인구의 약 1%가 교회에 간다. 반면 1천 명당 하나의 교회가 있으면 도시 인구의 15-20%가 교회에 간다. 만일 이 숫자가 5백 명당 하나로 바뀐다면, 40% 또는 그 이상으로 올라갈 것이다. 교회의 수와 교회의 오는 사람들의 수 사이의 상관관계는 선형적이 아니라 기하급수적이다.[51]

물론 켈러의 이러한 연구가 미국적 상황에 근거한 것임은 분명하지만, 새로운 교회 하나가 세워질 때 그에 따른 영혼 구원이라는 열매가

---

50. Keller, 『팀 켈러의 센터처치』, 754.
51. Keller, 『팀 켈러의 센터처치』, 761.

풍성히 맺힘을 보여주는 연구들이라 하겠으며, 이러한 연구는 교회개척의 당위성을 충분히 제공하고 있다고 하겠다.

4. 교회개척은 목사에게 진정으로 유익하다

필자는 강의 과정으로 학생들에게 역사가 5년 미만 된 개척교회 목사들을 인터뷰 해오는 과제물을 매학기 부과한다. 그 인터뷰 과제물의 질문 중 하나가 "개척을 한 이후, 개척 전에 예상하지 못했던 가장 큰 어려움과 가장 큰 행복 한 가지씩만 말해 달라"는 것이다. 지난 수년간 이 질문에 대한 답을 분석한 결과 의미심장한 결론 한 가지를 얻었는데, 그것은 개척을 해봐야 한 영혼의 소중함을 깨닫는다는 것이다. 그리고 한 영혼의 가치를 깨달을 때만이 소명의 본질을 비로소 이해했다 할 수 있다는 것이다.

현장의 교회개척 목사들은 그 질문에 대해 다음과 같이 답변하고 있다. "개척하고 나니 나만큼 부족한 존재가 없다는 것을 자각하게 된다." "목사는 개척을 해야 진짜 자기 자신을 알게 된다. 목사로 행복하게 사는 데 있어서 개척만큼 좋은 건 없다." "예수님을 닮아갈 수 있는 절호의 기회이다. 오히려 개척하면서 더 많은 기쁨이 있었고 깨달음도 있었다. 개척교회 이미지는 돌밭을 옥토로 만드는 수고와 가난이었다. 그런데 작은 신방을 꾸리는 이미지로 전환되었다." 어떤 대형교회에서 화려한 부목사 경력을 쌓은 목사는 과거 대형교회에서의 목회와 현재의 교회개척 목회를 다음과 같이 평가하고 있다. "이제 되돌아보니 대부분 예수님의 가르침과는 맞지 않은 것을 발견해 부끄럽기도 했습니다. 만약 개척 사역을 하지 않았다면 끝까지 모르고 주님 앞에 갈 수도 있었습니다."

목사들이 교인들을 함부로 대하는 경우가 종종 있다. 하나님께서 말겨주신 영혼들을 함부로 대하는 것이다. 강단을 자신의 목적을 위해 비난과 정죄의 도구로 사용하는, 인간에 대한 이해가 부족하고 교인들에게 예의를 지키지 않는 그러한 목사들로 인해 성도들이 정든 교회를 떠나 방황하는 경우가 허다하다. 이러한 현상은 목사들이 교만해짐으로 인해서, 세속적 엘리트 의식에 사로잡힘으로 인해서, 하나님의 이름을 사욕의 수단으로 삼음으로 인해서, 그릇된 사제 의식으로 인해서, 혹은 자신의 목회철학을 절대화함으로 인해서 일어나는 일들이다. 대부분 영적으로나 실제적으로 배부른 목사들이 보이는 행태들이다.

그러나 개척교회 목사는 정말 한 영혼에 배고파하는 자이다. 어쩌다 한 사람이라도 더 나와 앉아 있으면, 마치 몇 천 명 앞에서 설교하는 것과 같은 영적 흥분으로 설교하는 목사가 개척교회 목사이다. 개척교회 목사는 교인들이 공궤하는 과일 한 박스에 감동하는 목사이다. 평신도가 얼마나 똑똑하고 귀한가? 교회개척은 목사로 하여금 한 생명의 가치를 천하보다 귀하게 여기도록 만든다. 교회개척은 목사를 겸손하게 만든다. 교회개척은 목사를 영적으로 성숙하게 한다. 교회개척은 목사로 하여금 예수님의 마음을 이해하게 만든다.

관리형 목회와 생산형 목회

기존 교회에서의 관리형 목회를 할 것이냐, 아니면 교회를 개척함으로 생산형 목회를 할 것이냐는 목사로서 중요한 선택이라 하겠다. 미국에서는 "20년 이상 된 교회에서 개혁을 시도하느니 차라리 교회개척을 하라"는 실천신학적 금언이 있다.

5. 교회개척은 한국교회의 어두워 보이는
현실을 극복할 수 있는 대안이다

　이미 언급한 바와 같이 한국교회는 여러 상황에 있어서 그렇게 녹녹하지만은 않다. 그렇다면 한국교회가 다시 왕성한 성장과 영향력을 발휘할 수 있는 길이 무엇이겠는가? 그것은 과거의 교회개척 정신을 회복하여 동네마다 건강한 교회들이 "동네교회"로서 자리 잡는 것이다. 팀 켈러는 오늘날 21세기를 1세기의 형편과 동일하게 보았다. 그리고 교회가 이 시대를 극복하는 방법으로써 1세기 때 사용했던 교회개척을 제시했다. 그는 말하기를 "사도행전 시대와 비슷한 시대에 살고 있기 때문에 교회개척은 과거와 마찬가지로 필연적으로 세상을 복음화하는 중심 전략이어야 한다"[52]라고 말했다. 스테쳐와 레이너Ed Stetzer & Thom S. Rainer 역시 오늘날의 교회 상황을 고대의 교회 상황과 비슷하게 보았으며, "현재 우리와 비슷한 고대의 상황을 통해서 배울 수 있는 것은 교회는 반드시 재건되어야 한다는 것이다"라고 주장했다.[53]

　한국에 교회 수가 많다고 한다. 그리고 그 교회들이 생존하기가 쉽지 않다고 한다. 그러나 교회 수가 많다는 사실이나 교회가 생존하기 어렵다는 사실과 교회가 계속적으로 개척되어야 한다는 사실은 인과 관계로 묶을 수 없는 서로 다른 영역이다. 아이들을 잘 키울 수 없다는 이유 때문에, 아이들의 미래가 그리 낙관적이지 않다는 이유 때문에, 아이들이 어렸을 때 불행한 일을 당할 수도 있다는 우려 때문에, 아예 아이를 낳지 않는다면, 그 가정과 그 나라의 미래는 없다. 그럼에도 불구하고 아이는 계속 낳아야 한다. "있는 아이나 잘 키우자"라는 정책은 나라를 망하게 하는 정책이다. 물론 그 아이들이 건강하게 자라나도록 하는 일

---

52. Keller, 『팀 켈러의 센터처치』, 752.
53. Ed Stetzer & Thom S. Rainer, *Transformational Church*; 궁인 역, 『교회혁명: 변혁적 교회』 (서울: 요단출판사, 2014), 34.

도 병행되어야만 한다. 교회 역시 마찬가지이다. 이러한 때일수록 교회들이 우후죽순처럼 생겨나야 한다. 물론 그 교회들이 생존할 수 있는 환경을 만드는 작업도 병행되어야 함은 물론이다. 교회는 지금도 충분하고 넘쳐난다. 그러나 하나님께서는 지금도 바른 교회에 목말라하신다. 바른 교회는 얼마든지 있어도 된다.

오늘날 교회개척에 대한 부정적인 모습이 지나치게 부각되어 있다고 하겠다. 교회 수가 너무나 많다는 시각, 교회개척 성공률이 높지 않다는 현실, 그리고 교회개척자가 겪는 고통스러운 현실 등이 지나치게 부각됨으로 인해서 교회개척에 회의적인 시각이 많다. 그러나 이러한 시각은 전혀 성경적이지도 신학적이지도 않다. 역사 이래 교회개척이 쉬웠던 적은 없다. 한 영혼을 구원해 제자로 만들어 가는 과정이 결코 쉬울 수 없다. 우리는 자꾸만 과거 비교적 교회개척이 쉬웠던 시절을 상기하면서 그때의 영광과 지금을 비교하려 한다. 그래서 지금을 비관적으로 바라본다. 하지만 엄밀히 말하면 교회개척이 쉬웠던 그 시절이 오히려 비정상적이다. (물론 혹자들은 하나님께서 한국교회에 복을 내리셨던 기간이라고 말하기도 한다.) 냉정히 말하면 그 시절의 결과가 오늘날의 열악한 교회 생태계이다. 왕성한 교회개척으로만이 한국교회의 생태계가 보다 향상될 수 있을 것이다. 새로운 교회의 출현은 기존 교회를 갱신하는 최고의 방법 중에 하나이다.[54]

---

54. 켈러에 의하면 새로운 교회들은 ①새로운 생각을 불러일으키고, ②새롭고 창의적인 기독교 지도자들을 일으키고, ③기존 교회들로 하여금 자신들을 돌아보도록 만들고, ④지역에 새로운 전도자들을 공급하게 함으로써 "활발한 교회개척은 도시의 기존 교회들을 갱신하는 최고의 방법 중에 하나"라고 주장했다. Keller, 『팀 켈러의 센터처치』, 758.

전체 인구의 19.7%만이 기독교인이라는 현실을 인식한다면,[55] 또 백만 이상으로 추측되는 교회 밖 성도들(소위 말해 "가나안 성도들")[56]을 진심으로 안타깝게 바라본다면, 오늘날 더욱 가열차게 교회개척에 매진해야 한다. 작금의 성숙기 혹은 쇠퇴기에 빠진 한국교회를 보면서, 그저 적응하는 목회를 할 것인가, 아니면 다시 성장기로 회귀하도록 하는 야성을 겸비한 목회를 할 것인가를 목사들은 결단해야 한다. 이제야말로 정상적으로 한 영혼을 구원하여 제자로 만드는 그 본질적 목양에 집중하는 시절이 되었다. 비로소 정상적이고 성경적인 교회개척과 목회를 하는 시대가 되었다. 명목뿐인 기독교와 목사들은 생존하기 어려운 시대

55.

(단위: 천명, %)

구분	인구			구성비		
	1995년	2005년	2015년	1995년	2005년	2015년
계	43,834	46,352	49,052	100.0	100.0	100.0
종교있음	22,100	24,526	21,554	50.4	52.9	43.9
불교	10,154	10,588	7,619	23.2	22.8	15.5
개신교	8,505	8,446	9,676	19.4	18.2	19.7
천주교	2,885	5,015	3,890	6.6	10.8	7.9
천불교	86	129	84	0.2	0.3	0.2
유교	210	104	76	0.5	0.2	0.2
천도교	28	45	66	0.1	0.1	0.1
대종교	7	4	3	0.0	0.0	0.0
기타	225	196	139	0.5	0.4	0.3
종교없음	21,735	21,826	27,499	49.6	47.1	56.1

주) 특별조사구 제외

56. 2004년 한국갤럽의 조사 결과로 추정해 본다면, 개신교 신앙을 가지고 있다가 교회를 떠난 사람들의 수가 무려 758만 명에 이르고, 이 중에서 다른 종교로 개종한 198만 명을 제외한 560만 명이 개신교를 믿다가 무종교인이 된 수라는 점을 감안할 때 가나안 성도의 수가 결코 적지 않을 것임을 미루어 짐작할 수 있다. 이원규, 『한국교회의 위기와 희망』 (서울: KMC, 2010), 135. "목회사회학연구소"가 발표한 "소속 없는 신앙인 조사 결과 보고서"에 의하면 가나안 성도는 전체 성도의 26%라고 했다. 또한 "한국기독교목회자협의회(한목협)"가 설문조사를 통해 발표한 자료에 의하면 10.5%가 가나안 성도이다. (출처: 「선교타임즈」 홈페이지, http://missiontimes.co.kr/?p=2345) 이 통계를 2005년 "종교인구 센서스" 통계에 적용한다면, 개신교인 총 860여만 명 중에서 86만 명에서 220만 명까지를 가나안 성도로 분류할 수 있을 것이다.

가 되었기 때문이다. 지금이 오히려 교회개척의 기회이다. 사탄의 꼼수가 있다. "이제 교회는 안 된다. 특히 교회개척은 불가능하다"라는 속임이다. 오병이어의 기적에 취해 있지 말고 어두운 밤바다로 나가야 한다.

> **머레이|Stuart Murray가 말하는 교회개척의 당위성과 유익함[57]**
>
> 머레이는 미국에서 활동하고 있는 교회개척 전문가로서 교회개척에 관한 이론적 토대를 제공하고 있는 학자이자 동시에 실천가라 할 수 있다. 그는 *Planting Churches in the 21ˢᵗ Century* 라는 책에서 교회개척의 당위성과 그 유익함에 대해 다음과 같이 말하고 있다. 물론 문화적 차이로 인해 우리로서는 동의하기 어려운 항목들도 있고 개인에 따라 동의하지 않는 항목들도 있지만, 그럼에도 불구하고 교회개척의 당위성을 생각해보는 차원에서 소개한다.
>
> 1. 복음 전파를 위한 성경적 방법이다.
> 2. 새로운 환경 변화(개발 지구 및 인구증가 등)에 대한 효과적인 대안이다.
> 3. 영혼을 구원하는데 보다 효과적이며, 지역 교회로서의 역할에 보다 효과적이다.
> 4. 새신자를 보다 잘 양육하고, 성도의 은사를 효과적으로 사용하여 새로운 리더들을 배출한다.
> 5. 단순 무리로 존재하는 성도들을 분산시키고 재분배하여 생산적인 제자로 사용할 수 있다.
> 6. 노쇠한 기존 교회가 생명력을 이어가는 방법이다.
> 7. 현대의 급변 하는 문화의 흐름에 빠르게 대응할 수 있다.

---

57. Stuart Murray, *Planting Churches in the 21ˢᵗ Century* (Scottdale, Pennsylvania: Herald Press, 2010), 29-52.

8. 신학적 소신과 목회적 소신을 유지할 수 있다.

9. 특별한 문화와 인종과 관계들을 수용할 수 있는 효과적인 방안이다.

10. 교회 내부 갈등의 해결 방안이다.

11. 교단의 성장을 가져오는 방안이다.

교회생명주기 이론
Congregational Life Cycle

†

1. 교회생명주기의 정의

1) 살아 있는 피조물의 일반적인 특징은 "탄생-성장-안정-쇠퇴-죽음" 이라는 생명주기 자연법칙을 갖고 있다는 것이다.
2) 교회성장학자들은 교회가 개척되어 죽음에 이르는 과정을 다각도로 연구했다. 그 결과 대체로 다음과 같은 과정을 거친다는 것에 일치를 보았다.
   ① Birth – Growth – Stability – Maintenance – Decline – Death
   ② 계획Conception – 발전Development – 탄생Birth – 성장Growth – 성숙Maturity – 유지Maintenance – 쇠퇴Decline – 죽음Death

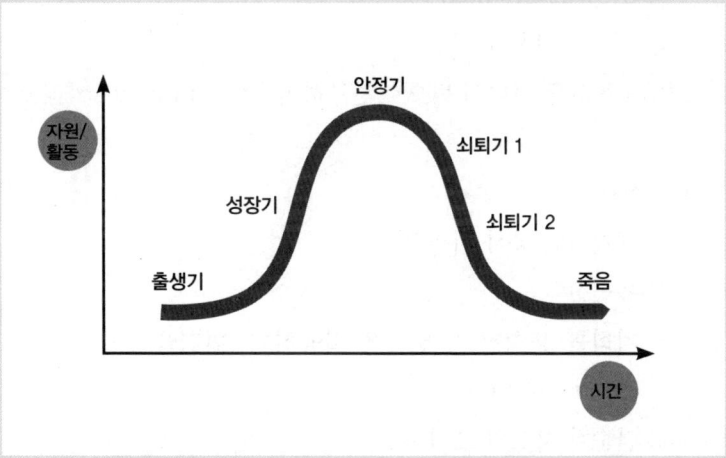

2. 각 단계의 특징들

1) 탄생 Birth

① 생생한 비전과 꿈
② 가치(원리, 본질) 중심
③ 사람이 모여듦
④ 공동체로서 하나 됨
⑤ 강한 인내심
⑥ 매 이슈에 균형을 유지하는 조화

2) 성장기 Growth

① 확실하고 생생한 믿음
② 분명한 목표
③ 창조적이고 도전적인 계획
④ Solution Oriented
⑤ Growth Oriented
⑥ 높은 도덕성 유지
⑦ 공동체를 하나의 팀으로 간주하여 "We can do it so"라고 외침

3) 안정기 Stability

① 체계적인 봉사 시스템
② 유연성
③ 기회를 포착하고, 믿음을 활용하며, 위험을 감수하는 변화에 적극적으로 대처
④ 단순한 사고와 조직 시스템
⑤ 미래지향적이며 창의적
⑥ 교회 밖을 지향하며 전도 최우선

⑦ 한 팀으로 생각하여 협동하고 희생
⑧ 성장

4) 유지기 Maintenance
① 의무감으로 사역
② 통제 Control가 리더십 스타일
③ 느슨해진 믿음
④ 전통 강조, 현상 유지, 안전성 추구, 성취감에 만족
⑤ 교회 안을 지향하며 선택적 복음전도

5) 쇠퇴기 Decline
① 관료체계
② 변화에 둔감하며 소극적 대처
③ 복잡한 사고와 조직 시스템
④ Problem Oriented
⑤ Survival Oriented
⑥ 낮은 도덕성 유지
⑦ 개인중심의 신앙생활
⑧ 과거 회상
⑨ 의심하고 매사에 회의적
⑩ 돌파구로 교회 이전과 같은 물리적 방안 강구
⑪ "우리는 그 방법으로 해 본 적이 없다."
⑫ 걱정, 두려움, 거부, 망상, 대립

6) 죽음 Death
① 멤버 간의 차이점이 분명하게 부각됨
② 분열

③ 약화된 인내
④ 심각한 분열
⑤ 교인이 떠남
⑥ 교회가 사라짐

3. 각 단계의 극복 방안

1) 재규정 Redefinition

안정기에 접어든 교회의 목사는 자만해서는 안 되며, 목회에 대한 재규정을 통해 성장기로 돌아가야 한다. 여기서 성장기로 돌리지 못하면 쇠퇴기로 접어들게 된다. 다음과 같은 질문을 던짐으로서 목회의 재규정이 가능하다.

① 처음 비전과 꿈이 무엇이었는가?
② 그동안 무엇을 성취하였는가?
③ 예상하지 못했던 새로운 것(변화된 상황)이 무엇이며 어떻게 대처해야 하는가?
④ 3-5년 후에 어떤 교회가 되기를 원하는가??

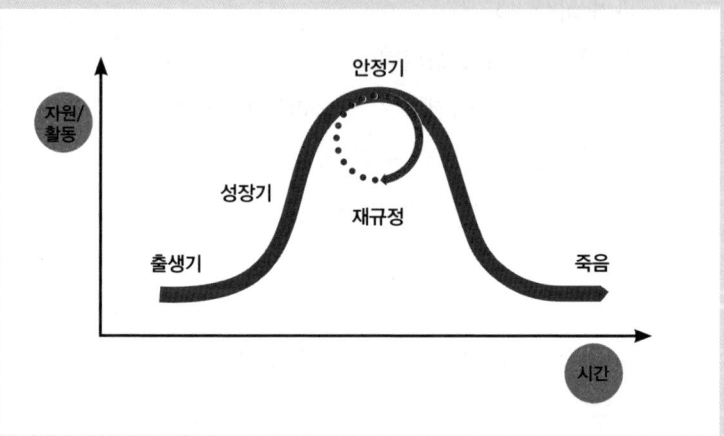

2) 재개발 Redevelopment

쇠퇴기에 접어든 교회의 목사는 목회를 재개발을 통해 성장기로 되돌아가야 한다. 여기서 성장기로 돌리지 못하면 더 심각한 쇠퇴기에 도달하게 된다.

① 새로운 정보나 지식 등을 통한 각성을 요구함으로서는 이 쇠퇴기를 되돌리지 못한다.
② 오직 새로운 목적과 방향만이 쇠퇴기를 되돌릴 수 있다. 즉 재개발이 필요하다.
③ 새로운 목적은 중대한 변화를 시도함으로 만들어질 수 있다.
④ 쇠퇴기를 멈추게 하고 성장기로 돌아가는 것은 매우 어렵다. 유능하고 능력 있는 리더십을 요구한다. 회중들의 동의를 요청하지 않는 리더십이다. 변화 시도를 불편해하고 반발하는 사람들 때문에 그 과정을 바꾸지 않는 강력한 리더십이다. 실패할 확률이 대단히 큰 리더십이고 많은 것을 잃어버릴 것을 각오해야 한다.

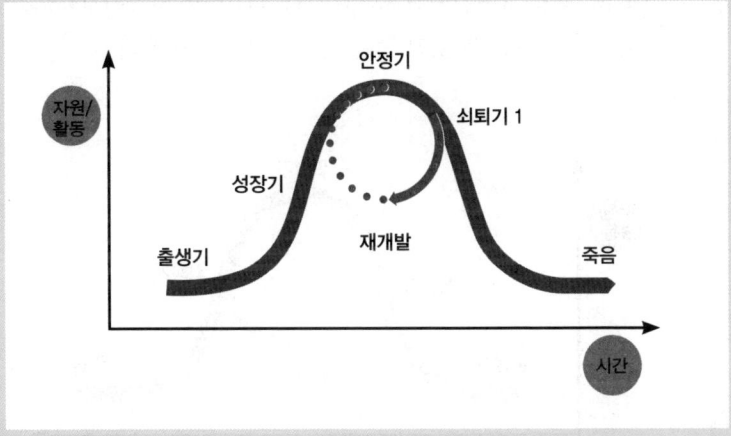

3) 재탄생 Rebirth

쇠퇴기에 접어든 교회가 재개발을 통해 성장기로 돌리지 못하면 보다 심각한 쇠퇴기에 접어들게 된다. 이 심각한 쇠퇴기를 성장기로 돌리기 위해서는 재탄생의 과정이 필요하다. 그렇지 않으면 죽음에 이른다.

① 재탄생은 교회의 시스템을 완전히 바꾸는 새로운 목적이나 목회를 의미한다.

② 재탄생은 파격적인 변화Change를 통해 이루어진다. 이것은 옛날 것을 다른 방법으로 하는 것이 아니다. 완전히 새로운 것을 새롭게 하는 것이다. 아마도 "다른 장소"에서 아마도 "다른 사람들"과 함께하는 정도의 변화일 것이다. 결국 교회가 죽고 새로운 교회가 탄생하는 과정이다. 하나의 지상교회의 죽음은 새로운 교회의 탄생에 기여함으로 그 의미가 있다. 이러한 재탄생은 이론적으로는 가능하지만 엄청난 희생과 대가를 치러야 한다. (그렇기에 거의 불가능하다.)

③ 쇠퇴기의 교회들은 할 수만 있으면 교회가 쇠퇴기에 있음을 거부하려고 한다. 쇠퇴기임을 거부해서는 아무런 해결책이 나오지 않으며, 쇠퇴기임을 강하게 인식할수록 희생의 가능성이 있다. 부활(재탄생)은 오직 죽음(진실을 말함) 뒤에 온다.

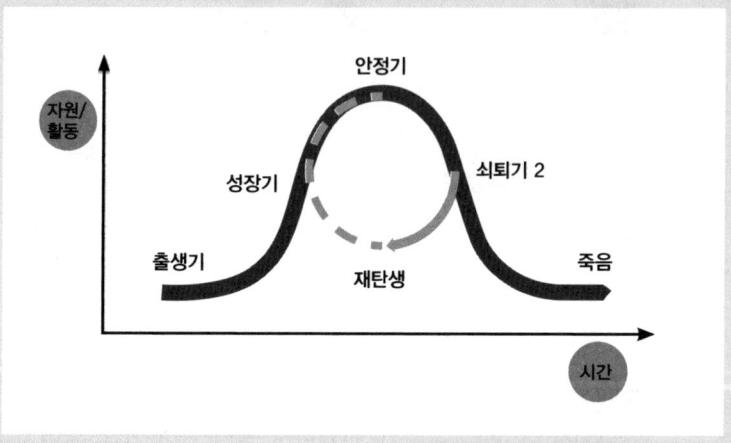

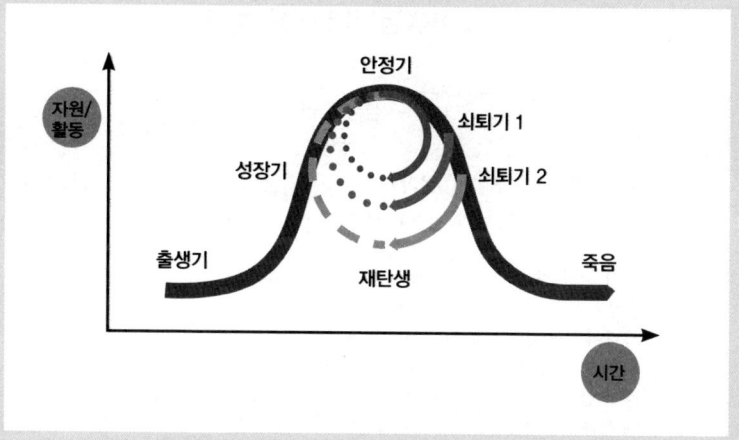

교회생명주기 이론 차트

단계	성장 국면			
	탄생기	성장기		안정기
	탄생기	유아기	청소년기	장년기
특성	① 생생한 비전과 꿈 ② 가치(원리, 본질) 중심 ③ 사람이 모여듦 ④ 하나 된 공동체 ⑤ 강한 인내심 ⑥ 매 이슈에 균형을 유지하는 조화	① 확실하고 생생한 믿음 ② 분명한 목표 ③ 창조적이고 도전적인 계획 ④ Solution Oriented ⑤ Growth Oriented ⑥ 높은 도덕성 유지 ⑦ 공동체를 하나의 팀으로 간주하여 "we can do it so"라고 외침		① 체계적인 봉사 시스템 ② 유연성 ③ 기회 포착, 믿음 활용, 위험 감수, 변화 적극 대처 ④ 단순한 사고와 조직 ⑤ 미래지향적, 창의적 ⑥ 교회 밖 지향 ⑦ 전도 최우선 ⑧ 한 팀, 협동, 희생 ⑨ 성장
강점	① 카리스마적 개척자 ② 비전을 중심으로 한 통합 ① 최고조의 생기와 열정	① 관계가 생기와 열정의 정도를 결정 ① 개방적이고 제한 없는 포용성 ② 전염성 있는 열정	① 프로그램 및 사역개발에 중점을 둔 최상의 생기 발함 ① 프로그램 개발 ② 적응력 ③ 실행력	① 내부와 외부, 의도성과 포함, 프로그램과 비전의 상호작용 ① 창조적인 갈등 ② 목양적 책임과 경영적 책임
단점	① 사역을 위한 평신도의 부족	① 개발되지 않은 신생 프로그램 ② 조건부 포용성	① 비현실적인 이상주의 ② 지도자 탈진 ③ 지나친 프로그램 확산	① 해결책 부족 ② 취약성
위험	① 가짜 열정	① 환멸 ② 회원 및 잠재력 침식	① 존재 목적과 사명에 대한 갈등 ② Founder's dilemma	① 양극단의 지배 ② 근시감각 상실
대안	① 개인 접촉의 확대 및 유지	① 공동체와 선교에 관한 감각 배양 ② 특정 사역 개발	① 새 교인 정착과 리더십 참여 확대 ② 다양한 사역에 대한 통합된 접근 방식 개발	① 교인들 간의 갈등 활용 기술 개발 ② 내부 및 외부 의존성 간 흐름 유지

단계	쇠퇴 국면			
	유지기	쇠퇴기		죽음
	완숙기	귀족기	관료기	죽음
특성	① 의무감으로 사역 ② 통제Control가 리더십 스타일 ③ 느슨해진 믿음 ④ 전통 강조 ⑤ 현상 유지 ⑥ 안전성 추구 ⑦ 성취감에 만족 ⑧ 교회 안 지향, 선택적 복음전도	① 관료체계 ② 변화에 둔감하며 소극적 대처 ③ 복잡한 사고와 조직 ④ Problem Oriented ⑤ Survival Oriented ⑥ 낮은 도덕성 유지 ⑦ 개인 중심의 신앙생활 ⑧ 과거 회상 ⑨ 의심하고 매사에 회의적 ⑩ 돌파구로 교회 이전과 같은 물리적 방안 강구 ⑪ "우리는 그 방법으로 해 본 적이 없다." ⑫ 걱정, 두려움, 거부, 망상, 대립		① 교인간의 차이점이 분명하게 부각됨 ② 분열 ③ 약화된 인내 ④ 심각한 분열 ⑤ 교인이 떠남 ⑥ 교회가 사라짐
	① 잘 형성된 친교 조직 ② 행정절차 ③ 직원 ④ 프로그램 및 지원	① 좋은 친구 클럽 ② 분주하지만 활력은 없음	① 황금시대 끝 ② 개인적으로 혹은 단결해서 자신들의 관심사만을 추구	① 완전한 붕괴
강점	① 안정성 ② 자기 자신감 ③ 연속성	① 능률 ② 내부자들 간의 강한 교제	① 강한 경계감(선)	① 다른 교회적 기관으로의 흡수
단점	① 활기차기는 하지만 열정적이지 못함	① 수세적 자세 ② 배타성	① 엄격 ② 침묵 ③ 방어 정신 ④ 적의와 의혹	① 절망, 혼돈 ② 기억 정체성 ③ 희망의 완전한 상실
위험	① 새로운 기회와 변화된 조건에 대한 무반응	① 지원 부족으로 감소한 자원 ② 사명 상실	① 복원불능 ② 제도적구조화석화 ③ 시스템 문제의 개인화	① 더 이상 새로운 삶 없음 ② 죽음의 궁극적인 힘
대안	① 교회의 역사와 현재 상황을 분석 ② 사명 재정립	① 교회의 역사에 나타난 하나님의 현존에 대한 감각 회복 ② 교회의 사명에 대해 인식	① 새로운 정체성 확립 ② 힘없는 자에게 힘을 줌	① 새로운 교회 출발

5
교회개척의 형태

교회개척 형태는 실로 다양하다 하겠다. 어떤 관점에서 분류를 하느냐에 따라 각기 다른 형태의 교회개척 모습이 발견된다. 또한 교회개척 형태는 각 문화권에 따라 독특하게 발전되고 상황화 되었기에 교회개척 형태를 천편일률적 기준으로 구분할 수 없다. 그럼에도 불구하고 서구의 많은 교회개척 연구서 안에서 교회개척 형태를 다양하게 구분하여 설명하려는 노력이 발견된다. 머레이의 경우 무려 12가지의 교회개척 형태를 제시하였다.[58] 팀 켈러는 "위에서 아래로"의 개척과 "아래에서 위로"의 개척으로 그 형태를 구분하였으며,[59] 팀 체스터는 "선구자에 의한 교회개척"과 "교회에 의한 교회개척"으로 구분하였다.[60]

---

58. Stuart Murray는 다음과 같이 교회개척 형태를 분류했다. ①Mother/Daughter ②Accidental Parenthood ③Dispersion ④Adoption ⑤Long-Distance ⑥Multiple Congregations ⑦Multiple Sites ⑧Satellite Congregations ⑨Spontaneous/Emerging ⑩Pioneer Planter ⑪Mission Team ⑫Cooperative Planting. Murray, *Planting Churches in the 21st Century*, 52-81.

59. ①위에서 아래로 접근법: 공식적인 예배를 통해 교회를 시작하는 교회개척이다. 이 경우는 분립개척일 경우, 그리고 개척자가 일대다 소통의 강점을 가졌을 때 효과적이다. 그러나 모교회를 답습하려는 유혹을 받기도 하는 시작 방법이다. ②아래에서 위로의 접근법: 지역 사람이 먼저 되어 전도활동을 함으로 시작하는 교회개척이다. 소그룹부터 시작한다. 이 경우는 개척자가 대인 기술이 좋고 사람들을 잘 세우고 전도의 은사가 있을 때 효과적이다. 그러나 경제적 어려움을 겪기 쉽다.

60. 선구자에 의한 교회개척과 교회에 의한 교회개척의 차이점을 위해, Keller, 『팀 켈러의 센터처치』, 748을 참고하기를 바란다.

본장에서는 이러한 다양한 형태의 교회개척 형태들을 가능한 한 일목요연하게, 그리고 한국교회의 상황과 현실에 맞추어서 분류하고자 한다. 먼저는 스테쳐가 구분한 신약성경 속의 교회개척 형태를 살펴보고,[61] 이어서 새 교회를 시작하는 주체에 따른 교회개척 형태를 분류할 것이며, 마지막으로 타깃으로 삼는 지역과 타깃으로 삼는 대상에 따른 교회개척 형태를 구별해보고자 한다.

1. 성경에 나타난 교회개척의 형태

1) 바울식 교회개척

바울식 교회개척은 교회를 개척한 이후 일정기간 후에 또 다른 교회를 개척하기 위해 떠나는 교회개척 형태이다. 이러한 개척 형태는 바울이 보여준 교회개척으로서 특별히 사도행전 13장부터 14장에 집중적으로 기록되어 있다. 팀 체스터는 신약성경에 나타난 두 모델의 교회개척 형태를 제시했다. 하나는 현존하는 지역 교회와 별개로 교회개척이 이루어지는 경우이고, 다른 하나는 한 교회에서 다른 교회가 분가되는 경우이다. 그리고 첫 번째 경우를 바울의 교회개척 형태라고 평가했다.[62] 바울식 교회개척은 복음전도를 통해 교회를 시작하고, 일정 기간 동안 머물면서 교회의 지도자를 세운 뒤, 또 다른 지역에 새로운 교회를 세우기 위해 떠나는 교회개척을 의미한다. 이때 떠나는 교회에서 몇 명의 자원자를 선발하여 동행하는 경우도 있다. 이러한 교회개척 형태

---

61. Ed Stetzer, *Planting Missional Churches* (Nashville, Tennessee: B & H Publishing Group, 2006), 53-75.
62. Chester & Timmis, 『교회다움』, 127-128.

를 영어권에서는 "창업가 교회개척"Entrepreneur Planter[63]이라고 부르기도 한다. 기독교가 전래된 초기 우리나라에서 일반적이었던 교회개척 형태라 할 수 있다.

2) 베드로식 교회개척

베드로식 교회개척은 교회를 개척한 후 일정 기간 동안 교회개척자로서 역할을 감당하다가 이어서 오랫동안 그 교회에 머물며 사역하는 교회개척 형태를 말한다. 베드로와 예루살렘 교회와의 관계라 할 수 있다. 베드로는 예루살렘 교회의 개척자라 할 수 있으며 야고보가 교회의 지도자가 되기 전까지 소위 말해 담임목사 역할을 감당했다. 오늘날 우리나라에서 가장 흔한 교회개척 형태라 할 수 있다.

3) 디모데식 교회개척

디모데식 교회개척은 이미 형성된 공동체에 특별한 비전과 사역 혹은 재조직이라는 임무를 부여받고 파송된 형태의 교회개척 형태를 말한다. 달리 말하면 "재개척"Replanting이라고 할 수 있을 것이다. 따라서 교회개척이라고 할 수도 있고 그렇지 않을 수도 있다. 구체적인 예로 에베소 교회를 예를 들 수 있다. 에베소 교회는 브리스길라와 아굴라의 사역(행 18:18-19), 아볼로의 사역(행 18:24-26), 바울의 사역 등을 통하여 이미 공동체가 형성되어 있었다. 이러한 에베소 교회에 디모데가 파송

---

63. 창업가 교회개척자는 대체로 새로운 도전, 새로운 교회개척을 즐긴다. 그러나 자신이 개척한 그 교회에서 오랫동안 목회하는 것을 지루해한다. 보통은 교회가 견고하게 조직되기 전에, 즉 3년에서 5년 이내에 떠나고 만다. 이들은 대체로 교육을 많이 받은 목사들이며, 창조적이고 열정적인 사람이다. 끊임없이 새로운 도전에 나선다. 그러나 교회개척을 시작할 때 3년 후에 떠나겠다는 계획을 세우는 것은 아니다. 비록 한 교회에 장기적으로 머문다 하더라도 쉴 새 없이 새로운 사역과 프로그램과 이슈와 사업을 펼쳐나간다.

되었다. 따라서 디모데는 교회개척자일 수도 있고 아닐 수도 있다. 사실 디모데는 에배소 교회의 재개척자이었다. 디모데식 교회개척은 오늘날 우리나라에 매우 필요한 개척 형태라 할 수 있다. 오늘날 도시지역의 미자립교회로 굳어져 버린 활력 없는 작은 교회들을 살려야만 한다. 그 작은 교회들 안에 머물고 있는 비록 소수이지만 하나님의 백성들, 그리고 그 교회에 투자된 하나님의 자원들을 고려해 보건대 디모데식 재개척은 한국교회에 절실한 교회개척 형태이다.

4) 빌립식 교회개척

빌립식 교회개척은 목회자가 아닌 평신도들에 의해서 자생된 교회개척을 의미한다. 성경 속의 교회개척은 대부분 사도들에 의해 이루어졌다. 그런데 간혹 사도들이 아닌 평신도들에 의해 이루어진 교회개척도 있다. 대표적으로 사도행전 8장에 기록된 사마리아 지역의 교회이다. 예루살렘 교회가 스데반의 순교를 기점으로 해서 박해를 받게 되고, 그 결과 성도들은 사방으로 흩어진다(행 8:1). 이 흩어진 무리들 중의 일부가 사마리아 지역으로 유입되었고, 그들은 특정 사도의 지도가 없는 상태에서 사마리아 교회를 형성하였다. 일곱 집사 중의 하나인 빌립은 사마리아 성에 유입된 평신도 중의 한 사람으로서 사마리아 교회 개척의 주역을 감당했다(행 8:4-5). 평신도들에 의해 교회가 자생된 이후에서야 비로소 예루살렘 사도들은 그 소식을 듣게 되었고, 즉시로 베드로와 요한을 파송하여 사마리아 교회를 공적인 교회로 인증하게 했다(행 8:14). 물론 빌립을 평신도로 볼 수 있느냐의 문제가 제기될 수 있다. 그러나 사도들을 목회자로 간주하였을 때, 빌립을 평신도로 간주하는 것에는 문제가 없어 보인다.

이렇게 평신도들에 의한 자생적 교회개척, 즉 빌립식 교회개척은 로마 교회에도 적용된다. 로마 교회 역시 특정 사도에 의해서 개척된 교회가 아니다. 로마 교회는 흩어진 성도들에 의해 자생된 교회이었으며, 사도 바울이 로마서를 기록할 때는 이미 상당한 역사와 체계를 갖춘 평신도들 주축의 교회이었다. 근현대로 와서, 미국의 서부 개척시대의 많은 교회들이 안수 받은 목회자들에 의해서라기보다는 평신도들에 의해 자생한 교회들이며, 초창기의 많은 한인 이민교회들 역시 목회자에 의해서라기보다는 평신도들의 자발적 모임으로 시작되었다. 사실 기독교 역사를 보건대, 수많은 빌립식 교회개척에 의해 하나님의 나라가 확장되었음을 부인할 수 없다.

2. 교회를 개척하는 주체에 따른 교회개척 형태

1) 개별(단신) 교회개척

개별 교회개척은 개척자가 모든 책임과 모든 비용에 대해 무한 책임을 지고 시작하는 교회개척을 말한다. 필자는 이러한 형태를 각개전투 교회개척이라고 부른다. 굳이 성경적 모델을 찾자면 빌립이 사마리아에서(행 8장), 브리스길라와 아굴라가 에베소에서(고전 16:19) 교회를 개척한 형태를 말할 수 있을 것이나. 오늘날의 한국교회 생태계에서 가장 흔한, 그리고 교회개척의 형태로서 당연시 되고 있는 교회개척 형태라 할 수 있다.

하지만 개별 교회개척은 실상은 매우 위험한 교회개척 형태이다. 개척자 본인이 모든 면에서 무한 책임을 져야 한다는 사실은 개척자로 하여금 과도한 위험부담을 떠안도록 만든다. 또한 교회개척에 실패할 확률이 실제로 매우 높다. 실패할 경우 과도한 채무자가 될 뿐 아니라 심각한 영육간의 상흔을 갖게 되고, 심하면 개척자의 가정이 해체되는 경우까지 발생한다. 교회개척에 성공하더라도 문제가 되는데, 바로 개척자의 성취로 인한 자만심과 그로 인한 교회에 대한 소유욕 때문에 발생하는 심각한 문제들이다.

2) 팀Team 교회개척

팀 교회개척은 개인들이나 교회들이 팀을 만들어 교회를 개척하는 형태를 의미한다. 팀을 이루는 것은 성경에 매우 흔한 현상으로 나타난다. 삼위일체 하나님이란 하나님의 속성이 팀을 의미한다. 모세와 그의 조력자 아론과 훌은 멋진 팀이었다. 예수님과 예수님의 제자들 역시 팀이었다. 성경에 기록된 초대 교회들의 리더들은 모두 팀이었다. 교회개척과 관련하여, 사도 바울의 교회개척은 모두가 팀 교회개척이었다. 그는 바나바, 실라, 디모데 등과 팀을 이루어 여러 곳에 교회를 개척했다.

팀 교회개척에는 구성원들의 은사와 재능이 다양하게 혼합되어 있음으로 해서 목회에 유익하며, 목회활동과 비용 면에서 책임이 분산되고, 개척 현장의 두려움과 외로움을 극복하는 유익함이 있다. 그렇기에 교회개척 전문가인 페인은 말하기를 "팀 교회개척이 성경적 교회개척 방법이고, 홀로 개척할 경우 많은 책임이 뒤따르기 때문에 처음부터 팀을 구성하는 것이 가장 좋은 방법이다"[64]라고 주장했다. 팀 교회개척은 매우 성경적인 교회개척 방법으로써 최상의 교회개척 방법이라 하겠다.

하지만 팀 교회개척이 가져오는 어려움도 만만찮다. 먼저는 각 교단이 법적으로 허용하고 있지 않다는 점이다. 대부분의 교단은 한 명의 담임목사만을 인정하고 있기에 현실적으로 동등한 권한의 팀이 교회를 개척하고 목회하는 제도적 장치가 마련되어 있지 않음이 현실이다. 그러나 이러한 제도적 장애는 팀 교회개척의 본질적 어려움이라 할 수 없다. 팀 교회개척의 진짜 어려움은 팀 구성원들 간의 관계에서 비롯된

---

64. Payne, *Apostolic Church Planting: Birthing New Churches from New Believers*, 118.

다. 팀 교회개척이 성경적 교회개척 형태임에는 분명하지만, 그것을 실행하는 주체가 인간이다 보니, 팀 교회개척이 정착되는 경우가 극히 드물다. 하재성은 "동등한 힘을 가진 두 세 사람의 공동적 팀 목회가 실현되기 어려운 이유는 그 두 세 사람 사이에 힘의 차이가 나타날 수밖에 없기 때문이다."[65]라고 말했다. 팀 목회가 어려운 이유는 시간이 지남에 따라 팀 멤버간의 역학관계가 발생하기 때문이다. 의기투합해서 교회개척을 시작하지만 조만간 각자의 성향과 일하는 방법에 의해서, 가족들 간의 관계에 의해서, 그리고 교인들의 목사들에 대한 선호도에 의해서 팀 내에 틈이 생기게 되고, 결국은 팀이 와해되는 것이다.

때문에 팀 교회개척을 계획하는 이들은 팀원들 간의 소통의 체계가 원활해야 한다는 사실을 기억해야만 한다. 성석환은 "팀 목회에 참여하는 목회자 모두 공동의 비전이 분명하고 끊임없이 그 공동의 비전을 확인하고 공유"[66]하는 것을 강조했다. 굳이 팀 교회개척을 해야만 하는 이유를 팀 구성원 서로 간에 분명히 하고 동의해야 한다. 신학적 비전과 목회적 비전이 팀 구성원 서로 간에 완전히, 그리고 반복되어 공유되고 동의되어야만 한다. 각자의 인생관과 우주관도 서로 통일시키는 노력이 필요하다. 라이프스타일도 서로 닮아가는 노력이 필요하다. 팀 교회개척은 목사들 당사자들만의 연합이 아니라, 각 가정의 연합이란 사실을 기억해야만 한다. 당사자들 관계는 아무런 문제가 없으나 아내들 간의 문제나 자녀들 간의 갈등으로 인해 팀이 와해되는 경우가 빈번하다는 사실을 기억해야 한다. 때문에 처음부터 팀 구성원들의 각 가정이 고려되어야만 한다. 팀 교회개척이 어려운 이유는 복음이 달라서가 아니라 인간이 다르기 때문이라는 사실을 직시하고 서로 이해하고 받아들이는 폭이 넓어져야만 한다. 팀 교회개척은 단지 물리적 결합이 아

---

65. 하재성, "팀 목회, 왜 이상에 그치는가?," 「목회와 신학」 338 (2017.8): 55.
66. 성석환, "팀 목회와 선교적 리더십," 「목회와 신학」 338 (2017.8): 77.

니다. 공동으로 책임을 지고 사역의 동반자로 살아가기로 헌신하는 것이다. 모든 것을 공유하기로 결단하는 것이다.

3) 파송(후원) 교회개척

파송 교회개척은 개척자가 교회, 노회, 총회로부터 특별한 지역이나 대상에게로 파송을 받아 교회를 개척하는 형태를 말한다. 어떤 기관이나 독지가(篤志家)의 후원을 받아 교회를 개척하는 것 역시 이 형태에 속한다 하겠다. 성경 속의 대표적인 실례는 바울이 안디옥 교회의 파송을 받은 사실을 들 수 있다. 물론 파송 혹은 후원이라는 개념 안에는 파송 주체가 개척 비용의 일정 부분 혹은 전액을 일정 기간 부담한다는 의미가 내포되어 있다. 따라서 개척자가 경제적으로 비교적 안정된 상태에서 교회개척에 임할 수 있으며, 파송 주체로부터의 조언과 조력을 얻을 수 있어서 개척자가 맞닥뜨리게 되는 인간적인 외로움과 두려움을 극복하는 큰 장점이 있다.

하지만, 파송 교회개척 역시 단점이 있는데, 경제적인 면에서 후원받지 못한 부족 부분에 대해서는 개척자 스스로가 책임을 져야한다는 사실, 나아가 일반적으로 후원 기간이 제한되어 있어서 그 기간 안에 교회가 자립하지 못할 경우 개별 교회개척으로 돌아가고 결과적으로 항구적인 미자립교회가 된다는 사실 등이 단점으로 제기될 수 있다. 따라서 파송 교회개척은 교단 차원에서 보다 세심하고 체계적인 접근이 필요하다. 교단의 존재 목적 중의 하나가 바로 교회개척을 위한 정책을 세우고 그 일에 예산을 투자하는 일일 것인데, 우리나라에서는 개교회의 한시적인 후원에 의한 교회개척은 많으나 교단적 차원의 체계적인 정책과 후원이 부족하다는 사실이 아쉬운 점이라 하겠다.

4) 분립 교회개척

분립 교회개척은 교회가 의도적으로 자녀교회Daughter Church를 생산하는 것을 의미한다. 부모가 자녀를 출산하여 심혈을 다해 양육하듯, 모교회Mother Church가 모든 자원을 동원하여 자녀교회를 출산하여 건강한 교회로 양육하는 것이다. 최근에 들어서 여러 교회들이 시도하고 하고 있는 교회개척 형태로서 처음에는 대형교회를 중심으로 하여 시작되었는데, 최근에 들어서 이에 대한 신학적 근거가 자리 잡고, 건강한 목회와 교회에 대한 개념이 대두되면서, 크고 작은 여러 교회로 점차 확산되고 있는 교회개척 형태라 하겠다.

분립 교회개척에는 다양한 형태들이 존재하는데, 첫째는 완전 분립 개척으로서, 처음부터 인적·물적 자원을 제공하지만 모교회로부터 완전히 독립된 하나의 교회로 인정하는 형태이다. 둘째는 지교회 분립개척Branch Church or Satellite Campus으로서 인적·물적 자원을 제공하지만, 모교회의 지교회 형태를 취하거나 아니면 모교회로부터 부분적인 독립만을 인정받는 형태이다. 마지막으로 인큐베이팅 분립 교회개척인데, 이는 분립개척이 보여준 단점을 극복하기 위한 방안으로, 최근에 대형교회들을 중심으로 해서 일어나고 있는 현상이라 하겠다. 이 형태는 모교회 안에서 일정 기간 동안 분립될 교회를 양육하는 것인데, 목회자의 역량 검증을 비롯하여 분립될 교회가 당면하게 될 현실들을 모교회 안에서 미리 준비하게 하는 좋은 이점을 갖고 있다.

분립 교회개척과는 다소 양상이 다른 "분리 교회개척"도 있을 수 있는데, 분립 교회개척은 모교회가 주도적으로 그리고 의도적으로 자녀교회를 만들어내는 것임에 비해, 분리 교회개척은 교회가 원치 않은 문제들로 인해 어쩔 수 없이 분열됨으로 새로운 교회가 생겨나는 경우를 말한다. 비록 동기는 다르지만, 한 교회로부터 또 하나의 교회가 생겨난다는 의미에서 분리 교회개척 역시 일종의 분립 교회개척으로 간주할 수 있을 것이다.

　분립 교회개척이 가진 의의와 그 당위성은 실로 지대하다 하겠다. 이것은 오늘날의 한국교회 생태계에서 쉽지 않은 교회개척에 대한 대안일 수밖에 없으며, 부흥주의와 성장주의에 오염된 한국교회가 선택하여 나아갈 방향임에 분명하다. 이제 분립 교회개척의 의의와 당위성 몇 가지를 논하려고 한다.

① 분립 교회개척은 현실적으로 가장 안정적인 교회개척 방법이다

　이미 앞에서 언급한 바와 같이, 이 시대에 교회개척이 쉽지 않다. 쉽지 않은 가장 본질적 이유는 인적 자원과 물적 자원의 부족이다. 결국은 이러한 자원의 부족으로 인해 개척된 교회가 3년을 버티어 내지 못하고 문을 닫는 경우가 절반 이상이다. 하지만 분립 교회개척은 모교회로부터 인적 자원과 물적 자원을 시작할 때부터 공급받는다. 따라서 현실적으로 개척된 교회가 생존할 수 있는 기반이 제공된다. 이런 차원에서 볼 때 분립 교회개척은 가장 바람직하며 성공 확률이 대단히 높은 교회개척 방법이라 하겠다.

② 분립 교회개척은 교회의 본질적 사명이다

　교회는 하나님께서 제정해 놓으신 복음전도의 대행 기관이다. 하나님께서는 전도의 도구로 삼으시려고 교회를 이 땅에 세우셨다. 따라서 교회Mother Church는 또 다른 교회Daughter Church를 출산하는 교회 Church-Planting Church가 되어야 한다. 교회들은 스테처는 말한 바, 아래 내용을 유의미하게 받아들여야 한다.

　　　교회들은 교회를 개척할 수 있고 해야만 한다. 가장 효과적인 교회개척은 모교회가 열성적으로 개입할 때 일어난다. 역사적으로 이러한 모델을 모교회가 다른 지역에 그 자신을 확장하는 '교회확장'Church

Expansion이라고 부른다. 오늘날에는 이것을 '교회배가'Church Multiplication라 부른다.⁶⁷

③ 분립 교회개척은 올바른 교회 존재양식을 유지하는 것이다

하나의 지역 교회가 양적인 성장을 한다면 그 한계가 어디인가? 이 질문은 교회성장 지상주의자들에게는 낯선 질문임에 분명하다. 하지만 한 지역 교회가 무한정 성장할 수도 없지만, 그러나 무한정 성장을 목표로 삼는 것이 성경적으로 올바르냐는 질문을 던지는 것은 지극히 당연한 자세이다. 하나님께서 이 땅에 교회를 남기실 때 하나의 개교회의 규모를 어느 정도로 계획하셨는지에 대한 질문은, 사실은 교회론을 규정하기 위한 본질적인 질문이다. 교회성장은 교회비대나 교회비만이 아니다. 한 교회가 무한정 커지는 대형화가 교회성장이 아니라는 것이다. 그것은 교회비대 혹은 비만이라고 할 수 있다. 개교회가 비대해지면 교회의 건강에 문제가 올 수 있다. 그리스도의 주되심Lordship에 대한 신앙고백이 약화되거나 흔들릴 수 있다. 성도의 교제가 현저히 약해질 수 있다.

자녀들이 성장하면 부모의 집을 떠나는 것이 하나님께서 세우신 창조 질서이다. 인간은 대형화를 추구하는 경향이 있음에 비해 하나님께서는 대형화를 경계하셨다. 바벨탑 사건은 인간의 대형화 추구와 그에 대한 하나님의 조치를 보여주는 상징적인 사건이다. 박해를 통해 예루살렘 교회를 흩으신 하나님의 섭리는 오늘날 교회의 존재 모습이 어떠해야 하는지를 실제적으로 보여준다. 하지만 성장주의와 성공주의의 지배를 받은 현대 교회들은 교회성장과 부흥이란 명목으로 개교회의 대형화에 몰두하고 있다. 분립 교회개척은 이러한 개교회 이기주의와 성장주의를 극복하고, 하나님께서 원래 의도하신 교회의 존재양식을

---

67. Ed Stetzer, *Planting Missional Church*, 79.

지켜내는 노력이라 하겠다.

④ 분립 교회개척은 교회의 건강을 도모하는 방법이다

조용한 가정에 자녀가 잉태하면 그 순간부터 그 가정은 새로운 가정이 된다. 새로운 생명을 키워내야 하는 분주함과 소란함이 자리 잡는다. 이것은 시공을 초월하여 보이는 생명 세계의 자연스러운 현상이다. 생명이 잉태되는 곳에 생명력이 자리 잡는다. 교회도 마찬가지이다. 자녀교회를 출산하는 교회는 생명력이 회복된다. 예로부터 "선교하는 교회는 망하지 않는다"란 말이 있다. 이는 생명을 잉태하는 교회는 생명력을 유지한다는 말이다. 분립으로 인해 교인 수가 줄어드는 것이 아니라 조만간 그 이상의 숫자가 채워지는 것은, 분립 교회개척을 시도한 교회들을 겪는 일반적인 현상이다. 분립함으로 평신도 사역자들이 개발되고, 모교회가 영적으로 쇄신되며, 분립된 교회 역시 생존을 위한 생명력과 헌신이 자리 잡게 된다.[68]

이렇게 의미가 깊은 분립 교회개척이지만, 그러나 분립 교회개척이 언제나 좋은 결과만 가져오는 것은 아니다. 지금까지 모교회의 인적 자원과 물적 자원이 투자된 많은 분립 교회개척이 시도되었지만 만족스럽지 못한 결과를 가져온 경우도 적지 않다. 분립 대상 교회의 목사와 성도들의 준비 부족이 가장 큰 문제였다. 자꾸만 모교회를 흉내 내고 따라가려는 경향, 담임목사의 교회개척 정신Spirit의 부족함, 모교회로부터 온 성도와 새로 들어온 교인들 간의 미묘한 갈등 등으로 인해, 많은 자원이 투자되었음에도 불구하고 교회가 일어서지 못하는 경우가 많았다. 따라서 분립 교회개척을 원활하게 하기 위해서는 세 주체들이 - 모교회, 분립교회 목사, 그리고 분립을 위해 모교회를 떠난 분립교회

---

68. 한국복음주의신학회 제72회 정기논문발표회 자료집,『위기시대의 바른 목회』(2018.10), 13-16.

교인들 – 보다 치밀하게 준비하고 각자의 역할과 자세를 훈련해야만 한다. 다음과 같은 몇 가지 주의사항이 필요하다.

❶ 분립 교회개척을 시도하는 교회는 부모로서 철저한 준비가 필요하다

분립 교회개척을 시도하는 교회가 사전에 철저한 준비를 필요로 함은 말할 나위가 없다. 좋은 의도로 시작한 분립 교회개척이 실패로 돌아갔을 때, 교회가 직면하게 되는 타격은 결코 작지 않다. 하나님의 많은 자원을 낭비하는 결과가 되며, 교회가 갈등에 휘말리는 원인이 될 수도 있고, 무엇보다도 분립 교회개척을 다시 시도하는 데 어려움을 겪게 된다. 따라서 분립 교회개척을 시도하는 교회는 충분한 논의를 거쳐 교인들의 합의를 이끌어내야만 할 것이며, 당회(리더그룹) 및 교인들의 분립, 분립되는 교회의 담임목사 선정, 개척 지역 및 예배 장소 확정, 그리고 이러한 전체 과정에 소요되는 예산 확보 등 어느 것 하나 소홀히 해서는 안 된다.

분립 교회개척을 시도하는 교회가 갖추어야만 하는 보다 중요한 자세는 자원(돈, 사람, 지도자)에 대한 권한을 포기해야 한다는 것이다. 즉 분립되는 교회에 대한 소유욕을 버려야 한다는 것이다. 향상교회 정주채 은퇴목사는 분립 교회개척을 시도하는 교회는 교인과 재산 1/3이 줄어들 각오를 해야만 한다고 했다.[69] 그만큼 모교회의 희생과 포기를 각오하라는 말일 것이다. 물리적 자원만 포기하는 것이 아니라, 정신적으로도 포기해야만 하는 것이 있다. 모교회는 자신과 똑같은 교회를 세우려는 것을 포기해야 한다. 모교회의 자세는 이제 막 결혼을 하여 부모를 떠나는 성인 자녀에 대한 부모의 자세이어야 한다. 그들에 대해 집착해서도, 소유욕을 보여서도 아니 되지만, 그러나 그들의 독립을 이유로 무관심하거나 방치해서도 아니 된다. 많은 교회들이 이러한 부모의 자

---

69. 한국복음주의신학회 제72회 정기논문발표회 자료집,『위기시대의 바른 목회』, 13-16.

세가 준비되지 않은 채, 인력과 재력으로만 분립 교회개척을 시도하다가 낭패를 당하기도 한다.

❷ 분립 교회개척자는 담임목사로서 철저한 준비가 필요하다

필자는 "목사가 문제다"라는 말을 목회학이나 교회개척학 강의 도중에 자주 사용한다. 이 말은 목회에 있어서 그리고 교회개척에 있어서 승패를 가름하는 핵심 요소는 바로 목사 자신이란 것을 강조하는 말이다. 분립 교회개척에 있어서도 문제의 핵심은 분립되는 교회의 담임목사가 될 바로 그 사람이다. 많은 분립되는 교회 담임목사들이 대체적으로 모교회에서 비교적 안정된 부목사 생활을 하다가, 분립교회 담임목사로 선정되는 행운(?)을 얻어, 분립교회 담임목사가 된다. 그들은 안정된 부목사의 환경과 교회개척 현장의 담임목사의 환경이 다르다는 것을 인지하지 못한 채 교회개척의 현장에 서게 된다. 담임목사의 그늘 아래에서는 겪지 못했던 인간관계, 교회 존폐와 맞물린 무거운 책임감, 감당하기 어려운 설교 횟수에 대한 부담감, 기타 각종 스트레스 등에 대한 준비가 없이 갑자기 그리고 다소 낭만적인 자세로 개척교회 담임목사가 된다. 결국 자기 위치를 감당하지 못하는 역부족의 목사가 되고, 결과적으로 모교회로부터 상속받은 사람과 물질을 잃어버리게 된다.

분립되는 교회의 담임목사가 될 사람은 많은 준비를 해야만 한다. 특별히 작은 교회(개척교회)에 관하여 공부해야만 한다. 자기 자신을 대형교회 부목사에서 작은 개척교회 담임목사에 맞도록 바꾸는 작업을 해야만 한다. 부목사와 담임목사는 모든 면에서 다르다. 부목사일 때는 대체로 누구에게나 인정받고 칭찬받는다. 교인들은 대체로 부목사에게 목회하면 잘할 것이라고, 개척하면 잘할 것이라고 격려한다. 그러한 격려에 현혹되어서는 안 된다. 부목사와 담임목사의 환경은 온실과 광야만큼이나 다르다. 개척의 현장은 부목사라는 온실에서 담임목사라는 광야로 나가는 것이다. 부목사에 대한 교인들의 기대치와 담임목사에 대한 교인들의 기대치는 아주 많이 다르다. 때문에 분립되는 교회의 담임목사로 선정된 사람은 어떤 형태의 교회개척자보다도 많은 준비를 해야만 한다. 실패하면 잃어버리게 될 하나님의 자원이 다른 형태의 교회개척자들보다 훨씬 많기 때문이다. 사실 분립 교회개척에서 살아남는 목사는, 맨땅에 헤딩한다는 개별 교회개척에서도 살아남을 것이 거의 확실하다. 언제나 어디서나 목사가 문제이다.

  모교회 역시 분립되는 교회의 담임목사를 보다 신중하게 선정하는 과정을 거쳐야 한다. 자칫하면 교인들과 물질과 명성을 동시에 잃어버릴 수 있기 때문이다. 단지 부목사로서의 성실함과 지도력만 보아서는 안 된다. 담임목사로서의 잠재되어 있는 리더십을 점검해야 한다. 인격과 품성과 경건을 점검해야 한다. 성장주의가 아닌, 한 영혼에 대한 집착하는 열정이 있는지를 살펴야 한다. 화려하게 분립해 나가서는 3년을 버티지 못하고 교회 문을 닫는 경우도 있다. 분립하여 목회를 잘하다가 큰 교회의 청빙을 받아 무책임하게 떠나버린 자도 있다. 심지어 분립을 이유로 모교회의 재정을 착복하여 사라지는 경우도 있었다는 이야기를 들었다. 이 모든 경우들에 있어서 모교회의 책임이 없다 할 수 없을 것이다. 분립 교회개척의 성패를 좌우하는 제1요소는 목사이다. 분립 교회개척을 시도하는 교회들은 이 사실을 명심해야 할 것이다.

❸ 분립되는 교회의 개척멤버들이 잘 선정되어야 한다

  "개척멤버"를 논할 때에 다시 한 번 거론될 것이지만, 교회개척에 있어서 개척멤버의 중요성은 그 어느 요소보다도 중요하다고 하겠다. 분립 교회개척에 있어서도 마찬가지이다. 처음 모교회로부터 분립되어 나오는 개척멤버들에 의해서 교회의 사활이 좌우된다고 하겠다. 이상적인 경우는 모교회로부터 가장 합당한 인적 자원을 확보하는 경우이며, 모교회 역시 자원해서 가장 우수한 자원들을 교회개척의 현장으로 내보내는 경우일 것이다. 그러나 현실적으로 이러한 경우가 얼마나 실천될 수 있을지는 의문이다.

분립되는 교회의 담임목사로 선정된 자는 함께 개척의 현장으로 나갈 멤버들을 확보하는데 보다 적극적이어야 한다. 그러나 그것이 아무나이어서는 안 된다. 모교회에서는 이미 체계가 잡힌 성인교회이기에 다양한 성품의 사람들이 정착하고 어울리는데 문제가 없다. 그러나 개척교회는 다르다. 어린 교회이고, 개척멤버 모두가 당회원의 위치가 된다. 따라서 단 한 사람의 개척멤버에 의해 교회가 어려움을 겪을 수 있다. 또한 교회가 시작된 이후 단 한 사람이라도 이탈하게 되면 그 영향이 실로 크다. 철저하게 목회철학을 공유하고, 작은 교회에 대한 신념을 가진 교인들을 확보해야 한다. 앞으로 교회가 직면할 수도 있는 위기의 순간에도 함께 할 수 있는 자를 찾아야 한다. 다른 교회가 다 가는 쉬운 길보다는 공유된 교회론과 목회철학을 지키는 소신 있는 사람을 눈여겨보고 찾아내어 합류시켜야 한다. 교회개척과 관련하여 변화산 신드롬에 빠진 자들은 얼마 가지 못해 이탈하게 될 것이다.

지금까지 분립 교회개척에 대한 개요적인 내용들을 살펴보았다. 교회개척의 방법에 있어서 분립 교회개척의 경우가 점차 증가 추세에 있다. 많은 교회들이 분립 교회개척을 꿈꾸고 있다. 그런데 분립 교회개척이라 하여 반드시 성공한다는 보장은 없다는 사실을 기억하는 것이 중요하다. 따라서 분립 교회개척에 대한 보다 체계적인 연구가 필요하다. 또한 대형교회의 분립개척을 표준으로 삼아서는 안 된다. 대형교회의 분립개척은 많은 예산을 투자하는 방법으로써 대부분의 중소형 교회들이 따르기 어려운 방법이다. 또한 개척된 교회가 모교회의 복제품이 될 수도 있다.[70] 교회의 규모와 상관없이 분립 교회개척이 한국교회 생태계에 자리 잡기를 기대해본다.

---

70. Chester & Timmis, 『교회다움』, 132.

3. 지역과 대상에 따른 교회개척 형태

1) 도시지역 교회개척

도시지역 교회개척은 이른바 도시지역에 교회를 개척하는 경우를 말한다. 이미 도시로서 개발이 완성된 지역, 소위 말해 구(舊)도시에 교회를 개척하는 것을 비롯하여, 새로이 개발되어 인구가 밀집되는 신도시 지역에 교회를 개척하는 경우까지를 일컫는다.

팀 켈러는 도시 복음화를 위해 도시지역 교회개척이 필요하다고 주장하는 대표적인 사람이다. 그는 도시의 중요성을 강조하고, 앞으로 도시화와 인구 집중은 계속될 것이며, 세상을 구원하기 위해서는 먼저 도시를 구원해야 한다고 주장한다. 그는 "교회들은 도시의 급격한 인구 증가에 대처할 만큼 충분히 빨리 대처하지 못하고 있다"[71]라고 말하면서, 도시로의 인구 집중률에 비해 교회개척률이 따라가지 못하고 있음을 아쉬워했다. 물론 켈러의 주장은 다분히 미국적 상황과 미국적 문화에 기초한 근거이자 주장이다. 하지만 그의 주장과 통계는 미국만의 이야기는 결코 아닐 것이다. 그것은 조만간 우리의 이야기가 될 것이다.

혹자들은 이미 대한민국의 도시에는 교회가 포화상태에 있다고 말한다. 이는 심히 단순한 생각이고 내부적인 생각이다. 가령 아이들이 10명인 가정이 있다 하자. 그 가정의 아이들은 식구가 너무나 많다고 할 것이다. 옳은 지적이지만 그러나 이러한 지적은 그 가정 내부적인 시각일 뿐이다. 국가 전체적인 차원에서 보면 그 가정을 포함하여 모든 가정에 더 많은 자녀들을 출산해야 한다. 국가의 안위와 미래를 위해서이다. 18.9%의 복음화율을 생각한다면 인구가 집중화되어 있는 도시지역에 더 많은 교회가 필요하다. 하나님 나라의 안위와 미래를 위해 도

---

71. Keller, 『팀 켈러의 센터처치』, 338.

시지역에 더 많은 교회들이 탄생해야만 한다.

도시지역 교회개척 형태에 있어서 도시 내에 형성되어 있는 특별한 그룹이나 특별한 시설을 연계한 교회개척이 있다. 즉, 도시 내에는 대학가, 고시촌, 이주민, 빈민 등 어떤 식으로든 동질성의 집단들이 형성되어 있는데, 이들을 대상으로 삼아 독특한 그룹의 교회를 개척하는 것을 말하며, 또한 이미 도시 내에 존재하는 학교, 학원, 공연장, 레스토랑, 카페 등의 공간들을 사용하는 교회개척을 말한다. 이러한 교회개척은 다양성을 특징으로 삼는 도시에서 특성이 분명하고 비용 측면에서 효과적인 교회개척이라 할 수 있다.

한국적 상황 속에서, 도시지역 교회개척에 있어서 특별히 재개척 Replanting[72]의 필요성이 절실히 제기된다. 도시지역에는 이미 활력을 잃어버리고 교회 기능이 작동되지 않는 미자립교회들이 즐비하다 하겠다. 심하게 말하면 그러한 교회들은 목사의 목사직을 위해 존재하는 교회들이다. 필자는 이러한 교회들을 "생명력 잃은 미자립교회"라고 부르고 싶다. 물론 이들 교회들에게 처음부터 생명력이 없었던 것은 아니다. 당연히 처음에는 열정과 믿음과 소망으로 시작하였을 것이다. 그러나 시간이 지나면서 여러 쇠락의 단계를 거쳐 결국은 생명력 잃은 미자립교회가 되고 만 것이다. 그런데 이러한 생명력 잃은 미자립교회가 그 자체적으로 생명력을 회복하기란 사실상 불가능하다. 다만 외부로부터의 충격에 의해서 생명력을 회복할 수 있는 가능성이 있을 뿐이다. 그리고 그러한 외부 충격 중에서 가장 가능하고 건강한 충격이 바로 목회자가 바뀌는 것이다. 그리고 이처럼 새 목회자가 생명력 잃은 미자립교회를 맡아 새롭게 시작하는 것을 재개척이라 부른다.

물론 재개척에는 장단점이 있다. 장점으로는 이미 교회당이나 시설물이 갖추어져 있으며, 소수일지라도 기존 성도들이 존재한다는 점이

---

72. 스티브 차, "스페셜인터뷰: 미국 저니교회(The Journey Church) 대린 패트릭목사," 「목회와 신학」 통권 305호 (2014.11): 49-50.

다. 교회개척자에게 이 두 가지는 큰 도움이 되고도 남는다. 그러나 이러한 장점은 동시에 단점이 되기도 한다. 재개척에는 어떤 면에서 일반 개척보다 훨씬 어렵고, 목회자가 관심 쏟아야 할 목회적 일이 훨씬 많다. 왜냐하면 바로 타성에 젖어 있는 성도들 때문이다. 새 목회자는 그들을 새로운 비전으로 묶어야 하고 그 비전을 위해 양육해야만 한다. 그들의 고질적 문제점을 드러내야 함과 동시에 위로해야 하며 그들과의 관계를 잘 유지하고 발전시켜야 한다. 이러한 일들은 결코 쉬운 일이 아니다. 아주 큰 인내심과 리더십이 필요한 일들이다. 옛 어른들이 말하기를 "현명한 농부는 나이 먹은 소와 보폭을 맞춘다"고 했다. 재개척을 시도하는 목회자는 이러한 현명한 농부의 지혜와 자세와 인내가 필요하다.

또한 재개척은 현실적인 시장 용어를 빌리자면 "인수"(引受)라는 절차를 거칠 수밖에 없다. 그리고 이 절차에는 전임 목회자와의 금전적인 문제를 지혜롭게 해결해야만 하는 부담이 포함된다. 자칫하면 교회 매매라는 오명을 뒤집어 쓸 위험이 도사리고 있다. 그럼에도 불구하고 재개척의 당위성은 매우 높다. 도시에 생명력 없는 미자립교회들이 많기 때문이다.

2) 농어산촌 지역 교회개척

농어산촌 지역 교회개척은 농촌, 어촌, 산촌에 교회를 개척하는 형태를 말한다. 하지만 농어산촌 교회개척은 현실적으로 어려운 것이 사실이다. 왜냐하면 농어산촌에는 인구가 지속적으로 감소하고 있으며, 노령화가 가속화되고 있기 때문이다. 따라서 농어산촌의 기존 교회조차도 유지 자체가 어렵다. 오죽하면 농어산촌 교회에서는 "60대가 청년회장"이란 소리가 나왔을까! 때문에 농어산촌 지역의 교회개척은 도시 지역 교회개척과 그 개념이 확실히 다르다 하겠다. 농어산촌 교회개척은 새로운 교회를 세우는 것보다는 이미 기존 교회들을 유지하는 것을 목표로 삼아야 한다. 필자는 대한민국의 현실을 고려하여 농어산촌 교회를 유지하는 것을 교회개척의 한 범주로 간주한다.

농어산촌 개척 목회의 가장 어려운 점은 인구감소로 인한 성도의 부족과 그로 인한 재정적 어려움이라 하겠다. 물론 문화와 교육의 열악한 상황 역시 자녀를 가진 목회자들에게는 농어산촌 지역 목회를 선택하기 어려운 점이다. 따라서 목회자가 농어촌의 노동에 동참하는 자비량 사역을 하거나, 아니면 각 교단적 차원의 체계적인 후원, 혹은 도시교회와 농어산촌 교회의 결연 등으로 목회자의 생존과 사역이 보장되어야만 가능한 목회이다. 오늘날 도시교회는 농어산촌 교회를 책임져야 한다. 조금 더 개념을 확장하자면, 도시는 농어산촌을 책임져야 한다. 왜냐하면 도시의 출현은 농어산촌 인구의 유입으로 인해 발생했기 때문이다. 결과적으로 도시는 농어산촌에 빚지고 있다 하겠다. 도시교회 역시 농어산촌 교회의 성도들이 유입됨으로 인해서 형성된 것임을 부인할 수 없다. 따라서 자립한 도시교회들은 적어도 농어산촌 교회 한 곳을 모든 면에서 책임지는 사명을 감당해야만 한다.

여러 어려움에도 불구하고 단 한 영혼이라도 그곳에 존재한다면, 그리고 그 영혼이 목회자를 필요로 한다면 소명 받은 목회자 중에서 누군가는 그곳으로 가야만 한다. 젊은 목회자들이 농어산촌 목회를 기피하는 경향을 본다. 심지어 지방의 교회에서는 부사역자조차 구하기 힘들다는 한탄이 흘러나온다. 이해되는 측면이 없지 않지만, 그러나 젊은 사역자들이 농어산촌으로 가서 스스로를 훈련하였으면 좋겠다는 생각을 필자는 한다. 자녀들이 아직 어린 젊은 목회자들이 담임 목회사역 제1기를 농어산촌에서 헌신했으면 좋겠다는 생각을 한다. 자녀들이 중학교 진학 이상이 되면 문화와 교육 환경 등의 열악함으로 인해 농어산촌에서의 자녀 양육이 현실적으로 쉽지 않다. 따라서 자녀들이 어렸을 때 농어산촌 목회를 감당하는 것이 바람직하다. 어린 자녀들을 시골의 자연환경에서 양육함으로 그들의 인격과 정서 함양에도 유익한 결과를 가져온다. 또한 부정적인 표현임에도 불구하고 굳이 사용하자면, "목회자 시장"에서는 5-6년간의 담임목사 경력이야말로 목회자의 외적 가치를 높이는 중요한 요소가 된다. 목회의 한 Term을 보통 5-6년으로 잡는데, 한 Term을 농어산촌에서 사역한 후에는 도시지역으로 목회지를 옮겨도 목회윤리에 전혀 어긋나지 않는다고 본다.

3) 문화목회 교회개척

최근에 전통적인 교회 모습과는 상이한 교회개척이 자리를 잡아가고 있다. 이러한 교회개척은 직업과 교회를 융합한다든지, 문화 혹은 사회사업 등을 교회와 융합함으로 경제적인 자립까지도 시도하는 형태라 하겠다. 구체적인 예로 영화, 연극, 음악, 책 등을 비롯하여 각종 직업적 요소와 교회를 융합시키는 교회개척이 있으며, 이미 자리를 잡은 카페교회를 비롯하여 만화방, 도서관, 놀이방, 스포츠센터, 식당 등을 교회와 연계시키는 교회개척, 나아가 자신의 회사를 교회화하는 형태의 교회개척이 있다.

조심스러운 것은 이러한 교회 형태들이 전통적인 교회론과 어떻게 조화될 수 있는지, 또한 이러한 모습들에 교회에 내하여 전통적 교회론자들의 평가가 아직까지 공적으로 주어지지 않고 있다는 점이다. 하지만 이러한 교회개척은 최근의 선교적 교회 논의와 더불어 점차 확장되고 있는 형편이다.

4) 다문화/이주민 대상 교회개척

특별한 대상을 타깃으로 하는 교회개척 중에 다문화가정, 혹은 이주민 대상 교회개척이 있다. 2017년 현재 외국인 이주자가 2백만 명이 넘어섰다. 2020년이 되면 초등학생 4명 중 1명이 다문화가정이라고 한다. 이미 다문화가정 출신 남성들이 국방의 의무를 감당하고 있다. 현재 몇몇 교회들을 중심으로, 그리고 이주민 출신 목사들을 중심으로 이러한 다문화가정과 이주민 교회가 개척되고 있다. 현재 우리나라의 출산율만을 고려한다면 우리나라는 조만간 이민자의 나라가 될 수밖에 없을 것으로 보인다. 왜냐하면 나라를 유지하기 위한 인구 확보를 위해 이민의 문호를 넓혀야만 하기 때문이다. 중요한 점은 교회는 이러한 시대를 준비해야만 한다는 것이다. 다문화가정과 이주민 전문 목회자들을 배출해야만 한다. 성경이 말하는 땅 끝이 바로 대한민국이 되고 있다. 현재 한국에서 선교사를 파송한 170개 나라보다 29개국이 많은 199개 나라에서 유입된 200만 이주민들이 한국에 거하고 있다.[73] 가는 "땅 끝"이 아니라 이미 와 있는 "땅 끝"이 대한민국이다. 이러한 현실에 대한 관심과 이들을 대상으로 한 교회개척에 보다 큰 관심이 필요하다 하겠다.

지금까지 다양한 형태의 교회개척을 살펴보았다. 다시 한 번 강조하고 싶은 점은 지역 교회는 생성소멸을 거듭하는 생명체라는 사실이다. 따라서 소멸하는 교회보다 탄생하는 교회들이 많아져야만 한다. 중단 없는 교회개척만이 한국교회가 번성할 수 있는 대안이다. 건강한 교회들이 마을마다 세워져 그 역할을 감당할 때 한국교회에 희망이 있다. 교회개척이 중단되는 순간 한국교회는 희망이 없다. 풀뿌리 교회들이 사라지면서부터 한국교회 생태계가 파괴되었음을 부정할 수 없다. 출생률이 낮아지는 만큼 국력이 약화되고 미래가 없는 나라가 됨을 오늘날 목도하고 있다. 오늘날의 비대해진 대형교회가, 혹은 어느 영향력 있는 한 교회의 출현이 한국교회의 대안이 결코 될 수 없다. 대형교회는 성경에 없는 지상교회 형태로서 다만 인간의 필요에 의해서 만들어

---

73. 양현표, "개혁신학에서 바라본 21세기 한국의 이주민 전도전략,"「신학지남」제84권 4집 (2017): 196.

진 교회 형태일 뿐이다. 따라서 하나님 나라의 영원한 원리가 될 수 없으며 한국교회의 대안이 될 수 없다. 새로운 교회가 어떤 형태로든 계속해서 탄생해야만 한다. 스테처의 말을 인용함으로 본장을 마감하려 한다. "하나님께서 교회개척자를 부르시고 새로운 교회들을 축복하신다. 하나님은 개인들을, 팀을, 기관을, 그리고 교회를 사용하실 수 있다. 그러나 성령의 역사가 없이는 우리는 교회를 개척하지 않는다. 단지 종교 클럽을 시작하는 것이다."[74]

---

74. Stetzer, *Planting Missional Church*, 81.

6
교회개척자의 소명

오스 기니스Os Guiness는 "소명이란 하나님이 우리를 너무나 결정적으로 부르셨기에 그분의 소환과 은혜에 응답하여 우리의 모든 존재, 우리의 모든 행위, 우리의 모든 소유가 헌신적이고 역동적으로 그분을 섬기는데 투자된다는 진리다."[75]라고 말했다. 목사가 어떤 어려움에도 불구하고 굳건하게 사명의 길을 고집할 수 있는 이유는 바로 소명, 즉 하나님의 부르심에 대한 확신 때문이다. 목사에게 소명이 없다면 그것은 직업일 뿐이고, 자신이 주인 되어 선택한 커리어Career에 불과하다. 브라이언트와 브런슨James W. Bryant & Mac Brunson은 다음과 같은 충격적인 경고를 하고 있다. "만약 당신이 목회 중에 있음에도 불구하고 분명하고 의심의 여지가 없는 하나님의 부르심에 대한 확신이 없다면, 당신은 즉시 목회에서 떠나야 한다. 그 부르심이 없이 목회를 할 경우 당신이 사람들에게, 교회에게, 가족들에게, 당신 자신에게, 그리고 하나님 나라에 말할 수 없는 해를 끼치게 된다."[76]

소명은 그 소명을 받은 자의 사는 방법을 다르게 하고, 그러한 삶은 사람들로 하여금 하나님을 보도록 하는 통로가 된다. 소명은 그 소명을

---

75. Os Guinness, *The Call*; 홍병룡 역, 『소명: 인생의 목적을 발견하고 성취하는 길』(서울: IVP, 2009), 59.
76. James W. Bryant and Mac Brunson, *The Guidebook for Pastors* (Nashville: B&H Academic, 2007), 32.

받은 자의 식지 않은 열정으로 나타나고, 그 열정은 사람을 감동시키고 사람에게 전염된다. 소명은 참 목자와 삯군의 목자를 구별하는 결정적 기준이다. 이 소명 때문에 소명 받은 자는 고난과 고통을 인정하고 순교까지도 받아들인다. 이사야가 받은 소명(사 6:1-13), 예레미야가 받은 소명(렘 1:4-10), 그리고 에스겔이 경험한 소명(겔 2:1-3; 3:1-4)은 그들의 삶을 송두리째 바꾸어 버렸다. 베드로전서 5장 2절에 기록된 "너희 중에 있는 하나님의 양무리를 치라"는 말씀은, 사도 베드로가 갈릴리 호숫가에서 부활하신 주님으로부터 직접 받은 소명이자 동시에, 이 땅의 모든 목사들을 부르실 때 사용하신 말씀이다.

본장에서는 교회개척자의 소명에 대해 살펴볼 것이다. 먼저 일반적인 "소명론"을 살펴본 후에, 교회개척자가 소명과 관련하여 주의할 사항, 교회개척자가 소명 부재의 늪에 빠지는 원인, 그리고 소명 부재로부터 회복되는 방안 등을 살펴보려고 한다.

1. 내적소명

소명은 내적소명과 외적소명으로 구분된다. 내적소명은 소명 받은 자의 "심령의 확증"이다. 외적소명이 "머리"나 "환경"과 관련되있음에 비해, 내적소명은 "가슴"과 관련된다. 하나님의 부르심이 들렸는가? 그리고 지금도 들리는가? 하나님이 교회개척자로 부르셨음이 생생하게 느껴지는가? 이 일(교회개척/목양) 외에 다른 일을 한다는 것은 상상도 못할 일인가? 이 일에 대한 강한 열망이 계속적이고 점진적인가? 이 일을 거부하면 죽을 것 같은가(렘 20:9)? 이상의 질문에 대해 "예"라고 확답을 줄 수 있을 때에야 비로소 내적소명을 확증할 수 있다. 필자는 섬겼던 노회에서 오랜 기간 동안 고시부원과 노회장으로 섬긴 경험이 있다. 그 기간 동안 필자는 많은 목사 후보생들과 강도사들을 검증하는 책임을 감당했다. 고시생들에 대한 필자의 질문은 한결같이 "이 일 안하면 죽을 것 같은가?"이었다. 소위 말해 내적소명에 대한 확답을 듣고 싶었던 것이다.

서그든과 위어스비Howard F. Sugden & Warren W. Wiersbe는 그들의 공저에서 다음과 같이 말했다. "목회 사역은 신적 소명감 없이 입문한 사람들에게는 너무나 벅차고 힘들다. 많은 사람들이 목회에 입문한 뒤 떠나는 이유는 대개 신적 절박성에 대한 의식이 부족하기 때문이다. 하나님이 부르셨다는 분명한 자각이 있어야만 목회에 성공할 수 있다."[77] 이들의 말은 백 번 옳다. 소명은 "성령에 매여"(행 20:22) 살아가게 한다. 소명은 가슴 속의 불이다. 심령의 확신이야말로 소명의 진정한 본질이다. 많은 사람이 스펙 쌓기에 전력하지만, 그리고 어떤 경우에는 스펙만으로도 성공할 수 있지만, 그러나 목양에 있어서만큼은 스펙만으로 경쟁력을 가질 수 없다. 목사에게는 소명이라는 하나님과의 스토리가 필요하다. 그 스토리가 교회개척의 현장에서 개척자로 하여금 버티게 한다.

그렇다면 내적소명을 어떻게 확증할 수 있는가? 일반적으로 내적소명을 확증하기까지는 세 단계를 거친다. 첫 번째 단계는 "혼돈의 단계"이다. 부르심에 대한 의심과 불안이 찾아오는 단계이다. "하나님께서 진정 나를 부르셨는가?," "진정으로 나를 사용하실 것인가?," "내가 정말 이 일을 할 수 있을까?"와 같은 의심과 고뇌가 엄습하는 단계이다. 때로는 "아니다"라는 결론과 함께 수년 동안 부정하는 기간을 갖기도 한다. 두 번째 단계는 "결단의 단계"이다. 아무리 강하게 의심하고 부정하고 거부했음에도 불구하고 하나님의 부르심은 소멸되지 않음을 경험한다. 중요한 점은 소명에 대한 의심과 불안과 고뇌와 거부감이 소명 받지 못한 증거가 될 수 없다는 점이다. 의심하고 부정하는 과정을 겪

---

77. Howard F. Sugden & Warren W. Wiersbe, *When Pastors Wonder How* (Chicago: Moody, 1973), 9.

으면 겪을수록 소명에 대한 부담과 확신이 점차 강해진다. 그리고 결국엔 그 소명을 받아들이게 된다. 이것이 바로 결단의 단계이다. 마지막 세 번째 단계가 "확신과 기쁨의 단계"이다. 이 단계에 도달하면 목사의 길을 간다는 상상만 해도 기쁨이 넘친다. 하나님을 위해 평생을 바친다는 거룩한 특권의식을 갖게 된다. 그 어떤 것이라도 희생하여 소명을 이루어 내겠다는 막을 수 없는 열정이 안으로부터 치밀어 오른다. 비로소 "이 일 아니면 죽을 것 같다"라는 일사각오의 영성이 자리 잡게 되는 것이다.

2. 외적소명

소명에 있어서 내적소명이 본질임은 분명하다. 하지만, 만약 그토록 확신하는 내적 확신이 일시적인 감정의 결과라면 어떡하겠는가? 그렇기에 내적소명은 검증의 과정이 필요하다. 내적소명을 검증하고 확인하는 과정이 외적소명이다. 외적소명은 두 측면으로 나누어진다. 첫째는 "이성의 확증"으로써 "머리의 문제"라 하겠으며, 둘째는 "조건의 확증"으로써 "환경의 문제"라 하겠다.

먼저 이성의 확증 측면을 살펴보자. 이성의 확증을 다른 말로 비기면 자기 스스로, 자신의 이성적 판단을 통해 자기 자신을 점검하는 과정이다. 이것을 토마스 오덴Thomas Oden은 "내면적인 자기 검토"라고 했다. 이성의 확증을 위해 스스로에게 다음과 같은 질문들을 던져야만 한다. "주어진 재능과 은사가 목회사역을 감당할 만한가?," "자신이 잘 할 수 있는 사역이 무엇인가?," "어떤 사역을 실행하여 적절한 열매가 있었는가?," "성경적 우주관을 갖고 있는가?," "적절한 성경 지식과 신학 지식을 갖고 있는가?," "스스로 생각하기에 목사로서 적절한 기질과 인성과 습관을 갖추고 있는가?" 등의 질문을 던져야만 한다.

모든 사람들은 결점과 단점, 연약한 점 등의 장애가 있다. 모든 목사는 각기 많은 단점들을 지니고 있다. 그런데 그러한 단점들 중에서 특별히 목회에 결정적 장애가 되는 기질과 생활양식이 있다. 예를 들어, 거짓말을 하는 타고난 기질이 있다든가, 이성 편력의 타고난 기질이 있다든가, 돈을 지나치게 사랑하는 타고난 기질 등이다. 목사는 심각하고 정직하게 이성적 자기검증을 해야 하며, 그 결과 이러한 결정적인 장애가 있다면 내적소명에 대해서 다시 한 번 숙고하는 모습이 필요하다 할 것이다.

두 번째로 조건의 확증 측면을 살펴보자. 조건의 확증을 다른 말로 바꾸면 타인의 인정을 비롯하여 주어진 환경적 요소를 점검하는 과정이라 하겠다. 다음과 같은 질문을 던져야 한다. "은사(교육, 설교, 목양, 다스림, 리더십)와 재능(능력, 재주)을 갖추고 있다는 공적인 증거를 갖고 있는가?" "사명과 사역을 위한 인적·물적 자원이 제공되고 있는가?" "성숙하고 경건한 사람들의 확증을 받고 있는가?" 모두가 목사감이라는데 동의하지 않고, 특별히 자신을 가장 잘 아는 부모나 배우자가 소명 받음에 대해 동의하지 않을 경우, 당사자는 심각하게 본인의 내적소명을 재고하는 기회가 되어야만 한다.

외적소명을 확증하는 요소들

1. 토마스 오덴Thomas Oden의 "내면적인 자기검토"를 위한 질문[78]

    1) 나는 기도하는 법들을 알고 있는가? 은혜의 수단들이 나의 생활양식 가운데 깊숙이 배어들기 시작했는가?

---

78. Thomas C. Oden, *Pastoral Theology: Essentials of Ministry*; 오성춘 역, 『목회신학: 교역의 본질』 (서울: 대한예수교장로회 출판국, 1987), 60.

2) 나는 가난한 자, 소외된 자, 병든 자를 섬기기 위해 얼마만큼이나 기꺼이 나를 포기할 수 있는가?

3) 다른 사람이 상처를 입었을 때 나는 얼마나 민감하게 그와 공감대를 형성할 수 있는가?

4) 나는 믿음의 공동체를 영도할 능력이 있는가?

2. 찰스 스펄젼Charles H. Spurgeon의 자기검토를 위한 질문[79]

1) 그 일에 대하여 모든 것을 흡수해 버릴 만큼 강렬한 갈망이 있는가?

2) 가르치는 일에 대한 적성과 또한 공적인 교육자의 직분에 필요한 다른 자질들이 어느 정도 갖고 있는가?

3) 수고를 통해서 어느 정도 회심의 역사가 이루어지고 있는가?

4) 설교가 하나님의 백성들이 받을만한 것이어야 한다. 교인들이 그 설교에 대해 만족하고 좋게 평가하고 있는가?

3. 제임스 조지James M. George의 자기검토를 위한 질문[80]

1) 확증이 있는가? 하나님으로부터 오는 확증, 다른 사람들에 의한 확증이 있는가?

2) 은사가 있는가? 목양의 은사와 다스림의 은사가 있는가?

3) 열망이 있는가?

4) 생활방식이 건전한가?

---

79. Charles H.Spurgeon, *Lectures to My Students*; 원광연 역, 『목회자 후보생들에게』 (서울: 크리스찬다이제스트, 2009), 44-49.

80. James M. George, "목회사역에 대한 소명," in John MacArthur, Jr., *Rediscovering Pas-*

4. 데이브 하비Dave Harvey의 자기검토를 위한 질문[81]
 1) 경건한가?
 2) 가정이 어떠한가?
 3) 설교할 수 있는가?
 4) 목양할 수 있는가?
 5) 비신자를 사랑하는가?
 6) 소명에 동의하는 자가 있는가?

3. 소명과 관련하여 교회개척자가 주의할 사항

  소명을 확증하는 내적소명과 외적소명 두 요소 중에서 어느 쪽이 더 중요하고 본질적인 요소인가? 두 요소 모두 중요하고 본질적이다. 그럼에도 불구하고 내적소명이 교회개척자에게 보다 본질적인 요소라고 말하고 싶다. 외적소명의 기준을 필요 이상으로 너무 높게 설정하지 않아야 한다는 의미이다. 결국은 심령의 확증이 중요하다. 하나님이 각자에게 주신 확신이야말로 목양을 하게 하는 원천이다. 소명을 재주나 능력에 의존하여 너무 쉽게 확증하는 실수를 교회들은 하지 말아야 한다. 단지 교회생활 열심히 한다고 해서 그가 목사가 되어야 하는 것도 아니고, 또한 목사가 되라고 부추겨서도 아니 된다. 때로 외적소명의 측면인 이성이나 조건은 극복해야 할 걸림돌이 될 수도 있음을 알아야 한다.
  목사의 배우자가 되는 것을 소명으로 여기지만, 교회개척자의 배우

---
    toral Mnistry*, 서원교 역, 『목회사역의 재발견』 (서울: 생명의말씀사, 1997), 172-184.
81. Dave Harvey, *Am I Called* (Wheaton: Crossway, 2012), 71-180.

자가 되는 것은 거부하는 목사 배우자를 함부로 정죄하지 말아야 한다. 교회개척의 소명이 배우자에게 임하기까지 기다려야 한다. 물론 교회개척의 소명이 배우자에게 임하지 않았을 경우, 개척할 수는 있지만 그러나 개척의 짐을 배우자에게 억지로 지워서는 안 된다. 개척자 혼자 그 짐을 져야 한다. 그러나 교회개척 목회의 그 무거운 짐을 배우자의 도움 없이 혼자 지는 것은 어렵고 가능하지도 않다.

소명을 내적소명만 강조하여 획일적인 열렬함만으로 생각하지 말아야 한다. 소명 받은 자 중에는 열렬하고 뜨거운 자도 있지만, 반대로 차갑고 이성적인 소명자도 있기 때문이다. 소명 받음이 한 순간의 사건일 수도 있지만, 이와는 달리 오랜 기간 동안 많은 과정을 통해 숙성되고 영글어 가는 소명도 있음을 기억해야 한다. 필자는 이것을 가리켜 "다메섹 도상적 소명"과 "엠마오 도상적 소명"이라고 명명한다. 다메섹 도상의 바울은 급진적으로 일순간에 획기적 사건을 통해 주님의 부르심을 받았다. 그러나 엠마오 도상의 두 제자는 주님과 동행하였음에도 불구하고 주님의 부르심을 깨닫고 예루살렘으로 다시 돌아가기까지 시간이 걸렸다. 이러한 측면에서 볼 때, 소명을 너무 쉽게 확증하는 것도 문제이지만, 목사가 되기 위해 신학공부에 입문한 자들이 소명 문제를 근거로 해서 너무 쉽게 소명자의 길에서 벗어나는 것 또한 자제해야 한다. 있는 그 자리에서 인내하며 스스로의 목회자적 인격과 자질을 연마하기 위해 훈련을 계속한다면 훗날 소명 문제가 해결될 수도 있기 때문이다.

4. 교회개척자가 소명이 흔들리는 이유

한 번 확증된 소명은 목사의 내면과 삶을 이끌어가는 원동력으로서 일평생 동안 전혀 흔들리지 않는가? 그렇지 않다. 소명 받은 목사 또한 연약한 인간이기에, 어제의 확신된 소명이었음에도 불구하고 오늘 눈앞의 현실과 고난으로 인해 흔들릴 수밖에 없다. 많은 소명 받은 자들이 목회 현장에서 소명의식의 고저 혹은 유무를 경험한다. 특별히 교회개척 현장에는, 예상한 혹은 예상하지 못한, 그리고 들었던 혹은 들어보지 못한 온갖 영적, 정신적, 신체적, 물리적, 경제적 어려움이 넘쳐난다. 이러한 현장 속에서 교회개척자는 평소에는 상상도 못했던 소명의식 부재의 상황으로 빠져든다. 이미 언급한 바와 같이, 목사가 소명을 상실하게 되면 목회는 직업이 되고 만다. 결과적으로 "생명력 없는 미자립교회" 목회로 들어서거나, 아니면 절망하고 포기하여 교회개척 목회를 접고 만다.

교회개척자들이 그들의 소명이 흔들리는 이유 몇 가지를 소개하고자 한다. 이 이유들은 필자의 과목 수강생들에게 부여한 〈교회개척자 인터뷰〉 과제물을 통해서 정리된 내용들이다. 교회개척자들이 가장 빈번하게 소명의식 부재에 빠지는 원인으로 다음과 같은 것들이 있다.

1) "열매 없음에 대한 실망과 좌절"이다

믿음과 비전과 가능성을 품고 시작한 교회개척인데, 일정 기간이 지나도 열매가 없음으로 교회 성장이 이루어지 않을 때, 개척자는 소명을 의심하고 흔들리게 된다. 그리고 이 "열매 없음"은 뒤에 언급되는 다른 모든 소명의식 부재의 원인이 된다.

2) 자신을 바라보는 "가족을 포함한 타인의 시각"이다

개척자는 길어진 "열매 없음"의 기간을 겪으면서, 타인들이 자신을 어떻게 평가할 것인지에 대해 민감해진다. 즉 외적소명의 하나인 환경적 확증에 대한 의심을 갖게 되는 것이다. 그 결과 스스로를 동료나 가족으로부터 고립시키고 스스로의 능력과 은사를 의심하면서 소명의식

부재에 빠진다.

3) "경제적 어려움"이다

이것 역시 "열매 없음"과 관련되어 있다. 교회가 성장이 되지 않음으로 인해서 당연히 목사의 삶과 목회활동에 경제적 어려움이 찾아온다. 이 경제적 곤란은 매우 실제적이고 현실적이기에 소명의식을 유지하는 데 결정적 손상을 가한다.

4) "탈진"이다

개척자가 지나친 의욕과 열심히 일에 매진하게 되고, 반면에 "열매 없음"이 계속될 때 이로 인해 탈진이 찾아오는데, 이 탈진은 소명감 부재의 중대한 원인이 된다. 탈진은 자신의 몸과 마음뿐만 아니라 가족들과 교회 전체에 큰 손상을 가하는 무서운 영적 장애물이다.

5) 역설적으로 "성공"이다

교회개척 과정이 순조롭고 비교적 짧은 시간에 교회성장을 이루이니면 교회개척자에게 교만이 찾아오게 되고 그를 타성에 젖게 만든다. 이로 인해 스스로는 의식하지 못하는 소명의식 부재의 늪에 빠지게 된다. 모든 공로를 자신에게 돌리는 위험에 빠지게 되는 것이다.

6) 애당초 소명을 경험하지 못했음이다

소명을 경험해보지도 못한 경우에는 교회개척의 어려움에 직면하자마자 절망하게 되고, 원래가 비소명자이었기에 모든 어려움의 원인을 외적인 환경에서 찾으며, 심지어 폭력적으로 돌변하는 경우도 있다.

5. 교회개척자의 소명 회복과 유지

이상에서 살펴본 바와 같이 교회개척 목사들이 직면하는 소명 상실의 원인은 다양하다. 그렇다면 이처럼 소명의식이 흔들리는 상태를 극복하고 회복하여 교회개척자가 목회 현장에 굳건히 임할 수 있는 방법이 무엇인가?

1) 자신의 소명을 정기적으로 점검한다

교회개척자가 결코 흔들리지 않은 소명의식을 장착하기 위해서, 혹은 이미 흔들린 소명을 회복하기 위해서는 자신의 소명(내적, 외적)을 재점검하는 시간을 정기적으로 가져야 한다. 그렇게 함으로서 "간절한 열심"을 유지하고 회복해야 한다. 존 제임스John A. James는 『간절목회』라는 그의 책에서 "간절한 열심 목회가 아니고서는 그 어느 것도 그 목회의 성공을 기대하지 못하게 합니다"[82]라고 선언했다. 교회개척은 실로 큰 어려움을 기대하고 나아가는 목회이다. 그 큰 어려움을 이겨내려면 거기에 걸맞은 정도의 소명의식과 간절함이 필요하다. 이러한 소명과 간절함을 자신만의 노하우를 통해서 정기적으로 회복하고 유지해야 한다. 그렇게 해야지만 교회개척 목회를 유지해 나갈 수 있다. 제임스가 말한 바를 기억해야 한다. "간절한 열심을 가진 사람이 하나의 목표에 집중하는 힘은 매우 강력해서 그 마음속에서 언제나 선명하게 나타나

---

82. John Angell James, *An Earnest Ministry*; 서문강 역, 『간절목회』 (서울: 청교도신앙사, 2012), 15.

보입니다."[83]

2) 바른 목자론 혹은 목양론에 충실한다

교회개척자가 흔들리지 않은 소명의식을 장착하기 위해서, 혹은 이미 흔들린 소명을 회복하기 위해서는 바른 목자론/목양론을 정립해야만 한다. 즉 목사로 부름 받은 본질적 의미와 목적을 점검하고 회복해야 한다는 것이다. 무엇이 본질인지를 아는 가장 분명한 방법은 그것을 과연 뺄 수 있느냐를 살피는 것이다. 무엇인가를 더해가는 것보다, 무엇을 뺄 것인가를 고민하는 것이 목사로서 고민해야 할 중요한 요소이다. 목사들이 자꾸만 비본질적인 요소들을 목양에 더하려다 보니 본질적인 것이 무엇인지를 망각하고 본인 스스로는 지치게 된다.

교회개척자 역시 너무 많은 것을 하려고 한다. 본질적 목자론/목양론이 무엇인가? 그것은 그저 한 영혼에 집중하는 것이다. 목양을 함에 있어서 한 영혼이면 족하다. 한 영혼에 집중하는 것은 결코 뺄 수 없는 모든 교회개척자의 본질적 사명이다. 누가복음 12장 48절을 보면, "무릇 많이 받은 자에게는 많이 요구할 것이요 많이 맡은 자에게는 많이 달라 할 것이니라"고 했다. 교회개척자는 실제로 적게 받은 자이다. 따라서 적게 드려도 된다. 그저 누가복음 3장 8절의 말씀대로 한 그루의 포도나무에 집중하여 "주인이여 금년에도 그대로 두소서 내가 두루 파고 거름을 주리니"라는 자세이면 족하다.

교회개척자는 그의 개척교회를 단순하고 적게 일하는 교회로 세워갔으면 좋겠다. 단순 명료한 사역에 전념했으면 좋겠다. 욕심을 버렸으면 좋겠다. 누가복음 10장 40-41절에서 예수님께서는 "마르다야 마르다야 네가 많은 일로 염려하고 근심하나 몇 가지만 하든지 혹은 한 가

---

83. James, 『간절목회』, 38.

지만이라도 족하니라 마리아는 이 좋은 편을 택하였으니 빼앗기지 아니하리라"고 하셨다. 교회개척자들이 "선택과 집중"의 목회를 통해서 "좋은 편" 한 가지를 택했으면 좋겠다. 교회개척자가 너무 많은 것을 하고, 너무 열심히 하려다보니, 주변 교회를 흉내 내려 하고, 그러다보니 어려움에 봉착하여 결국은 소명의식 상실의 지경에 이르게 된다. 존 파이퍼John Stephen Piper는 다음과 같은 의미심장한 조언을 주고 있다.

> 제가 드릴 수 있는 원칙 하나는 자신이 할 수 있는 것 이상을 하지 말라는 것입니다. 너무 많은 것을 감당하기 위해 타인의 아이디어를 빌리면 오히려 역효과가 일어납니다. 시간이 없다는 이유로 다른 사람의 책을 읽고 소화한 후 설교를 하면, 성도들은 목사가 다른 사람의 신발을 빌려 신고 달리고 있음을 단번에 알아챌 것입니다.[84]

3) 바른 교회성장 신학을 정립한다

교회개척자가 흔들리지 않은 소명의식을 장착하기 위해서, 혹은 이미 흔들린 소명을 회복하기 위해서는 바른 교회성장 신학을 정립해야 한다. 교회성장은 교회개척자의 가장 큰 목표이며 관심거리임에 분명하다. 전술한 바와 같이 "열매 맺음"으로 묘사되는 교회성장이 되지 않음은 교회개척자를 가장 큰 절망으로 인도하는 원인이다. 한국교회 생태계를 교란해왔던 가장 오용된 신학이 교회성장을 "개교회의 비대/비만"으로 여기게 한 한국적 교회성장신학이다. 이러한 교회성장신학은 성공주의와 성장주의, 기복주의, 그리고 실용주의 등과 어우러져 큰 교회를 만드는 목사가 성공한 목사요, 하나님의 인정을 받은 영적 지도자라는 관념을 자리 잡게 했다.

---

84. John Piper, "하나님 안에서 만족할 때, 하나님을 영화롭게 합니다," 「목회와 신학」 337 (2017,7): 38.

하지만 이러한 관념의 교회성장신학은 성경의 가르침과는 전혀 관계가 없다. 박영돈 교수는 이러한 한국교회의 교회성장주의에 대하여 말하기를,

> 여전히 교회성장을 교회의 핵심가치로 보고 성장이 멈추어 버린 것을 위기로 생각하는 구태의연한 교회론의 패러다임에 갇혀 있는 것이다. 이는 마치 컴퓨터 하드웨어가 고장 났는데 새로운 소프트웨어만 갈아 끼워 프로그램을 작동하려는 시도와도 같다.[85]

라고 했다. 교회개척 현장의 어느 개척교회 목사의 고백을 소개하고 싶다. "목회라고 하는 것은 10년 해서 몇 명 모이는 교회로 만드는 것이 성과가 아니라 10년 동안 그리스도의 사랑으로 섬기고 죽어버리는 것이라고 생각해요." 그렇다. 교회개척 목사는 교회를 단지 오래 한다는 사실에 목숨 걸지 말아야 한다. 교회 문을 닫을 수도 있다. 물론 개척한 교회가 폐쇄되는 경우가 없어야 하고, 없으면 좋겠다. 또한 교회가 폐쇄되는 것이 사람들 눈에는 교회개척 실패로 보이는 것도 사실이다. 그러나 교회 문을 닫는 경우가 일어났다고 해서 그것이 이상한 일은 전혀 아니다. 생명의 시작과 끝이, 그리고 교회의 시작과 끝이 있으며, 그 모든 것이 하나님께 달려 있기 때문이다. 교회개척사는 하나님이 여기까지 하라고 하신다면 여기에서 얼마든지 내려놓을 수 있어야만 한다.

교회개척자는 교회성장과 목회 성공에 대한 바른 신학을 회복해야 한다. 부흥시대 패러다임을 극복하고, 하나님 나라 차원의 바른 교회성장론을 정립해야 한다. 만약 교회개척 목사가 한 영혼에 집중하는 올바른 교회성장 신학을 회복한다면, 결코 소명의식 부재의 늪에는 빠지지 않을 것이다.

---

85. 박영돈, 『일그러진 한국교회의 얼굴』, 43.

4) 바른 경제관과 노동관을 정립한다

교회개척자가 흔들리지 않은 소명의식을 장착하기 위해서, 혹은 이미 흔들린 소명을 회복하기 위해서는 흔들리지 않은 소명의식을 장착하기 위해서, 혹은 이미 흔들린 소명을 회복하기 위해서는 바른 경제관과 노동관을 정립해야 한다. 많은 교회개척자의 가정이 경제적인 문제로 불편을 겪고 있으며, 결국 소명의식 상실의 늪에 빠지게 된다. 교회개척자의 경제관 중에서 정립되어야 할 우선적인 자세는 "자족함"이다. 현재 주어진 경제적 상황에 만족하고 적응한다는 원칙이다. 교회개척자의 가정은 대체로 가난하다. 한국적 상황 속에서는 극빈자의 범주에 해당한다. 교회개척자는 그러한 경제적 상황에 자족할 수 있어야만 한다.

교회개척자는 경제적 여유를 즐기는 신분이 결코 아니다. 아니 모든 목사는 실제로 가난해야 한다고 믿는다. 규모가 있는 교회의 목사라고 하더라도 최소한의 필요만을 구비하고, 그 삶에 만족하는 "단순한 삶"Simple Life을 살아야 한다고 믿는다. 단순한 삶은 "자발적 가난"의 삶이다. 이러한 목사의 삶의 원칙은 예수님께서 열 두 제자나 칠십 인을 파송하면서 그들에게 주신 지침에 너무나 확연히 나타나 있다. 이러한 지침을 단지 영적 교훈으로 해석하려는 모습은 인간의 탐욕에 기초한 해석일 뿐이다. 당연히 문자적으로 해석해야 할 말씀이다.

많은 목사들이 살아서는 부자처럼, 죽어서는 나사로처럼 되기를 원하는 듯하다. 그러나 분명한 사실은 부자와 나사로의 지상에서의 삶이 한 사람의 삶에, 특별히 한 목사의 삶에서 융합되어 나타날 수 없다는 것이다. 비유 속에서 아브라함이 한 말을 기억해야 한다. "얘, 너는 살았을 때 좋은 것을 받았고 나사로는 고난을 받았으니 이것을 기억하라 이제 그는 여기서 위로를 받고 너는 괴로움을 받느니라"(눅 16:25). 아브라함은 부에 대해 경고하고, 가난에 대한 보상을 약속하고 있다. 부자가 왜 지옥에 갔으며 거지가 왜 아브라함의 품에 안겼는지 그 이유는 나타나 있지 않다. 오직 부자는 부자이었고, 나사로는 거지라는 사실만 기록되어 있다. 누가복음 18장에도 부자 관리 이야기가 기록되어 있다. 주님은 결론적으로 말씀하시기를 부자가 천국에 가는 것이 낙타가 바늘귀를 통과하는 것과 같으며, "무릇 사람이 할 수 없는 것을 하나님은 할 수 있느니라"(눅 18:27)고 말씀하심으로, 부자가 천국에 가는 것은 하나님의 능력으로만 가능하다는, 즉 초능력적인 신적 행위에 의해서만 부자는 천국에 들어가는 것이 가능하다고 하셨다. 달리 말하면, 예수님께서는 부자는 하늘나라에 들어갈 만한 삶을 스스로의 능력으로는 살아갈 수 없음을 말씀하고 있는 것이다. 이러한 부와 가난에 관한 성경 구절들을 영적인 가난을 의미한다고 해석할 수 없다. 인간은 인간의 욕심을 방해하는 성경 구절들을 자꾸만 영적으로 해석하려 한다. 그렇게 해서 목사의 부한 삶을 정당화하려 한다. 오히려 하나님의 축복으로 미화한다.

교회개척자가 생존과 관련하여 두 가지 생활양식이 있다. 하나는 소위 말해 "까마귀 의존 생활양식"Faith Mission Lifestyle이며, 다른 하나는 "두 직업 생활양식"Bi-vocational Lifestyle이다. 이에 대한 보다 자세한 설명은 "제11장 교회개척 준비(3)"에서 다루려고 한다. 여기에서는 다만 교회개척 목사의 노동관을 설명하려고 한다. 사도 바울은 그 스스로 노동을 함으로 해서 그의 삶과 그의 목회를 유지했다. 까마귀 의존 삶뿐만이 아니라 세속 직업을 갖는 것 역시 교회개척자가 선택할 수 있는 생존 방법이다. 교회개척 목사가 필요에 의해서 노동을 병행할 수 있다는 것이다. 극심한 경제적인 곤란으로 인해 소명 부재의 늪에 빠져들기보다는 노동을 택함으로 교회개척 목회를 계속하는 것이 바람직하다 하겠다.

7
교회개척자의 동기

잠언 21장 2절에서 "사람의 행위가 자기 보기에는 모두 정직하여도 여호와는 마음을 감찰하시느니라"고 했으며, 역대상 28장 9절에서는 "여호와께서는 모든 마음을 감찰하사 모든 의도를 아시나니"라고 했다. 하나님께서는 우리가 행하는 행동 보다는, 그 행동을 하는 동기 Motivation를 보신다는 말씀이다. 모든 일을 행함에 있어서 그 일을 행하는 동기는 하나님께나 타인에게나 그리고 자기 자신에게 매우 중요한 요소이자 출발점이다. 그리고 그 동기가 드러난 행위의 궁극적인 결과를 좌우한다고 할 것이다.

사도행전 8장에 기록된 사마리아 성의 마술사 시몬은 오늘날 표현을 사용하자면 전형적인 종교 사업가였다. 베드로는 그에게 말하기를 "하나님 앞에서 네 마음이 바르지 못하니 이 도에는 네가 관계가 없고 분깃 될 것도 없느니라"(행 8:21)고 말함으로 그의 사악한 동기를 지적하고 있다. 오늘날 시몬과 같은 동기로 교회를 개척하고 목회를 하는 경우가 전혀 없다고 말할 수 없을 것이다. 시몬과 같은 동기를 통해서도 사람을 끌어 모을 수도 있고, 그래서 성공한 목회자로 비춰질 수도 있을 것이다. 그러나 궁극적으로 그러한 부류는 하나님의 나라와는 관계가 없으며 따라서 분깃도 없는, 단지 종교 사업가에 불과할 것이다.

동기 문제는 교회개척자에게 매우 중요한 질문이다. 왜 교회를 개척하는가에 대한 답이 스스로에게 분명해야만 한다. 교회개척이 나의 필요인가, 하나님의 필요인가, 아니면 제3자(지역주민)의 필요인가에 대한 명확한 답은 교회개척을 생각하는 자들이 반드시 짚고 넘어가야만 하는 이슈이다.

1. 교회를 왜 개척했는가?

필자의 학생들에게 부여한 개척교회 목회자 인터뷰의 질문 항목에 왜 혹은 어떻게 해서 교회를 개척하게 되었는가라는 질문을 포함시켰다. 교회개척자들의 교회개척에 대한 동기와 이유를 점검하고자 하기 위함이었다. 그런데 그 결과는 뜻밖이었고, 때로는 이해하기 어려운 답변들도 포함되어 있었다.

가장 많은 답변이 "상황상 떠밀려서"이었다. 대부분의 교회개척자들은 교회개척을 전혀 생각하지 않고 있었던 자들이었다. 그들은 10여 년의 부교역자 생활을 경험했으며, 나이가 40대가 되고, 교회로부터 점차 무언의 사임 압력을 받게 되고, 여러 교회의 담임목사 청빙에 지원하였지만 청빙되지 못함으로 인해 어쩔 수 없이 최후의 수단으로 교회개척을 택할 수밖에 없었던, 보다 정확히 표현하자면 교회개척으로 내몰릴 수밖에 없었던 자들이었다.

두 번째 답변이 "소신 목회를 위해서"이었다. 이들은 처음부터 자신만의 교회론과 목회철학을 구비하고, 그것에 기초한 교회를 세우고 목회하기 위해 교회개척으로 나선 경우이다. 이 그룹에는 오랜 부목사 생활을 통해서 기존 교회의 개혁에 한계성을 느꼈던 자들, 특별히 기존 목사들의 철학과 가치관에 대해 실망한 자들도 포함되어 있다.

세 번째 답변이 바로 "소명"이었다. 이들은 처음부터 교회개척을 생각했던 자들이다. 하지만 이들 중의 대부분은 신학을 늦게 시작한 자들, 다시 말해 신학교를 졸업한 후 부목사로 사역하기에는 조금 늦은 높은 연령 측에 속한 자들이라는 점에서 이들 역시 "상황에 떠밀려서"로부터 완전히 제외될 수 없는 자들이다. 실제 신학을 시작한 젊은 나이 때부터 교회개척을 생각한 자들은 극소수에 불과하였다. 이 외에도 "보다 깊은 말씀 묵상을 위해" 교회를 개척한 자들, 혹은 "나도 모르는 이유로" 교회를 개척한 자들 등 다소 이해불가의 답변도 있었다.

필자는 과제물의 결과들을 보면서 많은 생각을 할 수 있었다. 이 과제물은 앞으로도 계속해서 학생들에게 부과 될 것이고, 그 결과는 데이터로 쌓이게 될 것이다. 그런데 앞으로 더 많은 자료가 확보된다고 한들 앞에서 열거한 이유 외에 또 다른 이유들이 나오리라 생각되지는 않는다. 다만 "소명" 때문에 교회개척을 했다는 답변이 점차 증가하기를 소망할 뿐이다. 이 책을 쓰고 있는 시점에서(2019년) 분석한다면, 필자가 몸담고 있는 학교의 학생들 중에서 자립한 교회의 담임목사로 부임할 수 있는 비율은 그리 높지 않다. 전체 학생의 절반 정도만이 재정적으로 자립한 교회로 갈 수 있다. 그럼에도 불구하고 대다수의 학생들은 그 절반 안에 자신이 포함될 것이라고 믿고 있다. 자신만은 엘리트 과정을 밟아 그럴 듯한 중대형교회에서 목회하게 될 것이라는 근거 없는 확신을 갖고 있다.

결국 이들이 40대에 들어서게 되고, 현실 인식과 더불어 그 확신이 깨지게 되고, 이에 당황한 이들은 부랴부랴 교회개척을 소명화시켜 교회개척의 길로 나서는 것이다. 수년 동안 철저히 준비하여 교회개척의 현장에 들어서도 될까 말까 하는데, 급조된 동기와 단시간의 준비로 시작한 교회개척이 성공한다는 것은 결코 쉬운 일이 아니다. 교회개척에 관한 정의도 내리지 못한 상태에서, 큰 부채를 등에 업고 시작하는 교회개척! 퇴직금으로 갑자기 식당을 차렸다가 2-3년 후에 폐업하는 어느 퇴직자의 안타까운 경우와 무엇이 다르겠는가?

2. 교회개척 동기의 중요성

교회개척자의 내면적 동기는 교회개척의 출발점으로서, 교회개척의 모든 과정과 방향을 좌우하는 매우 중요한 요소이다. 개척의 실패는 단지 교회 하나가 생겨났다가 사라졌다는 단순한 문제가 아니다. 개척 실패는 개척자의 영혼과 삶, 그리고 그의 가정에 큰 파괴력을 행사한다. 또한 잠시나마 교회에 몸담았던 교인들에게 회복되기 어려운 상처를 남긴다. 때문에 교회개척자는 가장 먼저 하나님 앞에서 자신이 왜 교회를 개척해야만 하는지에 대한 명확한 동기를 점검해야만 한다. 단순히 부목사 생활 막장에 도달하여, 일주일의 금식기도를 통한 "자기 결단"이나 "자기 소명화" 정도로는 교회개척자의 동기로서 많이 부적합하다. 교회개척자는 이 동기 문제를 놓고 야곱이 얍복강 가에서 싸웠던 그 처절한 싸움을 해야만 한다. 소명에 대한 심각한 고민 없이 자신의 뜻을 하나님의 뜻으로 착각하지 않도록 해야 한다. 바른 동기야 말로 마지막 선택으로서 교회개척이 아닌 최선의 선택으로서 교회개척이 되게 한다.

필자는 이민교회 교회개척자 출신이다. 교회개척을 통해, 그리고 그 교회에서의 목회를 통해 하나님의 큰 은혜를 경험했다. 돌아보면 그 교회를 통해서 여러 신학자들이 배출되었고, 지역의 많은 비신자들이 구원받았음이 하나님의 은혜 중의 은혜이다. 그런데 처음 교회를 개척할 때 필자는 필자 내면의 동기를 점검하지 못한 큰 실수를 했다. 그저 필자가 직면한 상황을 하나님의 인도하심으로만 믿었고, 그래서 순응하겠다는 자세뿐이었다. 하지만 교회가 시작한 지 두 달도 되지 않아 교회가 자리 잡을 수 있다는 소망이 없어보였다. 교회가 안 될 것이라는 확신이 필자를 엄습했다. 그만 두려면 당장 그만 두어야 한다고 믿어졌다. 결국 어느 날 새벽, 교회 폐업을 하나님께 아뢰게 되었다.

그런데 그날 아침 그 순간에 하나님께서 필자에게 단순한 질문을 하셨다. "너, 왜 교회를 시작했니?" 그 질문 앞에서 필자는 순간 꼼짝달싹 할 수 없었다. 그 찰나의 순간에 교회를 시작한 내 안의 모든 동기가 이기적이고 불순했음을 깨달았다. 보수적인 장로교회를 세우겠다는 그 생각도, 성경적이고 색깔이 분명한 교회를 세우겠다는 그 생각도, 이민자들의 장터 노릇을 하는 교회를 세우겠다는 그 생각도 사실은 모두 나를 드러내기 위한 것이었음이 깨달아졌다. 이 땅의 잃어버린 영혼을 찾으시려는 하나님 아버지의 마음과 그분의 열심이라고는 내 마음에서 찾아볼 수 없었다. 그 순간 대성통곡할 수밖에 없었고, 그날 아침 필자는 필자의 전 생애를 하나님께 "팔겠다"고 다짐하면서 하나님과의 거래장에 사인했다. 필자는 즉시로 학업을 중단했고, 교회 옆으로 이사했으며, 두 마음 품지 않고 영혼 구원 사역에 전념하였다. 그 후 하나님께서는 필자의 목회를 축복하셨고 결과적으로 작으나마 열매를 거둘 수 있었다. 필자는 그날 아침의 그 순간을 평생 잊지 못할 것이다. 바른 동기 회복이 이루어졌던 순간이었다. 그리고 그 순간 이후, 필자의 목회는 질과 양에 있어서 달라졌다. 하나님께서 하신 일이었다.

3. 교회개척의 본질적 동기

1) 영혼 구원이다

오늘날 교회들이 사람들에게 세상이 주는 것보다 더 좋은 것을 주려고 한다. 교회들이 세상과 경쟁하여 세상보다 더 좋은 것을 사람들에게 줌으로 해서, 세상에 빼앗긴 사람들을 찾아와 교회 안에 가두려고 한다. 그래서 강단을 세상의 코미디보다 재미있게 만든다. 주일학교 프로그램을 세상의 게임기보다 재미있게 기획하려 한다. 그러나 그런 방식으로 교회가 세상을 이길 수 있는가? 없다. 교회의 세속화만 부추길 뿐이다. 교회가 세상과 경쟁하면서부터 세속화는 시작된다. 교회는 세상이 주는 것보다 더 좋은 것을 사람들에게 주기 위해 존재하지 않는다. 교회는 세상이 줄 수 없는 것을 사람들에게 주기 위해 존재한다.

교회개척의 이유는 세상에는 없는 것, 오직 교회만이 줄 수 있는 것을 세상에 주기 위해서이다. 그렇다면 세상이 줄 수 없는, 오직 교회만이 줄 수 있는 그것이 무엇인가? 바로 복음이다. 복음을 세상에 줌으로 해서 영혼을 구원하는 것이 교회개척의 본질적인 동기이다. 잃어버린 영혼에 대한 관심! 그것만이 교회개척의 동기이어야 한다는 것이다. 영혼을 구원하여 하나님의 마음을 흡족하게 하는 것! 이것이 교회개척의 동기이자 목적이다.

2) 성령님이 주신 부담이자 동시에 감동이다

어떤 특별한 그룹, 문화, 혹은 지역Target Group or Area에 대한 거룩한 부담이 주어질 때, 그래서 그 부담을 덜어내는 새 교회의 필요성에 대한 확신이 사라지지 않고 점점 강해질 때, 그것은 교회개척의 본질적 동기로서 적합하다 하겠다. 이러한 동기로 교회를 개척한다면, 거기에 목회자의 상황을 초월한 참 자유가 있다. 교회개척이 행복하다. 결국 교회개척의 본질적 동기는 내 안으로부터 시작되지 않고 외부로부터 주어진다고 할 수 있다. 여기서 말하는 외부는 다름 아닌 삼위일체 하나님이시다. 그렇기에 교회개척자가 참된 동기를 장착할 수 있음은 은혜일 수밖에 없다. 교회개척자는 이 은혜를 사모하고 임하기를 기도해야만 한다.

4. 교회개척 동기로서 위험한 것들

1) 자기 분노

자기 분노라 함은 "이 사람들과는 도저히 목회를 할 수 없으니 차라리 따르는 사람들과 더불어 개척을 하자"라는 마음으로 교회를 개척하는 것이다. 그러나 이러한 자기 분노는 새로운 교회를 개척한 뒤에 반드시 재발된다. 목양에 있어서 양들은 언제나 양들이다. 믿었던 양들에 의해서 분노는 재발한다. 자기 분노로 개척된 교회는 보통은 대체로 분열을 반복한다. 왜냐하면 분노가 재발되기 때문이다.

2) 자기 의

자기 의라 함은 "교회개척이야말로 나 자신이 옳다는 것을 그리고 나의 모든 것을 증명해 줄 것이다"라는 마음으로 교회를 개척하는 것이다. 자기 의는 상처받았음에 대한, 무시당했음에 대한 자기방어이다. 상처를 입은 목회자는 공격적이 되고 자기방어적이 될 수밖에 없다. 상처받은 목자 밑에서 많은 양들이 상처를 받는다. 그리고 상처받은 양들은 그 상처를 목자에게 되갚는다. 상처의 악순환이 계속된다. 그렇기에 자기 의에 의한 교회개척은 성공하기 어렵다. 사실 목회자는 상처받아서는 안 되는 신분이다. 목자가 양에 의해 상처받는다는 것은 논리적으로 성립이 안 된다. 목회자는 상처를 받지 않는 훈련을 해야만 한다. 상처를 받으면 그 상처를 치료하는 시간과 방법을 체득해야만 한다. 상처를 품은 채로 목회 현장에 머물지 말아야 한다. 많은 목회자들이 이 목회지에서 받은 상처를 그대로 안고 교회개척에 뛰어든다. 목회자는 자신을 먼저 치료하는 방법을 알고 있어야 한다. 그런데 아무리 생각해도 그 방법이라는 것이 하나님 앞에 단독자로 서서 상한 심령을 내보이는 것뿐이었고, 그리고 양들을 끝까지 믿는 것 밖에 없었던 것 같다.

3) 자기 성취

자기 성취라 함은 "내 자신의 목회철학을 자유롭게 펼치는 목회를 하고 싶다"라는 마음으로 교회를 개척하는 것이다. 이러한 동기는 우선 보기에는 매우 성경적이고 지적인 동기로 보일 수 있다. 적어도 스스로의 교회론과 목회철학을 정립한 자의 태도이기 때문이다. 그러나 여기에 위험성이 도사리고 있다. 주님의 교회보다는 자신의 교회를 세울 위험성이 있다. 한 영혼의 가치보다 자신의 철학의 가치를 더 높게 여길 수 있다. 결국에 가서 하나님의 나라Kingdom보다는 자신의 성Castle을 지을 수 있다. 사실은 자신의 교회론과 목회철학을 끝까지 유지하기란 개척교회 현장에서 쉽지 않다. 한 사람이 아쉬운 그 현장에서, 목회철학을 지키려다가 한 사람을 놓치기보다는, 목회철학을 포기하더라도 한 사람을 붙잡고 싶은 곳, 그곳이 개척교회 현장이기 때문이다. 필자 역시 분명한 교회론과 목회철학을 갖고 교회를 개척했다. 그런데 정직하게 고백하자면 그것을 끝까지 지키지 못했다. 가진 것이 없을 때는 필자만의 교회론과 목회철학을 고집할 수 있었다. 그 이유는 간단했다. 가진 것이 없었기 때문에 잃을 것도 없었기 때문이었다. 그런데 어느 순간 교인 수가 100여 명이 넘어갔다. 그때는 상황이 달라졌다. 이제는 잃어버리면 크고 많은 것을 잃어버리는 상황이었다. 정직하게 말하면, 다시 10여 명의 성도를 가진 개척교회 목사로 돌아가기 싫었다. 그러다 보니 교인들의 다양한 요구와 타협하기 시작했다. 정말 희한한 기도를 하기 시작했다. "하나님, 처음 저의 교회론과 목회철학도 유지되면서, 지금 교인들의 요구도 수용할 수 있는 지혜로운 방법을 알려주옵소서!" 그러나 그런 방법은 없었다. 아니, 하나님께서 응답하실 리 없는 필자의 탐욕적 기도였다. 결국 수많은 타협을 하게 되었으며, 결국은 덩치만 커진 또 하나의 전통적인 이민교회를 세웠을 뿐이다. 여기에 있어 지금도 많이 후회하는 부분이다.

4) 자기 욕심

자기 욕심이라 함은 "목회 경력을 쌓고 목회 기술을 연마한다"는 마음으로 교회를 개척하는 것이다. 이러한 동기는 교회개척이 거의 사기 수준의 행위라 할 수 있다. 사실 이민사회에서는 소위 말해 페이퍼교회를 종종 만날 수 있다. 서류로만 있는 교회, 목사의 명함 안에만 있는 교회를 일컫는 말이다. 페이퍼교회를 세우는 이유는 분명하다. 담임목사 경력을 만들어 그럴듯한 교회 청빙에 응모하기 위함이다. 즉, 자신의 경력을 만들기 위함이다. 페이퍼교회는 아니더라도 자신의 경력과 목회 기술을 습득하기 위해 교회를 개척하는 경우가 있다. 이들은 전형적인 삯꾼의 목자가 될 수밖에 없다.

5) 자기 만족

자기 만족이라 함은 "목회를 하고 싶은데 목회지를 찾을 수 없다"는 이유로 교회를 개척하는 것이다. 이러한 자기 만족을 위한 교회개척은 우리 주변에서 흔히 볼 수 있다. 이제는 부교역자를 그만 둘 때인데 청빙 받지 못한 경우, 혹은 목사로서 설교를 너무 하고 싶은데 설교할 곳이 없을 경우 이를 해결하기 위해 교회를 개척하는 경우를 흔히 볼 수 있다. 물론 이러한 동기를 부정적으로만 볼 수는 없다. 이러한 과정을 통해서도 하나님께서는 당신의 교회를 세워 가시고 이러한 목회자를 사용하시기도 하기 때문이다. 그럼에도 불구하고 이러한 동기는 교회개척 동기로 위험한 것이라 하겠다.

6) 자아도취

자아도취라 함은 "큰 목회를 이루어 명성과 내 자신을 드러내겠다"는 의도로 교회를 개척하는 것이다. 당연히 이러한 행위는 바벨탑을 쌓는 행위이며, 세상에서 회사를 설립하는 것과 같은 접근이다. 때로 이러한 경우에도 불구하고 외양적으로 큰 교회를 이룰 수도 있다. 그에게 사람을 끌어 모으는 재주Manipulation가 있기 때문이다. 그러나 사람이 모인다는 사실만 갖고 무조건 하나님의 역사로 간주하는 것은 성경의 지원을 받지 못한다. 지도력Leadership과 교묘함Manipulation을 구별할 수 있어야 한다. 두 가지 모두 사람을 움직이게 하는 능력이지만 그 본질은 완전히 다르다. 동기와 야망을 구별할 수 있어야 한다. 두 가지 모두 사람을 움직이게 하는 추진력이지만, 영혼을 구원하여 하나님 나라를 확장하는 것은 동기이고, 사람을 끌어모아 내 교회를 크게 만들겠다는 것은 야망이다. 종종 야망이 하나님이 주신 동기로 위장되지만, 야망의 결국은 바벨탑이 무너지는 것과 같은 자기파멸일 뿐이다.

5. 교회개척과 관련된 윤리

이 부분에서 교회개척과 관련된 윤리에 관해 논하고자 한다. 동기를 논하는 부분에서 윤리를 다루는 것이 어색할 수도 있지만, 실상은 그렇지 않다. 동기는 윤리 혹은 명분과 직접적으로 연결되기 때문이다. 동기는 그 동기를 가진 자의 행동을 위한 윤리와 명분을 제공한다. 따라서 동기와 윤리와 명분을 동의어로 간주해도 별 무리는 없다.

교회개척 동기는 이미 언급한 바와 같이 영혼 구원이며 성령께서 주신 부담이어야 한다. 이러한 동기를 교회개척의 성경적 동기라 할 수 있다. 이러한 성경적 동기는 곧바로 천국 윤리로 연결된다. 즉, 교회개척은 천국 윤리 안에서 이루어져야 한다는 것이다. 교회개척은 하나님 뿐만 아니라 사람에게도 인정받는 명분이 뒷받침되어야 한다. "위대한 것"The Great이 있고 "좋은 것"The Good이 있다. 천국을 위한 "위대한 것"들이 있고 천국을 위한 "좋은 것"들이 있다. 그런데 단지 좋은 것을 위해 위대한 것이 희생되어서는 안 된다. 교회개척 그 자체는 천국을 위해 좋은 것이다. 그렇다 하여 천국 윤리까지도 어겨가면서 교회를 개척한다면, 단지 좋은 것을 위해 위대한 것을 포기해 버리는 것이다.

교회개척자가 교회개척이란 좋은 것을 위해 위대한 것에 눈을 감고 싶은 유혹을 받을 수 있다. 부족한 자원, 도전적인 사람들, 교회성장에 대한 압박 등에 직면하여 성경적 동기, 천국 윤리, 그리고 자타가 공인하는 명분을 포기하고 싶은 유혹에 직면할 수 있다. 그러나 교회개척자는 교회를 개척함에 있어서 상황적 그리고 이기적 명분을 따라가서는 안 된다. 자기 명분을 고집하기 위해 하나님의 이름을 사용해서도 안 된다. 모두가 인정하는 상식적이고 보편적인 명분을 따라야 한다. 그러한 명분이야말로 교회개척자가 포기하지 않아야 하는 위대한 원리이고 교회개척 윤리이다. 그렇다면 포기하지 말아야 할 위대한 것들이 무엇인가?

1) 퍼터널리즘Paternalism을 피해야만 한다

교회개척자가 피해야 하고 주의해야 할 동기이자 지켜야 할 윤리는 퍼터널리즘을 피해야 한다는 것이다. 퍼터널리즘은 긍정적인 측면에서 번역하면 "가부장주의" 혹은 "온정주의"라고 할 수 있다. 즉 아버지가 자신의 가족을 책임지고 보호하며 필요한 것들을 제공하듯 도움이 필요한 대상들을 보호하고, 필요를 제공하고 온정을 베푼다는 의미이다. 그러나 퍼터널리즘은 부정적인 의미로 보다 자주 쓰이는데, "우월주의"라고 반역될 수 있다. 대상을 보다 열등한 존재로 보고, 자신의 도움이 없이는 안 된다고 여기는, 그래서 자신은 대상에게 은혜를 베풀고 있다는 자세를 말한다. 때로 선교사들에게서 발견되는 현지인들의 문화나 삶에 대한 문화적 우월주의 등이 대표적인 퍼터널리즘이라 하겠다. 교회개척자는 교회개척에 임할 때에 퍼터널리즘의 자세가 아니라 빚진 자의 자세를 유지해야만 한다(롬 1:14; 롬 15:27). 모든 목회자는 빚진 자의 자세이어야만 한다.

2) 회심/전도를 통한 교회성장Conversion/Evangelism Church Growth을 추구해야 한다

교회개척자가 지켜야 할 윤리는 본질적으로 비신자들을 대상으로 한 교회개척을 시도해야 한다는 것이다. 전입을 통한 교회성장Transferring Church Growth은 교회개척 과정에서 있을 수 있는 현상임에도 불구하고 그것이 목적이 되어서는 안 된다. 타 교회에 이미 속한 성도들을 은밀히 접촉하여 도움을 요청한다든지 등의 행위는 목회윤리에 저촉된다. 때로 그러한 방법을 통해 교인들을 확보했다 하더라도 결국은 좋은 결과를 맺지 못한다. 왜냐하면 타 교회에서 전입한 성도들의 경우, 이미 형성된 그들만의 교회론과 목자론이 있으며, 또한 교회를 옮겨 줌에 대한 보상심리가 그들 안에 내재되어 있어서 목사와 갈등을 빚을 소지가 다분하기 때문이다. 따라서 교회개척자는 전입 성장이라는 지름길을 택하기보다는 전도 성장이라는 올곧은 길을 선택해야만 한다.

3) 지역의 다른 교회, 다른 교회개척자와 열린 관계를 지속해야만 한다

교회개척자는 우주적 교회관을 갖고 주변의 다른 교회의 목사들과의 좋은 관계를 만들어가야 한다. 지역의 기존 교회들을 찾아가 교회개척을 알리는 예의를 표하는 것도 한 방법이며, 지역 목사들 간의 친교와 지역 교회의 행사에 대한 관심, 그리고 교회들의 연합 사역에도 적극적으로 참여하는 모습을 보이는 것이 교회개척자로서의 바른 자세라 하겠다. 자신의 교회만 성장하는 것이 아니라 주변의 교회들이 같이 성장해 가야 한다는 의식이 있어야만 한다. 교회의 일치는 매우 중요한 하나님 나라의 원리이고 복음을 보여주는 가장 강력한 무기이다. 지역의 목사들이 서로 열린 관계를 유지하고 친밀한 관계를 유지한다면, 교인들이 지역 교회를 떠돌아다니는 경향이 확연히 줄어들게 된다.

4) 경제적 이유로 쉽게 교회개척 목회를 포기해서는 안 된다

교회개척 목회자에게 있어서도 생존의 문제는 결코 작은 문제가 아니다. 하지만 경제적인 문제만을 절대적인 기준으로 삼아서 교회개척 목회 여부를 판단해서는 아니 된다. 필자는 후원이 보장되는 3년간만 교회를 유지하다가, 후원이 끊어지면 교회 문을 닫고 타 지역으로 이주하여 다시 후원을 통해 교회개척하기를 반복하는 어느 목사를 알고 있다. 이것은 후원 제도를 악용하는 매우 비윤리적인 모습이라 하겠다. 경제적인 문제는 목회자에게 매우 현실적인 문제이지만, 동시에 목회자가 극복해야 할 문제이기도 하다. 돈에 의해 개척자가 된 것이 아니라 하나님께서 교회개척자로 부르시고 해당 지역으로 인도하셨기 때문에, 단지 경제적 후원이 멈췄다고 해서, 혹은 교회 운영과 자신의 생존이 위기에 직면했다고 해서, 너무 쉽게 교회의 문을 닫는다든가 그 자리를 떠나서는 안 된다. 물론 경제적인 고난이 오랜 시간 계속된다고 했을 때, 교회 문을 닫을 수도 있다. 교회개척자가 단지 교회를 유지하는데 초점을 맞출 필요는 없다. 그러나 그 결정을 너무 쉽게 내리기 보다는 하나님 앞에서 신중할 필요가 있다.

5) 모든 통계와 보고에는 항상 정직성과 정확성이 반영되어야 한다

교회개척 목회자가 받는 유혹 중에 하나는 "통계의 과장"이다. 숫자 앞에서 위축되는 교회개척자들을 자주 만나게 된다. 주일예배에 몇 명이나 모이느냐는 질문 앞에서, 헌금 총액을 묻는 질문 앞에서, 혹은 교회당 사이즈를 묻는 질문 앞에서 교회개척자들은 위축된다. 목회 성공을 숫자와 연결시키는 그릇된 목회론이 한국교회 안에 만연되어 있다. 그러다 보니 교회개척자들은 은연중 숫자를 과장한다. 실제로 30명 모이는 교회의 목회자는 보통 "대략 50여 명" 모인다고 답변한다. 그러나 이렇게 대답하는 것은 정직하지 못한 목회자의 모습이다. 교회개척자가 진정으로 숫자로부터 자유로워졌을 때 그는 행복한 교회개척 목회자가 될 수 있다.

교회개척자는 "모데스토 선언"Modesto Menifesto[86]을 기억해야 한다. 모데스토 선언은 빌리 그레이엄 목사가 1948년 캘리포니아 모데스토 지역의 부흥회 때 만든 선언이다. 그레이엄 목사는 자신 이전의 많은 부흥사들이 말년에 불행해진 사실에 대해 의문을 품었다. 그는 자신의 스텝들과 더불어 "왜 이전 부흥사들의 끝이 좋지 않았을까"를 연구했다. 그리고 내린 결론이 네 가지이었는데, 첫째는 불투명한 재정, 둘째는 이성과 관련된 부도덕, 셋째는 집회와 관련된 통계의 과장, 그리고 마지막으로 집회 지역의 목회자와 교회에 대한 비판 등이었다. 그레이엄 목사와 그의 팀은 이 네 가지의 실수를 행하지 않겠다고 선언했다. 이것이 바로 모데스토 선언이다. 그레이엄 목사는 그 이후 이 선언을 지켰으며, 그 결과 그의 인생의 마지막까지 사람들의 존경을 잃지 않았던 것이다. 이 선언에 포함된 세 번째가 바로 "통계의 과장"이라는 항목이다. 부흥사들은 그들의 전성기가 지나 말년에 도달할수록 집회 참

---

86. William Martin, *A Prophet with Honer: The Billy Graham Story* (New York: W. Morrow, 1991), 107.

가 숫자와 헌금 총액이 감소하는 현상을 두려워했으며, 그래서 통계를 과장했다. 이러한 통계의 과장은 자신의 가치와 명성을 유지하기 위한 수단이었다. 그런데 그 과장은 오히려 그들의 급속한 몰락을 가져왔다. 세상이 그들을 거짓말쟁이로 판단했기 때문이다. 교회개척 목회자는 통계에서 진실을 말할 수 있는 용기를 가져야 한다.

8
교회개척자의 성품과 자질

교회개척자에게는 어떤 성품과 자질이 요구되는가? 다수의 교회개척 전문가들이 교회개척 목회자가 갖추어야 할 자질을 제시하였다. 찰스 라이들리Charles Ridley는 13가지를 열거했다.[87] 에드 스테처Ed Stetzer는 사도 바울을 교회개척자의 모델로 제시하고, 그의 교회개척자로서의 자질 9가지를 열거하였다.[88] 데린 패트릭Darrin Patrick은 교회개척 목회자가 ①A rescued man, ②A called man, ③A qualified man, ④A dependent man, ⑤A skilled man, ⑥A shepherding man, ⑦A determined man이어야만 한다고 했다.[89] 필자는 개인적인 연구와 경험을 통해, 교회개척자가 지녀야 할 성품과 자질로 거룩(영성), 열심, 영적 감각, 현실 감각, 철저한 자기관리, 소통 능력, 그리고 실행 능력 등을 강조하고 있다.

전문가들이 제시한 이러한 교회개척자의 품성과 자질은, 사실 모든 목사들이 갖추어야만 하는 조건이라 하겠다. 교회개척이 목사의 기본 의무라는 본서의 대전제를 고려할 때, 교회개척자에게 필요한 성품과 자질은 이 땅의 모든 목사들에게 필요한 것들임에 분명하다. 따라서

---

87. Stetzer, *Planting Missional Churches*, 83-84.
88. Stetzer, *Planting Missional Churches*, 45-47.
89. Darrin Patrick, *Church Planter: the Man, the Message, the Mission* (Wheaton: Crossway, 2010), 21-103.

디모데전서 3장 1-7절, 디모데후서 2장 24-26절, 디도서 1장 5-9절 등에 명확하게 나와 있는 목사의 자격은 교회개척자의 자격과 자질을 논하고 있는 일차적인 기준으로 보아야 할 것이다. 그럼에도 불구하고 본 장에서는 특별히 교회개척이란 관점에서 교회개척자들이 갖추어야만 하는 성품과 자질을 구체적으로 살펴보려 한다.

> **찰스 라이들리Charles Ridley가 제시한 교회개척자의 13가지 자질**
>
> 1. 비전 제시의 능력
> 2. 동기 유발의 능력
> 3. 사역에 있어 주인의식을 유발하는 능력
> 4. 불신자를 고려하는 능력
> 5. 친밀한 부부관계의 능력
> 6. 효과적인 관계 설정의 능력
> 7. 교회의 성장에 집중하는 능력
> 8. 지역에 반응하는 능력
> 9. 다른 사람의 은사를 잘 활용하는 능력
> 10. 수용성과 융통성 발휘의 능력
> 11. 그룹의 단결력을 고취하는 능력
> 12. 강인함의 능력
> 13. 믿음의 능력

---

90. J. Hernes Abante, *Effective Church Planting: A Primer for Establishing New Testament Churches in the New Millennium* (Bloomington, IN: West Bow Press, 2016), 30-39.

아반테J. Hernes Abante가 제시한 교회개척자의 자질[90]

1. 성경적 요구사항

   1) 영적 열정 혹은 하나님을 섬기려는 열심Spiritual Passion or the Love of God to Serve(롬 10:1)

   2) 성경지식Knowledge of the Word of God(딤후 3:15)

   3) 배우려는 자세A Teachable Attitude(잠 9:9)

   4) 겸손Humility(벧전 5:6)

   5) 공감능력Empathy(고후 5:21)

   6) 섬김Servitude(마 23:11)

   7) 희생Sacrifice(롬 12:1)

   8) 믿음Faith in God(히 11:6)

2. 독창성 혹은 창조성Initiative and Creativity(살전 4:11)

3. 일하는 능력과 지도자를 양성하는 능력Ability to Work and Train Leaders(딤후 2:2)

4. 강력한 성경적 신념Strong Biblical Conviction(엡 4:14)

5. 다중작업의 능력과 의지Ability and Willingness to Multitask(딤전 3:1-5)

6. 건강한 육체, 정신 그리고 감정

   1) 육체는 성령의 전이다(고전 6:19). 산 제물(롬 12:1)이 되도록 간수해야 한다.

   2) 우리는 영적인 존재뿐만이 아니라 육체적인 존재이다(살전 5:23).

   3) 약한 몸과 마음은 건강한 영적 삶을 가능하게 하지 않는다.

7. 진리에 대한 지식Knowledge of the Truth

   1) 영혼 구원에 대한 열정만으로 교회개척에 성공할 수 없다. 지식이 없는 열정은 절망을 가져오고 탈진하게 한다. 진리에 대한 지식만으로 교회개척에 성공할 수 없다. 열정이 없는 지식은 교만을 가져온다. 열정과 지식이 균형을 이루어야 한다.

   2) 진리에 대한 지식이 필요하다. 진리에 대해 배워야 한다. 그래야 남을 가르칠 수 있다(딤후 2:2).

에드 스테쳐Ed Stetzer가 열거한 교회개척자로서의 사도 바울의 자질

1. 바울은 교회개척을 위해 준비된 자였다. 바울의 그 당시의 국제적인 교육 배경, 하나님과의 특별한 관계(고후 12:7-9), 그의 배우려는 자세Teachable (행 11:25-26), 모범적인 삶의 모습(살전 2장) 등은 그가 교회개척자로 준비된 사람임을 보여 준다.
2. 바울은 복음전도자였다. 그는 구원받자마자 바로 설교, 개인전도, 가족전도, 그룹전도에 나섰으며, 복음에 대한 수용성 등을 고려한 전도 전략가였다.
3. 바울은 사업가와 같은 전략적인 지도자이었다. 그는 교회개척에 있어서 전략적으로 접근했으며, 교회를 운영하는 데도 탁월했다.
4. 바울은 팀 플레이어이었다. 그는 언제나 팀원의 하나로 있었으며(행 13:1-5; 15:40; 16:6; 20:4), 파송교회에 대한 소속감 또한 분명했다.
5. 바울은 융통성이 있으면서도 동시에 위험을 감수하는 개척자였다. 그는 늘 새로운 지역(롬 15:20), 새로운 대상(롬 11:1), 새로운 방법(행 13장)을 추구했다.
6. 바울은 사람을 중히 여겼다. 그는 타인의 삶에 자신을 투자했으며(행 20:31). 보모나 아버지로서의 역할을 감당했으며(살전 2:7-11), 동료들을 잘 돌보았다 (딤후 1:2).
7. 바울은 다른 사람을 북돋아주고 힘을 실어주는 격려자요 동시에 위임에 있어서 전문가였다(행 16:1-3).
8. 바울은 어떤 희생에도 불구하고 하나님의 부르심과 비전을 이루기 위해 헌신했다(행 14:19-20; 고후 1:23-28). 그는 결코 물러나지 않았으며 포기하지 않았다.
9. 바울은 자신이 개척한 교회에 집착하지 않았다. 그는 개척한 교회의 소유권이나 지배권을 주장하지 않고 떠났으며 더 많은 교회를 개척하였다 (행 16:40).

1. 경건의 능력

교회개척자가 갖추어야만 하는 가장 기본적인 자질은 당연히 경건의 능력이라 하겠다. 흔히 이 자질을 "영성"이란 단어로 표현하지만, 본서에서는 경건이란 단어를 사용하려 한다.[91] 디모데후서 3장 5절에서 바울은 디모데에게 "경건의 모양은 있으나 경건의 능력은 부인하니 이 같은 자들에게서 네가 돌아서라"고 했다. 그렇다면 이 "경건의 능력"이란 무엇일까? 경건을 다른 말로 "하나님과의 친밀함"이라고 말하고 싶다. 따라서 하나님과의 친밀함을 드러내는 것이 경건의 능력이라 할 수 있을 것이다.

실제로 교회개척자는 소수의 성도들과 더불어 거의 공동체 생활과 비슷한 생활을 할 수밖에 없다. 개척교회라는 특성상 목사의 사생활이 거의 보장되지 않는다. 개척교회에서는 목사 가정의 식탁에 가족 외의 그 누군가가 동석하는 경우가 대부분이다. 시도 때도 없이 교인들이 드나든다. 이러한 환경은 목사의 사택이 교회당 안에 혹은 옆에 있는 경우에는 더더욱 피할 수 없다. 때문에 개척교회 목사는 목사의 영적 위엄을 잃어버릴 수 있는 가능성이 매우 크다. 목사의 인간적이고 부족한 약점들이 교인들에게 노출되는 기회가 많기 때문이다. 개척교회의 많은 갈등이 담임목사의 연약함이 노출됨으로 인해 발생하고 있다고 보아야 한다. 따라서 목사의 경건의 능력이 매우 중요하다 하겠다. 성도 입장에서 바라볼 때, 허물없는 친구처럼 목사와 어울리다가도 어느 순간 "역시 목사님이시네"라는 느낌, 즉 목사의 영적 위엄을 느낄 수 있

---

91. "영성"이란 단어가 모든 종교에 포함되어 있는 보편적 종교성을 이야기하고 있다면 "경건"이란 단어는 기독교적 종교성의 의미를 강하게 포함하고 있는 성경적 용어란 차원에서 본서에서는 "경건"이란 단어를 사용하려 한다. 그렇다 하여 기독교 안에서 "영성"이란 단어를 사용한 모든 활동을 정죄하거나 거부하지는 않는다. 언어는 살아 있어서 그 의미가 시대에 따라 변하는 바, 단어 하나에 집착하여 그 전체를 평가하는 것은 바람직하지 않다고 본다.

어야 한다. 그런데 이것이 개척교회 목사에게는 쉽지 않은 일이다. 때문에 교회개척자는 자신의 경건의 능력을 함양하는 개인적인 처절한 훈련이 필요하다.

교회개척자에게 있어서 경건의 능력이란 그가 영육 간에 완벽해지는 것을 의미하지 않는다. 그의 인간적인 약점이나 실수가 노출되지 않아야 함을 의미하는 것이 아니다. 그의 개인적인 삶이나 결혼 생활이나 자녀 문제에 있어서 갈등이 전혀 없어야 한다는 것도 아니다. 그렇다고 문제가 없는 것처럼 꾸미는 위선을 말하는 것도 아니다. 교회개척자에게 있어서 경건의 능력이란 어떠한 순간에도, 삶에 있어서 실패한 순간에도 성경에 나타난 원리대로 대처하고 처리해 나가는 과정을 보이는 것이다. 진실성과 일관성이 있는 생활양식Lifestyle을 통해 교인들로 하여금 "저렇게 예수님을 믿어야 하는구나!"라고 배우게 하고 흉내 내게 하는 것, 그것이 교회개척자의 경건의 능력이라 하겠다.

2. 리더십의 능력

데린 패트릭은 교회개척자들에게 사업가적인 자질이 필요하다고 강조했다.[92] 이것을 달리 표현하면 교회개척자들에게 "리더십 능력"이 필요하다는 것이다. 리더십 능력은 공동의 목표를 설정하고, 모든 구성원을 움직이도록 하여 그 목표를 이루어 내도록 하는 리더의 모든 활동을 가리킨다. 이 리더십 능력에는 다음 여섯 가지 요소들이 포함된다.

---

92. 스티브 차, "스페셜인터뷰: 미국 저니교회(The Journey Church) 대린 패트릭목사," 50.

1) 비전 제시

"비전 제시"란 미래에 완성될 현상을 미리 그림으로 그려서 보여주는 것을 의미한다.

2) 목표 설정

"목표 설정"이란 제시한 비전에 따른 단계별로 도달해야만 하는 목표를 제시하는 것을 의미한다.

3) 계획 수립

"계획 수립"이란 각 단계별 목표를 이루어내기 위한 구체적인 실행계획을 세우는 것을 의미한다.

4) 동기유발

"동기유발"이란 구성원들이 제시된 목표를 각자의 목표로 받아들이게 하는, 그리고 수립된 계획에 자발적으로 참여하게 하는 것을 의미한다. 동기유발은 구성원들로 하여금 주인의식과 책임감을 갖고 열정적으로 참여하게 하는 동력으로서 교회개척자에게 절대적으로 필요한 능력이다.

5) 실행

"실행"이란 수립된 계획을 실제로 실행하는 것을 의미한다. 실행에는 구성원들을 교육하고 훈련하는 과정이 포함되고, 구성원의 능력과 재능과 은사를 분별하여 적재적소에 배치하고, 주어진 제한된 자원들을 필요 적절하게 배분하고 관리하는 것이 포함된다. 실행에는 구성원의 일체감을 방해하는 요소들을 제거하는 것과 시시때때로 발생하는 각종 문제에 대해 적당한 조치와 해결책을 제시하는 것이 포함된다.

6) 소통

"소통"이란 교회개척자가 구성원들과 더불어 같은 비전, 같은 목표, 같은 교회론, 그리고 같은 목회철학을 공유할 수 있도록 하는 모든 수단을 의미한다. 소통은 교회개척자의 리더십 능력에 있어서 매우 중요한 요소이다. 많은 교회개척자들이 착각하고 있는 사실이 하나 있는데, 그것은 교회개척자의 생각을 교인들이 잘 이해하고 있다고 여긴다는 것이다. 그러나 실제로는 그렇지 않다. 일반적으로 청중은 자신이 듣고 싶은 것만, 그리고 듣고 싶은 대로만 듣는 경향이 있다. 이러한 사실은 많은 임상실험을 통해서도 증명되고 있다. 소통은 고도의 기술과 노력을 필요로 하는 과정이다. 리더십의 능력은 소통을 기초로 한다. 교회개척자는 선택한 비전과 목표를 구성원과 분명하고 구체적으로 소통하였는지 확인해야만 한다. 제시한 미래에 대한 그림을 교인들 역시 동일하게 그리고 정확하게 그려내는지를 교회개척자는 여러 방법으로 확인해야만 한다. 이러한 효과적인 소통을 위해 교회개척자는 자신의 소통 스타일을 분석하고 소통에 관한 연구와 실천을 병행해야 한다.

3. 자기관리의 능력

자기관리라 함은 "하나님의 뜻에 의해 자신의 삶이 관리되는 것"을 의미한다. 모든 목사들이 그러하겠지만, 교회개척자는 특별히 자기관리에 있어서 탁월한 능력을 구비해야만 한다. 대부분의 교회개척자는 스스로 자기 시간을 관리한다. 그들은 어느 누구의 감독을 받지도 않을 뿐더러, 어떤 제도나 형식에 구속받지도 않는다. 교회개척자들 대부분은 오직 스스로의 통제와 구속 안에서 생활한다. 때문에 자기관리를 철저히 하지 않으면 교회개척자는 나태해질 수밖에 없다. 때로 남아도는 시간으로 인해 심하면 우울증을 비롯하여 각종 중독에 빠지기까지 한다. 따라서 교회개척자는 스스로 철저하고 치밀하게 자신을 관리하고 주어진 시간을 관리해야만 한다.

교회개척자의 자기관리는 적어도 다섯 영역에서 실행되어야 한다. 그것들은 경건의 영역, 목회의 영역, 학문의 영역, 쉼의 영역, 그리고 가정의 영역이다. 이 중의 어느 하나라도 소홀히 관리한다면, 개척자의 삶 전체에 악영향을 끼친다. 마치 크로스컨트리, 수영, 승마, 사격, 펜싱 등으로 구성된 근대오종경기에서, 어느 한 종목이라도 소홀히 했을 경우 근대오종경기의 선수가 될 수 없는 것과 같다고 하겠다. 더욱 중요한 사실은, 근대오종경기의 각 종목은 각각 다른 기술을 요하며, 각각 다른 훈련 방법을 필요로 한다는 것이다. 사격에 탁월하다 해서 수영까지도 저절로 탁월할 수 없으며, 승마 훈련을 아무리 많이 한다 하여도 그것이 펜싱에는 아무런 영향도 주지 못한다. 다섯 종목은 각기 다른 훈련 방법을 요하며, 각기 별도의 시간을 투자해야만 한다. 마찬가지로 교회개척자의 자기관리 영역 역시 각각 개별적인 것이며, 각 영역에 대한 관리 방식이 개별적으로 이루어져야만 한다. 교회개척은 경건, 목회, 학문, 쉼, 그리고 가정이라는 다섯 영역에서 싸우는 영적오종경기라고 보아도 무난할 것이다.

이러한 다섯 영역 중에서 목회와 학문의 영역은 본서의 뒷부분 "교회개척 준비"에서 다루기로 하고, 여기서는 경건, 쉼, 그리고 가정의 영역에 대해서만 다루려고 한다.

1) 경건의 영역 관리

앞에서 교회개척자의 자질 중 경건의 능력에 관해 언급하면서 경건의 중요성을 충분히 논한 바 있다. 경건은 교회개척 목회자의 자질에 포함됨과 동시에 자기관리 영역에도 포함된다. 경건의 영역 관리는 하나님과의 친밀함의 정도를 관리하는 것이다. 하나님과의 친밀한 관계를 유지하려는 노력이 경건의 영역 관리의 핵심이다. 그리고 이 경건의 관리는 다른 모든 자기관리 영역의 기초가 된다. 왜냐하면 하나님과의 관계가 틀어지게 되면 목사의 삶 자체가 위선적이 되고, 직업적이 되고, 궁극적으로 삶 전체가 파괴될 수 있기 때문이다. 그럼에도 불구하고 교회개척자에게 있어서 하나님과의 친밀한 관계를 꾸준히 유지한다는 것이 그리 쉽지만은 않다. 왜냐하면 어떤 의무적이고 제도적인 시스템이 없는 상태에서 하나님과의 정기적인 만남의 시간을 갖는다는 것이 상당한 노력을 해야만 하는 일이기 때문이다. 따라서 교회개척자는 정기적인 기도의 시간, 말씀 묵상의 시간, 그리고 말씀 순종을 위한 구체적인 시간 등을 의지적으로 혹은 율법적으로라도 습관화해야만 한다.

2) 쉼의 영역 관리

교회개척자의 자기관리 영역 중에서, 쉼의 영역은 교회개척자가 특별히 관심을 가져야 하는 영역이다. 교회개척자는 열심을 낼 수밖에 없다. 지나칠 정도로 열심히 사역에 몰두할 수밖에 없는 존재가 교회개척자이다. 그럼에도 불구하고 만족할만한 결과를 얻지 못하게 되면, 모든 책임을 자신에게 돌리는 죄책감으로 인해 더욱 일에 매진하게 되고, 그 결과 자신의 육신을 망가뜨리고 정신적으로는 탈진의 상태에 이르게 된다. 따라서 교회개척자에게 쉼은 반드시 필요하다 하겠다. 쉼은 하나님께서 인간에게 내리신 명령이다(출 20:8-11). 예수님께서도 쉬셨다

(마 11:28-29). 쉼은 나태나 불충성이 아니다. 쉼은 세속적인 삶이 아니라 거룩한 삶이다. 쉼을 누리지 못하면 피로가 누적되어 결국 무기력과 질병을 초래한다. 목사가 건강을 잃어버리면 더 이상 목회를 할 수가 없다.

쉼을 누리지 못했을 경우 찾아오는 더욱 심각한 결과는 탈진이다. 탈진은 그 자신의 문제가 아니라 공동체 전체에 파괴적인 영향을 준다. "목회자의 탈진은 큰 문제이다. 그것은 목사 자신뿐만 아니라 그들의 가족을 무능하게 만들고, 그들의 양 떼들을 탈선하게 만든다."[93] 교회개척자는 조바심과 욕심을 잘 관리해야 한다. 조바심과 욕심은 무리한 열심으로 인도하고, 그 결과는 탈진이다. 바쁘게 사는 것이 반드시 신실하게 사는 것은 아니다. 바쁜 일상이 하나님 나라의 확장을 위해 고군분투하고 있다는 표시가 결코 아니다. 바쁘게 산다는 것이 반드시 훌륭하고 신실한 청지기라는 증거 또한 물론 아니다. 마르다와 마리아 사건에서 배울 수 있는 교훈이다. 교회개척자들에게 역설적인 권면을 하고 싶다. 제발 좀 천천히 가라는, 너무 크게 꿈을 꾸지 말라고 교회개척자들에게 말하고 싶다. 개척교회 목회라는 그 피곤한 일상으로부터 떠나서 취미생활을 하라고 말하고 싶다. 안식을 정규적인 일정으로 정하고 밖에 나가 동료들과 교제하라고 말하고 싶다.

3) 가정의 영역 관리

교회개척자의 가정 영역의 관리는 특별히 중요하다. 교회개척자의 건강한 가정이야말로 교회개척의 성공 여부를 좌우한다 하겠다. 대부분의 교회개척 전문가들은 교회개척자의 가정이 튼튼해야 하고, 특별히 부부관계가 친밀해야만 한다고 주장하고 있다. 대린 패트릭은 교회

---

93. Dave Earley and Ben Gutierrez, *Ministry Is: How to Serve Jesus with Passion and Confidence* (Nashville: B&H Academic, 2010), 126.

개척자들은 결혼 생활이 탄탄해야 한다고 주장한다.[94] 찰스 라이들리 역시 친밀한 부부관계를 교회개척자의 자질 평가 기준의 하나로 삼았다. 필자의 경우만 보더라도, 치열하게 싸우는 교회개척 현장에 궁극적으로 필자와 필자의 아내만이 단둘이 덩그러니 남아 있음을 수차례 경험했다. 진정한 필자의 편은 언제나 아내였다. 힘들어 할 때마다 아내는 "당신 잘하고 있어요"라고 박수와 격려를 보내주었고, 필자는 그 모습을 보며 굳건히 앞으로 나아갈 수 있었다. 돌아보니 가족만이, 그리고 특별히 아내만이, 목회 현장이 춥든지 덥든지, 풍족하든지 부족하든지, 변함없이 그저 옆에 서서 박수치는 존재였다. 이러한 고백은 교회개척 목회를 감당해 낸 거의 모든 교회개척자들의 한결같은 증언이다. 교회개척자와 그의 가정의 관계는 본서 제16장에서 보다 구체적으로 언급하려 한다.

4. 분별하는 능력

교회개척자에게 필요한 또 하나의 자질이 사람을 분별하는 능력이다. 이 분별하는 능력을 다른 말로 한다면 사람을 분별하는 "영적감각" 혹은 상황에 대한 정확한 "현실감각"이라고 할 수 있다. "보면 느껴야 한다." 이 말은 교회개척자뿐만이 아니라 모든 목회자들이 갖추어야 할 필수적인 조건이다. 목사는, 어떤 사람을 볼 때 그리고 어떤 상황에 처했을 때, 영적으로 해석해야 하고, 현실적으로 직시해야 하고, 그리고 이성적으로 판단할 수 있어야 한다. 이 총체적인 과정을 분별이라고 말할 수 있다. 목사가 분별의 능력을 갖고 있어야지만 문제를 미리 막는 예방적 목회를 할 수 있다. 만약 목회자에게 영적감각, 현실감, 판단력

---

94. 스티브 차, "스페셜인터뷰: 미국 저니교회(The Journey Church) 대린 패트릭목사," 50.

이 없다면, 그는 문제가 발생한 이후에야 비로소 허둥지둥 그 문제를 해결하기 위해 쫓아다니는 비생산적 목회를 하게 된다.

제사장 엘리의 말년의 모습은 전형적인 무분별한 목사의 모습이라 하겠다. 그는 나이가 들면서 타성에 젖은 것으로 판단된다. "나이가 많고 비대한 까닭"(삼상 4:18)이란 성경의 표현은 단지 그의 외모만을 묘사한 것이 아닐 것이다. 그는 한나가 절실하게 기도하는 장면에 대해 영적으로 해석하지 못했고, 현실적으로 직시하지 못했고, 이성적으로 판단하지 못했다. 그래서 "포도주를 끊으라"(삼상 1:14)는 엉뚱한 목회적 처방을 내릴 수밖에 없었던 것이다. 그는 분명 목회 현장에 대한 영적 감각을 잃어버렸다.

분별하는 능력은 교회개척자들에게 특별히 요구된다. 현실적으로 열악한 상황 속에 처한 교회개척자들은 조그마한 친절과 호의에도 쉽게 판단력이 흐려질 수 있기 때문이다. 교회개척자가 가져야 할 분별의 능력은 다음 몇 가지 영역에 적용된다.

1) 사람을 분석하는 데 적용되어야 한다

교회개척자는 한 명의 교인이라도 아쉬워할 수밖에 없는 입장이다. 낯선 한 사람이 주일예배에 참석하면, 교회개척자는 그 사람을 하나님께서 보내주셨다고 믿는 경향이 있다. 때로 그 사람이 어느 교회를 무너뜨린 전력이 있다 하여도, 자신은 그 사람을 변화시켜 교회의 일꾼이 되게 할 수 있다는, 전혀 근거 없는 확신을 갖는다. 그러나 실제로 그 사람이 변화될 가능성은 별로 없으며, 오히려 교회를 어지럽힐 가능성이 훨씬 높다. 이러한 사람이 일시적이나마 교회에 충성하고 목사를 잘 공궤한다면, 교회개척자는 그야말로 그 사람을 하나님께서 보내주신 사람으로 확신해버린다. 그러나 결국에 가서는 그 사람으로 인해 큰 어려움을 당한다. 그러한 사람은 올 때는 혼자 오지만 갈 때는 누군가를 데리고 나가는 것이 일반적이다. 그 결과 교회는 존재 위기의 상황에 직면하기까지 한다. 이러한 경우가 교회개척 현장에 비일비재하다. 교회개척자는 사람을 분별하고 사람의 영을 분별할 수 있는 능력을 구비해야만 한다. 이 능력은 단지 교회가 시작될 때뿐만이 아니라, 교회가 일정 부분 성장하여 평신도 지도자를 세울 때도 동일하게 필요하며, 전체 목회 여정에 있어서 사람으로 인해 발생 가능한 각종 문제를 예방하기 위해서도 필요한 능력이다.

2) 시대를 분석하는 데 적용되어야 한다

세상은 급변하고 있는데, 교회는 그 변화를 주도하기는커녕 따라잡지도 못하고 있음이 현실이다. 닐 콜Neil Cole이 주장한 대로 세상은 지금 3.0시대인데 교회는 2.0시대에 머무르고 있으며, 2.0시대의 유물들을 마치 영원불변한 진리의 핵심인 양 사수하면서 자랑스러워하고 있다고 하겠다. 때문에 세상은 교회를 가장 고리타분하고 시대에 뒤떨어진 곳으로 여기고 있다.

이러한 현실은 교회개척자들에게도 마찬가지이다. 많은 교회개척자들이 시대에 대한 감각을 갖고 있지 못함을 보게 된다. 지금이 어떤 시대이며, 어떤 문화가 자리 잡고 있으며, 따라서 어떤 전략이 교회개척에 필요한 지를 교회개척자들이 인식하지 못하고 있다. 그들은 20세기 후반에 사용된 교회개척 전략을 고수할 뿐, 다른 방법으로 교회를 개척하려는 생각을 갖고 있지 않다. 결과적으로 교회개척 성공률이 현저히 낮을 수밖에 없다. 교회개척자는 그가 속한 시대를 분별할 수 있어야 한다. 시대를 분별하는 것이야말로 교회개척자를 부르시고, 지금 이 순간 존재하게 하시고, 바로 지금 교회를 개척하게 하시는 하나님의 계획을 보는 것이다. 닐 콜은 묻고 있다. "이 역사적 시기에 당신과 당신의 교회는 하나님이 하고 계신 일에 동참할 것인가?"[95] 이 질문에 대한 답은 시대를 분별하는 능력으로부터 비롯된다.

3) 지역을 분석하는 데 적용되어야 한다

교회가 위치하는 지역은 교회의 기반이라 할 수 있다. 교회는 지역으로부터 자양분을 공급받는다. 교회는 지역 교회이어야만 한다. 그럼에도 불구하고 많은 교회개척자들이 자신이 세우는 교회와 지역의 밀접성을 인식하지 못하고 있다. 교회개척 교수로서, 여러 교회개척자들과 대화를 하다보면, 지역을 분석하는 분별력을 가진 교회개척자가 많지 않음을 느끼게 된다. 많은 교회개척자들이 우연에 의해 그리고 형편에 따라 그곳에 교회를 개척했다는 의식을 갖고 있다. 단지 지나가는 과정으로서의 지역이며, 그래서 언제든지 떠날 수 있다는 생각이 있기에, 그들은 그 지역에 대한 애착이나 분석의 필요성을 느끼지 않는 듯하다. 그러나 이러한 자세는 성경적으로 그리고 목회학적으로 얼마나 잘못된 자세인지 모른다. 이 이슈는 뒤에 가서 "지역"을 논할 때 보다 구체적으로 논하게 될 것이다.

교회개척자는 지역의 인적 구성과 물적 구성, 그리고 문화를 분석하는 분별력이 있어야 한다. 이는 지역 주민의 필요와 문화에 자신의 목회를 적응시키기 위한 필수적인 능력이며, 교회가 지역사회 속으로 들어가서 그 지역에 반응하는 교회가 되는 필수적인 조건이다. 대린 패트릭은 교회개척자가 교회 내부에 집중하기보다는 교회 밖에 있는 사람들에게 다가가는 목회(멀어진 사람들에게 손을 내미는 목회)에 집중해야한다고 했다. 그리고 이를 위해 자신의 상황(문화의 규범과 전통, 기독교에 대한 도

---

95. Neil Cole, *Church 3.0: Upgrades for the Future of Church*; 안정임 역, 『교회 3.0: 본질과 사명을 되찾는 교회의 재탄생』 (고양: 스텝스톤, 2012), 40.

전)을 이해해야 한다고 주장했다.[96] 이처럼 지역을 이해하고 지역으로 들어가는 교회를 선교적 교회, 성육신적 교회, 혹은 사도적 교회라고 부른다. 교회개척자는 선교적 목회, 성육신적 목회, 그리고 사도적 목회를 감당해야 하는 바, 지역에 대한 분별력은 그 선결조건이라 하겠다.

5. 수용성과 융통성 발휘의 능력

예수님께서는 마태복음 10장 23절에서, "이 동네서 너희를 박해하거든 저 동네로 피하라"고 하셨다. 이는 현장에 유연하게 대처하라는 지침이다. 사도 바울은 "여러 사람에게 여러 모습이 되었다"라고 고백했다(행 9:22). 이는 그가 한 사람이라도 더 구원하기 위해서 현장에서 유연한 모습을 취했다는 고백이다. 그렇다. 수용성과 융통성은 교회개척자가 갖추어야 할 자질이다. 교회개척 현장은 변화무쌍하고 예측불허의 현장이다. 따라서 교회개척자는 상황과 환경에 따라 적응해야 하며 그에 따른 융통성을 발휘할 준비를 해야만 한다. 경우에 따라서는 우선순위의 변화와 목회철학의 수정까지도 염두에 두어야 한다. 물론 그 모든 수용성과 융통성이 진리에 대한 타협까지를 포함하는 것은 아니다.

이성호는 그의 저서 『비법은 없다』에서, 목사가 허용해야 하는 수용성과 융통성에 관하여 명쾌한 답을 주고 있다. 그는 목사가 현장에서 직면하는 모든 일과 이슈를 "본질," "비본질," 그리고 "규범" 등의 세 가지로 구분할 수 있다고 했다. 먼저 본질의 영역은 진리 문제와 관련된다. 이러한 본질적인 영역에서 목사가 수용성이나 융통성을 보일 수 없다. 그것은 변질로 직결된다. 두 번째로 비본질의 영역은 어떤 식으로 전개되어도, 누구의 뜻대로 되어도 상관이 없는 영역이다. 예를 들

---

96. 스티브 차, "스페셜인터뷰: 미국 저니교회(The Journey Church) 대린 패트릭목사," 50.

어 피아노를 어디에 배치할 것인가 등의 문제이다. 이러한 문제는 담당자나 전문가의 의도대로 목사가 얼마든지 수용하고 융통성을 보일 수 있는 영역이다. 마지막으로 규범의 영역이다. 규범의 영역에는 교회의 전통, 목사의 목회철학, 교회법, 교회의 중차대한 이슈 등이 포함된다. 이 규범의 영역에 목사의 지혜가 필요하다. 어느 정도 수용성을 보일지를 잘 판단해야만 한다. 사실 교회마다 이 규범의 영역에서 갈등의 불씨가 튄다.

교회개척자는 어떤 상황이나 이슈에 접할 때에 이것이 본질적인 영역인지, 비본질적인 영역인지 혹은 규범의 영역인지를 먼저 판단할 수 있는 능력을 갖추어야 한다. 본질의 영역이라 판단이 되는 경우 고집스럽게 버티어야 한다. 비본질의 영역이란 판단이 될 경우 과감하게 수용해야 한다. 만약 규범의 영역이라고 판단이 되면, 이 부분에서는 심사숙고하고 섣불리 양보해서도 혹은 주장해서도 안 된다. 교회개척자는 많은 생각과 연구와 자문을 통해서, 그리고 성령님의 조명을 통해서 수용성과 융통성의 한계를 지혜롭게 결정해야 한다. 문제는 교회개척자들이 어떤 이슈에 대해 그것이 본질인지, 비본질인지, 아니면 규범인지를 잘 판단하지 못하는 경우이다. 때때로 아무 것도 아닌 비본질적 이슈를 본질처럼 붙잡고 고집하다가 어려움을 겪는 교회개척자들을 보게 된다. 또 규범의 영역에 해당되는 이슈를 너무 가볍게 처리함으로 난관에 부딪히는 목사들을 보게 된다. 교회개척자는 수용성과 융통성 발휘의 능력을 갖추어야 한다.

6. 강인함의 능력

교회개척의 현장은 언제나 계획대로 이루어지는 현장이 아니다. 그 현장에는 차질, 실망, 실패, 그리고 경제적 손실 등 수많은 난적들이 산

재해 있다. 때문에 교회개척자는 강인해야만 한다. 육체적으로, 영적으로, 그리고 감정적으로 자신을 잘 지탱해야 한다. 한 번 낭떠러지에서 떨어졌다고 주저앉을 것인가? 다시 일어나 다시 기어 올라가야 하지 않겠는가? 시행착오로 인해 중대한 실수를 했다고 해서 포기할 수 있겠는가? 그것이 목사로서 심각한 윤리적 과오가 아니라면, 정직하게 자신의 잘못을 인정함과 동시에 또 다시 강단에서 담대하게 설교하고 교회에서 리더십을 발휘해야 하지 않겠는가? 교회개척자가 때로는 조금 뻔뻔할 필요도 있지 않겠는가? 진실로 하나님의 뜻이라고 믿어진다면, 믿음의 불도저가 되어야 할 것 아니겠는가? 필자는 이 모든 것을 교회개척자의 강인함이라고 표현하고 싶다. 그렇다. 교회개척자는 강인함의 능력을 갖추어야 한다.

7. 건강한 관계 설정의 능력

교회개척자, 혹은 그의 배우자가 인간관계를 맺는데 문제가 있다면 그것이야말로 개척교회 목회의 큰 걸림돌이 될 것이다. 교회개척자나 그의 배우자의 인간관계 설정 능력은 교회성장과 발전에 직접적인 영향을 주기 때문이다. 당연히 그럴 리가 없고 그래서도 아니 되지만, 그러나 교회개척 현장에서 때로는 복음보다도 목사가 풍기는 이미지가 방문자에게 더 강력한 영향을 끼칠 때가 있음 또한 사실이다. 따라서 교회개척자는 좋은 분위기를 자아내고 온화하고 안정된 관계를 만들어 내는 능력을 갖추어야 한다. 종종 자신과 하나님과의 관계만을 소중하게 여길 뿐, 사람과의 관계는 등한시하는 교회개척자를 만나게 된다. 이들은 대체로 지나치게 권위적이고, 매사를 가르치려고만 하고, 자기의 의식이 강하다. 결과적으로 몇 명 안 되는 교인들과도 좋은 관계를 맺지 못하게 되고, 그럼으로 그들의 목회가 쉽지 않음을 보게 된다. 하나님과 관계를 잘 맺는 사람이 사람과 더불어 관계를 잘 못 맺을 리 없다. 교회개척자는 인간관계 훈련이 되어 있어야만 한다.

특별히 교회개척자는 비신자를 고려하는 능력과 비신자들과 관계를 맺는 능력을 갖추어야 한다. 교회개척의 본질적 목적은 비신자들을 구원하는 것이다. 그런데 놀랍게도 많은 교회개척자들이 비신자들과 관계를 맺을 생각을 못하고 있다. 목사들이 대체로 비신자들의 상황과 심리에 대해서 무지하다. 비신자들을 정죄의 대상으로 혹은 퍼터널리즘 Paternalism에 사로잡혀 그들을 구원시켜야 할 영적인 열등자로만 여길 뿐이다. 목사들은 교회당 담장 안에서, 교인들에게만 둘러싸여 있다 보니 세상 사람이 모두 교인인 것처럼 착각한다. 때문에 비신자들을 구원해야 한다고 말하면서도 사실은 비신자들의 관념과 라이프스타일에 대해 잘 모르고 있다. 하지만 교회개척자가 기억해야만 하는 사실이 있다. 그것은 비신자는 교회개척자의 큰 고객이며, 비신자 세계는 교회개척자의 블루오션이라는 사실이다. 교회개척자의 근무지는 교회당 안의 어두컴컴한 기도실이 아니라, 비신자들이 머무는 동네의 거리, 시장, 미장원, 식당, 슈퍼마켓 등 바로 그곳이다. 교회개척자는 동네 미장원의 미용사, 슈퍼마켓의 사장, 그리고 식당의 직원들과 수다를 떨 수 있어야 한다. 교회개척자가 동네의 이장이나 반장을 하지 못할 이유가 없다. 비신자와 관계를 맺어 그들을 구원할 수 있다면, 그리고 그것을 교회개척의 목적으로 인식한다면, 교회개척자는 비신자 사회 속으로 과감히 들어가 그들과 관계를 맺어야 한다.

지금까지 교회개척자가 갖추어야 할 자질에 대해 살펴보았다. 이 책을 읽는 독자들 가운데 스스로 생각하기에 자신은 교회개척자의 소명과 은사와 자질이 없다고 생각되는 자들이 있는가? 그래서 실망이 되는가? 그러나 아직 포기하지 말라. 특정한 어떤 자질보다 더 중요한 것이 있다. 그것은 하나님의 소명이며, 안으로부터 솟아나는 열정이다. 그 소명과 열정이 있다면 교회개척 현장으로 나아가라. 특별히 필자의 임상학적 관찰에 의하면, 교회개척을 위해 준비된 자들이 있다. 그들은 교회개척자의 자녀, 가난에 익숙한 자, 그리고 고난에 익숙한 자이다. 필자는 그러한 자들을 교회개척을 위해 준비된 자들이라고 말하고 싶다. 교회개척 현장은 어떤 기술이나 재주가 통하는 현장이 아니라, 목사의 삶이 그대로 노출되는 현장이며, 성숙한 인격과 품성, 그리고 인내만이 통하는 현장이다.

2부
교회개척, 그 실천
Church Planting, The Practice

9
교회개척 준비(1)

본장에서부터는 교회개척과 관련하여 구체적인 준비 과정을 다루려고 한다. 과연 교회개척을 위해 어떤 준비를 그리고 언제부터 해야만 하는가? 이 질문은 교회개척을 준비하는 모든 목사들이 반드시 던져야만 하는 질문이며, 동시에 반드시 답을 얻어야만 하는 질문이다. 구체적이고 실제적인 교회개척 준비에 관하여 논하기 전에, 여기에서는 교회개척 준비를 위한 세 가지 접근 방법을 먼저 설명하려고 한다.

1. 지금부터 준비한다

교회개척을 위해 너무 이른, 그리고 너무 긴 준비란 없다. 일찍 준비할수록, 그리고 오래 준비할수록 교회개척 목회에 용이하게 적응할 수 있다. 교회개척을 위한 준비를 위해 전문가들은 계획Plan 단계에 6-9개월, 배양Development 단계에 3-6개월, 그리고 실행Pre-launch 단계에 1-3개월을 투자함으로 인해 최소 10개월에서 최대 15개월을 준비하라고 권면하고 있다. 이것은 전문가들이 말하는 최소한의 준비 기간이다. 오늘날 많은 교회개척자들이 갑자기 교회개척에 뛰어든다. 사전 준비가 없는 상태에서 당장 요구되는 대체로 물리적인 것들만을 준비하여 교회개척을 시작한다. 그 결과 교회개척자들은 크고 작은 많은 난관에 봉착하게 된다. 왜냐하면 물리적 준비보다도 훨씬 중요한 것이 오랜 시간에 걸친 영적이고 정신적인 준비이기 때문이다.

목사로 부름을 받았다면, 그는 그 순간부터 교회개척을 준비해야만 한다. 교회개척은 소명의 영역이며, 모든 목회 형태의 기본 형태이다. 만약 누군가가 교회개척자로 준비되어 있다면, 그는 어떤 목회 상황과 형태 속에서도 목사로 살아남을 수 있다는 필자의 확신이며, 이 책의 중요한 하나의 전제이다. 특별히 신학생들은, 혹은 현재 부목사들은 지금 자신의 미래 목회를 준비해야 한다. 목회 현장에 들어가서, 즉 당면해서 준비하는 것은 너무 늦다. "나중에 내 목회는 잘 할 수 있다"라는 낙관은 근거 없는 낙관이다. 자신의 미래 목회를 위해 지금 행동하는 것이 중요하다. 목회 현장을 지금부터 배워야 하고 목회 현장에 있는 사람들을 이해하기를 지금부터 노력해야 한다.

중요한 사실이 한 가지 있는데, 목회 현장은 그리고 교인들은 목사의 시행착오에 대해 인내심이 별로 없다는 사실이다. 때로 목사는 자신의 시행착오를 통해서 성숙해지고 목사다워진다. 그런데 목사가 자신의 시행착오를 통해 성숙해지는 과정이 교인들 입장에는 상처받고 실망하고, 심하면 교회를 떠나게 되는 고통의 과정이라는 사실을 목사는 알아야 한다. 많은 목회자들이 자신의 연단 과정을 간증한다. 그리고 그 연단의 과정을 통해 성장했다고, 그것이 하나님의 은혜이었다고 고백한다. 하지만 그러한 간증은 "철이 철을 날카롭게"(잠 27:17) 한다는 말씀처럼, 목사와 대척점에 서 있는 교인들에게 자신이 받은 연단만큼의 고통을 주었다는 고백이다. 과연 하나님께서는 목사 한 명을 성장시키기 위해 피 값으로 구원하신 무수한 교인들에게 고통을 허락하시는 분이신가? 그렇지 않다고 확신한다. 목사는 자신의 시행착오를 통해 일어난 결과를 "자기성장"으로 미화시킬 수는 있겠지만, 그러나 그가 주님 앞에 섰을 때 그 "자기성장" 이면에 존재하는 교인들이 받은 고통에 대해서 책임져야만 할 것이다.

때문에 목사는 그리고 교회개척자는 지금 철저히 준비함으로 실제 목회 현장에서의 시행착오를 줄여야 한다. 목사의 시행착오나 혹은 지혜 없음으로 인해서 많은 교인들이 상처를 입고, 교회를 떠나고, 결국엔 신앙을 등지는 일이 너무나 빈번함은 참으로 슬픈 일이다. 시행착오를 줄이는 방법이 무엇인가? 그 방법은 지금부터 준비하는 것뿐이다. 교회개척을 지금부터 준비해야 한다. 현장의 교회개척자들이 한결같이 후회하고 있는 것이 무엇인지 아는가? 미리 준비하지 못한 것이다. 그렇다. 교회개척은 결코 로또가 아니다.

2. 이성과 지혜를 사용하여 전략적으로 준비한다

"전략"이란 용어의 근본적 의미는 전쟁과 관련된 것으로서, 그 사전적 의미는 "전쟁을 전반적으로 이끌어 가는 방법이나 책략"이다. 이러한 원래의 의미가 확장되어 "정치, 경제 따위의 사회적 활동을 하는데 필요한 책략"으로 일반화되었다. 즉, 전략이란 어떠한 목표를 달성하기 위하여, 주변 환경과 자원을 가장 효과적이고 효율적으로 사용하는 방법이라고 할 수 있다. 목표를 이루기 위해, 인간의 지혜와 지식이 총동원되는 과정이라고 하겠다.

교회개척을 위해서도 전략이 필요하다. 하나님의 일이지만 그러나 인간이 사용되기 때문이다. 물론 곡식을 자라나게 하시는 분은 오직 하나님이시다(고전 3:7). 옳은 말이다. 그리고 성경적인 주장이다. 그런데 농부 입장에서는, 하나님께서 자라나게 하시는 것과 상관없이, 언제 그리고 어느 밭에다 씨를 뿌리고, 어떤 방식으로 물을 줄 것인지를 선택해야만 한다. 그리고 이 책략이 바로 전략이다. 씨를 뿌리고 물을 뿌리는 것까지도 하나님께 맡길 수 없다.

물론 농부가 씨를 뿌리지 않는다고 해서, 그리고 씨를 뿌리고 난 후물을 공급하지 않는다고 해서 하나님께서 자라나게 하실 수 없으신 분은 아니다. 그러나 씨를 뿌리고 물을 주는 것은 농부의 의무이자 책임이다. 감기약이 개발된 것은 일반 은총의 결과로서 하나님의 선물이다. 전략은 감기에 걸린 사람이 감기약을 언제 먹어야 하는지를 결정하는 것이다. 감기약을 먹는다고 해서 감기약 없이도 치료하실 수 있는 하나님의 능력을 부인하는 것이 아니다. 그러나 감기에 걸린 자는 감기약을 적절한 방법에 의하여 복용하는 것을 선택할 수 있고, 어떤 면에서 보면 복용해야만 하는 책임이 있다.

궁극적으로 교회를 세우시는 분은, 인간의 영혼을 구원하시는 분은 하나님이시다. 그러나 교회개척자는 어떻게 교회를 세워나갈지에 대해 이성과 지혜를 사용하여 전략을 세울 수 있어야 한다. 예수님께서는 제자들을 현장으로 보내시면서 "보라 내가 너희를 보냄이 양을 이리 가운데로 보냄과 같도다 그러므로 너희는 뱀같이 지혜롭고 비둘기같이 순결하라"(마 10:16)고 말씀하셨다. 이 말씀 중에서 "뱀같이 지혜롭고"는 교회개척자에게 전략이 필요함을 말씀하신 것이다. 목사에게 경영의 능력이 필요하다는 사실을 강조하신 것이다.

우리가 반드시 인지해야만 하는 사실이 한 가지 있다. 그것은 한 교회에게 주어진 하나님의 자원은 제한되어 있다는 것이다. 자원이 무한정으로 주어진 교회는 존재하지 않는다. 목사는 그 제한된 자원을 가지고 목회를 하여 하나님께 이익을 남겨드려야 한다. 때문에 목사는 전략적이어야만 한다. 만약 목사가 전략적이 되지 못한다면, 제한적으로 주어진 그 자원까지도 낭비하게 된다. 그리고 그는 만성적인 자원 부족 상황에서 목회하게 된다. 역설적으로 말한다면, 하나님의 자원은 늘 충분히 주어지는데, 전략적이지 못한 목사는 번번이 그 자원을 낭비하고선 하나님께는 늘 자원 부족을 하소연한다는 것이다. 주어진 하나님의 자원을 낭비하느냐 마느냐에 대한 책임은 목사 자신에게 있음을 목사는 기억해야 한다.

종종 전략을 세우는 것을 영적이지 못한 자세로 여기는 자들을 만난다. 그들은 하나님께서 인도하시는데 인간의 계획이나 전략이 왜 필요하냐고 말한다. 특별히 보수 신학을 견지하는 자들에게서 이러한 경향을 더 자주 접할 수 있다. 그러나 그러한 자세는 전혀 성경적이지 못하다. 성경은 우리들에게 전략 사용을 오히려 권장하고 있다. 우리는 하나님께서 매우 전략적인 분이심을 성경을 통해 알 수 있다. 예수님 역시 매우 전략적인 분이셨다. 그분은 전략적으로 시간을 사용하셨고, 전략적으로 하루 일정을 소화하셨다. 예수님의 비유들에 등장하는 주인공들은 매우 전략적 사람들이다. 선한 청지기 비유는 전략 사용의 중요성을 잘 말해주고 있으며, 누가복음 14장에 나오는 망대를 세우는 사람이나 전쟁에 나가는 임금의 이야기는 전략적 판단이 얼마나 중요한지를 보여주고 있다. 마태복음 28장의 지상대명령은 하나님 나라의 확장을 위해 예수님께서 세우신 매우 중요한 전략이다. 하나님께서 사용하신 사람들의 공통된 특징 중의 하나는 그들이 매우 전략적인 사람들이었다는 점이다. 야곱, 요셉, 모세, 다윗, 바울 등 신앙의 위인으로 분류되는 자들은 사실상 매우 전략적인 사람들이었다. 잠언 15장 22절에는 "의논이 없으면 경영이 무너지고 지략이 많으면 경영이 성립하느니라"고 했으며, 잠언 20장 18절에서는 "경영은 의논함으로 성취하나니 지략을 베풀고 전쟁할지니라"고 했다. 전략을 세우고 실행하는 것은 교회개척자의 올바른 자세이다. 이성호의 다음과 같은 주장은 의미심장하다. "목회는 바른 말씀에 입각해서 무조건 열심히 해서 되는 것은 아닙니다. 열심과 더불어 목회에 필수인 것은 바로 지혜입니다. 바른 신학을 추구하는 목사일수록 지혜를 술수라고 생각하면서 깔보는 경향이 있는데 지혜와 술수는 구분해야 합니다."[97]

종종 "충성"이 전부라고 말하는 자들을 만나게 된다. 하지만 이러한

---

97. 이성호, 『바른 목회와 교회 성장: 비법은 없다』 (서울: 그 책의 사람들, 2013), 14.

주장은 성경에 나타난 원리를 지나치게 단순화시키고 치우치게 하는 주장이다. 충성이 전부가 아니라 열매까지가 전부라 할 수 있다. "열심히 일하면 하나님께서 역사하신다"라는 말은 매우 신앙적인 말 같지만, 다른 각도에서 보면 매우 무책임한 말이기도 하다. 열매가 없음에도 불구하고 그저 하나님께서 아시고 하나님께서 칭찬하실 것이라고 확신하는 것은 자기 위안의 수단일 수도 있다. 켈러Timothy Keller는 "요컨대 충성이 전부라고 말하는 것은 지나친 단순화이다. 충성 이상의 다른 무엇이 필요하다. 충성보다 더 성공적인 기준이 '열매 맺음'에 있다는 결론에 도달했다"[98]라고 말한다. 열매를 맺기 위해 교회개척자는 전략을 세우고 실행해야 한다.

종종 목회 현장에 일반 은총의 영역인 세속 학문이나 세상에서 통용되는 원리를 사용함에 대해 거부감을 갖는 자들을 만난다. 하지만 일반 은총의 영역에서 이루어진 결과들을 목회 현장에 응용하는 것은 지극히 정상적인 것으로서 목사의 올바른 자세이다. 일반 은총 영역에서 제시하는 비즈니스 성공의 원리와 방법을 교회 역시 참고할 수 있다. 교회 역시 하나의 인간 조직이란 사실을 고려할 때, 세상 조직이 사용하는 경영원리나 방법을 교회 역시 참고할 수 있다. 실제로 일반 은총 영역의 심리학, 사회학, 인류학 등은 목회의 대상인 인간을 이해하는데 상당한 유익함이 있다. 세상 사람들은 교회개척을 하나의 창업으로 여긴다. 국가에서도 교회개척을 요식업과 동일한 소규모 비즈니스로 분류한다. 일반적으로 창업을 위한 네 가지 요소를 아이템, 경영능력, 자본, 그리고 장소로 여긴다. 그런데 이 창업을 위한 네 가지 요소가 교회개척에도 그대로 적용됨을 부인하는 사람은 많지 않을 것이다. 교회개척을 위한 전략을 세우는 데 있어서 일반 은총 영역의 학문이나 통계 등의 도움을 받으면 보다 효과적일 수 있음을 기억해야 한다.

---

98. Keller, 『팀 켈러의 센터처치』, 17.

많은 교회개척자들이 전략 부재의 상태에서 교회개척에 뛰어든다. 일주일 간의 금식기도 후에 믿음으로 교회개척에 뛰어든다. 그러나 그러한 믿음은 지나치게 황당한 믿음이다. 현실감 없이 믿음만 갖고 교회개척으로 나아갈 때 큰 실패를 경험할 확률이 대단히 크다. 어느 교회개척자가 한 말이 아직도 귀에 생생하다. 그는 "있어야 할 것은 현실감이고 없어야 할 것은 믿음이다"라고 했다. 목사인 그가 믿음무용론을 주장하는 것은 결코 아닐 것이다. 그는 단지 아무런 준비나 전략 없는 상태에서 믿음으로만 교회개척에 뛰어들었던 자신의 무모함을 고백하였을 뿐이다. 함부로 교회개척에 뛰어들지 말아야 한다. 또한 조급해 하지도 말아야 한다. 교회개척은 전략적으로 접근해야만 하는 길고도 먼 길이다.

3. 성경, 특별히 사도행전에서 교회개척의 원리를 배운다

사도행전은 말 그대로 사도들의 사역을 기록한 책으로서, 사도들이 어떤 방식으로 영혼을 구원하여 제자를 만들었으며 교회를 세웠는지를 보여준다. 때문에 사도행전은 교회개척과 관련하여 기록된 책 중에서 가장 중요한 책이며, 교회개척 교본이라 할 수 있다. 쉥크David W. Shenk와 슈트츠만Ervin Stutzman은 말하기를,

> 성령의 행전이기도 한 사도행전은 기독교 신앙과 선교에 관한 풍부한 통찰을 제공해 주는 책이다. 교회개척과 관련해서 보자면 이 책은 교회 발전을 위한 새로운 시도들을 보여주는 길잡이로서 우리에게 구체적인 이해의 관점을 제공한다.[99]

---

99. David W Shenk & Ervin Stutzman, *Creating Communities of the Kingdom: New Testament Models of Church Planting*; 최동규 역, 『초대교회 모델을 따라 교회를 개척하라』

고 했다. 스미스E. Elbert Smith도 말하기를 "성령께서는 누가에게 감동을 주사, 초대교회 당시의 [교회들에 관한] 기록을 남기게 하셔서 오늘날의 교회개척자들에게 통찰력과 적용을 허락하셨다"[100]라고 말했다. 팀 켈러는 역시 이에 동의하는 바, "성경에서 교회개척에 대해 배울 수 있는 주된 책은 사도행전이다"[101]라고 말했다. 따라서 교회개척자를 꿈꾸는 자는 사도행전에서 교회개척 원리와 실재를 배우려는 노력이 필요하다고 하겠다.

사도행전에서 이른바 "사도적 교회개척"의 원리와 실재를 볼 수 있다. "사도적 교회개척"의 가장 큰 원리는 사도들이 먼저 비신자들에게로 나아갔다는 것이다. 사도들은 비신자들이 그들에게 다가오기를 기다리지 않고, 비신자들이 존재하는 바로 그곳으로 다가갔다. 그리고 그곳에서 그들에게 복음을 선포함으로 영혼들을 끌어 모았다. 즉 비신자들이 머무는 그 현장에서, 그곳이 강가이든, 시장이든, 거리이든, 이방인의 집이든 상관없이 그곳에서 교회를 시작했다.

이러한 원리는 오늘날 우리 한국교회의 교회개척자들이 눈여겨보고 회복해야만 하는 원리라 믿어진다. 한국에서의 교회개척은 일반적으로 장소를 매력적으로 꾸미고, 질 좋은 프로그램을 갖춤으로 사람들을 그리로 모으는 것에 초점이 맞추어져 있다. 또한 교회의 가시적 구조와 프로그램을 유지하는데 대체로 방점을 찍고 있다.[102] 이러한 요소들이 중요하지 않다는 말은 물론 아니다. 다만 사도행전에 나타난 사도적 교회개척은 그렇지 않다는 것이다. 사도적 교회개척은 사람들이 있는 곳에서 교회를 시작하는 것이며, 교회의 외형적 구조나 프로그램보다는

(서울: 베다니출판사, 2004), 5.
100. E. Elbert Smith, *Church Planting by the Book* (Fort Washinton, PA: CLC Publication, 2015), 10.
101. Keller, 『팀 켈러의 센터처치』, 744.
102. Chester & Timmis, 『교회다움』, 121.

사람들의 모임을 교회로 여기는 교회개척이다. 21세기의 한국교회 생태계를 보건대, 이제는 교회개척과 목회가 "사도적"으로 바뀌어야 한다. 사도행전은 "사도적"이 무엇인지를 자세하게 보여준다. 때문에 교회개척자가 되기를 꿈꾸는 자들은 지금부터 사도행전을 탐독하고 이해해야만 한다.

10
교회개척 준비(2)
개인적 준비

 교회개척을 준비하는 과정에 있어서 첫 단계는, 무엇보다도 교회개척자 스스로가 자신을 교회개척자로 준비시키는 것이다. 뜨거운 소명과 불타는 열정으로 교회개척에 임했던 많은 교회개척자들이 결과적으로는 큰 상처와 후유증을 안고서 교회개척 현장을 떠난다. 여기에는 여러 원인이 있다. 대부분의 사람은 교회개척이 실패하는 원인을 인적 자원과 물적 자원이 공급되지 못하기 때문이라고 생각할 것이다. 그러나 반드시 그렇지마는 않다. 교회개척이 실패하는 진짜 원인은 교회개척자 자신이 준비되어 있지 못하기 때문이다. 교회개척을 위한 여타 준비가 잘 되어 있고, 최고 최선의 조건이 갖추어져 있다 하더라도, 교회개척자 자신이 준비가 되어 있지 않았다면, 그는 하나님의 자원과 시간만 낭비하는 실패를 맛보게 될 것이다. 본장에서는 교회개척자가 스스로 어떤 준비를 해야만 하는지를 논하려고 한다.

1. 개척교회에 맞도록 자신과 가족을 준비한다

 교회개척을 준비하는 자신과 가족들을 개척교회에 맞도록 준비시켜야 한다. 우선은 개척교회가 어떤 형태의 교회인지를 인지하도록 해야 한다. 개척교회에 맞는 개척자 가족들의 정신 자세와 삶의 형태가 어떤 것인지를 가족들로 하여금 알도록 해야 한다. 개척교회라는 현장에서의 삶에 대해 가족들이 충분히 이해하도록 하는 것, 그리고 그 삶에 대한 가족들의 동의를 얻어내는 것은 교회개척자의 필수적인 준비이다. 교회개척자들이 범하는 큰 실수 중의 하나가 가족들의 이해와 동의를 구하는 데 시간을 투자하지 않는다는 것이다. 엄밀히 말하면 목사 자신이 소명을 받은 것이지, 가족들이 소명을 받은 것은 아니다. 가족들은 하나님 앞에서 각기 단독자일 뿐이다. 자신이 소명을 받았기에 배우자나 자녀들이 당연히 그 소명에 묻어가야만 한다는 생각은 일종의 교만이요 이기심이다. 따라서 비록 어린 자녀들일지라도, 교회개척에 대한 구체적인 설명과 더불어 그들의 동의를 구하는 절차를 밟아야 한다.

많은 교회개척자들이 안정된 교회의 부목사 출신들이다. 그들은 비교적 갑자기 가족과 더불어 교회개척 현장으로 뛰어든다. 그런데 교회개척 현장은 부목사의 현장과는 판이하게 다르다. 교회개척 현장은 전혀 다른 환경이다. 안정된 교회의 존중받는 목사에서 돌연 불안정하고 온갖 잡일을 감당해야 하는 머슴과 같은 목사가 된다. 가족들은 사람들의 관심을 받던 중심부에서 돌연 아무도 관심을 두지 않는 주변부로 내몰린다. 갑작스럽게 변화된 환경에 가족들은 물론 심지어 목사 자신까지도 적응하는 것이 쉽지 않다. 특별히 자녀들은 불안정한 환경과 잃어버린 친구들로 인해 심각한 상처를 입을 수도 있다.

따라서 교회개척자는 가능하면 빨리 가족들과 더불어 교회개척으로 인해 맞이하게 될 여러 상황에 대해 소통해야만 한다. 정기적인 가정예배는 가족들을 준비시키는 매우 좋은 통로라 여겨진다. 가정예배는 목사 가정의 영육간의 일치감을 도모하는데 큰 도움을 주기 때문이다. 또한 전 가족이 일정 기간 동안 어느 개척교회를 섬겨보는 것도 매우 효과적인 준비라 하겠다.

2. 담대함을 훈련한다

　교회개척자의 성품을 논하면서 "강인함의 능력"에 관하여 이미 설명한 바가 있다. 같은 맥락에서, 교회개척을 준비하는 자는 담대함을 훈련해야 한다고 말하고 싶다. 교회개척 현장에는 각종 고난과 장애가 널브러져 있다. 교회개척자는 이러한 고난과 장애를 극복하겠다는 자세를 훈련하고 스스로에게 장착해야 한다. 교회개척자는 교회를 개척하는 과정에서 절벽에서 몇 번 떨어지게 된다는 사실을 각오해야만 한다. 절벽에서 떨어졌다고 포기하겠는가? 그럴 수 없다. 상처투성이의 몸이지만 다시 기어 올라가야 한다. 때문에 교회개척자는 하나님을 의존하는 믿음의 배짱을 키워야 한다. 불굴의 정신과 강한 인내력을 장착해야 한다. 어느 교회개척자가 "소명감과 버티기가 교회개척의 비법이다"라고 고백하는 것을 들었다. 같은 맥락의 고백이다. 물러서지 않겠다는 불굴의 정신이다.
　그렇다. 교회개척자는 담대해야 한다. 만약 교회개척자가 소심한 기질의 소유자라면, 그는 그 기질과 싸워서 반드시 적극적이고 담대한 모습을 갖추어야 한다. 연약한 심신으로는 교회개척의 현장에서 버티어내기 어렵기 때문이다. 하나님 앞에서 우리의 연약함과 교회개척의 현장에서 우리의 연약함은 하늘과 땅만큼이나 다르다고 감히 말하고 싶다. 하나님께 우리의 연약함을 보이는 것은 우리의 마땅한 자세이지만, 교회개척 현장에서의 연약함을 보이는 것은 목사로서 무책임한 모습이다. 하나님 앞의 연약함을 통해 교회개척 현장의 담대함으로 나아가야 할 것이다. 교회개척은 불확실한 미래에 현재의 모든 자원을 믿음으로 투자하는 것이다. 담대함 없이는 불가능한 일이다.

3. 사람을 좋아하고 존중하는 훈련을 한다

 교회개척을 준비하는 자는 어느 누구와도 상관없이 건강한 인간관계를 맺는 훈련을 해야만 한다. 모든 목사들에게 마찬가지이지만, 특별히 교회개척자가 인간관계 설정에 미숙하다면 교회가 세워지기 어렵다. 왜냐하면 교회개척 현장은 소수의 사람들이 긴밀한 관계로 묶여 있는 현장이며, 목사와 교인 간의 관계적 간격이 매우 좁기 때문이다. 때문에 교회개척자는 인간관계를 잘 맺을 수 있어야 하며, 이를 위해서 사람과 어울리기를 좋아하고, 사람을 인정해주고 용납해주는 훈련이 필요하다. 물론 이러한 기질을 타고난 사람이나 은사로 받은 사람도 있을 것이다. 그러나 그렇지 못한 자들은 훈련으로 그러한 기질을 함양해야만 한다.
 소명감이 투철하고, 뜨거운 열정을 갖고 있으며, 심오한 경건까지도 갖춘 훌륭한 목사들이 목회 현장에서는 교인들과 갈등을 빚고 그 결과 목회를 잘 하지 못하는 경우를 자주 보게 된다. 즉 수직적으로 하나님과의 관계는 좋은데 수평적인 사람과의 관계를 잘 맺지 못하는 것이다. 이에 대한 여러 가지 이유가 있을 것이다. 목사의 기질과 품성의 문제일 수도 있고, 소명에 대한 지나친 우월감일 수도 있고, 자신이 깨달은 하나님의 뜻에 대한 독선적 자기 확신 때문일 수도 있다.
 교회개척자로서, 인간관계가 깨짐에 대해 스스로는 어떤 잘못도 없다고 생각될지라도, 목회 현장에서 자신의 인간관계가 깨지는 것을 반복해서 경험한다면, 그렇다면 그는 그 원인을 스스로에게서 찾아야만 한다. 명백한 죄라 여겨지는 영역이 아닌 그 어떤 이유로 인해서든지 교회개척자의 인간관계가 깨지는 것은 결코 정당화 될 수 없다. "예물을 제단 앞에 두고 먼저 가서 형제와 화목하고 그 후에 와서 예물을 드리라"(마 5:24)는 말씀은 교회개척자에게 먼저 적용되어야 한다.

4. 자발적 가난을 훈련한다

교회개척을 준비하는 자는 자발적 가난의 삶을 훈련해야 한다. 자발적 가난이란 말 그대로 자원하여 가난하게 사는 삶, 혹은 검소한 삶을 말한다. 성경의 표현을 빌리자면 "외국인과 나그네"(히 11:3), 혹은 "거류민과 나그네"(벧전 2:11; 요삼 1:5)로서의 삶을 의미한다. 주어진 상황과 목회 환경에 자족하며, 기본적으로 빚지지 않고 주어진 수입 안에서 살아가려는 삶을 말한다. 세상에서는 이러한 삶을 최소주의Minimalism 혹은 최소의 삶Minimal Life이라고 부르기도 한다. 목사의 자발적 가난의 삶을 구체적으로 정의한다면, 그 시대의 기준에서, 그리고 그의 목회 환경 안에서, 최소한의 필요만을 구비하고 사는 삶, 즉 꼭 필요한 것들만을 갖추고 사는 라이프스타일이라고 할 수 있다.

마태복음 10장 8-12절에서 예수님께서는 제자들을 파송하시면서 돈과 관련된 몇 가지 원칙을 주셨다. 첫째는 은사를 돈벌이 도구로 삼지 말라는 것이었다. "너희가 거저 받았으니 거저 주라"(10:8) 하셨다. 둘째는 자발적 가난의 삶을 살라는 것이었다(10:9-10). 삶에 필요한 기본적인 것들만 소유하라고 지시하셨다. 세 번째는 주어진 목회 환경에 경제적으로 적응하고 순응하라는 것이었다(10:11). 보다 좋은 환경이나 많은 이득을 위해 옮겨 다니지 말고 "거기서 머물라"고 하셨다. 이러한 원칙은 오늘날 목사들, 특별히 교회개척자들에게 적용되어야만 하는 자발적 가난이 삶이라 하겠다. 사도 바울의 삶은 자발적 가난의 삶이었다. 그가 마지막에 남긴 것은 책 한 권과 겉옷 한 벌이었다(딤후 4:13). 대신에 그는 교회를 남겼고 수많은 영적 제자를 남겼다.

자발적 가난의 삶은 수입과 관련된다기보다는 지출과 관련된다. 수입과 상관없이 지출에 있어서 최소한의 필요만을 위해 지출하는 삶이 자발적 가난의 삶이다. 수입과 상관없이 불편한 삶을 자원하는 것이 자발적 가난의 삶이다. 실제로 가난한 목사라고 해서 자발적 가난의 삶에서 제외되는 것은 아니다. 만약 그들이 빚을 지면서까지 불필요한 많은 것들을 소유하고 있다면, 그리고 더 편안하고 편리하게 살기를 원하고 있고 더 많은 소유를 갈망하고 있다면, 그들은 분명 세속적 가치관에 의해 살고 있다 할 것이다.

특별히 교회개척자가 자발적 가난이 훈련되어 있어야만 하는 이유는, 교회개척자가 되면 갑자기 가난해지는 것이 일반적이기 때문이다. 비교적 안정된 부목사의 삶에서 개척교회 담임목사가 되는 순간 현실감 있게 가난해지는 경우가 대부분이다. 따라서 당연히 소비를 줄여야만 한다. 그런데, 필자 역시 줄어든 수입 때문에 소비를 절반으로 줄여야만 했던 경험이 있지만, 소비 패턴을 바꾸는 것에는 상상 이상의 고통이 수반된다. 자발적 가난의 훈련이 미리 되어 있지 않는다면, 교회개척자에게 교회개척 현장은 경제적으로 견디기 힘든 곳이 된다. 따라서 교회개척을 꿈꾸는 자는 지금부터 온 가족과 더불어 자발적 가난의 삶을 훈련하고 가난하게 살아야 한다. 주어진 수입 안에서 맞춰 사는 훈련은 당연하거니와, 여유 있는 수입이라 할지라도 자발적 가난의 삶, 불편한 삶을 의도적으로 살아야 한다. 무언가를 구입할 때마다 정말 필요한 것인가를 물어야 한다. 단지 편안과 편리를 위해서 무언가를 구입하는 것을 멈추어야 한다. 이러한 삶은 구차하게 사는 것이 아니라, 자발적으로 가난하게 그리고 불편하게 사는 것으로서 모든 목사들이 추구해야만 하는 삶이다. 그리고 이렇게 살아감으로 남는 돈은 하나님을 위해 그리고 사람들을 위해 흘려보내야 한다. 이렇게 사는 것이 목사의 삶이고 복의 통로가 되는 삶이다.

때때로 전국의 맛집을 꿰뚫고 있으며, 최첨단 전자기기를 구입하여 사용하고, 고가의 물품들을 자랑하는 개척교회 목사들을 접하게 된다. 결코 지혜롭다 할 수 없는 모습이다. 개척교회 목사가 사용하는 돈은 대부분 교회로부터, 교인들로부터, 그리고 후원자들로부터 나온다. 때문에 목사는 목회라는 행위에 대한 당연한 대가임에도 불구하고, 돈을 사용함에 있어서 사려가 깊어야만 한다. 분명한 사실은 지출에 있어서 자발적 가난의 훈련이 되어 있지 않는 목사는 교회개척 현장에서 살아남을 수 없다는 것이다.

5. 건강한 육신을 준비한다

제8장의 자기관리 영역의 "쉼"에서 이미 언급한 적이 있음에도 여기에서 다시 한 번 언급해야만 하는 것은 교회개척자는 쉼을 통해 건강을 유지해야 한다는 점이다. 교회개척을 준비하는 자는 건강한 육체를 준비하고 유지해야 한다. 누구나가 아는 사실이 있다. 건강을 잃어버리면 목회를 할 수 없다는 사실이다. 그럼에도 불구하고 많은 교회개척자들이 열심과 충성이란 이유로 인해 혹은 목회 열매가 없음에 대한 죄책감으로 인해 건강을 해칠 정도로 자신을 혹사시키고 있다. 교회개척자는 바쁘게 사는 것이 과연 신실하게 사는 것인가를 질문해야 한다. 목사가 바쁘게 산다고 그것이 반드시 신실함을 의미하는 것은 아니다. 목사의 바쁜 일상이 반드시 하나님 나라의 확장을 위해 분투하고 있음을 의미하는 것은 아니다.

육신의 건강을 해칠 정도로 일에 몰두하는 것이 오히려 하나님께서 그를 부르신 진짜 목적을 알지 못하게 한다. 오히려 너무 바빠서 하나님과 함께하는 시간을 갖지 못한다. "하나님의 일"을 하다가 정작 중요한 "하나님과 함께" 하지 못한다. 더 많은 일을 하려고 하는 것이 오히려 하나님의 음성을 듣는데 방해가 된다. 건강을 위해 안식을 정규적인 일정의 하나로 삼아야 한다. 엔더슨은 말하기를 "모든 목사는 적어도 [일주일에] 하루는 완전히 쉬어야 한다. 목회 사역의 효율성을 유지하려면 이것은 사치품이 아니라 필수품이다"[103]라고 했다.

긴박하고 전쟁터 같은 교회개척 현장에서 건강한 육신이 반드시 필요하다. 이를 위해 교회개척자들은 잘 쉴 줄 알아야 하고, 잘 놀 줄 알아야 한다. 교회개척자는 쉬고 노는 방법을 배워야 한다. 교회개척자는 일을 마치고 쉬는 것이 아니라, 쉬기 위해 일을 중단할 줄 알아야 한다. 교회개척자는 목회 일상에서 격리되어 자신의 개인적 관심과 시간을 쏟을만한 취미, 스포츠, 우정 등을 구비해야 한다. 쉬지 않음으로 인해 육신의 건강, 나아가 인격까지도 파탄이 나는 교회개척자들이 없지 않음을 기억해야 한다. 건강을 잃어버리면 소명 자체가 무의미해진다는 사실을 교회개척자들은 명심해야 한다.

6. 자신이 누구인지를 정확하게 분석한다

교회개척을 준비하는 자는 자신이 어떤 은사를 부여받았는지 자신의 기질, 배경, 소통과 리더십 스타일 등 자기 자신을 정확하게 분석하여 인식하고 있어야만 한다. 놀랍게도 많은 목사들이 자신의 기질과 은사와 재능과 강점과 약점을 인식하지 못하고 있다. 하나님께서는 목사들 모두를 각각 독특하게 창조하셨고 독특한 은사와 기질을 주셨다. 따라서 그러한 특성들을 기초로 하여 자신의 목회론과 목회 형태를 구축하는 것이 창조 원리에 합당하다. 그럼에도 불구하고 많은 목회자들이 천편일률적으로 동일한 모델을 설정하고 획일적인 목회철학과 방법론을 사용하여 목회하려 한다. 교회개척에 있어서도 개척자 자신의 타고난 독특성을 고려하지 않는다. 그저 전통적인 방법 그리고 다른 사람이 하는 대로 따라서 하려고 한다. 이는 자신에게 맞지 않는 옷을 입고, 맞

---

[103]. Robert C. Anderson, *The Effective Pastor: A Practical Guide to the Ministry* (Chicago: Moody Press, 1985), 26.

지 않은 신발을 신고 경주장에 나서는 것과 다를 바 없다.

따라서 교회개척 목회자는 먼저 자신의 성장 배경에 따른 문화적, 학문적, 성격적 배경과 특성을 인식하여야 한다. 자신의 타고난 기질이 무엇인지, 자신에게 편안한 문화가 어떤 것인지, 자신이 유독 편하게 대할 수 있는 그룹이 어떤 그룹인지, 아직도 트라우마가 남아 있는 과거 자신이 받은 상처가 어떤 것이며, 현재 그 상처가 어떤 영향을 미치고 있는지 등을 파악해야 한다. 또한 교회개척자는 자신의 소통 스타일에 대해서도 인지하고 있어야 한다. 일대일 소통에 능한지 아니면 일대다(一對多) 소통에 능한지 분석할 필요가 있으며, 그러한 소통 스타일에 따라 교회개척 방향도 달라져야만 한다. 교회개척자는 단연히 자신의 리더십 스타일도 인지하고 있어야 한다.[104] 다양한 리더십 스타일에 대한 학문적 연구가 필요하며, 이미 정립된 다양한 리더십 이론과 형태를 기초로 하여 자신의 리더십 스타일을 분류하고, 그에 따른 목회 방법을 찾아야 한다. 각종 은사 확인 설문지나 적성 검사 도구의 도움을 받는 것 또한 자신을 분석하는데 어느 정도 도움을 줄 것이라고 본다.[105] 중요한 사실은 가장 자기다운 교회를 구상하고 가장 자기다운 목회 방법을 선택하여 발전해 나가야 한다는 것이다.

---

[104] 리더십 스타일의 분류는 그 범주에 따라 다양하다. 사명 중심 리더십/사람 중심 리더십, 소극적 참여 리더십/총체적 관여 리더십, 진실 리더십(Authentic)/섬김 리더십(Servant)/감성지능 리더십(Emotional Intelligence), 독재적 리더십/민주적 리더십/자유방임적 리더십, 코치형/참모형/권위형/개척가형, 선구자형/전략형/행정가형/팀리더형/목회자형 등 다양하게 분류할 수 있다.

[105] 영어권에서 사용되는 다음 도구들의 도움을 받을 수 있다. SHAPE Assessment, Ridley Assessments, 미국 남침례교의 Church Planter Candidate Assessment / www.churchplanting.com, www.newchurches.com, www.churchplantingvillage.net.

효과적인 소통을 위해서

1. 소통Communication이 무엇인지를 이해한다.
2. 소통의 대상인 청중을 이해한다.
3. Eye Contact, Gesture, Body Language를 사용한다.
4. 솔직하고 인내하며 긍정적이고 신실한 자세를 견지한다.
5. 타인의 느낌에 민감해야 하며 듣는 기술을 습득한다.
6. 확신을 갖고 자신의 생각을 표현하는 언어 구사를 한다. 분명하고 정확하게 말하고 발음한다. 적확한 단어를 선정한다. 말의 속도를 줄인다.
7. 목소리를 개발한다. 목소리가 모노톤보다는 상황화한다. 목소리 크기를 적절히 조절한다.
8. 의사소통은 "아래로," "위로," "옆으로"의 소통이 있다. "행정가는 말을 잘 해서 좋은 프로그램을 추진할 수 있어야 하고, 또한 경청함으로 계획을 추진할 수 있어야 한다."[106]

7. 학문적으로 철저히 준비한다

교회개척을 준비하는 자는 교회개척이라는 주제에 대하여 학문적 준비가 되어 있어야 한다. 〈교회개척 목회자 인터뷰〉를 통해서 발견되는 사실 하나가 있는데, 많은 교회개척자들이 교회개척에 관하여 학문적으로 준비하지 않고 바로 현장으로 나옴에 대한 후회이다. 사실 우리나라에서는 교회개척 뿐만 아니라 모든 실천신학 영역에 대한 학문적 접근이 부족함이 사실이며, 이것은 신학교 커리큘럼의 문제이기도 하다.

---

106. 권오서, 『교회 행정과 목회』 (서울: kmc, 2012), 131.

목사들이 이론신학과 관련해서는 지식을 축척하고 있으나, 실천신학 영역이나 목회 현장에 관해서는 이론적으로 정립되어 있지 않다 하겠다. 교회개척에 관해서도 마찬가지이다. 교회개척에 임하는 많은 목회자들이 교회개척에 대한 학문적 접근 없이 교회개척 현장으로 나간다. 그리고 그들은 여러 시행착오를 거치면서 비로소 이론이 필요하다는 사실을 깨닫는다.

마치 책상을 조립하면서 먼저 자신의 눈썰미와 손재주만을 믿고 자신 있게 조립을 시작하였다가 조립이 잘못된 사실을 깨닫고 나중에서야 조립도를 면밀히 참고하여 다시 조립을 시작하는 것과 같다. 하지만 그럴 경우 시간과 노력의 낭비이며, 더 중요한 사실은 일단 조립했다가 해체하여 다시 조립할 경우 부품의 강도나 부품 간의 연결이 약해질 수밖에 없다는 것이다. 결국 가장 좋은 방법은 모든 부품을 나열해 놓고 조립도를 먼저 면밀히 숙지하고 시작하는 것이다.

교회개척에 관한 학문이 미국에서는 이미 충분히 연구되어 있다. 물론 우리나라에서도 필요할 정도의 지식은 연구되어 있어서 원하면 얼마든지 습득할 수 있다고 본다. 목회자는 행동하기 전에 먼저 이론적으로 전문가가 되어야 한다. 이론적으로 정립되어 있지 않는 목회 영역에 뛰어드는 것은 목회자가 범하기 가장 쉬운 실수인데, 그 대표적인 경우가 교회개척이다. 교회개척을 준비하는 목회자는 먼저 충분한 시간을 투자하여, 교회개척과 관련한 충분한 분량의 공부를 해야만 한다. 교회개척을 위해 공부해야만 하는 다음과 같은 영역들이 있다.

1) 교회론에 관한 공부이다

교회론이 정립되지 않은 상태에서 목회에 임한 목사는 설계도 없이 건물을 지으려는 건축가와 같다. 그러한 목사는 직면한 상황과 형편과 실리에 의해 춤출 수밖에 없다. 종국에는 실패하게 되고, 성공했다 하더라도 주님의 교회가 아닌 단지 주님을 이용한 자신의 성(城, Castle)을 쌓게 된다. 성경에서 교회론을 발견하고, 그 교회론을 기초로 해서 자신의 목회철학을 수립하여 현장의 어떤 상황 속에서도 흔들림 없는 기준들을 적용함으로 건강한 목회를 할 수 있다. 때문에 신학도 시절부터 시작하여 모든 과정들이 교회론을 정립해 가는 과정이라 해도 과언이 아니다. 교회개척을 준비하는 자는 자신의 교회론을 확고히 하는데 관심을 가져야 한다.

2) 목회신학에 관한 공부이다

목회는 목양과 경영을 포함한다. 목양은 사람을 대상으로, 경영은 조직을 대상으로 한다. 중요한 사실은 이 두 영역 중에서 어느 한 영역에 대한 준비가 부족하면 전체 목회가 기우뚱거릴 수밖에 없다는 사실이다. 목회에 무슨 신학이 있고 이론이 있느냐는 질문은 사실 매우 무지한 질문이다. 목회 전반에 관한 지식은 기독교 역사를 통해 충분히 체계적으로 축척되어 있다. 고전으로부터 시작하여 현대 목회학에 이르기까지 마음만 먹으면 비교적 쉽게 접근할 수 있다. 목사가 현장에서 시행착오를 줄이기 위해 많은 시간을 투자해야만 할 학문 영역이다.

3) 교회성장학에 관한 공부이다

교회성장학은 단순히 교회를 부흥시키기 위한 학문이 아니다. 물론 한국에 유입된 교회성장학은 다소 변형된 교회성장학이라 할 수 있다. 1990년대 중후반의 한국교회 생태계와 맞물려 양적인 부흥을 위한 각종 방법론이 유입되거나 개발되었는데, 그 방법론적인 것들이 교회성장학이란 이름으로 유입되었다. 하지만 교회성장학은 도날드 맥가브런 Donald McGavren으로부터 시작된 실천신학의 한 영역으로서, 성경에 나타난 교회성장 원리를 연구하여 그 원리를 오늘날의 교회 상황에 적용하는 학문이다. 진정한 교회성장학은 개교회의 성장보다는 하나님 나라의 확장을 추구하는 학문이며, 따라서 교회성장학에서는 교회성장과 복음전도를 동일한 의미로 간주한다. 물론 일반 은총 영역의 학문을 사용하는데 주저하지 않는다는 점에서 실용주의 학문이 될 위험성이 있음 또한 사실이다. 결국 교회성장학은 개교회의 건강과 성장을 도모함으로, 궁극적으로는 하나님 나라의 확장을 이루어 낸다는 목적을 갖고, 교회라는 현장의 모든 현상을 연구하는 학문이다. 따라서 교회개척을 준비하는 자들에게는 필수적이고 매우 유용한 학문이라 하겠다.

4) 다른 교회개척자들에 관한 공부이다

실제 교회개척자들을 만나거나 그들의 경험을 다룬 책들을 탐독하는 것 또한 교회개척을 준비하는 자들에게 필요한 공부이다. 대체로 그러한 책들은 신학적이거나 이론적인 내용이라기보다는 교회개척자들의 자서전적 수기를 담은 내용이지만, 그럼에도 불구하고 그러한 내용들을 통해서 교회개척자의 마음가짐과 자세, 그리고 어떤 상황에 대한 대처 능력을 배울 수 있다.

5) 사회에서 통용되는 일반 상식에 관한 공부이다

사회에서 일반적으로 통용되고 또 필요한 상식에 관한 공부 역시 교회개척 준비자에게 필요한 공부이다. 예를 들어 기본적인 부동산 관련 법이랄지, 혹은 건축법 같은 것들이다. 많은 교회개척자들이 이러한 법에 대해 무지함으로 부동산 매매나 건축에 있어서 금전적 손해를 입게 되고, 때로는 위법을 행함으로 심하면 범법자가 되기도 한다. 또한 필요한 정보에 접근할 수 있는 리서치 방법에 대한 노하우를 습득하는 것도 필요하다. 교회개척에 도움을 주는 많은 정보들이 여러 기관들에 의해 공개되어 있으며, 교회개척자가 사용할 수 있는 뜻밖의 자원들이 정부나 사회기관들에 의해 제공되고 있다. 이러한 자료나 자원을 찾아내는 방법을 습득하는 것이 필요하다.

이상에서 언급한 영역에 대한 공부는 비단 교회개척을 준비하는 자에게만, 또는 교회개척을 준비할 때만 필요한 공부는 물론 아니다. 모든 목사에게 필요하며, 목사가 평생을 통해 쉬지 않고 공부해야만 하는 영역이다. 공부만 하는 목사가 되는 것도 문제가 되지만, 그러나 공부하기를 싫어하는 목사는 그가 아무리 인격적으로 뛰어나고 성도들에 대한 사랑이 월등하다 하여도 장기 목회가 힘들어지고, 성장해가는 성도들을 품을 수 없다.

8. 목회 도구를 장착한다

교회개척을 준비하는 자는 실제 목회에서 사용될 도구, 기술, 그리고 프로그램 등을 준비하여 자신의 것으로 만들어야 한다. 실제로 많은 교회개척자들이 목회 현장에서 사용하게 될 전도, 양육, 재생산 등을 위한 자신만의 무기를 갖고 있지 못하다. 뿐만 아니라 성경공부, 예배 형식, 음악 사용, 어린이 사역, 소그룹 목회, 친교, 방문자 환영과 정착 등과 같은 다양한 목회 영역에 대한 자기만의 프로그램이나 방법을 갖고 있지 못하다. 물론 교회개척 현장은 예측 불가한 현장이기에, 준비한 목회적 도구가 반드시 그대로 사용될 수 없음은 분명하다. 그럼에도 불구하고 교회개척자 자신만의 방법론들이 각 목회 영역에서 구비되어 있어야만 한다.

목회 도구를 장착함에 있어서 이미 검증된 기존의 여러 목회 도구를 습득하여 자신의 것으로 만드는 것이 교회개척 준비자들에게는 바람직하다고 여겨진다. 새로운 목회 도구를 스스로 만드는 것은 본인에게 가장 잘 맞는다는 장점이 있지만, 그러나 그것들이 자리 잡기까지는 많은 시행착오를 거쳐야 한다는 점을 고려한다면 교회개척자에게 상당한 위험부담을 안긴다. 목회 도구를 장착하는 과정으로 다음 두 가지를 제안하고 싶다.

1) "교회개척 백서"를 준비한다[107]

교회개척 백서는 적어도 세 종류의 문서로 구성된다 하겠다. 첫째는 교회론이요, 둘째는 목회철학이며, 마지막으로 교회개척 마스터플랜이다. 교회론은 성경으로부터 나오며, 목회철학은 교회론을 기초로 하여 나온다. 성경에서 교회론이 나오기까지는 신학이라는 안경이 필요하고, 교회론에서 목회철학이 나오기까지는 목회자의 소명, 기질, 은사, 경험, 환경, 현실 분석 능력 등 목회자의 존재 자체와 우주관이 총체적으로 작용한다. 그리고 이 모든 것을 종합하여, 교회가 시작되기 3개월 전부터 시작된 후 1년까지 적어도 15개월 동안의 과정을 종이 위에 미리 그려보는 마스터플랜이 나와야 한다. 이러한 교회개척 백서는 반드시 문서로 작성되어서 가시적 근접 장소에 두어서 언제든지 펴볼 수 있어야 하고, 필요한 경우 수정 보완할 수 있도록 해야 한다. 교회개척 백서는 교회개척자로 하여금 목회의 기준을 갖게 하며, 현재의 처한 상황을 인식하고 분석하게 하고, 두려움을 갖지 않도록 한다. 따라서 교회개척자는 개척에 대한 모든 것을 종합하는 교회개척 백서 작성에 많은 시간을 들여야 한다. 교회개척 백서를 준비하는 것은 교회개척을 위해 준비된 자임을 증명하는 중요한 방법이다.

---

107. 본장에 이어지는 "목회백서"를 참고할 것.

2) 현재 사역에서 부흥을 경험한다

교회개척을 준비하는 자는 현재의 자신의 사역에 최상, 최선으로 헌신하여 부흥을 경험해야만 한다. 어떤 이들은 부교역자로서 현재 사역에 최선을 다하지 않으면서도, 훗날 자신의 사역에는 최선을 다할 것이라고 말하곤 한다. 그런데 그것은 가능성이 별로 없는 희박한 확신이다. 흥미롭게도 하나님께서는 현재의 일에 집중하고 있는 사람을 불러서 사용하심을 알 수 있다. 모세, 다윗, 기드온, 베드로, 바울 등을 보면 무언가 그들의 일에 열중하고 있을 때, 그때 하나님은 그들을 특별한 일로 부르셨다. 현재의 사역에서 부흥을 경험해야 한다. 지금의 사역 현장에서 부흥을 경험하는 자가 미래에 주어질 사역에서도 부흥을 경험할 확률이 크다. 왜냐하면 그러한 경험은 자신의 스토리가 되어 쌓이게 되고, 그 스토리들은 영적 자신감을 가져다주기 때문이다. 이런 차원에서 이성호 교수가 말한 바, "교회개척을 위한 가장 좋은 훈련의 장소는 지금 사역하고 있는 바로 그곳입니다"[108]는 매우 타당한 말이라 하겠다. 그렇다. 하나님께서는 현재 주어진 사명에 충성하는 자를 부르셔서 더 큰 일에 사용하신다. 교회개척을 꿈꾸는 자는 성실하고 진실하게, 그리고 겸손하게 현재의 사역에 최선을 다함으로 미래의 교회개척을 준비해야 한다.

---

108. 이성호, 『바른 목회와 교회 성장: 비법은 없다』, 163.

목회백서

†

　목사가 목회 현장에 나아가기 전까지 준비해야만 하는 것들이 많다고 하겠다. 개인적인 차원에서, 경건 차원에서, 학문 차원에서, 목회 차원에서, 후원그룹 차원에서 준비해야만 할 것들이 있다. (이러한 준비를 위해, 본서 "제10장 교회개척 준비(2)-개인적 준비"를 참고하기 바란다.) 이렇게 개인적으로 준비해야만 하는 많은 것들 중에 "목회백서"라는 것이 있다. 목회백서는 목사가 자신의 목회를 위해 준비해야만 하는 문서를 의미한다. 자신의 목회를 위한 기본 방침, 안내할 지도, 그리고 범위를 규정하는 테두리를 글로써 표현한 문서라고 하겠다. 특별히 교회를 개척하려는 자에게 있어서 목회백서를 준비하는 것은 필수적인 요소로서 교회개척자로 준비되어 있음을 보여주는 증거라 하겠다.

　목회백서에는 적어도 세 가지가 포함된다. 첫째는 자신의 교회론이다. 목사는 자신의 교회론을 드러낸 문서를 준비해야 한다. 목사는 적어도 자신의 교회론을 한 문장으로도 말 할 수 있어야 하고, 10분 동안도 말할 수 있어야 하며, 필요한 경우 90분 동안 강의도 할 수 있어야 한다. 즉, 목사는 자신의 교회론을 자신의 신학에 기초하여 완벽하게 숙지하고 있어야 한다는 의미이다. 그리고 그 숙지를 위해 목사는 자신의 교회론을 문서로 만들어 늘 가까이 두고 발전시켜 나가야만 한다.

　목회백서에 포함될 두 번째 문서는 "목회철학"이다. 목회철학이란 목사가 갖고 있는 "정신" 혹은 "우주관"이라 할 수 있다. 물론 이 정신은 앞에서 말한 자신의 교회론으로부터 확립된 정신이다. 즉, 목사가 자신의 교회론 성취를 위해 어떤 가치관과 기준으로 목회하겠다는 원칙과 요소가 목회철학이다. 그렇기에 때로는 목회철학이 "목회 방침"과 동일시되기도 한다. 목사에게 분명한 목회철학이 부재하면 목회에 일관성이 사라지게 되고 교회는 표리부동하게 흘러가게 되며, 교인들은 예측불허의 상황 속에서 혼란스러워하게 된다.

　목회백서에 포함될 세 번째 문서는 "마스터플랜"이다. 마스터플랜은 목사가 자신의 목회를 구체적으로 계획해 놓은 문서이다. 물론 마스터플랜은 자신의 목회철학을 기초로 한다. 이 마스터플랜은 구체적인 목회 현장의 정황 속에서 작성되어야 한다. 목사는 단기, 중기, 장기적인 마스터플랜이 필요하다. 물론 마스터플랜대로 목회가 진행되는 것만은 아니다. 그럼에도 불구하고 마스터플랜을 준비하여 때로 수정, 보완하면서 목사의 책상 위에 상비되어 있어야 한다.

　목회백서를 작성함에 있어서 권위의 문제에 관심을 기울여야 한다. 즉, 성경에서 교회론이 나오고, 교회론에서 목회철학이 나오고, 목회철학에서 마스터플랜이 나온다는 사실이다. 물론 성경에서 교회론이 나올 때 신학의 영향을 받고, 교회론에서 목회철학이 나올 때 자신의 기질과 은사의 영향을 받으며, 목회철학에서 마스터플랜이 나올 때 목회현장의 영향을 받음은 당연하다. 문제는 혹자들이 자신의 목회철학을 성경의 권위보다 우월하게 간주한다는 것이다. 또 자신의 목회철학을 견고하게 확립하고, 그 목회철학에만 맞게 교회를 개혁하려고만 하는 것이다. 목회철학은 성경과 교회론 다음의 권위임을 기억해야 한다. 예를 들어, 한 영혼을 사랑하고 목양해야만 하는 것은 성경 차원의 명령이다. 그렇기에 만약 자신의 어떤 목회철학에 의해서 한 영혼이 상처를 입게 된다면, 그 목회철학은 성경의 권위 위에 위치한 목회철학이 되고 만다. 또한 어떤 목회 현장에든 그 현장의 독특한 특징들이 있기 마련이다. 따라서 목사는 언제나 현장의 특징을 반영할 수 있는 여백을 자신의 목회철학 안에 두어야 한다. 달리 말하면, 목회철학 안에 융통성이 적용될 부분이 있어야 한다는 것이다. 많은 목사들이 청빙을 받아 간 교회에서 이상과 같은 실수를 함으로 인해 어려움을 겪는다.

　목회백서는 목사의 가장 근접한 곳에 위치해 있어야 한다. 혹자들은 백서를 머릿속에 두고 있다. 그런데 이것은 위험한 백서가 된다. 인간의 기억력은 한계가 있으며, 동시에 감성적인 존재이기에 상황에 따라 판단과 감정이 달라지고 해석이 달라질 수밖에 없다. 그렇기에 반드시 문서로 만들어서 근접한 곳에 비치하여 목회의 기초로 사용해야 한다. 만약 생각이 달라지고 백서에 추가할 만한 깨달음이 생겼다면 그것에 대해 깊이 숙고한 후에 먼저 백서부터 수정하고 발전시키는 것이 필요하다. 물론 지나치게 쉽게 백서를 수정하는 것은 자제할 일이다. 그러나 깊이 숙고한 후에도 역시 교회론으로, 혹은 목회철학으로, 혹은 변경해야만 하는 계획으로 여겨진다면 백서를 수정해야 할 것이다.

1. 교회론

1) 성경으로부터 교회론을 구축한다. 이 때 신학이란 안경이 작용한다.
2) 교회론은 목회뿐만 아니라 목회자의 삶의 모든 국면을 좌우한다. "교회론을 어떻게 정의하느냐는 교회개척을 위한 당신의 모든 행위를 결정할 것이다. 그 정의는 당신의 교회개척을 위한 모든 노력에 영향을 줄 것이다. 그것은 전술에 영향을 줄 것이다. 그것은 동원 가능한 자원, 방법, 그리고 새로운 교회를 누가 목회할 수 있을 것인지에 대해 영향을 줄 것이다. 교회론은 매우 중요하다. 이것은 모든 것을 결정한다."[109]

2. 목회철학

1) 목회철학이란?
   ① 목회자가 목회와 삶을 위해 갖고 있는 뚜렷한 원칙이다. 목회자 자신의 비전을 주어진 목회 현장에서 이루어 가기 위한 원칙들

---

109. Payne, *Apostolic Church Planting: Birthing New Churches from New Believers*, 21.

이다. 이 원칙은 먼저는 성경(교회론)을 통해서 얻어지며, 동시에 목회자 자신의 직간접적인 경험을 통해서 얻어진다. 따라서 보다 넓게 말하면 목회자의 우주관 혹은 인생관이라고까지 말할 수 있다.

② 모든 목회자들은 자신만의 목회철학을 기초로 해서 사역한다. 비록 어떤 이에게는 그 목회철학이 불명확하고, 성문화(成文化)되어 있지 않으며, 불충분할 뿐 아니라 매우 간단하다 하더라도, 그 역시 그만의 목회철학에 의해 사역한다.

③ 목회자는 그 자신에게 주어진 목회에 있어서 목회철학을 뚜렷하게 말할 수 있어야 한다. 또한 그 목회철학을 어떤 일을 결정하는 지침으로, 리더십을 발휘하는 도구로, 그리고 자신의 목회를 점검하는 기준으로 사용한다.

2) 바람직한 목회철학 정립을 위한 조건

① 성경에 기초한 목회철학: 성경은 목회철학의 기초이다. 성경은 목회자의 모든 삶과 사역에 대한 근본적인 안내자이다. 물론 성경이 삶과 목회에 관련된 모든 이슈에 관하여 구체적으로 말하고 있는 것은 아니다. 그러나 목회자가 목회를 함에 있어서 수용해야만 하는 일반적 원리나 특별한 모범들을 보여 주고 있다.

② 목회 현장의 도전에 반응하는 목회철학: 목회자의 목회철학은 분명히 성경의 진리를 기초로 해야만 한다. 동시에 목회 현장을 기초로 해야 한다. 목회 현장은 언제나 새로운 일의 연속이며 그것들은 보다 깊은 성경 연구를 요구한다. 현장에서의 시대와 문화의 도전은 목회자를 성경 탐구로 이끌어가고, 목회자를 성숙하게 하며, 목회철학의 내용이 역동적이게 한다.

③ 자신의 독특성에 맞는 목회철학: 목회자의 목회철학은 목회자 자신의 은사, 성격, 능력, 기술, 열정에 기초해야만 한다. 일반적인 목회 현장을 보면, 목회자의 독특성대로 되고 있음을 발견하

게 된다. 따라서 목회철학은 자신의 영적 은사, 재능, 능력, 그리고 특별한 목회에 대한 열정을 최대한 사용할 수 있도록 형성되어야 한다.
3) 목회 철학에 포함될 내용
   ① 개인의 사명 진술
   ② 자신의 정체성(소명, 사명, 기질, 은사, 장점, 단점 등)
   ③ 목회의 모든 영역에 대한 방침(예배, 소그룹, 친교, 교육, 선교, 지역의 필요, 자신의 정체성, 교회 정치, 교회 행정 등)
4) 목회철학의 수정이 필요한 때 (수정도 계획의 일부이다.)
   ① 성경에서 새로운 원리와 가치들을 발견했을 때
   ② 현장에 새롭게 반응해야만 할 때
   ③ 자신의 정체성이나 사명이 재규정되어야 할 때
   ④ 생각으로만 바꾸지 말고 목회철학 문서를 바꾸는 것이 지혜롭다.
   ⑤ 확신한 목회철학을 수정 혹은 포기해야만 하는 것을 심각하게 여겨야 한다.

3. 마스터플랜

1) 마스터플랜의 정의
   목사가 갖고 있는 교회론과 목회철학에 근거하여, "성장과 재생산"이라는 목표를 이루기 위해, 목회 사역과 교회 행정을 총체적으로 그리고 조직적으로 정리한 청사진이다.
2) 마스터플랜의 필요성
   ① 사역의 방향과 분명한 목표가 결정된다.
   ② 목회 집중력에 있어서 효율적이다.
   ③ 과정에 있어서 사역 평가의 기준이 된다.
   ④ 목회전략 수립과 수정에 도움을 준다.

3) 마스터플랜의 성경적 근거
   ① 잠 15:22
   ② 잠 20:18
   ③ 눅 15:31
4) 목회 마스터플랜의 전제
   ① 자신의 교회론과 목회철학
   ② 목회 대상과 지역(혹은 Community)
   ③ 성장과 재생산(자립, 자치, 자전)
   ④ 장, 중, 단기 기간
5) 마스터플랜의 구성
   ① 자신의 소명에 대한 내용이 포함되어야 한다. 이 소명은 신학적인 정당성으로 뒷받침되어야 한다. 즉, 성경적인 근거를 제시해야 한다는 말이다.
   ② 비전, 사명선언문, 핵심가치가 포함되어야 한다. 즉 목사의 목회철학이 드러나야 한다는 것이다. 비전을 설정하고 그 비전을 이루기 위한 핵심가치를 만들어 내고, 구체적으로 어떻게 그 비전을 성취할 것인지에 대한 방안이 제시되어야 할 것이다.
   ③ 자신의 목회 지역 혹은 Community가 포함되어야 한다. 지역 Community을 분석하고 자신의 소명과 비전이 어떻게 그 지역 Community과 연관되는지를 설명해야 한다. 또한 자신의 목회를 통해 그 지역Community에 어떤 영향이 있을 것인지도 보여 주어야 한다.
   ④ Timeline이 나타나야 한다.
   ⑤ 목회전략(목회 방침)이 나타나야 한다. Timeline을 통해 보여준 과정과 목표를 어떻게 이루어 갈 것인가를 위한 것이다. 이 전략에는 여러 분야가 포함된다. 교육, 전도전략, 예배, 소그룹, 새신자 관리, 교회 행정 등 목회 영역의 모든 요소에 대한 전략이

나타나야 한다. 목회자의 목회철학이 구체적으로 반영되는 부분이다.
⑥ 재정에 관한 내용이 나타나야 한다.

11
교회개척 준비(3)
후원그룹 준비
(물품, 인력, 기도, 멘토, 재정)

　교회개척자가 홀로 교회개척을 위한 모든 과정을 도맡고, 홀로 모든 자원을 준비하는 것은 너무나 과중한 일이라 하겠다. 교회개척이 하나님 나라의 확장이라는 사실을 생각할 때, 하나님 나라를 교회개척자 홀로 감당하기에는 너무나 버거운 일이다. 교회개척자는 이 땅의 모든 것이 하나님의 소유임을 기억해야 하고(시 50:10), 하나님께서 교회개척을 위한 인적·물적 자원을 미리 준비해 놓으셨다는 사실을 믿어야 한다. 따라서 교회개척자는 하나님께서 준비해 놓으신 자원을 확보하는 일에 보다 적극적이어야 한다. 그 일이 바로 후원그룹을 준비 혹은 확보하는 과정이며, 이 과정은 교회개척자의 중요한 의무이자 책임이다. 후원그룹의 종류에는 다음 몇 가지가 있다.

1. 물품 후원그룹

　물품 후원그룹은 교회개척에 필요한 여러 물품 혹은 비품들을 후원해 주는 개인들이나 교회들을 의미한다. 실제로 교회개척에는 많은 물품들이 필요하다. 예를 들면, 사소한 문구용품 하나에서부터 시작하여 비치용 성경찬송, 헌금함, 의자, 성찬 도구, 강대상, 프로젝터, 간판 그리고 크게는 자동차에 이르기까지 각종 물품이 필요하다. 아주 작게 시작하는 교회개척이라 할지라도 교회로서 필요한 것들은 모두 갖추어야 한다. 그리고 이 모든 것을 마련하기 위해서는 비용을 필요로 한다. 풍족하지 못한 경제력으로 교회를 개척하는 개척자일수록 이러한 비용은 큰 부담이 될 수밖에 없으며, 따라서 물품 후원그룹 확보는 교회개척자에게 큰 도움을 주게 될 것이다.

2. 인력 후원그룹

인력 후원그룹은 교회개척자가 필요시 동원할 수 있는 사람들을 의미한다. 개척교회에서는 작은 행사 하나를 치르고 싶어도 그 일을 추진하거나 돕는 인력이 없어서 못하는 경우가 흔하다. 비록 개척된 교회에 속한 멤버는 아니지만 교회의 크고 작은 행사에 동원될 수 있는 자원봉사자들의 인맥을 형성하는 것이 교회개척자에게 필요하다. 필자가 어느 개척교회 설립예배에 참석한 적이 있었는데, 그 현장에 머문 거의 모든 사람이 손님일 뿐, 그 예배와 행사를 돕는 이들이 전무함을 발견했다. 교회개척자 홀로 동분서주하는 모습을 보면서, 그가 교회개척에 있어서 인력 후원그룹을 준비하지 못했음을 발견할 수 있었다.

인력 후원그룹에는 한시적으로 개척멤버 역할을 해주는 이들도 포함될 수 있다. 개척멤버를 다루는 장에서 보다 구체적으로 설명하겠지만, 6개월 혹은 일 년이라는 한시적 기간 동안 교인으로 활동하면서, 새로운 사람들이 교회에 보다 쉽게 적응할 수 있도록 마중물 역할을 해주는 이들을 의미한다. 물론 이들은 정해진 기간이 지나면 그들의 원래 교회로 돌아갈 수 있는 자유가 주어진 사람들이다.

3. 기도 후원그룹

기도 후원그룹은 정기적으로 교회개척자와 교회개척자의 사역을 위해 기도해주는 사람들을 의미한다. 교회개척은 영적인 싸움임에 분명하다(고후 10:4). 예측하지 못한 수많은 상황이 전개되는 곳이 교회개척 현장이다. 그러한 과정에서 교회개척자는 온갖 유혹과 좌절과 낙망에 빠지기 쉽다. 이러한 영적 싸움에서 승리하기 위해서는 그를 위해 기도해주는 군사들이 반드시 필요하다. 그래서 교회개척 현장에서는 "Pray! and Pray More!"가 금언으로 받아들여지고 있다. 먼저 영적으로 승리해야만 교회개척의 현장에서 살아남을 수 있기 때문이다(막 3:27).

교회개척자는 스스로에게 질문해야만 한다. 과연 자신을 위해 날마다 거르지 않고 기도해주는 기도의 동역자들이 몇 명이나 되는지를 물어야 한다. 필자는 매 학기 수강생들에게 자신의 직계 가족을 제외한 사람들 중에, 자기를 위해 기도해 주는 사람이 10명 정도 되는 사람은 손을 들라고 요청한다. 놀라운 사실은 손을 드는 학생이 거의 없다는 사실이다. 목사의 길을 준비함에 있어서 기도 동역자의 중요성을 전혀 인식하지 못한 채, 신학 공부에만 매진하고 있는 현실이다. 기도 후원그룹은 선교사에게만 필요한 것이 아니다. 기도 후원그룹은 모든 목회자에게 반드시 필요하며, 더군다나 교회개척자에게는 더할 나위 없이 절대적으로 필요한 후원자들이다. 교회개척자는 최선을 다해 기도 후원자 그룹을 결성해야 하며, 정기적 기도 편지 등으로 관계를 돈독히 유지하는 등의 기도 후원그룹의 관리에 최선을 다해야 한다.

4. 멘토Mentor 후원그룹

멘토 후원그룹은 교회개척자에게 상황에 적절한 조언과 격려, 혹은 책망까지도 해주는 사람들을 의미한다. 교회개척자뿐만이 아니라 모든 인간은 멘토를 필요로 한다. 잠언 15장 22절에서, "의논이 없으면 경영이 무너지고 지략이 많으면 경영이 성립하느니라"고 했다. 멘토를 두지 않는 사람은 스스로가 고립될 수밖에 없으며, 독선적이 되어 인생 경영에 있어서 실패할 수밖에 없다. 이어리와 구티에레즈Dave Earley & Ben Gutierrez는 그들의 공동저서 Ministry Is에서 멘토의 절대적 필요성에 대해 다음과 같이 역설하고 있다. "우리 모두는 자신의 삶을 위해서, 밖에서 우리를 바라볼 때에 어떠한가를 말해줄 사람들이 필요하다. 우리는 우리가 듣고 싶어 하는 것을 말해주는 사람이 아닌, 정작 우리에게 필요한 것이 무엇인지를 말해주는 사람들이 필요하다."[110] 그렇다. 모든 인간은 자신의 외부에서 자신을 바라보는 타인의 관점과 견해를 듣는 것이 필요하다. 모든 인간은 자신이 듣고 싶어 하는 말이 아닌, 자신에게 필요한 말을 들어야만 한다.

특별히 교회개척자는 멘토를 절대적으로 필요로 한다. 일반적으로, 담임목사가 된 후 스스로 배우려 하지 않는다면, 그 누구도 담임목사인 그를 가르칠 수 없다. 목사들의 일반적인 단점 중에 하나가 누군가를 위한 멘토가 되어 주는 것에만 익숙할 뿐, 자신을 위한 멘토를 두려 하지 않는다는 것이다. 그러나 교회개척자는 스스로 타인의 조언을 즐겨 듣고 그것을 받아들이려는 훈련을 해야만 한다. 교회개척자가 기도의 결과를 믿음으로 밀고 나아가는 것은 리더십 차원에서 매우 중요하다. 그렇다고 하여 주위 사람들의 조언을 완전히 무시하는 것은 일종의 교만이다. 담임목사인 자신의 결정이 하나님의 뜻과 완벽하게 일치

---

110. Earley & Gutierrez, *Ministry Is: How to Serve Jesus with Passion and Confidence*, 126.

한다고 확신하는 것은 지나친 오만이다. 왜냐하면 하나님의 뜻이 인간의 야망과 같은 오염물질에 의해 변질될 가능성이 얼마든지 있기 때문이다. 따라서 교회개척자는 겸손하게 공동체 안팎 구성원들의 멘토링 Mentoring을 받아들일 수 있어야 한다. 그것이 안전한 길이라 하겠다.

사실 성경에는 목회에 대한 원리가 나와 있을 뿐, 목회 현장의 각종 상황에 대한 구체적이고 세부적인 지침은 기록되어 있지 않음을 기억해야 한다. 목회 현장은 각종 이슈가 발생하는 곳이다. 그런데 같은 이슈라고 해서 정답이 하나인 것은 아니다. 지역에 따라, 시간에 따라, 목회 현장에 따라 다른 진단과 처방이 필요하다. 한 마디로 목회 현장에는 확정된 정답이 없는 곳이다. 이러한 다양한 목회 현장에 성경의 원리를 적용하는 것은 목사의 몫이다. 예를 들어 성경에는 "사랑하라"는 원리가 강력하게 기록되어 있다. 그런데 그 "사랑하라"는 원리를 지금 자신이 처한 독특한 목회 상황에 어떻게 적용해야 하는지는 그 목사의 몫이다. "사랑하라"는 원리를 결코 모든 상황에 획일적으로 적용할 수 없다. 상황에 따라 적용하는 지혜가 필요하고, 동시에 목회 선배의 경험과 전문가들의 조언, 즉 멘토링이 큰 도움을 준다. 그리고 이 멘토링은 시행착오를 최대한 줄여주는 수단이 되기도 한다. 목사의 시행착오는 경우에 따라서는 교인들에게 치유될 수 없는 상처를 줄 수 있음을 생각할 때, 목사가 멘토를 두는 것이 얼마나 중요한 것인지를 알 수 있다. 교회개척자에게는 다양한 멘토 그룹이 필요하다. 교회개척자가 어떤 사람을 멘토로 삼는가에 따라 자신과 교회의 운명이 결정되기도 한다.

1) 쓴 소리를 해주는 멘토가 필요하다

교회개척자가 쉽게 직면하는 실망, 착각, 교만 등의 영적 상태에 대한 조언이 필요하기 때문이다. 교회개척자가 갖기 쉬운 위축감이나 자괴감으로 인해 스스로를 고립시켜서는 안 된다. 이럴 때일수록 교회개척자는 움직이고 사람을 만나고 그들로부터 들음으로 생각의 폭을 넓혀야 한다.

2) 교회개척 경험자 멘토가 필요하다

교회개척자는 새로 시작한 교회, 성장하는 교회, 정체 상태의 교회, 실패한 교회의 목사를 방문하여 실제적인 경험담을 들어야 한다. 또한 교회개척 전문가, 기관, 모델 등을 방문하여 배워야 한다. 좋은 모델 개척교회를 경험하는 것이야말로 교회개척자에게 유익한 일이다. 외형적으로 교회개척이 성공적으로 보이는 교회의 목회자들만 볼 것이 아니라, 바르게 목회하는 사람들을 봐야 한다. 우물 안의 개구리처럼 자기 생각과 철학과 방법에만 매여서는 안 된다.

3) 전문가, 교수, 동료 목사, 신앙의 위인 등의 멘토가 필요하다

교회개척과 목회의 모든 영역에 대한 이론적 정립이 이미 되어 있다. 즉 전문가 그룹이 이미 존재한다는 의미이다. 교회개척자는 이들 전문가 그룹의 멘토링을 필요로 한다. 전문가들은 교회개척자의 시간을 절약해 준다. 그리고 자신감을 가져다준다. 교회개척자에게 특별히 동료 목사 멘토가 없으면 안 된다. 동료 목사 멘토가 없으면 정보로부터 단절될 뿐만 아니라, 교회개척자가 직면하기 쉬운 외로움과 두려움을 극복하는데 어려움을 겪게 된다. 외로움과 두려움은 교회개척자의 최대 적임을 기억해야 할 것이다. 때문에 교회개척자는 "혼자"가 되는 것을 주의해야 한다. 스스로의 자존감을 잘 해결하고, 밖으로 나가서 사람들과 접촉하고 교제해야 한다.

4) "존재를 위한 멘토"How-to-be mentor와 "행함을 위한 멘토"How-to-do mentor가 모두 필요하다

무엇인가 결정을 위한 조언을 주는 멘토뿐만이 아니라, 성품을 점검하기 위한 멘토가 필요하다. 자기 자신이 모르는 자기 성품과 기질의 결점들이 있다. 함께 일하는 동료들이 공통적으로 지적하는 성품의 단점이 있다. 그러한 성품적 결함을 지적해 주는 멘토가 필요하다. 실제적으로 목사가 잘못된 결정을 내리거나 실패를 하는 경우에 있어서 대부분의 원인은 스스로의 존재 양식 때문이다. 예를 들어, 이기적이라는 내면적 원인 때문에 번번이 실패할 수밖에 없는 결정을 내리는 어떤 목사를 알고 있다. 그런데 정작 당사자는 모든 실패의 원인을 스스로의 존재 양식으로부터 찾지 않고 외부의 조건들에게로 돌린다. 내면적 존재 양식을 조언해 줄 멘토가 교회개척자에게는 반드시 필요하다.

브라이언트와 브런슨 James W. Bryant & Mac Brunson이
말한 교회개척자의 멘토 자격[111]
1. 소명에 대한 확실한 경험을 갖고 있는 자
2. 주님과 가까이 지내는 자
3. 신적 지혜와 성령의 열매를 맺고 있는 자

클립톤Clint Clifton이 말한 교회개척자의 멘토 자격[112]
1. 교회개척 경험자
2. 명백한 리더십 은사 소유자, 경험과 역량에 있어서 몇 발자국 앞서 가는 자
3. 하나님을 사랑하는 자, 당신이 인정하는 자
4. 당신에게 시간을 내 줄 의지가 있는 자 (한 달에 한 두 번은 만나야 한다.)
5. 당신의 교회론, 목회철학 등을 이해하고 존중해 주는 자

5. 재정 후원그룹

재정 후원그룹은 교회개척에 필요한 재정적 후원을 해주는 모든 사람, 교회, 기관 등을 의미한다. 교회개척자에게 있어서 재정 후원그룹의 존재 유무는 교회개척 현장에서 살아남을 수 있느냐 없느냐를 결정하는 매우 중요한 요소라고 해도 과언은 아니다. 재정적 난관이 해결되지 못할 때 교회개척은 중도에서 멈출 수도 있으며, 실제로 교회개척을 중도 포기하는 대부분의 이유가 재정 부족임을 교회개척자는 기억해야만 한다. 때문에 교회개척자는 재정에 대한 구체적이고 현실적인 계획을 갖고 교회개척에 임해야만 한다. 우리보다 실용적인 서구 사회에서는 재정 후원그룹 결성 여부를 교회개척자의 외적소명으로까지 간주한다.[111] 종종 모든 필요한 재정을 하나님께서 책임져 주실 것이라고 믿는 교회개척자를 만나게 되는데, 이는 좋은 믿음의 자세이기도 하지만, 동시에 인간의 책임을 가볍게 여기는 무책임한 자세가 될 수도 있음을 기억해야만 한다.

이토록 중요한 재정을 교회개척자는 어떻게 마련할 수 있을까? 교회개척자가 재정을 공급받는 여러 방법과 형태가 있다. 다음과 같이 분류할 수 있을 것이다.[112]

1) 본인 후원 Self-Support

본인 후원이라 함은 교회개척자 스스로가 교회개척에 필요한 모든 재정을 조달하고 감당하는 방법이다. 본인 후원의 방법으로서는 먼저 교회개척자가 어떤 방법으로든 축척해 놓은 재산을 활용하는 방법이

---

111. Bryant & Brunson, *The New Guidebook for Pastors*, 33.
112. Clint Clifton, *Church Planting Thresholds: A Gospel-centered Guide* (San Bernardino, CA: New City Network, 2016), 32-33.

있다. 하지만 이러한 경우는 매우 드물다 할 것이다. 또 다른 방법은 교회개척자나 개척자의 배우자가 세속 직업을 가짐으로 재정을 조달하는 방법이다. 이러한 형태를 "두 직업 목사"Bi-Vocational Pastor라 부른다. 분명한 사실은 "두 직업 목사"는 교회개척자가 택할 수 있는 성경적인 삶의 방법 중의 하나라는 것이며, 오늘날 한국적 교회 생태계에서 교회개척자들이 택할 수 있는 가장 현실적인 대안이라는 것이다.

이러한 본인 후원 방법은 우리나라에서 대부분의 교회개척자가 재정 확보를 위해 선택하는 방법인데, 너무나 당연한 방법이라 여겨져서 대부분의 사람들은 인지하지 못하지만 사실은 매우 위험한 방법이다. 왜냐하면 교회개척의 성공 혹은 실패에 대한 무한 책임을 교회개척자 홀로 짊어져야 하기 때문이다. 교회개척이 성공했을 경우에는 개척자의 공로의식과 교회에 대한 소유의식이 문제가 된다. 이것은 실제적으로 제왕적 목회의 배경이 되며, 개척자가 은퇴할 때 은퇴금과 관련된 온갖 추문과 부작용을 낳게 하는 원인이 된다. 만약 실패했을 경우 교회개척자는 그 실패에 대한 무한 책임을 져야만 한다. 실패한 교회개척자는 감당하기 어려운 빚을 지고 신용불량자가 되며, 실제로 거처까지도 마련할 수 없는 지경이 되는 경우가 흔하다. 그 결과 자신뿐만 아니라 가족들에 이르기까지 영육 간에 건강을 잃어버리게 되고, 심한 경우 가정이 해체되기까지 함으로 인해 목사로서 회복 불능의 상태가 될 수도 있다.

2) 개인 후원 Individual Support

개인 후원이라 함은 교회개척자가 개인적인 인맥이나 관계를 통해 확보된 자들의 재정 후원을 의미한다. 대체로 교회개척자의 가족, 친지, 친구, 지인, 혹은 독지가(篤志家)들이 개인 후원에 해당한다 하겠다. 실제로 교회개척자가 가장 쉽게 확보할 수 있는 후원그룹이라 할 수 있다. 하지만 이 또한 문제점이 있는데, 그것은 개인적인 관계로 인해 무기한적으로 후원해야만 하는 후원자들이 조만간 지칠 수 있다는 점이다. 결국 후원자들은 후원을 중단하게 되고, 나아가 관계까지도 나빠지게 될 수도 있다. 결국은 후원 때문에 사람까지도 잃어버리게 되는 경우가 발생하게 된다. 따라서 교회개척자가 후원을 요청할 때 일정한 기간을 제시하는 것도 지혜로울 수 있으며, 그 기간 이후의 후원 여부에 대해서는 후원자의 판단에 맡기는 것이 바람직하다 하겠다.

3) 기관 후원 Institutional Support

기관 후원이란 교회개척자가 공적 기관을 통해 재정을 후원받는 것을 의미한다. 기관 후원은 대체로 교회개척자의 모교회 혹은 과거 사역했던 교회로부터 받는 재정 후원이 일반적이다. "교회개척은 당면해서 하는 것이 아니라 지금부터이다"라는 명제가 적용되는 곳이 바로 이러한 기관 후원이다. 장차 교회개척을 꿈꾸는 자들은 지금이 교회개척을 준비하는 기간임을 인식해야만 한다. 지금 부흥을 경험하지 못한 자가 미래 자신의 목회에서 부흥을 경험할 수 있는 확률은 대단히 작다고 이미 말한 바 있다. 지금 섬기는 교회에서 하나님과 사람의 인정을 받는다면, 미래에 그에 대한 보상이 반드시 주어질 것이다.

물론 노회나 총회의 후원을 받는 것 역시 기관 후원에 해당한다. 그러나 우리나라에서 노회나 총회의 재정 후원을 받는다는 것이 그리 쉬운 일은 아니다. 후원을 받는다 하여도 일개 교회가 후원하는 액수보다도 적은 액수를 후원하는 경우가 대부분이다. 사실은 노회나 총회의 중요한 역할 중의 하나가 교회를 개척하는 일이고, 노회나 총회 재정이 집중적으로 투자되어야 하는 영역이 교회개척이다. (필자는 각 교단의 총회 예산이 집중적으로 배정되어야 하는 곳이 신학교 교육, 목회자 재교육, 미자립교회 후원, 그리고 교회개척이라고 믿는다.) 미국 같은 데서는 교회개척이 총회 주도 하에 조직적이고 치밀하게 전개될 뿐만 아니라, 적어도 3년여간의 교회개척자의 생활비를 확보한 상태에서 진행되고 있다. 그러나 우리나라는 교회개척을 단지 개인의 사명으로 간주하고, 재정 문제를 앞에서 언급한 본인 후원에만 떠넘기고 있음은 매우 안타까운 현실로서 시급히 시정되어야만 할 것이다. 결국은 총회 차원의 구조적인 문제가 교회개척자 개인적 문제로 떠넘겨지고 있는 현실이라 할 수 있다.

기관 후원에도 역시 문제점은 상존한다. 가장 심각한 문제점은 기관 후원의 경우 일반적으로 후원 기한이 정해져 있다는 사실이다. 대체적으로 3년 정도이다. 따라서 3년 이내에 교회가 자립하지 못했을 경우, 결국은 본인 후원이 될 수밖에 없는 구조이다. 어떤 경우에는 모교회에서 개척 비용을 빌려주었다가 3년 후에 회수하는 경우도 있다.

4) 교회 자립 후원 Church Independent Support

교회 자립 후원이란 교회가 자력으로 모든 재정을 감당하는 것을 의미한다. 교회 자립 후원이야말로 가장 바람직하고 건강한 교회 재정 구조이며, 모든 교회개척자가 빠른 시간 안에 도달하고 싶어 하는 목적지이기도 하다. 개척멤버들의 헌신이나 혹은 교회성장을 통하여 교회 자립이 이루어지며, 최근에는 교회가 전략적으로 수익 사업에 관여하거나, 사역과 수익이 결합된 목회활동을 통해 교회 자립을 이루어내기도 한다. 물론 교회 자립을 어떻게 정의할 것인가는 또 다른 문제이다.

모든 교회개척자들이 빠른 재정적 자립을 원하지만 실제로 교회를 개척하여 재정적 자립에게까지 도달하는 경우가 그리 흔하지 않은 현실이다. 교회가 재정 자립으로 나아가지 못하는 데는 교회가 성장하지 않음을 비롯하여 여러 가지 원인이 있을 수 있겠지만, 특별히 교회개척자의 자세가 그 원인이 되기도 한다. 교회를 재정 자립으로 이끌기 위해 교회개척자는 다음 같은 몇 가지 사항을 유념해야만 한다.

① 교회개척자는 재정에 있어서 투명하고 정직해야 한다

팀 켈러는 활력 있는 교회가 되기 위해서 교회 안에 "운동역동성"Movement Dynamic이 존재해야 한다고 말했다. 그런데 그 운동역동성이 사라지게 만드는 원인 중의 하나가 외부로부터 재정 보조를 받는 것이라고 했다.[113] 교회개척자가 반드시 기억해야만 하는 사실은, 외부 후원을 의존하는 교회의 교인들은 결코 책임을 다하는 헌금을 하지 않는다는 점이다. 따라서 재정 자립을 목표로 하는 교회개척자는, 할 수만 있으면 빠른 시일 안에 외부로부터의 후원을 끊고 그 책임을 자체 교인들과 나누어야 한다. 이를 위한 첫 번째 조치는 무엇보다도 현재의 재정 상황을 교인들에게 인지시키는 것이다. 즉 교회개척자는 외부 후원 현황과 그 집행에 관한 소상한 내용을 정직하게 교인들에게 공개해야 한다는 것이다.

문제는 외부 후원을 받는 거의 모든 교회개척자들이 외부 후원의 내역을 공개하지 않는다는 것이다. 실상 개척교회에 속한 교인들은 대부분 자신들이 드리는 헌금의 총액을 알고 있다. 그리고 그 총액으로는 교회가 유지되고 목사가 생존하는 데는 턱 없이 부족하다는 사실 또한 알고 있다. 그럼에도 불구하고 그들이 바라보는 목사의 삶에 부족함이 없어 보인다면, 교인들은 전혀 헌금할 책임감을 갖지 못할 것이다. 때문에 교회개척자는 현재 후원 상황을 공개하고, 점차로 후원을 줄이는 공감대를 만들어 가야 할 것이며, 그 줄어든 후원만큼 교인들과 더불어 책임과 희생을 분담하는 것이 바람직하다 하겠다.

사실은 후원을 교회개척자의 개인 계좌로 받는 것보다는, 공적인 교회 재정 계좌로 받는 것이 바람직하다 하겠다. 물론 그렇게 하면 교회개척자 입장에서는 마음대로 사용할 수 없기에 불편할 수 있다. 그러나

---

113. 운동역동성이 사라지는 원인을 ①외부로부터 재정 보조를 받는 경우 ②부자인 교회 ③ 소수의 과로한 핵심인물들에 의해 유지되는 경우라고 했다. Keller, 『팀 켈러의 센터처치』, 709-710.

교회개척자가 기억해야 하는 것이 있다. 후원자 입장에서는 목사이기에 후원하는 것이 아니라, 그 목사가 교회를 개척했기에 후원한다는 사실이다. 그렇기에 교회개척자가 후원받은 헌금을 임의로 사용할 수 있는 어떤 근거도 없으며, 그렇게 해서도 안 된다. 불편하더라도 교회개척자가 후원과 관련하여 절차를 지키고 정도를 걷는 것이 재정 자립으로 가는 가장 빠른 길이라 하겠다.

② 교회개척자는 헌금에 있어서 솔선수범해야 한다

때때로 헌금함에 있어서 인색한 목사들을 보게 된다. 헌금에 인색한 교회개척자가 목회하는 교회가 재정 자립으로 나아가기에는 분명한 어려움이 있다. 교회개척자는 모든 면에서 본이 되어야 하겠지만, 특별히 헌금에 있어서 본이 되어야만 한다. 물론, 대부분의 개척교회에서 가장 유력한 헌금자는 목회자 자신임이 분명하다. 그럼에도 불구하고 헌금에 인색한 교회개척자들을 종종 만나게 되는데, 그 교회의 교인들 역시 당연히 헌금에 인색하게 될 것이며, 그러한 교회가 재정 자립으로 가기까지는 요원한 길이 될 것임에 분명하다. 재정 자립한 대부분의 교회를 보건대, 교회개척자의 재정적 헌신이 밑바탕이 되었음을 부인할 수 없다.

조금 더 확장하면, 목사가 헌금하는 데 너그럽지 못하던가, 사람들에게 베푸는 데 인색하다던가, 또는 아주 사적인 용도의 지출이나 아주 미세한 액수의 용처까지도 교회에 청구한다면, 그는 조만간 신뢰를 잃게 될 것이다. 교인들은 목사의 경제관을 그가 하는 설교보다도 더 중시하고 있다는 사실을 기억해야만 한다. 목사의 이미지가 돈에 있어서 인색하고 이기적이라고 굳어진다면, 그것은 그의 목회 전반에 커다란 장애요소가 된다. 실제로 사소한 액수의 영수증 처리로 인해 큰 분란을 겪는 목회자들을 우리 주변에서 쉽게 찾아볼 수 있다. 목회자는 헌금함에 있어서, 사람을 대접함에 있어서, 그리고 재정 청구에 있어서 늘 너그러워야만 한다. 소탐대실이라는 사자성어를 목회자는 기억해야만 한다.

③ 교회개척자는 헌금에 관하여 담대히 그러나 지혜롭게 가르쳐야만 한다

헌금은 성경에 명확하게 나타난 교인들의 의무이다. 교회개척자는 이 의무를 담대하게 교인들에게 주지시켜야 한다. 혹자들은 교인들이 은혜 받으면 헌금하기 때문에 헌금에 대해서는 직접적으로 언급하지 않는다고 한다. 또한 혹자들은 헌금에 대해 말하지 않는 것이 마치 깨끗하고 청렴한 목사인 것처럼 여기고 있다. 물론 이러한 생각들이 자리 잡게 된 데에는 그동안 헌금이라는 주제가 오용되었기 때문임은 분명하다. 그럼에도 불구하고 어느 목사라 하더라도 그가 성경에 명확하게 명시된 헌금이란 주제를 그의 가르침에서 제외시킬 권한은 없다. 헌금에 관하여 가르치지 않는다면 교인들은 어떻게 헌금할지를 알지 못할 것이다. 헌금에 관하여 가르치지 않는 교회가 재정 자립으로 가기란 쉽지 않다. 따라서 교회개척자는 초기부터 헌금에 관한 설교나 가르침을 두려워해서는 안 된다.

그러나 헌금에 관한 가르침에는 지혜가 필요하다. 개척교회에서 헌금에 대한 주제로 시리즈 설교를 하는 것은 지혜롭지 못하다. 에드 스테처는 말하기를 "보다 깊고 넓은 헌금 교육은 보다 헌신된 그룹에서, 제자훈련 등과 같은 영적 성장 과정을 통해 한다. 우리는 개척교회에서 바른 방법 안에서 성경적 물질 헌신을 가르칠 방법들을 발견할 필요가 있다"[114]라고 했다. 또한 교회개척자 자신이 헌금에 모범을 보이지 않으면서 헌금에 관한 가르침만 준다면, 그 또한 지혜 없는 모습일 것이며, 자칫 헌금 강요 목사로 오해받을 소지까지도 있다.[115]

---

114. Stetzer, *Planting Missional Church*, 226.
115. 양현표, "예배 헌금과 관련된 5가지 이슈," 「목회와 신학」 352 (2018.10): 64; 양현표, "불신의 시대, 헌금하지 않는 교인들," 「목회와 신학」 354 (2019.12): 56-57.

5) 재정 후원그룹을 구성할 시 고려할 사항

재정 후원그룹의 유무는 교회개척에 지대한 영향을 끼친다. 따라서 교회개척자는 재정 후원그룹을 구성하는데 많은 기도와 더불어 전략적으로 후원 가능자들이나 기관에 접근해야만 한다. 결국은 인간을 통해 일하시는 하나님의 속성을 염두에 둔다면, 하나님이 사용하시려고 예비해 두신 그 후원자들을 찾는 일은 교회개척자 본인이 최선을 다해 감당해야만 하는 일이라 하겠다. 다음은 재정 후원그룹을 결성할 시 교회개척자가 기억해야만 하는 몇 가지 원칙이다.

① 후원을 요청한다

교회개척자는 후원자를 찾기 위해 다소 공격적이 되어야 한다. 담대하게 후원을 요청해야만 한다. 이 땅의 모든 물질은 하나님의 소유이다 (시 50:10). 하나님의 소유를 하나님 나라의 확장을 위해 사용하는 것은 당연하다. 교회개척이 교회개척자 본인의 부귀영화를 위함이 아니라 하나님 나라의 확장을 위함이라는 확신만 있다면, 교회개척자는 누구에게든지 일단 후원을 요청할 수 있다. 하나님께서 신비한 방법으로, 뜻하지 않은 사람들을 통해서 필요를 채워주시는 경험을 하게 될 것이다.

하나님이 공급해 주실 거라고 믿으면서 기도만 하고 있는 어떤 자들을 본다. 물론 그렇게 기도만 함으로 공급받는 것도 하나의 방법이다. 그러나 그렇게 기도만 하는 것이 유일한 방법이라고 말할 수 없으며, 더군다나 그것만이 믿음의 자세라고도 말할 수도 없다. 그리고 그렇게 공급을 받는 경우만 간증거리가 되는 것은 아니다. 오히려 적극적으로 발로 뛰면서 후원자를 찾아다니는 것이 더 큰 믿음의 행위이며, 더 큰 간증거리라고 믿는다. 자칫하면 전자의 선택이 인간의 책임을 간과한 무책임한 자세가 될 수도 있음을 기억해야 한다.

혹자는 자신의 기질상 후원 요청을 못한다고 한다. 이러한 이들은 그 기질과 싸워야만 한다. 사실 교회개척자가 자신의 기질을 이유로 해서 재정에 대한 모든 책임을 하나님께 돌리는 것은 아직 절박함이 없다는 소리이다. 부모로서 자식을 위한 행동만 보더라도, 자식을 위한 절박함이 있는 부모는 자식을 위한 일이라면 자신의 기질을 초월하여 행동한다. 교회개척자는 적어도 이 정도의 절박함을 갖고 교회개척에 임해야 한다. 그러니 자신의 기질 때문에 후원 요청을 하지 못할 이유가 없다.

교회개척자는 후원(도움, 조언)을 요청하기를 두려워하지 말아야 한다. 요청하면 도움을 받을 수 있을 것이다. 누군가가 알아서 도와주지는 않는다(그런 경우도 있지만). 도움을 요청하는 것은 교회개척자가 해야만 하는 일이다. 문제는 자원Resource이 없다거나, 후원자가 되려는 사람이 없다는 것이 아니다. 정말 문제는 교회개척자가 후원을 요청하지 않거나 잘못 요청하는 것이다(약 4:2-3). 교회개척자의 삶이나 자세가 자신들의 후원과 물질적 도움을 받을만한 가치가 있다고 느끼면 사람들은 자신의 주머니를 열어 헌신할 것이다.[116] 예수님을 진실로 만난 사람들의 공통된 특징은 그들의 재산을 드린다는 점이다(눅 19:8). 참된 주인을 인식하게 되면 사람들은 자신의 소유를 주인을 위해 희생하기 때문이다. 그렇기에 교회개척자는 믿음을 갖고 후원을 요청하는 구체적 행동을 해야 한다.

② 하나님이 하신 일에 대한 생동감 있는 간증이나 비전을 말함으로 후원을 요청한다

때로 교회개척자가 절망스런 형편 등을 호소함으로 후원을 요청하는 경우가 있다. 이러한 자세는 바람직하지 않다. 후원 요청은 구걸이 아니다. 물론 도움을 요청하는 겸손한 자세와 예의를 지키는 것은 필요하다. 그러나 그 예의를 지키는 것이 구걸하는 것으로 비춰져서는 아니

---

116. Stetzer, *Planting Missional Church*, 225.

될 것이다. 어떤 자는 축복과 저주를 양손에 들고 의무감(죄책)을 강조하거나, 교묘한 방법Manipulation을 사용함으로 후원을 강요 혹은 위협까지 하기도 한다. 이러한 행위는 하나님의 사역자인 교회개척자가 사용할 방법이 아니다. 그럴 경우 당장은 도움을 받을 수 있지만, 조만간 도움이 끊어질 것이며, 결과적으로 관계까지도 단절될 수 있다. 교회개척자가 기억해야만 하는 점은 후원 때문에 사람을 잃어버려선 안 된다는 사실이다.

교회개척자는 하나님의 비전을 공유함으로 후원을 요청하는 정도(正道)를 택해야 한다. 교회개척자가 경험한 하나님의 은혜와 소명이 어떤 것이었는지, 왜 지금 여기에다 교회를 개척을 해야만 하는지, 하나님께서 이 교회를 위해 하실 일이 무엇인지, 장래 이 교회를 통해 세워질 하나님의 위대한 나라가 어떤 형태인지, 그리고 이러한 하나님의 비전을 위해 왜 당신이 후원해야만 하는지를 열정을 다해 선포해야 한다. 비전은 전염되는 법이다. 하물며 거룩한 하나님의 비전이 전염되지 않는다면 말이 되지 않는다. 그리고 그 비전에 전염된 자는 성령의 역사에 의해 물질적으로 헌신하게 된다.

③ 최선을 다한 준비와 지혜로운 전략을 통해 후원을 요청한다

비록 하나님의 계획과 예비하심이 전제되었음에도 불구하고, 후원자 한 사람을 확보하는 것은 쉽지 않다. 필자는 목회자 시절 매일 후원 요청이 쇄도함을 경험했다. 그 모든 후원 요청이 하나님 나라의 확장을 위한 것임에도 불구하고, 여러 형편상 어떻게 그 많은 후원 요청을 거절할 것인가가 오히려 고민이었다. 어떤 경우에는 후원 요청을 담은 브로슈어Brochure를 읽어보지도 않고 파기하는 경우도 있다. 따라서 교회개척자는 후원을 요청하기 위한 충분하고 세밀한 준비와 전략을 갖추어야 한다. 오늘날 세상의 비영리단체들은 후원자들을 확보하기 위하여 심리학, 인류학, 사회학, 심지어 경제학까지 동원하여 이론과 전략의 개발에 공을 들이고 있음을 볼 필요가 있다.

교회개척자는 브로슈어, 편지, 그리고 직접 대화 등을 통해 후원 요청을 할 수 있다. 기타 다양한 방법으로 후원 가능자와 접촉할 수 있다. 중요한 점은 사용하는 도구들을 허술하게 제작하지 않아야 한다는 점이다. 내용과 디자인에 있어서 예비 후원자가 관심을 가질 수 있도록 최선을 다해야 할 것이며, 직접 대화에 있어서도 브리핑을 잘 할 수 있는 전문가 다운 준비가 필요하다. 또한 때로 금전적 후원 요청보다는 물품 후원 요청이 보다 효과적일 수 있다. 따라서 상황에 따라 구체적인 프로젝트나 물품을 제시함으로 후원을 요청하는 전략 또한 사용할 수 있다.

재정 후원을 위한 브로슈어 사용법

1. 잘 만들어야 한다.
2. 유명한 사람보다는 신망 있는 자의 추천서를 사용한다.
3. 후원 후보자들에게 보낸다.
4. 브로슈어를 보낸 후에 확인과 만남을 위한 연락을 취한다.
5. 최선을 다한 브리핑을 한다.
6. 어느 교회의 멤버가 대상일 경우 해당 교회의 담임목사의 허락을 받는다.

④ **목회윤리에 저촉되지 않는 범위 안에서 후원을 요청한다**

재정 후원 요청에 있어서 잊지 말아야 할 사항은 재정 후원을 받는 것보다 더 중요한 것이 목회윤리를 지키는 것이라는 사실이다. 재정 후원만을 목적으로 하다보면, 종종 목회윤리적인 면에서 문제가 되고 결과적으로 사람을 잃어버린다든가 아니면 자신의 명성과 명예에 흠을 내는 경우들이 있다. 대부분의 후원자들이 과거 섬겼던 교회의 교인들일 수밖에 없는 상황 속에서, 해당 교회나 선배 목회자에게 불쾌감을 주지 않는 지혜가 필요하다. 해당 교회에 함부로 후원회를 구성하거나 교인들과의 비밀스러운 접촉은 금해야 할 것이다.

6) 개척 초기 재정과 관련하여 주의할 사항

거의 대부분의 교회개척자들이 넉넉하지 못한 재정 상태와 더불어 교회개척을 시작한다. 따라서 교회개척 초기에 투자되는 경비를 최소화하는 전략이 필요하다 하겠다. 초기 투자를 최소화해야 한다는 것이다. 제발 그렇게 하지 말라는 교회개척 방법이 "평생 모은 돈과 과도한 은행 융자를 통해서 상가를 빌리고 각종 시설 등을 그럴듯하게 갖추고 시작하는 교회개척"이라 하겠다. 물론 여유가 있으면 제법 그럴듯하게 꾸미고 시작하는 것이 좋을 것이다. 그러나 그렇지 못할 경우 성전주의에 빠져서는 안 된다.

때때로 하나님의 집은 최고, 최선, 최대, 최신으로 꾸며야 한다는 성전주의에 매료된 교회개척자들을 만나게 되는데, 이러한 자세는 신학적 근거가 빈약한 자세라 하겠다. 물론 지나치게 실용주의에 빠져서도 아니 되겠지만, 그러나 성전주의에 빠져서는 더더욱 안 된다. 결국 모든 것이 하나님의 자원이기에 교회개척자는 그것들을 절약해야 하며 초기에 불필요한 투자는 삼가야 한다. 작은 공간의 개척 장소에는 목소리로도 충분한데 음향시설이 반드시 필요한가? 분에 넘치는 크고 화려한 강대상이 꼭 필요한가? 프로젝터와 스크린이 왜 필요한가? 교회를 시작하는 개척자는 남들이 하는 대로, 그리고 해왔던 대로 그저 따라가는 것이 아니라 보다 세밀하고 현실감 있는 생각이 필요하다.

교회개척자는 오늘날 냉소적으로 회자되는 "소명보다 더 강력한 것이 보증금이다"라는 말을 한 번쯤은 기억해야 한다. 교회개척자는 최소한의 재정이 확충되지 않으면 교회의 문을 닫아야만 한다는 현실, 아무리 소명감이 넘쳐도 목회를 할 수 없다는 그 현실을 직시할 수 있어야 한다. 모든 것을 형편 안에서 절약해야 한다. 초기 투자 비용을 아껴서 교회 유지운영비로 비축하는 것이 지혜롭고 당연하다. 초기 투자가 중요한 것이 아니라 삼 년을 버티어 내는 것이 더 중요하다는 사실을 교회개척자는 기억해야만 한다.

혹자들은 반론을 제기할 것이다. 하나님의 일에 있어서 지나치게 인간적인 전략을 강조한다고, 혹은 열심히 매달리면 하나님께서 모든 재정 공급을 책임져 주실 것이라고 반론을 제기할 것이다. 그러나 필자는 지금 하나님의 주권적 영역을 언급하는 것이 아니라, 교회개척자의 인간적 책임과 자세에 관하여 말하는 것이다. 교회를 개척하면서 하나님께 매달리지 않는 교회개척자는 없다. 모든 필요를 공급해 주실 것이라고 믿지 않고 시작하는 교회개척자는 없을 것이다. 그럼에도 불구하고 어떤 교회는 생존하고, 어떤 교회는 문을 닫는다. 필자는 그 원인을 인간의 책임 영역에서 찾는다. 인간은 기계가 아니기에, 목회현장에서 이성을 사용하고 전략을 세우고 최선을 다하는 행동이 필요하다. 특별히 이러한 전략적 접근이 재정 부분에서 보다 구체적이어야 한다. 인간이 감당해야만 하는 책임을 하나님의 책임으로 돌리지 말아야 한다.

재정적으로 절대로 무리하지 말아야 한다. 만약 무리하면 교회개척 실패한다. 빚을 지지 말아야 한다. 욕심내지 않고 빚 없이 가는 원칙을 세워야 한다. 돈으로 개척하면 후에 소유욕이나 혹은 잘못된 주인의식으로 인해 끝이 좋지 않을 수 있다. 육 개월(혹은 일 년) 간의 구체적 예산(생활비, 건물 임대비, 목회비 등)을 세우고 대안을 갖고 시작해야 한다. 길게는 삼 년간의 총예산을 예측하고, 처음부터 대비책을 갖고 교회개척에 임해야 한다. 교인이 임대료의 원천으로 보이는 순간, 혹은 목사의 생계의 수단으로 보이게 되는 순간, 그때부터는 바른 교회론과 목양이 구현될 수 없게 된다. 교회당 없는 사도적 교회개척을 고려해 보라. 성경에 나타난 교회개척은 교회당 없는 교회개척이다.

두 직업 목사
Bi-vocational Pastor
(이중직목사, 겸직목사, 자비량목사, 전문직목사, Tent-Making목사)

†

1. 목사의 두 직업에 관한 논란은 현재 진행형이다

1) 반대하는 이들은, 목사는 선택받은 특별한 사람으로서 양들을 위해 말씀과 기도에 전무해야 하며 먹고 사는 문제는 온전히 하나님께 맡겨야 한다고 주장한다.
2) 찬성하는 이들은, 직업의 성속의 구별은 종교개혁 정신에 어긋나며, 모든 신자가 제사장이며, 목사에게 주어진 보편적 소명과 개인적 소명이 있는데, 목사직은 개인적 소명이며, 이 개인적 소명이 아버지 또는 남편이라는 보편적 소명보다 우월하지 않다는 것이다. 따라서 목회만으로 생계유지가 어려울 때 세속 직업을 갖는 것이 소명을 저버리거나 불성실한 것이 아니고 오히려 남편과 아버지로서의 소명에 충실한 것이라고 주장한다.

2. 교회개척 이후 자립에 이르기까지

1) 그 기간을 최대한 단축할 수 있어야 한다.
2) 그 기간 동안 목회자는 까마귀를 의존하든지Faith Mission Pastor, 아니면 자신을 의존하든지Bi-vocational Pastor 둘 중에 하나를 선택해야 한다.
   ① 두 경우 모두 성경의 뒷받침을 받는다.
   ② 두 경우 모두 위험성을 갖고 있다. 까마귀를 의존하는 경우가 사실은 더 위험하다.

③ 한국교회 전통으로 인해 까마귀 의존만이 목회자가 택할 길이라고 여기고 있음은 편견이다.

3. 바뀐 현장의 상황

1) 두 직업 목사에 대한 새로운 관점이 필요한 때가 되었다. 목사의 두 직업을 금지하던 시대와 비교할 때 목회 생태계가 바뀌었다.
2) 미국의 경우, 두 직업 목사는 여러 가지 이유 등으로 빠른 속도로 늘어나고 있는 추세이다. 남침례교는 오히려 두 직업 목사를 권장하고 하고 있는 대표적인 교단이다. 두 직업 목사 형태를 "The Future of The Church" 혹은 "The Original Church"라고 표현하고 있다.
3) 현장에서는 생존을 위해 목회자의 두 직업이 보편화되고 있다.
   ① 목회자나 그 배우자의 세속 직업
   ② 교회 내 사역의 형태
   ③ 교회와 직업의 융합

4. 두 직업 목사를 택하는 경우

1) 삶에 필요한 비용을 교회에서 제공하지 못할 때
2) 자신의 사역이 지역적으로, 규모면에 있어서, 혹은 상황적으로 한계성이 분명할 때
3) 두 직업 목사로 부르심을 받았다는 확신이 있을 때
4) 사도 바울이 두 직업 목회를 택한 이유
   ① 고전 9장의 바울의 주장: 전임 사역자가 교회로부터 생활비를 받는 것에 대한 정당성을 제공한다.
   ② 그 권리를 사용하지 않을 때가 있다. 첫째는 복음의 장애가 되

는 경우이다. "그러나 우리가 이 권리를 쓰지 아니 하고 범사에 참는 것은 그리스도의 복음에 아무 장애가 없게 하려 함이라"(고전 9:15). 어떤 경우가 복음에 장애가 되는지에 대해서는 말하지 않고 있다. 다만, 고린도전서 9장 12절에 "내 자랑하는 것을 헛된 대로 돌리지 못하게 하리라" 혹은 고린도후서 11장 12절, "나는 내가 해온 그대로 앞으로도 하리니 기회를 찾는 자들이 그 자랑하는 일로 우리와 같이 인정받으려는 그 기회를 끊으려 함이라"에서 몇 가지를 추측해 볼 수는 있다. 둘째는 성도들에게 폐가 되는 경우이다. 고린도후서 11장 9절, "내가 너희에게 폐를 끼치지 않기 위하여 스스로 조심하였고 또 조심하리라"(고후 12:13; 고후 12:14; 살전 2:9; 살후 3:8).

③ 이러한 바울의 자세는 오늘날 교회개척자들뿐만 아니라 모든 목회자들에게 돈과 관련한 아주 중요한 원리를 제공한다. 목사들에게는 권리보다도 우선하는 그 어떤 것들이 있다.

④ 사실 바울은 두 직업 목사를 오히려 목사의 모델로 제시하고 있다는 인상을 진하게 받는다. 에베소 교회 장로들에게 준 권면 중의 마지막 부분이 목회자의 사례와 관련된(돈과 관련된) 부분으로 바울 자신의 패턴을 모범으로 제시하고 있다(행 20:33-35).

5. 두 직업 목사의 유형

1) 생계형 두 직업 목사
2) 자비량형 두 직업 목사
3) 선교형 두 직업 목사
4) 지역 공동체 운동 참여형 두 직업 목사(커뮤니티 비즈니스, 협동조합)

6. 두 직업 목사는 성경의 가르침과 충돌하지 않는다

1) 타락한 뒤에 주어진 남자에게 보편적으로 주어진 명령은 노동을 통해 가족을 부양하라는 것이었다. 타락한 인간에게 먹고 사는 것이 얼마나 중요한지를 하나님이 보여 주시고 하나님은 인간의 생존에 관심이 지대하시다. "너는 네 평생에 수고하여야 그 소산을 먹으리라"(창 3:17). "얼굴에 땀을 흘려야 먹을 것을 먹으리니"(창 3:19).
2) 구약의 족장들과 선지자들이 자신의 직업을 갖고 있었다.
3) 바울과 그의 팀원들은 직업을 갖고 있었다.
4) 딤전 5:8, "누구든지 자기 친족 특히 자기 가족을 돌보지 아니하면 믿음을 배반한 자요 불신자보다 더 악한 자니라."

7. 두 직업 목사가 누리는 장점

1) 개인과 교회에 재정적으로 안정감을 가져다준다. 목사에 대한 경제적 부담이 줄어듦으로 인해 교회가 다른 사역에 집중할 수 있으며, 목사 가정 역시 두 가지 소득을 통해 경제적으로 여유를 가질 수 있다.
2) 자유롭고 담대한 목회를 할 수 있다. 교회를 개척하는 것이 상대적으로 쉬울 수 있다. 먹고 살기 위해 목회하는 것이 아니라는 메시지를 삶으로 보여줄 수 있다. "위대한 지도자들은 언제나 그들의 교회에서 가장 헌금을 많이 하는 사람들 중의 한 사람이다."
3) 평신도들을 목회에 더 많이 참여시킬 수 있다. 단, 반드시 평신도들을 어떻게 훈련하고 사역을 위임하는지에 대한 전문 지식과 스킬이 필요하다.
4) 교인들의 지나친 요구를 피할 수 있다. 무제한적, 무시간적, 무공

간적인 성도의 요구를 조절할 수 있다.
5) 세상과 더 많이 접촉할 수 있다. 비신자들과 접촉할 기회가 많다. 개인전도할 기회가 많아질 가능성이 있다. 선교적 삶을 살 수 있고 인정받을 수 있다.
6) 분주함으로 인해 게을러지려는 유혹을 피할 수 있으며, 소모적인 논쟁에 휘말리지 않을 수 있다.
7) 성도들과의 동질화를 이룸으로 마음으로 교감할 수 있다. 성도들의 삶의 현장과 그들의 고된 상황을 보다 잘 이해할 수 있다. 직업 소명론을 보다 구체적으로 보여주고 가르칠 수 있다. 성과 속의 충돌을 해결할 수 있다.

8. 주의사항

1) 두 직업 목사로 사는 것이 항구적인가 아니면 단지 임시적인가를 결정해야 한다.
2) 두 직업 목사의 위험성을 인식한다. 당연히 목회 사역에 대한 집중력이 떨어짐은 물론이다. 무엇보다도 균형을 유지하는 것이 필요하다. 물질의 맛에 빠지면 본질이 훼손된다. 왜 일을 하는가에 대한 근본 이유를 망각하지 말아야 한다. 그 일이 주업으로 여겨지게 되고 과도한 에너지와 열정을 쏟게 된다면, 직업을 바꾸어야만 할 것이다. 소명으로 여기며 일하라. 수입 때문에 일하지 말라.
3) 목회자로서의 위엄과 전문성을 상실하지 않도록 해야 하며, 목회직이 고도의 전문직이라는 사실을 훼손하지 않도록 해야 한다. 갈수록 복잡해지는 세상이다. 종교다원화 사회, 세속화 사회, 과학기술의 발달로 인한 전통적인 성경 가르침에 대한 의문들이 제기되는 사회, 그리고 경제적으로 숫자적으로 약화되고 있는 교회 상황 등은 보다 전문적인 목회자들을 요구하고 있다. 두 직업 목사라

는 이유로 그러한 전문성을 훼손해서는 아니 된다.
4) 분주하다는 이유로 교회에서나 가정으로부터 자신을 고립시키지 말아야 한다. 목사임을 잊지 말고 목사의 자세와 목사의 마음을 유지해야 한다.
5) 시간 관리와 모드 전환에 성공해야 한다. 일할 때 일하고, 목회할 때 목회할 수 있어야 한다.
6) 어떤 직업을 선택할 것인가에 대한 진지한 고려가 있어야 한다.
7) 두 직업 목사라는 교만을 주의해야 한다. 즉 자비량 목회를 교만의 근거로 사용해서는 안 된다.

9. 두 직업 목사는 목사의 신학과 소신에 따른 선택이다

1) 지금까지 두 직업 목사나, 무료봉사 목사에 대해 경시하는 풍조가 있었다. 그러나 두 직업 목사는 성경에 나타난 목사의 삶의 모습 중의 하나이다. "Second-Class Preacher"가 아니다. "싸구려 천박한" 목회가 아니다. 의기소침할 필요가 없다. 먹고 사는 문제를 그렇게 볼 수 없다. 어떤 형태의 목회이든지 "성육신의 본질이 담겨 있는 목회"라고 한다면 가치가 있다.
2) 사도행전 6장 4절의 "기도와 말씀"은 목사의 두 직업을 금지하는 근거로 사용될 수 없다. 단지 목회자의 역할에 대한 강조일 뿐이다.
3) 결국 두 직업 목사 형태는 성경적 진리 문제가 아니라 문화와 상황에 따른 선택의 문제이다. 목회자는 생계와 관련하여 자신의 신학적 소신에 따라 하나님을 절대 의존하든지, 아니면 일하든지를 선택해야 한다. 어떤 선택도 성경적 지원을 받는다.
4) 두 직업 목사의 정당성에 대해 설득하고 교육해야 한다. 교회는 일반적으로 파트타임 사례를 주면서 풀타임 사역을 수행할 것을 기대하고 요구한다. 그러한 기대와 요구에 대하여 설득과 소통을

통하여 두 직업 목사로 인한 유익과 변화를 교육하라.
5) 신학이 아닌 다른 특기가 있다면 그것을 교회화하는 방안을 생각해야 한다.

12
교회개척 준비(4)
개척멤버

1. 개척멤버의 중요성

1) 교회의 시작을 순조롭게 한다

교회개척자에게 있어서 개척멤버의 존재 유무는 교회 시작을 순조롭게 한다는 차원에서 매우 중요한 요소라고 할 수 있다. 개척멤버와 더불어 시작하는 교회개척은 서로 간에 공동체 의식을 제공하여 눈덩이 효과Snowball Effect를 가져다준다. 교회개척자에게 실제적인 힘과 영적 자신감을 가져다줌은 당연하다. 사실 개척할 재정이 확보되었다 하더라도 같이 꿈꿀 사람이 없다면 교회개척 현장은 많이 외롭고 힘든 현장이 된다. 교회를 개척한 이후 가족만을 대상으로 장기간 설교를 해본 교회개척자라면, 단 한 명의 개척멤버가 가져다주는 영적 그리고 실제적 효과가 얼마나 큰지를 알 것이다.

2) 교회성장에 도움을 준다

개척멤버의 존재는 새로운 멤버들을 흡입하는데 마중물 역할을 한다는 점에서 교회성장과 관련하여 매우 중요한 요소가 된다. 방문자들 입장에서 목사의 가족 외에 다른 교인들이 존재하지 않는 교회에 정착하기란 그리 쉽지만은 않다. 따라서 단 몇 사람이라도 개척멤버가 교회 내에 존재한다면 방문자들의 정착을 돕는 데 큰 역할을 하게 될 것이다.

3) 교회의 색깔을 결정한다

개척멤버의 존재는 그 교회의 장래 특성을 결정한다는 점에서 매우 중요한 의미가 있다. 즉, 처음에 어떤 개척멤버로 구성되었느냐는 장래 교회의 색깔이 되고, 개척멤버의 경제적, 사회적 특성이 그 교회의 항구적인 특성이 된다는 것이다. 그렇기에 김송식은, "핵심그룹을 모으는 일이 힘들고 도전적이나 이 일이 잘 되면 개척교회가 성공적으로 탄생할 수 있다. 교회가 어떻게 이루어질 것인가를 결정하는 것이 처음에 모이는 핵심그룹으로 결정된다"라고 말했다.[117]

물론 교회는 그 구성원에 있어서, 소유나 지위나 신분이나 인종에 있어서 차별이 있어서는 절대로 아니 된다(롬 10:12; 골 3:11). 그럼에도 불구하고 현실 교회의 구성원에 있어서 그 교회만의 일정의 색깔이 존재하는 것이 사실이다. 그리고 그 색깔은 처음 어떤 사람들에 의해서 교회가 시작되었느냐와 깊은 관련이 있다. 예를 들어 처음 개척멤버가 화이트칼라들이었다면 그 교회는 시간이 지나도 화이트칼라라는 그 특성을 잃어버리지 않을 것이다. 피난민으로 시작된 교회는 지금 수 십 년이 흘렀음에도 그 특성이 이어지고 있음이 사실이다. 신실함을 어떻게 정의해야 될지는 모르겠지만, 신실한 그리스도인들을 개척멤버로 시작한 교회는 그 영적 분위기가 거의 항구적으로 그 교회를 지배할 것이다. 선교적 열정이 특심한 교인들이 개척멤버가 된다면, 그 교회는 거의 항구적으로, 비록 그들이 그 교회를 떠난다 하더라도, 선교 스피릿의 지배를 받을 것이다.

---

117. 김송식, 『교회개척 전략』 (서울: 도서출판 로고스, 2008), 89.

2. 개척멤버 자격

이미 언급한 바와 같이 개척멤버는 여러 가지 면에서 개척되는 교회에 영향을 끼친다. 따라서 교회개척자는 개척멤버의 구성에 보다 세심한 주의를 기울일 필요가 있다. 물론 교회개척자 입장에서 교인을 가려서 개척멤버를 구성한다는 것은 매우 어려운 일이다. 일반적으로 교회개척자 입장에서는 어떠한 사람이 오더라도 환영하게 된다. 비록 그가 이전 교회에서 큰 문제를 일으켰던 사람일지라도, 심지어 그가 이단이라고 할지라도, 하나님께서 그를 보내주셨다고 믿게 되는 묘한 심리를 교회개척자는 갖고 있다. 또한 어떤 문제아라 할지라도 그를 변화시킬 수 있다는 근거 없는 확신을 갖고 있다. 분명 한 명의 교인이라도 아쉬운 교회개척자의 일반적인 심리일 것이다.

그럼에도 불구하고, 즉 한 명의 교인이 아쉬운 입장이라 하더라도, 교회개척자는 개척멤버 구성에 있어서만은 냉정한 판단을 해야만 한다. 개척자 자신의 교회론과 목회철학을 고려해야만 한다. 개척자 자신의 리더십 스타일과 소통 스타일을 고려해야 한다. 그리고 당장의 현실보다는 조금 더 멀리 보아야 한다. 교회가 시작된 이후, 개척목사와 개척멤버와의 갈등이 발생하는 것은 드문 일이 결코 아니다. 그 갈등은 전체 교회개척 과정에 큰 타격을 주게 된다는 사실을 교회개척자는 기억해야만 한다. 따라서 교회개척자는 매우 영적 분별력을 통해서, 그리고 냉철한 판단력을 통해서 개척멤버를 구성해야만 한다.

아래 내용은 개척멤버를 구성하는데 참고가 될 판단 기준이다. 물론 이러한 모든 기준을 만족시키는 사람이 있을 리 없지만, 그럼에도 최선을 다해 기준을 적용해보는 노력이 교회개척자에게 필요하다. 다음과 같은 기준을 고려할 필요가 있다.

1) 영적으로 성숙한 사람(겸손한 성품)

2) 헌신적인 사람(아주 작은 일에 충성하는 사람들에 의해 위대한 교회들이 세워진다.)
3) 열정이 있는 사람(열정은 전염된다.)
4) 수용적인 사람(Teachable/Acceptable/Flexible)
5) 인간관계에 어려움이 없는 사람
6) 비신자(어설픈 교인보다는 차라리 비신자가 낫다.)
7) 교회 밖 성도(Unconnected Christian)
8) 기타(신앙 연륜이 있는 자, 재정적 여유가 있는 자, 전적인 헌신을 하는 자)

페인J. D. Payne이 말한 바나바적 8요소

페인은 바나바적 여덟 요소를 갖춘 자를 개척멤버로 삼으라고 권면한다.[118] 즉 바나바가 지니고 있었던 특성 여덟 가지를 제시하고, 각 항목에 대해 10점 만점의 점수를 부여하여 개척멤버 대상자를 평가해보라는 것이다. 총점이 8-24이면 개척멤버로 삼아서는 안 되고, 32-56이면 주의해야 하고, 64-80이면 적극적으로 끌어들이라고 권면한다. 그 여덟 가지 항목은 다음과 같다.

1. 주님과 동행
2. 좋은 성품 유지
3. 지역 교회 섬김
4. 신실한 소명의식
5. 정기적인 복음 전파
6. 다른 사람을 세움
7. 온유한 말과 행실
8. 갈등과 분열에 대한 적당한 반응

---

118. Payne, *Apostolic Church Planting: Birthing New Churches from New Believers*, 32.; J. D. Payne, *The Barnabas Factors: Eight Essential Practices of Church Planting Team Members* (Smyrna, DE: Mission Press, 2008).

3. 개척멤버 구성 방법

개척멤버를 어떻게 확보하여 구성할 것인가? 이 질문은 교회개척자를 매우 두렵게 만드는 질문이다. 이 질문에 답할 수 있다면 보다 많은 목사들이 보다 쉽게 교회개척에 투신하게 될 것이라고 믿는다. 대답은 간단하다. 성경에 기록된 초기 교회개척자들이 어떻게 개척멤버를 확보했는지를 보는 것이다. 한 마디로 정리하면 교회개척자가 발품을 파는 것이다. 개척멤버를 확보하기 위해 기도는 필수적이고, 개척자 본인은 뛰고 또 뛰는 발품을 파는 것 외에는 방법이 없다. 그리고 그 발품을 파는 방법이 몇 가지 있을 뿐이다. 만약 개척멤버 확보를 자녀를 갖는 것으로 굳이 비유하자면, 아마도 다음 세 가지 방법이 있을 것이다. 첫째는 입양이고, 둘째는 출산이고, 셋째는 타인의 자녀를 훔쳐오는 것이다. 당연히 적법하여 권장하는 방법이 있고, 불법이어서 금해야 할 방법이 있다.

1) 모교회로부터 확보하여 구성

개척멤버를 확보하는 방안 중에, 먼저 모교회 혹은 과거 섬겼던 교회로부터 확보하는 방법이 있다. 즉, 모교회의 자발적 지원 혹은 보다 적극적인 분립개척으로 인한 개척멤버 확보가 이루어지는 경우이다. 개척멤버를 확보한다는 관점에서만 보면, 교회가 분쟁으로 인해 분리되어 새로운 교회가 설립되는 경우도 이 범주에 속한다 하겠다. 가장 이상적이고 비교적 쉽게 멤버를 확보하는 방안이다.

하지만 그것이 모교회의 자발적인 정책이 아닐 경우에는, 즉 교회개척자 개인적인 인간관계에 의해서 모교회 교인을 개척멤버로 확보하는 경우에는, 때로 목회윤리 문제가 제기될 수 있음을 기억해야 한다. 여러 정황상 모교회 교인이 더 이상 아닌 (예를 들어 이미 1년 이상 해당 교회에 불출석한) 어떤 교인이 개척멤버가 될 경우에서조차도, 교회개척자는 그 교인을 훔쳐간 자가 될 수 있고, 결국은 목회윤리 위반자로 낙인 될 수 있다는 것이다. 물론 교회개척자가 자신의 모교회나 자신이 섬겼던 교회로부터 은밀히 교인을 빼오는 행위는 분명한 목회윤리 위반이다.

문제는 명분이 있고 적법한 방법의 개척멤버 확보조차도 목회윤리 위반자로 몰리는 경우이다. 목회윤리가 무엇인가라는 질문은 또 다른 이슈이다. 목회윤리가 결코 기득권자들을 옹호하는 도구로 쓰여서는 아니 된다. 그러나 현실에선 그러한 경우가 비일비재하다. 흔히 통용되는 목회윤리 조항들조차도 실제로는 성경의 원리와 배치되는 경우도 많다 하겠다. 현실에서 교회개척자는 약자일 수밖에 없다. 교회개척자는 이 사실을 인지하고 개척멤버 확보에 있어서 목회윤리 위반이라는 기득권자의 올무에 걸리지 않도록 주의해야만 한다.

모교회의 자발적인 정책에 의해 확보된 개척멤버라 할지라도 항상 긍정적인 결과를 가져오는 것만은 아니다. 모교회로부터 확보된 멤버는 항상 모교회를 답습하고 모교회로 회귀하려는 관성이 있다. 이러한 관성은 새 교회의 새 정신과 자주 충돌한다. 그 충돌은 주로 모교회를 답습하려는 멤버들과 새 교회를 세우려는 담임목사와의 갈등으로 나타난다.

분립개척에 동참하기 위해 모교회로부터 함께 나온 개척멤버들은 시간이 흐름에 따라, 과거 모교회에서 부목사이자 지금의 담임목사인 교회개척자에 대해 혼란스러워한다. 왜냐하면 지금의 담임목사가, 그들이 알고 있던 과거 모교회에서의 부목사와 동일인임에도 불구하고, 전혀 다른 모습을 보이기 때문이다. 그들이 보기에 과거 좋기만 하던 부목사의 모습이 사라졌다. 한국의 목회 구조에서, 부목사일 때는 목회철학을 드러낼 수 없다. 그러니 한없이 좋은 목사일 수밖에 없다. 그러나 담임목사가 되면 목회철학이 있어야만 한다. 당연히 고집스러워(?) 질 수밖에 없다. 멤버들은 목회철학에 의해 리더십을 발휘하는 현재의 모습을 낯설어 하며, 궁극적으로는 목사가 변했다고 단정해버린다. 결국 분립개척에 동참한 개척멤버들이 교회를 떠나기 시작한다. 분립 교회 개척 현장에서 "분립되어 온 개척멤버가 모두 떠났을 때 진짜 교회개척이 시작된다"라는 말이 회자되는 이유가 바로 여기에 있다 하겠다.

2) 임시적 자원자 확보를 통한 구성

개척멤버를 구성하는 또 하나의 방법은 임시적 자원자를 중심으로 구성하는 것이다. 이 방안은 이미 앞에서 언급한 인력 후원그룹과 관련이 있는 방안이다. 이 임시적 자원자들은 자신들이 소속된 교회가 있다. 다만 이들을 일정 기간 동안만, 쉽게 말하면 잠시 빌려와 개척멤버로 활용하는 것이다. 교인 입장에서는 개척교회에 가담하는 것이 결코 쉬운 일이 아니다. 아무리 좋은 관계라 하더라도, 혹은 함께하겠다고 아무리 굳건하게 약속한 사이라고 하더라도, 실제로 개척멤버가 되어달라고 종용하면, 경우에 따라 관계에 문제가 생길 수 있고, 결국은 그 사람을 잃어버릴 수도 있다.

하지만, 교회개척자가 6개월 혹은 1년이라는 정해진 기간을 제시함으로 개척멤버를 확보한다면, 당사자가 큰 부담 없이 합류할 수 있으며, 그리고 교회개척자 입장에서도 보다 쉽게 개척멤버를 확보할 수 있다. 이들은 개척멤버로서의 준비된 자원이 될 수 있으며, 교회 내에서 마중물 역할을 감당함으로 인해 새신자가 쉽게 정착하게 하고, 결과적으로 교회가 빨리 정상궤도에 들어서게 하는 역할을 하게 된다. 물론 정해진 기간이 찼을 경우 자원자는 계속 머물 수도 있고 혹은 자신의 본 교회로 되돌아갈 수도 있다.

3) 가족, 친구, 그리고 친지를 통한 확보

교회개척자가 자신의 혈연이나 지인 관계를 통해 개척멤버를 확보하는 방법이다. 이 방법은 교회개척자 입장에서는 매우 용이한 방법이며 가장 확실한 방법이라 할 것이다. 하지만 이 방법에 있어서도 주의할 사항이 있다.

첫째는, 이러한 혈연 혹은 지인 관계를 너무 믿거나 의존하지 말아야 한다는 점이다. 오늘날 교인들은 개척교회 멤버가 되는 것을 기피하는 경향이 있다. 개척교회 멤버가 됨으로 인한 부담과 희생이 너무 크다고 여기기 때문일 것이다. 여기에는 혈연관계나 지인관계도 예외는 아니다. 교회개척자는 관계 속에 있는 누군가가 함께 해 줄 것이라고 기대하는 것을 자제해야 한다. 지나치게 누군가를 의존하게 되면 아마도 조만간 큰 실망을 할 수 있다.

둘째는, 장기적으로 볼 때 친인척 등의 가족은 개척멤버로 적당하지 않다는 사실이다. 물론 처음 교회를 시작할 때 가족들의 동참이 큰 힘이 될 수 있다는 점은 부인할 수 없다. 그러나 자칫 잘못하면 교회가 "가족교회"라는 이미지로 굳어질 수 있다. 가족교회라는 이미지가 굳어지면 외부인들이 정착하기가 힘들고, 궁극적으로는 교회성장에 큰 장애요소가 될 수 있다. 어쩔 수 없이 가족과 더불어 교회를 개척했다면, 교회개척자는 할 수만 있으면 가족들을 리더십 위치에 포진시키지 말아야 할 것이며, 결정권을 행사하는 위치에서 가족들을 제외시켜야 할 것이다. 가능한 한 빠른 시기에 가족이 아닌 멤버들이 충원되어 그들에게 리더십을 부여해야 하고, 가족들은 주변부에 머물며 단순 봉사를 감당하도록 해야만 할 것이다.

따라서 당장 유익하다고 가족들을 개척멤버로 삼기보다는, 좀 더 멀리 보고서 가족들을 개척멤버에서 과감히 제외하는 것도 유익한 결단이 될 것이다. 물론 개척멤버로 가족들을 제외한다 하여 그들의 재정 후원까지 거부할 이유는 없다 하겠다.

4) 공개모집을 통한 구성

이 시대의 가장 막강한 소통 수단인 각종 SNS 광고나 크라우드소싱 Crowdsourcing을 통해 공개적으로 개척멤버를 구하는 방법이다. 교회개척자는 자신의 교회개척 사명을 위해 하나님께서 누군가를 준비해 두셨다는 믿음을 갖고 과감히 이러한 방법을 사용할 수 있을 것이다. 이 방법의 이점은 교회개척에 있어서 구체적으로 필요한 영역(예배, 음악, 디자인 등)에 필요한 준비된 인적 자원을 확보할 수 있다는 점이다. 실제로 교회개척 목회 현장에서 준비된 인적 자원을 확보한다는 것이 매우 어렵다는 점에서, 이러한 공개적 개척멤버 모집은 매우 유용하다 하겠다. 그러나 이 방법의 단점은 자원한 자들에 대한 어떤 검증도 할 수 없다는 점이다. 개척멤버로서 성품이나 품격을 지녔는지, 과연 신뢰관계를 구축할 수 있는 대상인지를 분별할 수 없다는 단점이 있다. 교회개척에 있어서 초기 개척멤버 한 명의 일탈은 교회 전체의 생사를 좌우할 수 있다는 점에서 주의가 필요하기도 하다.

5) 교회개척 현장에서 복음전도를 통한 구성

개척멤버 확보 마지막 방안으로, 개척멤버를 개척 현장에서 찾는 방법에 대해 살펴보려 한다. 개척멤버를 개척 현장에서 찾는 방안은 가장 성경적이며 가장 교회개척자 다운 방법이라고 판단된다. 교회개척이 지역 교회를 세우는 것이라는 것을 감안할 때, 개척하는 그 지역 사람들 중에서 개척멤버를 확보하는 것은 매우 정상적인 방법이라 하겠다. 물론 쉽지 않은 방법이다. 교회개척 현장에서 사용하는 "맨땅에 헤딩"이라는 표현이 실제로 적용되는 개척멤버 확보 방안이다. 이것은 교회개척자가 도전해야만 하는 확실한 명분이 있는 방안이다. "한 영혼"에 집착하여 한 영혼을 구원한다는 교회개척자의 존재 목적에 부합하는 방법이다.

교회개척의 그 현장에서 개척멤버를 찾는 방법은 크게 나누어 두 가지이다. 하나는 그 지역으로 이주를 해온, 이미 신앙을 갖고 있는 교인들을 확보하는 것이다. 이들은 교회의 기초를 세우는데 유익한 자원이 될 수 있다. 본 교회가 지나치게 먼 곳에 위치한 교인들을 적극적으로 확보하는 것은 목회윤리에 저촉되지 않는다. 왜냐하면 지상교회는 지역 교회이기에 교인이 만약 이주를 했을 경우 이주한 그 지역의 교회를 섬기는 것이 옳기 때문이다.

현장에서 개척멤버를 확보하는 또 다른 방법은 현장의 비신자들에게 복음을 전하여 영혼을 구원함으로 그들을 개척멤버로 활용하는 것이다. 이것이야말로 하나님을 기쁘시게 하고 하늘에서 잔치가 벌어지게 하는 방법이다. 이 방법이야말로 진정한 교회개척이라 일컬을 수 있는 방법이다. 하나님의 오른쪽 주머니의 동전을 단지 왼쪽 주머니로 옮겨드리는 교회개척은 실제로 하나님께 아무런 이익도 남겨드리지 못한다. 하지만 현장의 비신자를 구원하여 교회개척멤버로 삼는 것은 하나님께 엄청난 이익을 남겨드리는 것이다. 교회개척자는 도전적으로 이 방법에 매진해야 한다.

매튜 바넷Mathew Barnett은 교회를 개척한 이후에, 준비된 교인들이 자신의 교회로 들어오기를 갈망하며 기도했다. 그러나 그 누구도 그의 교회를 찾아오지 않았다. 어느 날 그는 하나님의 음성을 들었다. "만일 네가 '아무도 원하지 않은 사람들'에게로 다가간다면, 나는 너에게 '모두가 원하는 사람들'을 보내 줄 것이다"라는 하나님의 음성이었다. 바넷은 이후 사람들이 교회로 찾아오기를 기다리는 대신 스스로 사람들을 찾아가기로 결심했다.[119]

---

119. 이상훈, 『Re Form Church: 변혁을 이끄는 미국의 선교적 교회들』 (서울: 교회성장연구소, 2015), 82.

교회개척자는 교회를 개척하는 그 지역에 하나님께서 준비시켜 놓은 생명들이 존재한다고 믿어야 한다. 개척자 자신을 통해 구원받을 사람을 하나님께서 준비시켜 놓았다고 믿어야 한다. 그 지역 그 자리에서의 교회개척이 우연이 아니고 하나님의 주권적인 인도라고 믿는다면, 그렇다면 하나님이 자신을 통해 구원시킬 사람을 그 지역에 준비시켜 놓았다고 믿는 것은 당연한 귀결이다. 그러나 담대하게 사람을 만나 복음을 전해야 한다. 오늘 만나는 사람 중에 어떤 사람이 그 예정된 사람인지 알 수 없기에 담대하고 정성을 다해 사람을 만나야 한다. 이것이 신학을 단지 이론으로 여기지 않는, 즉 신학을 현장화시키는 목사의 자세이다.

그렇다. 교회개척자는 현장에서 용감하게 비신자들에게 다가가야 한다. 강단 뒤에 웅크리고 앉아 교인을 보내달라고 기도만 하고 있어서는 안 된다. 교회개척자의 근무지는, 아무도 없는 교회당 안 어두침침한 강대상 뒤가 아니라, 사람들이 모여 있는 길거리이다. "서재에서 탈출하여 카페로 가라"는 구호는 오늘날 미셔널 처치Missional Church의 목회 방법을 상징하지만, 교회개척자에게도 합당한 명제이다. 교회개척자가 전도를 하지 않는 것은 직무유기이다. 목사는 강단에서만 전도하라고 외치는 자가 아니다. 복음전도를 위해 몸소 앞에서 뛰어야 하는 자이다. "제도와 강단 뒤에 숨어서 전도를 회피하는 사람"[120]은 목사가 아니다.

흔히들 노방전도에 대해 회의적인 시각을 갖는다. 이 시대에 맞지 않다고, 타인에 대하여 무례한 전도 방법이라고, 기독교에 대한 혐오감을 부추기는 방법이라고 말한다. 어떤 교회개척자는 수많은 시간을 노방전도에 투자했지만 단 한 영혼도 열매 맺지 못했다고 고백하면서, 노방전도의 무용성을 주장하기도 한다. 이 모든 지적들이 일면 일리가 있는 지적임에는 분명하다. 노방전도해서 영혼을 구원하는 경우가 흔치 않음이 사

---

120. 이상훈, 『Re Form Church: 변혁을 이끄는 미국의 선교적 교회들』, 54.

실이다. 오늘날 전도하고 전도 전단지를 붙이는 것으로 사람들이 교회로 오는 일이 드문 일임에는 분명하다. 분명 노방전도를 행하는 자들의 자세와 전략이 수정되어야만 하는 부분이 있는 것도 사실이다.

그럼에도 불구하고 노방전도는 여전히 필요한 전도법이다. "노방전도"와 "말씀의 직접적 선포"는 성경에 나타난 원래적이고 표준적인 전도 방법이기 때문이다. 이 방법 위에 여타 전도 방법이 사용될 뿐이다. 노방전도의 원리가 배제된 어떤 전도 방법도 존재하지 않는다. 따라서 노방전도는 교회가 여전히 계속해야만 하는 당위성이 있는 전도 방법이다. 교회개척자가 거리에 서 있어야만 하는 이유이다. 교회개척자가 누구보다도 열심히 매진해야 할 전도 방법이 노방전도이다.

노방전도의 효과는 반드시 열매에만 있지 않다. 교회개척자의 기본적인 자세를 유지하게 하는 효과 또한 무시할 수 없다. 노방전도를 계속하는 이유는 어떤 가시적인 결과를 기대해서라기보다는 하나님 앞에서 교회개척자의 마음과 자세를 유지하기 위해서인 것이다. 교회개척자가 자신의 영성을 키우는 최고의 방법은, 서재에서 10시간 기도하는 것이 아니라, 길거리에서 30분 모르는 사람에게 복음을 전하는 것이라고 감히 말하고 싶다.

> **레이너Thom Rainer가 지적한 "말도 안 되는 전도법"**
>
> "지난 수년간 크리스천들은 각자의 문화적 환경 속에서 전도자로 사는 대신에 교회와 프로그램에 모든 책임을 떠넘기는 것으로 만족했다. 현대적인 교회 시설과 매력적인 교회 활동이 불신자들을 예수님께로 데려오는 일을 담당했다.… 우리는 초대교회 선교사들이 사용했던, 구닥다리지만 그러나 가장 기본적인 방법으로 돌아가야 한다."[121] "와서 보라"에서 "가서 증거하라!"로 돌아가야 한다.

체스터와 티미스Chester & Timmis가 제시한 선교적 삶[122]

1. 비그리스도인과 어울려 밥을 먹으라.
2. 운전하지 말고 걸으라.
3. 단골이 되라.
4. 비그리스도인들과 함께 취미생활을 하라.
5. 동료에게 말을 걸라.
6. 비영리단체에서 자원봉사를 하라.
7. 도시 이벤트에 참여하라.
8. 이웃을 섬기라. 그저 섬기라.

4. 개척멤버 확보 전략[123]

하나님께서는 사람을 사용하여 일하신다. 사람의 지혜와 열심을 사용하신다. 최선을 다한 노력과 최고의 지혜를 동원한 전략을 사용하신다. (물론 이 모든 사람의 지혜와 노력에는 성령님의 간섭과 섭리가 작용한다.) 따라서 교회개척자는 개척멤버 후보 대상을 찾기 위해 최선의 노력과 전략이 필요하다. "하나님께서 모든 것을 알아서 하신다"는 자세는 교회개척자에게 절반의 진리일 뿐이다. 교회개척자의 자세와 태도는 절대적인 하나님의 도구가 된다는 사실을 잊지 말아야 한다. 다음과 같은 몇 가지 전략적 사항을 고려하여야 한다. 비신자를 구원하여 개척멤버로 삼

---

121. Stetzer & Rainer, 『교회혁명: 변혁적 교회』, 298-99.
122. Chester & Timmis, 『일상 교회: 세상이 이웃 삼고 싶은 교회』, 141-143.
123. 개척멤버 확보를 위한 전략을 위해, 본장에 이어지는 "개척멤버 확보를 위한 관계망 확립"과 "개척멤버 확보를 위한 사람 모으기"를 참고할 것.

는 것은 전혀 다른 차원이기에, 여기서는 주로 이미 교인인 자들을 개척멤버로 확보하기 위한 전략적 사항이다.

1) 그들을 긍정적으로 즐겁게 만나라

교회개척자는 개척멤버 확보를 위해 긍정적인 자세를 유지해야 한다. 밝고 명랑하게 많은 사람들을 만나야 한다. 사람 만나는 것을 피하거나 두려워하거나 번거로워한다면 교회개척자로서 심각한 결점을 갖고 있다 하겠다. 분명 교회개척에 대한 비전을 받아들이는 자들이 있을 것이라는 확신이 필요하다. 하나님께서 자신의 교회개척을 위해 준비해 놓은 자들이 존재할 것이라는 확신이 있어야 한다. 오늘 내가 만나는 사람 중에 그러한 자들이 있을 것이라는 믿음이 필요하다.

2) 그들이 왜 교회개척에 필요한 지를 구체적으로 말하라

교회개척자는 개척멤버 확보를 위해 만나는 사람의 사명과 책임을 말할 수 있어야 한다. 성령의 간섭 하에 비전을 나누고 도전하기를 계속해야만 한다. 하나님의 비전을 말하고 그 비전을 위해 그들의 인품과 열정과 은사가 반드시 필요하다는 사실을 주지시켜야 한다.

3) 그들에게 기대하는 일(사역)이 무엇인지를 문서로 작성하여 제시하라

교회개척자는 개척멤버 대상에게 무엇을 얼마만큼 요구할지를 분명히 할 수 있어야 한다. 이러한 자세는 포스트모던 사회와 제4차 산업혁명 시대를 살아가는 현대인들의 특성을 고려한 전략이라 할 수 있다. 현대인들은 자신이 무엇을 해야 하며, 어느 정도의 헌신을 해야 하는지에 대한 분명한 한계를 알고 싶어 한다. 필요할 시 문서Job Description로 작성하여 서로 간에 계약을 하는 것도 오늘날에는 그리 큰 문제가 되지 않는다.

4) 교회 홍보계획을 수립하여 실행하라

교회개척자는 개척멤버를 확보하기 위해 자신이 세워갈 교회에 대한 홍보계획을 수립하고 홍보자료를 제작하여 각종 홍보방법을 사용하는 전략이 필요하다. 혹자들은 교회를 홍보한다는 사실에 대해 불편해하기도 한다. 하지만 홍보라는 전략을 성경이 금하지 않는다. 그것이 영혼을 구원할 수 있는 방안이라면, 그리고 그것이 하나님의 윤리에 어긋나지 않는다면, 교회개척자는 자유롭게 어떤 수단을 사용할 수 있을 것이다. 홍보 팸플릿, 브로슈어, 광고지 등을 제작하여 활용할 수 있으며, 우편, 신문, 라디오, 티브이, 지역 신문 및 방송, 인터넷 등 각종 매체를 통해 교회를 홍보하는 것이 개척멤버를 확보하는 전략이 된다.

5. 개척멤버 교육과 훈련[124]

교회개척자는 개척멤버를 확정한 후의 과정이 매우 중요하다는 사실을 인지해야만 한다. 개척멤버 그룹이 확정된 후 가장 중요한 것은 그들에게 충분한 교육과 훈련을 제공하는 것이다. 성공적인 리더들은 아무리 바빠도 출발점에 많은 투자를 한다는 사실을 기억해야 한다. 시작이 반이라는 속담은 교회개척에만은 매우 조심스럽게 적용해야만 한다. 개척멤버가 준비되었다고 해서 무작정 교회를 시작하는 것은 지혜롭지 못하다. 일단 교회가 런칭 된 이후에 개척멤버의 이탈이 발생하면

---

[124] 개척멤버 교육을 위해서, 본장에 이어지는 "개척멤버의 자세"를 참고할 것.

그 타격Damage은 말로 표현할 수 없다. 때문에 런칭 전에 충분한 교육과 훈련을 통해서 생각과 사상과 신앙이 통일되는 시간을 가져야 한다. 즉 서로가 검증하는 과정이 필요하고 만약 일치될 수 없는 이견이 있다고 한다면 이 과정에서 정리되고 걸러져야만 한다. 다시 말하지만 교회개척자는 멀리 보아야 한다.

1) 개척멤버들과의 3개월 이상 훈련하는 시간을 갖으라

교회개척자는 확정된 개척멤버들과 적어도 12주 이상의 훈련(성경공부, 제자화) 시간을 가져야만 한다. 이 기간은 매우 중요한 과정이다. 이 기간 동안 개척멤버들과 통일된 교회론을 정립하고, 교회개척자의 목회철학을 분명하게 소통하여 동의하도록 해야 한다.

2) 친밀한 공동체적 관계와 삶을 건설하라

교회개척자는 확정된 개척멤버들과 공동체를 이루는 데 초점을 맞추어야 한다. 잠언 18장 1절에서 "무리에게서 스스로 갈라지는 자는 자기 소욕을 따르는 자라 온갖 참 지혜를 배척하느니라"고 기록되어 있다. 혹시라도 공동체적 팀워크를 이루지 못할 요소나 인물이 발견되면 적절한 조치를 취해야만 한다. 개척멤버 간에 관계가 잘 정립되지 못하면 교회개척 전 과정이 순탄하지 못하고, 비본질적인 영역에 많은 에너지를 쏟게 된다. 개척자와 멤버 간에, 개척자 상호 간에, 그리고 모두와 하나님 간의 관계가 잘 정립되도록 훈련되어야 한다.

3) 일체감과 정체성을 유지하는 소통 시스템을 구축하라

교회개척자는 개척멤버들과의 소통을 위한 구체적 시스템을 정립할 필요가 있다. 정기적인 편지, 회보, 전자 우편이나 문자 메시지, 혹은 정기적이고 계획된 만남을 통한 소통이 필요하다. 개척멤버들의 열정은 금방 식고 실망은 쉽게 그들을 점령한다. 정기적 혹은 부정기적, 계획적인 혹은 즉흥적인, 개인적인 혹은 그룹으로, 기회 있는 대로 만나고 소통하여 서로 간의 관계를 향상하고, 하나님이 무엇을 하고 계신지에 대해 말하고 코치해야만 한다. 이런 차원에서 교회개척자가 자신의 가정을 스스럼없이 오픈 하는 것은 매우 중요한 자세라 할 것이다.

6. 개척멤버 확보와 관련된 유의사항

1) 목회윤리 문제가 제기될 수 있음을 기억하라

앞에서 누차 경고했듯이 개척멤버를 확보하는 과정에서 목회윤리를 어긴 자로 낙인 될 수 있음을 기억해야 한다. 심하면 이단으로 정죄될 수도 있다. 적법성과 명분을 중히 여기고 다른 선후배 동역자들과의 관계에 관심을 쏟고, 눈앞의 유익함을 추구하다가 소탐대실하지 않도록 해야 한다.

2) 영을 분별하고 사람을 들여다 볼 수 있는 안목을 가져라

개척교회에 오는 교인들 중에는 처음에는 아무런 문제를 일으키지 않고 있다가 6개월이나 1년 정도 지나면 자신의 사적인 욕망이나 목적을 드러내는 자들이 있다. 개척교회 목회자의 심리를 꿰뚫고 있어서 개척교회를 찾아와 돈을 빌려 달라든가 함으로 개척교회 목사를 곤궁에 빠뜨리는 악한 교인들도 있다. 개척교회에 드나드는 교인들 중에는 세상에서 소외된 사람들이 많으며, 이전 교회에서 상처를 안고 오는 이들이 대부분이다. 이들 상처를 안은 자들은 감정적으로 매우 민감하고 동시에 자존심이 세다. 즉 다시는 상처를 받지 않으려는 방어심이 매우 강하다는 소리이다. 이러한 자들을 단지 하나님께서 보내주셨다고 믿고 사역을 맡기게 되면 결국에 가서 문제가 된다. 교회개척자는 이러한 이들의 영을 분별할 수 있는 영적 능력을 필요로 한다.

3) 아무나 개척멤버로 동참하지 못하게 하라

앞에서도 언급한 바와 같이 교회개척을 하려는 목사가 교인을 가려서 받는다는 것은 정말 어려운 일이다. 그럼에도 불구하고 교회개척자는 보다 멀리 보고서 개척멤버만큼은 신중하게 선택해야만 한다. 페인이 말한 바, "[개척멤버 선정은] 팀의 건강함을 위해서일 뿐만 아니라 팀의 수준이나 특성은 개척된 교회에 그대로 전수될 것이기 때문에 매우 중요하다"[125]는 것을 교회개척자는 인정해야 한다.

첫째는, 교회론과 목회철학에 동의하는지를 확인해야 한다. 만약 스스로에게 정립된 교회론과 목회론을 바꿀 마음이 없는 자라면, 결국은 중도 하차할 수밖에 없는 자이다. 둘째로 능력과 경력과 연륜보다는 품성과 자질을 고려해야 한다. 개척멤버가 다양해야 함에도 불구하고 품성이 좋지 못하면 그 다양성과 능력이 오히려 교회를 무너뜨릴 수 있다. 성품이 좋지 않은 어떤 자들은 교회개척에 대해 목사와 동업자 의식을 갖고 후에 보상을 요구하기도 한다. 셋째로 과거 행적을 검토할 필요가 있다. 비록 하나님께서는 사람을 변화시키는 분이지만, 그리고 사람은 성령의 능력에 의해 얼마든지 성화될 수 있지만, 그럼에도 불구하고 한 인간의 과거 행적은 미래에 그가 어떻게 행동할 것인지에 대한 가장 확실한 근거를 제공한다는 사실을 염두에 두어야 한다.

---

125. J. D. Payne, *Apostolic Church Planting: Birthing New Churches from New Believers*, 32.

4) "가장 적당한 때에, 가장 적절한 사람을, 가장 적절한 곳에 보내주시기"를 위해 기도하라

교회개척자는 늘 일꾼을 보내달라는 기도를 멈추어서는 안 된다. 목회는 사람과 함께, 사람을 통해서, 사람을 위한 신적 행위이다. 많은 경우에 목회를 위한 필수 조건으로 재정을 이야기하지만 그렇지 않다. 결국은 사람이다. 사람이 붙여지면 사역이 확장된다. 사람이 붙여지면 재정은 따라온다. 따라서 은혜를 받은 목회 현장의 공통점은 필요한 시점에 필요한 사람이 붙여진다는 것이다. 교회개척자는 하나님께서 일꾼을 보내주시기를 열망하고 기도해야만 한다.

지금까지 교회개척에 있어서 중요한 요소 중의 하나인 개척멤버에 관한 주제를 논하였다. 교회개척을 꿈꾸는 자는 지금부터 개척멤버를 위해 준비해야 한다. 소명에 대한 불굴의 확신을 기초로 해서 10여 가정 안팎의 개척멤버를 확보하기 위해 최선을 다해야 한다. 하지만 그 일이 결코 쉬운 일이 아님은 분명하다. 왜냐하면 목사들이 개교회 이기주의와 개교회 중심 부흥에 너무 갇혀 있기 때문이다. 현재의 교회들이 그리고 목사들이 조금만 더 하나님 나라 자원에서 지상교회를 바라본다면, 지금의 장성한 교회들이 조금만 더 하나님의 자원(돈, 사람, 지도자들)에 대한 소유권과 지배권을 내려놓는다면, 교회개척자들이 개척멤버를 확보하는데 훨씬 쉬울 것이다. 팀 켈러가 그의 책에서 안타까워하는 것이 바로 이점이다. 그는 묻는다. "우리는 새 교회를 통해서 하나님 나라에 들어온 새로운 사람을 기뻐할 것인가? 아니면 우리가 그 교회에 보낸 몇 가정 때문에 슬퍼하고 분개할 것인가?"[126] 그리고는 말한다. "당신이 새로운 사람들을 새로운 교회로 조직한다면, 돈과 사람들, 교인수,

---

126. Keller, 『팀 켈러의 센터처치』, 752.

지도자, 통제권을 잃게 되는 것이다. 하지만 이것이 바로 바울이 했던 일이다."[127]

오늘날 교회와 목사들이 교인들에게 교회개척을 위해서 교회를 떠날 자유를 주었으면 좋겠다. 그들을 오히려 하나님 나라 확장을 위한 선교사로 파송했으면 좋겠다. 부교역자들에게 교회개척을 위해 교인들을 마음껏 데려갈 수 있도록 허용했으면 좋겠다. 왜냐하면 하나님의 교회가 계속해서 출생해야 하기 때문이다.

---

127. Keller, 『팀 켈러의 센터처치』, 750.

개척멤버 확보를 위한 관계망 확립
People Networking[128]

†

1. 관계망 확립: 현장에서 사람들 만나기 및 접촉점 개발

1) 교회를 개척하기 위해 현장에 도착한 교회개척자가 처음으로 해야 할 일은 무엇인가?
  ① 무엇보다도 현장에 익숙해지는 것이다. 마트가 어디에 있는지, 병원이나 학교가 어디에 있는지, 지형과 도로에 익숙해지는 것이다.
  ② 현장에서의 관계망을 건설하는 것이다.

2. 왜 관계망을 만들어야 하는가?

복음 전파는 사명이다. 당신은 파송된 복음이다. 예수님이 당신을 그 현장으로, 그 상황으로, 그 사람들에게로 보내셨다. 파송된 사람으로서 무엇을 해야 하는가?
1) 현장을 배워야 한다.
  ① 그 지역 안에서 살고 있는 사람들을 아는 것은 매우 중요하다. 정체된 시골지역인지 아니면 변화가 매우 빠른 다양한 문화의 도시인지…
  ② 선교사의 마음으로 시작하라. 당신은 당신의 선교지역을 배우고 살고 있는 중이다.
  ③ 당신은 그곳에 도착하기 전 아마도 인구 분포나 사회적 영적 분

---

128. Tom Wood, *Church Planter Field Manual: Book One-Exploring* (Alpharetta, GA: Sandals in Sand Communication, LLC, 2013), 12-20, 29.

포 정보를 가졌을 것이다. 이제는 그곳의 진짜 거주하는 사람들을 만나야 한다. 질문을 던져라. 듣고 배우라.
④ 자세, 가치, 상처, 라이프스타일, 상실, 종교적 신념 등
⑤ 사도 바울의 현장 분석(행 16:11-13; 행 17:23)
2) 지역을 앎으로 인해 당신의 설교, 전도, 변증, 구제 행위, 기도 생활, 목회 행위 등을 결정하게 될 것이다. 기본적으로 당신의 지역 상황을 배운다는 것은 당신이 그 지역에서 어떻게 목회할 것인지를 결정할 것이다.
3) 접촉하는 사람들의 명단을 만들라. 내가 만나는 모든 사람이 회심의 가능자이며 교회 출석 후보자이다. 혹은 내가 하는 일을 도울 수 있는 가능자들이다.
4) 당신을 그 지역의 친구로 만들라. 그 지역의 사람들은 당신과 당신의 일을 처음에는 매우 의심스럽게 바라볼 것이다. 사람을 만나고 듣는데 매우 정성을 쏟아라. 그렇지 않으면 사람들은 당신을 이용자User로 볼 것이다. 당신은 외인Outsider이다. 따라서 그 지역에 살고 있고 일하고 있는 사람들을 존중하는 자세를 유지해야 한다.

3. 관계의 발전

1) 1차적 관계(그냥 안면만 아는 정도), 2차적 관계(서로 대화할 수 있는 관계), 3차적 관계(개인적 친밀한 관계-동반자 관계), 4차적 관계(신뢰적 관계-정서적 교감 가능), 5차적 관계(영적 교통관계)가 있다. 카페교회(교회카페가 아닌)는 손님과 1차적 거래 관계는 쉽게 형성되지만, 2차적 관계로 넘어가지 못하고 계속해서 1차적 관계에 머물 수밖에 없다.
2) 지각적 관계 - 사회적 관계 - 영적 관계로 발전

4. 관계망은 관계를 기초로 한다

지역에서 사람들과의 관계를 맺을 수 있는 방안을 강구하라. "국회의원 선거를 나갈 것이냐?" 소리를 들을 정도가 되어야 한다.
1) 리더십 중심의 관계: 시장, 시청 직원, 경찰서장, 초·중·고등학교의 교장, 상담자, 교사, 지역 교회 목사, 종교지도자, 시의회 의원, 지역구제단체장
2) 상업중심의 관계: 노동조합, 개발자, 부동산, 대형식품점 Manager, 은행 Manager, 지역신문 편집자
3) 커뮤니티 중심의 관계: 이웃, 아파트 관리사무장, 학교, 체육관, 스포츠 동아리, 커피숍, 술집, 책방, 교회
4) SNS 중심의 관계망: Facebook, 트위터, 블로그, 웹사이트

5. 지역과 연결하는 다리를 건설하라

만나는 사람에게 관심을 보이고 부담 없는 간단한 질문을 던지라.
1) 가르치는 사역 자원(학교, 학원, 특별활동)
2) 초, 중, 고등학교 자원봉사
3) 어린이 지역 운동부 코치 자원
4) 경찰서나 지역 병원의 채플린 자원
5) 지역 운동 동아리 참가
6) 학부모회 활동
7) 한 세탁소, 한 음식점을 이용하여 주인과 교제

6. 관계망 명단을 만들라 복음은 주로 관계를 통해 확산된다

1) 사람들의 소개를 받으라.

2) 사람들을 관리할 수 있는 도구를 사용하라.
3) 만약 석 달 동안에 600명의 리스트를 만들려면, 하루에 10사람씩 주 5일간 석 달 동안 일해야 한다.

7. 관계망 만들기를 위한 제언

1) 약속 시간에 언제나 먼저 도착하라. 먼저 도착하는 것은 상대방을 존중한다는 의미이다.
2) 관계망을 만드는 것은 설교 작성하는 것보다 어려운 일이다.
3) 당신이 직접 작성해야 한다. 다른 사람이 해서는 안 된다.
4) 절망을 각오한다.
5) 매우 힘든 일이다.
6) 만날 수 있는 사람은 모두 만난다.
7) 이것은 전도와는 다른 것이다. (물론 전도가 궁극적인 목표이지만)
8) 이것은 그룹의 조직화가 아니다.
9) 만나는 사람에게 또 다른 사람의 소개를 부탁한다. "내가 만날 사람이 없나요?"
10) 이메일이나 문자로 소식을 전해도 되는지에 대한 정중한 질문이 필요하다.
11) 개인적이고 정성이 깃든 손편지로 그들의 시간 내주심에 대해 감사를 전한다. 반드시 또 연락드리겠다는 내용을 적는다.

개척멤버 확보를 위한 사람 모으기
People Gathering[129]

†

1. 서론

1) 관계망을 통해 사람들을 모으는 작업까지는 사실 어려운 과정이다. 교회개척자에게 있어서 사람을 모으는 능력은 매우 중요하다. 비록 그 개척이 분립개척이라고 하더라도 새로운 사람이 더해지지 않는다면 교회의 건강과 성장을 유지할 수 없다.
2) 사람마다 기질과 은사가 다르다. 어떤 사람은 새로운 일을 시작하는데 능력이 있음에 비해 어떤 사람은 누군가가 시작한 일을 발전시키는데 능력이 있다. 그런데 어떤 일을 새로이 잘 시작하는 사람들의 특징은 사람을 모이게 하는 능력이 있고 그 방법을 배운 사람들이다.
3) 교회개척자에게 있어서 가장 어려운 점은 처음 50명을 모으는 것이다.

2. 대인관계에 있어서 당신의 스타일이 무엇인가?

사람마다 사람을 모으는데 다른 기질을 갖고 있다. 어떤 사람은 개인적인 일대일의 접촉을 통해서 사람을 모으는 능력이 있는가 하면, 어떤 사람은 보다 큰 그룹들 앞에서 가르침과 소통과 비전 제시 등을 통해서 사람을 모으는 능력이 있다. 어찌 되었든 사람을 모으는 능력은 교회개척자가 보여 주어야 할 가장 기본적이고 가장 우선적인 능력이다.

---

129. Tom Wood, *Church Planter Field Manual: Book One-Exploring*, 21-29.

1) 개인적인 접근
   ① 사람을 거리에서 혹은 가정에서 개인적으로 만나라. 스스로를 소개할 수 있는 명함을 사용하라.
   ② 자신의 이야기를 나누라. 그러나 간단하게 하라. 상대방의 이야기를 듣고 싶다고 하라. 그리고 잘 들어라. 그리고 공통점을 찾으라. 상대방과 그의 삶에 지대한 관심을 가져라.
   ③ 사람을 당신의 집으로 초청하라. 아니면 제3의 장소에서 식사를 하라. 자주 만나서 같이 먹으라. (적어도 일주일에 두 번의 식사를 누군가와 계획하라. 한 대상과 적어도 두 번 이상의 식사를 하라.)
   ④ 일대일 접근의 기질 소유자는 매우 관계적이고 또한 대접의 은사가 있어야 한다.
2) 대중적 접근
   ① 계획을 세우고, 주관하고, 사람들을 행사에 초청하라.
   ② 블록파티를 개최하라. 그리고 블록파티에 참석하라. 에드 스테쳐는 블록파티에 참석하는 경우 개척교회가 생존할 비율은 2-30%가 상승한다고 한다.
   ③ 성경공부 등 특별한 형태의 공부방 등을 개설하라.
   ④ 대중적 접근의 기질 소유자는 뛰어난 커뮤니케이션 기술을 통해 무리 앞에서 영향력을 행사할 수 있어야 한다. 그러나 그러한 사람일지라도 대중적 접근의 기회가 주어질 수 있는 상황이 아니라면 당연히 일대일 접근의 방법을 사용해야 한다.

3. 처음 50명의 멤버를 위하여

1) 낚시 허가증을 얻어라. 모교회나 후원교회로부터 멤버를 확보할 수 있는 허가를 받으라.
2) 성령님께 간구하라. 앞서 행하시사 만나는 사람들의 마음을 열어

달라고, 또한 성령님께서 미리 준비해 놓은 사람을 만나게 해 달라고 간구하라.

3) 발품을 팔아라. 거리로 나가라. 사람을 만나라. 사람들이 당신에게 오기를 기다리지 마라. 그들은 오지 않는다. 설교가 사람을 오게 할 것이라고 여기지만 실제로 개척교회 목사의 설교가 사람을 끌어 모으지 못한다.

4) 관계망 안의 사람들과 연결되고 관계를 맺고 그들을 모을 수 있는 창조적인 방법을 찾고 실행하는데 모든 노력과 힘을 쏟아라.

5) 50명이 되기 위해서 사람을 모으는데 정열을 쏟아야 한다. 큰 모임이든지 작은 모임이든지 모임을 계획하고 주선하는데 시간을 투자하고 실행하라.

6) 한 주에 몇 명이나 만날 수 있고 만났는지를 기록하라. 만나는 대상과의 접촉점과 호감을 주는 것을 위해 기도하라.

4. 당신이 만나는 사람이 당신께 던지는 질문

1) 내가 좋아할만 하는가? 내가 어울릴만한 사람인가? 가정을 좋아할 만한가? 믿을 만한가?

2) 비전을 갖고 있는가? 자신이 어디를 향하려고 하는지를 알고 있는가? 확신이 있는가?

3) 리더십 능력이 있는가? 비전을 향해 이끌고 갈 능력이 있는가?
(아무리 좋은 비전이 있어도 그 비전을 이룰 수 있는 확신을 못 느끼면 사람들은 따르지 않을 것이다.)

4) 나의 역할은 무엇인가? 나에게 원하는 것이 무엇인가? (호감이 가는 사람이고, 비전이 있고, 그 비전을 이룰 수 있는 능력이 있다고 확신된다면, 그 다음에 사람들은 자신이 무엇을 해야만 하는지를 알고 싶어 한다.)

5. 사람을 모으는 데 세 가지 키워드

1) 기도. 당신은 하나님으로부터 보냄을 받았다. 담대하라. 기도는 사람을 붙잡는데 효과적이다. 겸손하라.
2) 간증. 당신의 이야기를 하라. 어떻게 하나님이 당신을 구원했는지를 말하라.
3) 붙잡음. 합당한 사람을 잘 붙잡으라. 모든 사람을 붙잡으려 하지 말라. 어떤 사람은 교회를 위해 필요하지 않을 것이다.

6. 결론: 사람 모으기의 예술

1) 사람들을 모으는 방법은 다양하다. 본인의 기질을 사용하라. 처한 지리적 환경과 타깃 그룹을 고려하라. 현장의 문화를 이해하라. 많은 방법을 시도해보라. 과거의 방법만을 고집하지 말라. 어느 곳에서 통했던 것이 지금의 환경에서는 안 통할 것이다. (목회와 교회개척은 성육신적이고 상황화이다.) 복음은 교회개척자가 처한 문화적 상황 속에서, 그리고 주어진 그의 기질과 은사, 그리고 그의 가족의 상황 속에서 창조적이 될 것을 허락하고 있다. 일대일 접근과 대중적 접근을 조화롭게 사용하라. 성령님께 기도하고 그분의 음성을 들어라.
2) 관계망을 통해, 그리고 거리를 헤매면서 선교적인 사람을 찾고, 비그리스도인들을 끌어 모아라. 섬겼던 교회의 사람들에 요청하라. 짧게 혹은 길게 봉사할 사람을 모으라.
3) 대인관계에 있어서 교회개척자의 강점과 더불어 시작하라. 가족들의 관심, 은사, 소명을 고려하라. 교회개척을 위해 사람들을 모으는 것을 가족들의 보편적 관심사로 만들라. 자녀들이 사람을 모으는 가장 훌륭한 도구가 되는 경우가 많다.

4) 최우선적인 목표는 사람들과 관계를 맺는 것이다. 시간을 함께 보내고 웃고 삶을 같이 즐기고 그들이 던지는 질문에 대해 답하고 먹고 게임하고 같이 가고 … 절대 당신의 목표를 성취하기 위해 사람을 이용하지 말라.

개척멤버의 자세

†

1. 교회개척이란?

1) 인간적으로 두려운 일이다. 욕먹을 각오를 해야만 할 수 있는 일이다. (바울의 삶은 욕먹는 삶)
2) 하나님 나라의 확장의 수단으로써 하나님께서 하시는 일이다. 그러나 인간 편에서도 준비해야 할 것이 있다. 하나님께서는 인간을 사용하시기 때문이다. 하나님께서는 교회가 부흥하기를 강렬히 바라신다. 그럼에도 불구하고 어떤 교회만 부흥한다.

2. 교회개척의 준비

1) 목사의 목회관이 확실히 정립되어 있어야 한다. (잠 29:18, "묵시[비전]가 없으면 백성이 방자히 행하거니와.")
2) 목사가 개척 교인Core Member에 대한 자신의 목회관과 교회론을 철저히 교육함으로 한마디로 모든 사상Ideology이 통일되어 있어야 한다. (막 3:14, "이에 열둘을 세우셨으니 이는 자기와 함께 있게 하시고 또 보내사 전도도 하며.")

3. 개척교회가 갖추어야 할 모습

1) 친절하고 온화한 분위기이어야 한다. 방문자를 다루는 법에 대해 훈련되어 있어야 한다.
2) 갈등이 없어야 한다.
3) 색깔이 분명해야 한다. (주변의 교회와 똑같은, 혹은 전에 내가 다니던 교회

와 똑같은 교회를 세우려면 무엇 하러 고생스럽게 개척하는가?) 교회 정치에 있어서, 신학적인 면에서, 목회적인 면에서, 비전에 있어서 독특함을 유지해야 한다. (롬 15:20, "또 내가 그리스도의 이름을 부르는 곳에는 복음을 전하지 않기를 힘썼노니 이는 남의 터 위에 건축하지 아니하려 함이라.")

4) 모든 것이 깔끔해야 한다. (예배실 환경, 예배 순서, 대표 기도, 안내, Decoration …)

5) 조직이 단순해야 하며 공적인 회의가 적고, 회의 시간이 짧아야 한다.

6) 영적 훈련 프로그램이 처음부터 준비되고 기능을 해야만 한다.

4. 개척교인과 개척목사와의 관계

1) 이 관계는 교회의 생존과 부흥의 핵심이다. 흔히 개척은 두 번 해야 한다는 말이 있을 정도로 이 관계는 갈등을 일으키는 관계이다.

2) 동역자의 관계이지 동업자의 관계가 아니다. 동역의 관계는 사역 중심이지만, 동업의 관계는 이권 중심이다.

3) 담임목사 중심이라는 소문이 나도록 담임목사에 대한 좋은 점을 소문내고 순종하는 관계이어야 한다. 협력적 동역관계이다.

5. 개척 교인의 자세

1) 감정적이기보다는 현실적이어야 한다. 열심만 갖고는 부족하다. 한번 해보자고 의기투합한다 해서 교회가 세워지고 부흥하는 것은 아니다. 자신이 감당할 희생을 계산해야 한다. 죽도록 일하고서도 뺨 맞는 자세이어야 한다(눅 17:5-10). "무리"이기보다는 "제자"이어야 한다. 재산(헌금)과 시간(충성)을 바칠 수 있어야 한다.

2) 뒤에 오는 사람을 무대의 주연으로 만드는 자세이어야 한다. "텃

세"를 부려서는 안 된다. 항상 마음이 열려 있어야 하며 변화에 대해 주도적이어야 한다. 구멍가게 마음으로 굳어지면 안 된다. (바울과 바나바의 경우, 행 11:24-26)

3) 마가복음 4장의 "은밀히 자라는 씨" 비유와 "겨자씨" 비유의 교훈에 대한 믿음이 있어야 한다. 인내해야 한다.
4) 언제나 배우는 자리에 앉아 있어야 하며 배우는 자세이어야 한다. 자기 고정관념으로부터 탈피해야 한다.
5) 결정권의 행사에 맛을 들이면 안 된다. (요한 삼서에 나오는 두 장로 가이오와 디오드레베) 반드시 그래야만 하는 것은 아니지만, 언젠가는 교회를 떠나야만 한다는 사실을 기억해야 한다. 그때는 교회가 어느 정도 안정된 후, 기득권에 맛 들일 때다. 사명감(주인의식을 갖고 일하는 책임감)과 기득권 의식의 차이를 구별해야 한다. 내 맘대로 되지 않았을 때 화가 난다면, 그리고 목사가 변했다고 느껴질 때면 이미 기득권에 감염되어 있다고 할 수 있다.

6. 결론

교회개척은 인간적으로 두려운 일이다. 세상으로부터 욕먹을 각오를 해야 하고 내부적으로는 성도의 희생이 있어야만 되는 일이다. 이 땅의 어느 교회는 부흥하고, 어느 교회는 부흥하지 못한다.

13
교회개척 준비(5)
개척 지역

필자는 본서에서 교회개척에 있어서 "지역"과 "장소"를 구분하여 설명하려고 한다. 지역은 교회가 위치하게 될 넓은 지역 즉 도시나 행정 구역을 의미한다. 장소는 그 지역 안에서 실제 교회가 위치하는 장소, 건물, 혹은 예배 처소를 의미한다. 어떤 교회개척자들은 장소를 먼저 찾고 따라서 자연스럽게 지역이 결정되기도 한다. 어떤 교회개척자들은 반대로 지역을 먼저 정하고 그 지역 안에서 장소를 찾기도 한다. 전자의 경우 아래에서 설명하게 될 현실성에 더 중점을 두는 방법이고, 후자는 목회철학에 더 중점을 두는 방안이라 하겠다.

어느 지역에 교회를 개척할 것인가? 대도시에 아니면 소도시에, 농촌에 아니면 어촌이나 산촌에 혹은 어떤 사람들이 머무는 지역에, 그리고 어떤 환경의 지역에 교회를 개척할 것인가? 이 질문은 교회개척자가 결코 가볍게 다룰 수 없는 문제이다. 본장에서는 교회개척자가 교회개척을 시도하게 될 지역에 대한 몇 가지 원칙과 방안을 다루려고 한다.

1. 개척 지역 선정 기준

1) 성령의 인도하심

교회개척자가 교회개척 지역을 선정하는 첫 번째 기준은 당연히 성령의 인도하심이다. 성령께서 사도 바울의 계획을 막으시고 마게도냐로 인도하신 사건이 성경에 기록되어 있다(행 16:10). 마찬가지로 성령께서 교회개척자를 여러 가지 상황과 사건을 통해서, 혹은 꿈을 통해서, 혹은 우연으로 가장한 성령의 강권하심을 통해서 인도하실 수 있다. 교회개척자는 자신의 개척 장소를 놓고 기도할 때에 성령의 인도하심에 민감할 필요가 있다. 장소를 놓고 기도하는 그 기간에 일어나는 작은 사건, 우연한 어떤 만남, 심지어 자신의 어떤 실수까지도 무의미하게 흘려보내지 않는 것이 좋다. 특별히 시간이 흘러도 사라지거나 약화되지 않은, 어느 지역이나 대상에 대한 부담이 있다면, 결코 그 부담을 무시해서는 아니 될 것이다. 왜냐하면 그것이 성령의 강권하심일 수 있기 때문이다.

2) 목회철학

교회개척자가 교회개척 지역을 선정하는 두 번째 기준은 자신의 목회철학이다. 목회철학은 교회개척자의 목회 방향을 가늠하는 기준이 된다. 자신이 어떤 목회를 할 것인지, 어떤 형태의 교회를 꿈꾸는지를 종이 위에 적어 놓은 것이 목회철학이라 하겠다. 그 목회철학은 실제 목회가 이루어지는 현장에 지대한 영향을 끼친다. 물론 현장이 목회철학의 수정을 요구한다는 점에서, 현장은 목회철학 형성에 영향을 끼치기도 한다. 결국 목회철학과 목회 현장은 서로 연결된다 하겠다. 따라서 교회개척자가 어느 지역을 선택했을 때는 그 지역에 대한 분명한 목회철학적 확신이 있어야만 한다. 즉 왜 지금 이곳이어야만 하는지에 대한 신적인 확신이 있어야 한다. 지금 이 지역에서, 어떠한 대상을 중심으로, 어떤 목적을 갖고 나갈 것인지에 대한 확실한 구상과 고민이 없다면 개척의 과정이 순탄치 못할 수 있다. 교회개척자는 장소를 선정함에 있어서 자신의 목회철학을 충분히 고려해야만 한다.

3) 현실성

교회개척자가 교회개척 지역을 선정하는 세 번째 기준은 현실성이다. 실제로 교회개척자가 지역을 선택할 때 이 현실성이 가장 주요한 요소가 되는 것으로 판단된다. 즉 개척자 자신의 준비된 인적·물적 자원에 따라 개척 지역이 결정된다는 것이다. 지역을 택할 때 개척멤버들이 집중되어 있는 지역을 택하는 것이 바람직할 것이다. 또한 교회개척자 자신이 익숙한 지역을 택하는 것도 하나의 적당한 방법일 수 있다.

교회개척자가 활용할 수 있는 물적 자원, 즉 경제력은 오늘날 교회개척 지역을 택하게 되는 가장 직접적 이유가 된다고 본다. 많은 교회개척자들이 수중에 소유한 경제력에 합당한 지역을 찾기 위해 발품을 파는 현실이다. 성령의 인도하심이나 목회철학까지도 이 경제력의 지배를 받는다 해도 과언은 아니다. 교회개척자가 소유한 경제력에 맞는 지역이나 장소를 찾는 순간, 그것에 맞추어 성령의 인도하심이라고 해석하고 목회철학 역시 그것에 맞추어 재정립되고 수정되고 만다.

실제 상황을 분석하면 교회개척자들이 자신의 경제력에 얼마나 크게 지배를 받는지 알 수 있다. 현재 낙후된 지역에 교회들이 많다. 임대료가 싸기 때문이다. 임대료가 비싼 곳은 교회 수가 적을 뿐 아니라, 그러한 지역에서는 건물주가 교회당으로 임대해 주는 것을 꺼린다. 임대를 준다 해도 임대료를 20% 이상 더 부과한다고 한다. 특별히 교회당이 들어서면 분양이 안 된다는 이유로 건물주들은 교회당이 들어서는 것을 기피한다고 한다. 따라서 신도시 지역은 대형교회로부터 분립개척한 경우나, 유명 교회의 브랜드화된 교회, 혹은 개척자가 개인적으로 충분한 개척 비용을 확보한 교회들만이 자리 잡는 경향이 있다.

현실성이란 기준은 교회개척자가 고려해야만 할 사항이다. 교회개척은 하나님의 일이지만 땅 위에서 이루어지는 사역이다. 자신이 소유한 능력 이상으로 무리할 경우 곧바로 한계에 부딪히게 되고, 그 한계는 교회개척자의 소명에까지 지대한 영향을 끼치게 된다.

4) 필요성과 가능성

교회개척자가 교회개척 지역을 선정하는 네 번째 기준은, 그 지역에 교회가 필요한지, 그리고 교회의 생존이 가능한지를 살피는 것이다. 복음, 혹은 교회에 대한 그 지역의 수용성[130]은 교회개척자가 지역을 선정하는데 매우 중요한 기준이 된다. 페인은 말하기를 "어떤 특별한 지역으로 가라는 하나님의 계시가 없다면, 복음을 가장 필요로 하는 지역과 수용성이 가장 높은 곳으로 가서 교회를 개척하라"[131]라고 했다. 이러한 지역을 찾기 위해 교회개척자는 발품을 팔고 지역에 대한 공부를 게을리해서는 아니 된다. 이러한 지역을 찾기 위해 국가의 개발 정책을 참고하고, LH 홈페이지 등과 같은 건축 회사들의 자료를 뒤적이고, 신도시 후보지를 선별하여 탐방하는 등의 노력이 필요하다.

---

130. Payne, *Apostolic Church Planting: Birthing New Churches from New Believers*, 94.
131. Payne, *Apostolic Church Planting: Birthing New Churches from New Believers*, 115.

2. 교회개척 지역을 분석

교회개척자가 지역을 선택한 이후에, 혹은 선택하기 전 사전 조사를 통해서 해야 할 가장 큰 일은 그 지역에 대해서 배우는 것이다. 물론 지역 중심의 교회개척이 아니라 특별한 대상을 타깃으로 한 교회개척에서는 그 대상에 대해 배워야 한다. 누군가는 다음과 같이 말했다. "가장 필요한 것은 당신이 교회를 개척하려는 지역 사람들에 대해서 할 수 있는 한 많이 배우는 것이다." 레이너는 "개척을 준비하는 많은 목회자들은 자신이 속한 지역 사회를 고려한 교회가 아니라 평소 머릿속으로 상상하던 교회를 개척하려 한다"[132]라고 지적함으로써 지역에 대해 배우고 분석하려 하지 않는 교회개척자들을 꾸짖었다. 교회개척자가 지역을 배우기 위해 연구해야만 하는 사항은 다음과 같다.[133]

1) 내면적 정서적 특성

교회개척자는 그 지역 사람들의 내면적, 정서적 특성을 찾아내어 분석해야 한다. 해당 지역의 주민들이 소유한 소망, 열망, 강점, 약점, 두려움, 우상, 편견 등을 배워야 한다. 그들의 필요Real Need/Felt Need가 무엇인지를 분석해야 한다. 그렇게 함으로 복음과 지역의 필요를 연결해야 한다. 그들의 문화를 분석하고 그 문화 속에서 복음을 맥락화할 수 있는 방안이 무엇인지를 찾아야 한다. 켈러는 "우리 지역에 있는 사람들의 목회적 필요들을 깊이 알고 전도의 현장에 깊이 참여하는 것보다 더 중요한 것은 없다"[134]라고 말했다.

---

132. Stetzer & Rainer, 『교회혁명: 변혁적 교회』, 90.
133. 지역을 분석하기 위한 질문들을 위해, Chester & Timmis, 『일상 교회: 세상이 이웃 삼고 싶은 교회』 66-68을 참고할 것.
134. Keller, 『팀 켈러의 센터처치』, 261.

2) 사회적 특성

교회개척자는 그 지역의 사회적 특성을 배워야 한다. 누가 사는가? 어느 집단이 늘어나고 있으며, 어느 집단이 줄어들고 있는가? 어떤 직업에 종사하는가? 그들의 경제적 형편은 어떠한가? 이 모든 것은 교회개척자가 그 지역에서 목회를 할 때 중요한 자료가 된다. 메시지의 수준과 방향, 사역의 방향과 규모, 그리고 교회의 존재 역할 등을 규정하는, 그 지역에 맞는 목회를 하는데 중요한 자료들이 된다. 많은 목사들이 그 지역과 관계없는, 오로지 자신이 하고 싶은 목회, 혹은 소위 말해 성공한 목회자들을 흉내 내는 목회를 하고 있음은 심히 안타까운 일이다.

3) 종교적 특성

교회개척자는 그 지역의 종교적 특성을 살펴서 인지해야만 한다. 어떤 종교가 그 지역에 강세인가? 그 종교가 그 지역에서 강세가 된 이유가 무엇인가? 어느 종교의 영향력이 지역 문화 형성에 강하게 미쳤는가? 어느 종교의 어떤 가르침이 주민들 사이에 깊숙이 배어 있는가? 특별히 기독교에 대한 거부감이나 반박 신념이 있는가? 그것들이 있다면 무엇이고 왜 그런 거부감이나 반박 신념이 자리 잡게 되었는가? 그 거부감이나 반박 신념 안의 모순이나 오류가 있는가? 이러한 종교적 특성을 아는 것은 복음 전파의 전략을 세우는 데 큰 도움이 된다. 사도 바울이 사도행전 17장에서 아덴의 종교적 특성을 분석하고, 아덴식 복음 전파를 실행한 것은, 오늘날 교회개척자들에게 좋은 지침을 제공한다 하겠다.

4) 교회 상황과 교회 리더십의 특성

교회개척자는 그 지역의 교회들과 각 교회 리더십의 특성들을 파악할 필요가 있다. 지역에 어떤 교회들이 위치하며, 그 교회들의 명성은 어떠한가? 어떤 사역에 치중하고 있는가? 어느 교회 담임목사는 어떤 인격을 소유하고 어떤 평을 듣고 있는가? 그의 설교는 어떤 방향인가? 이러한 파악들은 이제 막 시작하는 개척교회로서 기존 교회들의 틈새를 공략하는 목회전략을 세울 수 있다는 점에서 거쳐야만 하는 과정이다. 동시에 보편 교회로서 하나 된 교회를 위한 지역 교회 연합을 도모하기 위한 좋은 자료가 된다.

3. 교회개척자의 지역에 대한 자세

교회개척자는 먼저 그 지역을 사랑하는 마음을 가져야 한다. 비록 하나님께서 장차 어떻게 인도하실지 미지수이지만, 그럼에도 현재 순간에는 그 지역에 뼈를 묻을 마음의 각오로 지역을 사랑하고 지역에 헌신해야 한다. 종종 자신이 사역하는 지역을 단지 거쳐 가는 과정으로 여기는 목사들을 만난다. 자신은 이러한 지역에서 이 정도 규모의 목회를 할 사람이 아닌데, 이보다는 훨씬 좋은 지역에서 훨씬 큰 규모의 목회를 할 사람인데, 어쩌다 보니 이런 지역에서 이렇게 목회하고 있다고 푸념하는 목사와 그들의 부인들을 만난다. 자신의 지역과 양 떼들을 무식하다고 가난하다고, 경우가 없다고 무시하고 하대하는 목사를 만나기도 한다. 이러한 유의 목사 부부를 만난다는 것은 매우 슬픈 일이다. 현재의 지역을 자신에게 가장 적합한 지역으로 여겨야 한다. 자신에게 맞는 지역이 따로 있을 것이고, 자신의 목회 능력을 과대평가하는 순간 그 목사는 그 지역에서 사역을 제대로 할 수 없다.

교회개척자는 교회개척을 위해 건물부터 구입할 것이 아니다. 그 지역의 시민이 되는 작업부터 시작해야 한다. 따라서 교회개척자는 가능하다면 가장 빠른 시일 안에 그 지역으로 이주를 해야만 한다. 지역 내에서 학부모로서 학부모 활동, 시민으로서 시민단체 활동, 스포츠 동아리 활동, 동네의 작은 병원의 원목 활동 등 시민으로서, 그리고 동네 목사로서 해야 할 일이 참 많다. 종종 "목사가 어떻게 그런 일을"이라고 말하면서 목사의 개인적 소명만을 중시하고, 아버지로서, 시민으로서, 동네 사람으로서의 보편적 소명에는 관심이 없는 자들을 만나게 된다. 하지만 이러한 자세는 지나친 이원론적 사고이다. 보편적 소명이 결코 목사로 부름 받은 개인적 소명에 뒤처지지 않는다. 특별히 교회개척자는 그 지역에 스며들어야 한다는 점에서 시민으로서의 역할에 충실해야 한다. 지역의 사투리도 배워야 한다. 지역이 선호하는 스포츠 팀을 선호할 수 있는 아량이 있어야 하고, 심지어 지역 정서에 부합하는 정치 집단까지도 배우고 그들에게 호감을 표시할 수 있어야 한다.

교회개척자는 교회 이름을 정함에 있어서도 지역 이름을 사용하는 것이 바람직하다. 이성호는 "적어도 교회 이름의 관점에서 보았을 때 개신교회는 지역을 포기하고 있는 중입니다"[135]라고 말함으로 오늘날 지역 이름을 포기하고 각종 명사나 형용사를 교회 이름으로 채택하는 경향을 지적하고 있다. 실제로 과거에는 거의 모든 교회 이름이 지역 이름을 사용했다. 하지만 지역 교회 개념이 와해되면서 지역 이름을 사용하는 개척교회는 드문 일이 되고 말았다.

교회개척자는 그 지역의 중심 연령층이나 주도적인 거주자들에게 집중하고 그들과 더불어 목회해야 한다. 농어산촌 지역에는 당연히 고령층 연령이 지배적이고 주도적인 인적 구성이다. 당연히 그들에게 집중해야 한다. 그런데 어떤 목사는 그 지역에 존재하지 않은 젊은 층을 염

---

135. 이성호, 『바른 목회와 교회 성장: 비법은 없다』, 171.

원하고 젊은 층이 와야 된다고 공적으로 강조한다. 이는 지혜롭지도 못한 행동이며 또한 가능하지도 않다. 지금 그 지역에 주어진 자원들에게 집중하고 그 자원들을 활용하는 목회를 하는 것이 지역을 사랑하는 것이다.

14
교회개척 준비(6)
모임 장소

교회개척자가 지역을 확정했다면, 다음 단계로 그 지역 내에서 특정한 장소를 예배 혹은 모임 장소로 확정하는 과정이 필요하다. 물론 앞장에서 이미 언급한 바와 같이, 경우에 따라서는 장소를 먼저 확정함으로 자연스럽게 지역이 정해질 수도 있다. 어느 것이 먼저 정해지는 지와 상관없이 교회개척자가 장소, 즉 예배 처소를 선정하는 데는 지혜가 필요함이 사실이다.

또한 초대교회의 교회개척 장소는 사람들이 거하는 그곳, 즉 주로 가정집이었음을 명심할 필요도 있다. 물론 초대교회 상황과 지금의 상황은 다르다. 1세기 팔레스타인 상황과 21세기 대한민국의 상황은 다르다. 그럼에도 불구하고 성경의 원리는 시공을 초월하여 적용되어야만 한다. 초대교회의 교회개척 장소는 사람들이 머물고 있는 그곳이었다. 사람을 따로 불러내는 물리적 장소를 필요로 하지 않았다는 것이다. 그렇기에 주로 가정집이 교회개척 장소였다. 오늘날의 교회개척자 역시 특정한 공간에 너무 집착할 필요는 없다. 특정한 장소를 정하는 것은 교회개척에 있어서 필수 요소가 아니다.[136] 장소를 구하는데 교회개척

---

136. "교회란 무형교회로부터 시작한다. 그런 점에서 건물은 교회개척에 있어서 절대적인 요소는 아니다. 성서적인 교회의 개념은 하나님의 백성이며 건물이란 단지 하나님의 백성들이 편안하게 모일 수 있는 장소에 불과하다." 민장배, "교회개척의 원리와 전략," 「복음과 실천신학」 10 (2005): 291-292.

자의 거의 모든 자원이 투자되고 있는 지금의 현실을 볼 때, 만약 교회개척자가 장소로부터 자유로울 수 있다면 보다 많은 재정적 자유를 누릴 수 있을 것이다.

그럼에도 불구하고 특정한 장소가 교회당으로 정해지면 여러 유익이 있을 뿐 아니라, 오늘날 대부분의 교회개척이 장소를 중심으로 해서 이루진다는 사실을 인정할 때, 본장에서는 특정 장소를 선택하여 교회개척을 시도하는 데 있어서 참고가 될 만한 내용들을 다루기로 하겠다.

1. 모임 장소 선정 시 고려 사항

1) 교회로서 적당한 주변 환경인지를 고려한다

교회개척자는 장소를 선정함에 있어서 주변 환경을 고려해야 한다. 영어에 "Not just easy place or nice place, but right place"라는 표현이 있다. 교회개척자에게 있어서 "Easy Place"는 비교적 형편에 맞게 쉽게 구할 수 있는 장소라고 하겠다. 온통 유흥업소로 채워진 빌딩임에도 단지 임대료가 싸다는 이유로 교회당 장소로 선택하는 경우 등을 말한다. "Nice Place"는 아주 좋은 장소이지만 목적과 명분에 맞지 않는 장소일 것이다. 예를 들어 최적의 장소를 제공받았는데, 그곳이 매우 먼 곳에 있는 외진 장소라든가, 외국에서는 흔히 있는 일이지만 우리나라에서는 아직까지는 명분이 약하다 할 수 있는 호텔의 미팅 장소 등이 이에 해당될 것이다. "Right Place"는 교회개척을 위한 아주 적당한 장소를 의미할 것이다. 교회개척자의 목회철학을 구현할 수 있는 장소이다.

교회개척자가 교회에 적당한 Right Place를 찾기란 당연히 쉽지 않을 것이다. 그러나 교회개척자는 자신의 목회철학과 형편 등을 고려하여 교회로서 최선의 장소를 선택할 수 있도록 기도하고 발품을 팔아 찾아야 할 것이다. 어느 교회개척자의 경험에 근거한 고백을 말한 그대로 소개하려 한다. 현장이 목소리이기에 장소를 결정하는데 현실적 도움이 될 수 있다고 여겨진다. "건물 주변에 고압선이나 전봇대가 있으면 이사 비용이 증가하고 간판 작업에도 배가 든다. 미관상 좋지 않다. 건물에 각이 많으면 간판 개수가 많아진다. 글자 수가 많으면 가격이 올라간다. 건물 밑에 술집이 있으면 쓰레기를 버리고 간다. 노래방, 치킨집 등도 있어선 안 된다. 그들은 청소하지 않는다. 결국 사람들이 오지 않는다."

2) 비용 절감 혹은 감당할 수 있는 비용을 고려한다

"지역"을 주제로 삼은 전장에서 이미 언급한 것처럼, 교회개척자의 경제적 상황은 장소 선택에 있어서 보다 직접적인 영향을 준다. 교회개척자는 장소 선정에 있어서 자신의 경제적 능력을 고려해야 한다. 대안 없이 과도한 빚을 지고 무리한 투자로 장소를 마련한다면, 조만간, 세상에서 통용되는 말로 표현한다면, 파산을 맞이할 것이다. 오늘날 "교회 부흥"이란 미명 하에 예배 장소에 무리한 투자를 하는 교회개척자는 실로 어리석은 자이다. 이는 믿음의 자세를 넘어서서 하나님을 시험하는 행위일 수 있다. 따라서 최대한 절약하고, 현실적인 감각으로 감당할 수 있는 규모를 정해야 한다.

반드시 건물 임대만이 아니라 비용을 절감할 수 있는 각종 장소를 고려해야 한다. 교회개척자 자신의 집이 비용 절감의 최선의 장소이다. 그 외에도 현장에서는 어린이집, 카페, 학원, 학교 등이 개척 장소로 활용되고 있다. 기존에 교회이었던 장소(폐쇄하는 교회, 이사 가는 교회) 등도 비용을 절감하는 데 도움이 된다. 종교 시설이었던 원불교 교당 자리 등을 교회개척 장소로 활용한 경우도 있다. 오늘날에는 공간을 공유하는 개념이 널리 퍼져 있어서 온라인상에 공간 대여 사이트들이 다수 존재한다. 예를 들어 스페이스클라우드www.spacecloud.kr 같은 웹을 통해 저렴하게 예배 처소를 구할 수도 있다.

원칙은 이것이다. 감당할 수 있는 범주 안에서 장소를 택하는 것이다. 장소 마련이나, 장소 확장에 절대로 무리하지 않는 것이다. 장소 마련이나 확장은 온 교회의 공감대가 형성되었을 때, 형편 안에서 시행하는 것이다. "Home"(가정)이 "House"(집)보다 더 중요하고 본질적인 요소이다. 가정이 확장되었을 때 그 가정에 맞는 집을 준비하는 것이 자연스러운 일이다. 집을 먼저 지어 놓고 그 집에 맞는 가정을 만들려고 하는 것은 분명 어색한 일이다.

3) 기타 고려 사항이 있다

아직 우리나라 현실에서는 크게 고려되지 않는 요소들이지만, 서구에서는 교회 장소로서 중히 여기는 몇 가지 요소들이 있다. 첫째는 가시성Visibility과 접근성Accessibility이다. 물론 우리나라와 같이 작은 지역에 조밀하게 형성된 도시에서는 이러한 요소들이 큰 의미가 없다 할 것이다. 그럼에도 불구하고 교회개척자는 가시성과 접근성을 고려함이 지혜롭다. 가시성과 접근성은 우연한 방문자들을 확보하는데 매우 큰 도움이 되기 때문이다. 둘째는 확장 및 분할 가능성이다. 교회가 성장했을 경우 더 많은 공간의 확보 및 분할 등이 가능한지를 고려하는 것이다. 마지막으로, 건물 내의 부대시설인 주차장, 화장실, 그리고 창고와 같은 시설과 이러한 시설을 관리하는 관리인 여부 등도 교회개척자는 고려해야 한다. 이 모든 고려 사항들이 다분히 서구적 관점이고 우리나라에서는 시기상조이거나 적용되지 않을 수도 있다. 하지만 우리나라 역시 어떤 면에서 서구의 문화 문명을 따라가고 있다는 점을 볼 때, 분명 관심을 가져야 할 고려 사항들이라고 하겠다.

4) 교단이 규정해 놓은 규칙을 고려해야 한다

마지막으로, 교단이 규정해 놓은 교회들 사이의 물리적 거리가 있다면 그 규정을 고려해야 한다. 오늘날 동일한 건물에 다수의 교회가 들어섬으로 세상 사람들의 눈살을 찌푸리게 하는 경우가 있다. 더군다나 같은 교단의 교회들이 같은 건물에 포진함으로 덕을 가리는 일까지도 있다. 이러한 현상을 방지하기 위해, 대한예수교장로회 합동 교단 같은 경우에는 "본 교단 지교회와 직선거리 300미터 이상"이어야 한다는 규정을 갖고 있다. 이 규정을 적용한다면 합동 교단의 한 교회가 커버하는 최소 면적은 282.6 제곱킬로미터(86,000평) 정도이다. 교회개척자는 장소를 선택함에 있어서 교단의 규정은 없는지를 확인하고 규정을 준수하는 것이 바람직하다고 하겠다.

2. 내부 인테리어 시 고려 사항

"대한민국의 인테리어업을 먹여 살리는 두 직종이 있는데 그것은 교회와 식당이다"라는 말이 있다. 참으로 씁쓸한 말이다. 그럼에도 그 말이 사실인 것 같아 변명거리가 잘 생각나지 않는다. 많은 하나님의 자원이 인테리어에 투자되고 그리고 그리 길지 않은 시간 안에 쓰레기가 되어 버리는 안타까운 현실이다. 교회개척자는 장소를 결정한 다음에 실내를 장식하는 인테리어 작업에 돌입할 것이다. 이때 교회개척자는 재정적으로 무리하지 않으면서도, 허술하지 않으면서도, 교회라는 영적 분위기가 나는, 그리고 목회철학을 구현할 수 있는 인테리어를 할 수 있어야 한다. 이를 위해 교회개척자는 여러 작은 교회를 방문할 필요가 있다. 실행하기 전에 보고 배우고 느끼는 것은 목사에게 매우 유익한 습관이다. 그 습관은 시행착오를 줄이고 비용을 절약하게 한다.

그러한 방문을 통해 유익한 인테리어 업자를 소개받을 수도 있다.

1) 분위기를 밝게 한다

개척교회 인테리어는 가능한 한 밝게 할 것을 권면한다. 혹자는 어두운 분위기를 경건이나 거룩함의 배경으로 여기기도 하는데, 전혀 근거 없다 하겠다. 릭 워렌Rick Warren 목사는 "대부분의 교회가 창문을 커튼으로 가리고 가능하면 조명을 어둡게 하는 경향이 있다. 어떤 목사는 어두워야 영적으로 민감해진다고 생각하지만 이는 잘못된 생각"이라고 지적했다. 교회 내부를 밝고 환하게 꾸미고 비품도 밝은 색상으로 구비하는 것이 개척교회를 밝게 만든다. 짙은 색상의 강대상이 상품 안내서에는 매우 우아해 보이지만, 막상 작은 개척교회 공간에 배치하는 순간 내부 전체를 어둡게 한다. "개척교회"라는 말 자체에서 나오는 왜소함, 어려움, 고난 등의 이미지가 있는데, 인테리어까지 어두울 경우 교회 전체 이미지에 좋지 않은 영향을 주게 된다.

2) 모든 공간을 최대한 단순하고 깨끗하게, 그리고 다용도로 계획한다

예배실을 비롯한 모든 공간을 단순하고 깨끗하게 꾸민다. 때로 많은 부착물들이 벽면에 설치되어 있거나, 많은 비품이 복잡하게 진열되어 있는 예배실을 보게 된다. 이러한 예배실은 방문자 입장에서 볼 때 매력적이 될 수 없는 예배실이다. 작은 공간을 복잡하게 만들 뿐이며 예배자의 집중력을 빼앗아갈 뿐이다. 문제는 그 교회 목사나 교인들은 그 환경에 익숙해져 있기에 별 다른 거부감이 없다는 것이다. 그렇기에 교회개척자는 언제나 외부자 혹은 방문자의 시각으로 교회 인테리어를 바라보아야만 한다.

또한 개척교회에서 (물론 기존교회에서도 마찬가지이다) 예배실에 장의자를 설치하는 것은 지혜롭지 못한 일이다. 장의자는 공간 활용 효율성을 제로로 만들며, 작은 교회의 장점인 유연성을 살릴 수 없게 한다. 생각하라. 다르게 하는 방법을 생각하라. 왜 예배실에는 장의자만이 들어가야만 하는가? 개척교회에서는 예배실 공간을 다용도로 사용해야만 한다. 교회개척자들은 소위 말해 "본당 지성소 개념"을 타파해야 한다. 얼마나 많은 교회들이 본당을 거룩하게 여기고, 그곳에 장의자를 설치함으로, 일주일에 한두 번 드리는 예배 외에는 아무 용도로도 사용하지 못하는 비효율적인 공간 활용을 하고 있는가? 이것이야말로 하나님의 자원을 낭비하는 불충성한 종의 모습이다. 할 수만 있으면 예배실 공간을 줄이고 다른 용도의 공간을 확보하는 것이 바람직하다. 또한 개척교회의 작은 공간에 어울리지 않은 화려한 대형 강대상과 스크린, 방송시설 등 역시 개척교회의 장점인 "목사와 직접 나누는 교제"를 가로막는다.

3) 관리까지를 염두에 둔 인테리어가 필요하다

교회개척자는 인테리어를 할 때, 교회의 살림살이가 늘어난다는 사실을 염두에 두어야만 한다. 살아 있는 생명체라고 한다면 사는 동안 살림살이는 늘어나게 되어 있다. 필자 역시 이민 가방 두 개로 시작한 유학 생활인데, 일 년 지나니까 살림살이가 집에 가득해졌음을 경험했다. 선배 유학생들에게 물려받고, 여기저기서 얻어오고, 구입하고 하다 보니 그렇게 되었다. 살림살이가 늘어난다는 것은 살아 있다는 증거이다. 교회도 생명체고 살아 있기에 마찬가지이다. 교회의 살림살이가 늘어난다. 그렇기에 조만간 예배실이 창고로 변할 수 있다. 실제로 그러한 개척교회가 많다. 예배실 양 벽면에 온갖 비품으로 가득 차 있는 경우이다. 여러 물건들로 인해 지저분하고 무질서한 개척교회가 의외로 많다.

개척교회에서는 물품을 구입할 때 관리까지도 염두에 두어야 한다.

보관할 공간이 없는데도 우선 필요하고, 또 누군가의 후원에 의해 대안 없이 구입하게 되면, 결국 그 물건들이 예배실 안으로 들어올 수밖에 없다. 때문에 개척교회에서는, 물품을 대여하는 것이 구입하는 것보다 경비가 다소 많이 소요된다 하여도, 물품을 구입하기보다는 물품을 대여하는 것이 더 합리적이고 장기적으로 더 절약하는 방법일 수 있다.

4) 화장실 관리는 매우 중요한 이슈이다

교회개척자가 인테리어나 시설 관리에 있어서 관심을 가져야 할 부분이 바로 화장실이라 하겠다. 국민소득이 3만 달러를 넘어간 대한민국에서 화장실은 일차적인 용도 이상의 의미를 가진다. 말 그대로 화장실은 이제 쉼의 장소Rest Room이다. 교회개척자가 화장실의 인테리어나 관리를 중시해야 하는 이유는 그것이 교회성장에 큰 영향을 주기 때문이다. 화장실에서의 악취를 비롯한 불쾌한 경험은 설교 말씀보다도 오래 남는다는 사실을 교회개척자는 기억해야 한다. 방문자 입장에서 설교가 아무리 좋았다 하더라도, 적어도 한 번 이상은 들러야 하는 화장실에서의 불쾌한 경험에 대한 기억이 재방문하는 것을 가로막는다. 또한 통계에 의하면, 그 교회에 대한 등록 여부는 여성이 결정하는 것이 80%라고 한다. 따라서 여성 화장실은 특별히 관심을 쏟아야 한다. 미국교회에서는 이 사실을 간파하고, 여성 화장실을 특별히 잘 꾸미고 있다.

건물을 임대한 개척교회의 경우, 대체로 다른 임대자들과 같이 사용하는 공용화장실이 대부분일 것이다. 이러한 경우에도 교회에서 직접 그 공용화장실을 청결하게 관리하고, 할 수만 있으면 모든 비품을 제공하는 것이 바람직하다. 사실 어느 교인치고 교회 화장실이나 교회가 위치한 곳의 공용화장실을 자기 집 화장실처럼 관리하려는 교인은 없을 것이다. 따라서 교회개척자 부부가 직접 화장실 관리를 하는 것도 좋은 방안이라 생각된다.

5) 모든 비용은 하나님의 자원임을 명심한다

이 대목에서 다시 한 번 강조하고 싶은 것이 있다. 그것은 인테리어를 위한 모든 비용이 하나님의 자원이라는 사실이다. 헌금은 성도들의 피다. 따라서 하나님의 자원을 낭비해서는 아니 된다. 초기 인테리어 비용을 최소화하도록 한다. 중고 교회 비품을 판매하거나 혹은 무료로 얻을 수 있는 웹사이트 등을 통해 비용을 줄일 수도 있다. 그렇다고 하여 전문가가 아닌 개척자 본인이 인테리어를 감당함으로 궁색하게 보이거나 허름하게 보이는 일이 없도록 해야 한다. 절약보다도 더 중요한 어떤 요소가 또한 있기 때문이다.

인테리어가 화려할수록 건물주가 주도권을 갖는다는 사실도 기억해야 한다. 지나치게 인테리어를 잘 해놓으면 건물주가 임대료를 올릴 때에 그것을 받아들일 수밖에 없다. 왜냐하면 이전하기에는 지금의 인테리어에 너무 많은 투자를 해놓았기 때문이다. 그렇게 건물주에게 끌려다니다가 결국은 교회 문을 닫아야 할 형편에 이르게 되었고, 공간을 원상복귀하기 위해 그 값비싼 인테리어를 해체하면서 대성통곡했다는 어느 개척교회 목사를 필자는 알고 있다.

이상은 교회개척자가 인테리어나 시설관리에 있어서 유념해야 할 사항들이었다. 교회당 내부의 인테리어를 보면 교회개척자의 생각을 알 수 있다. 인테리어를 보면 교회개척자의 목회철학을 지레 짐작할 수 있다. 개척교회는 대체로 개척자의 아이디어에 의해 인테리어가 이루어진다. 따라서 인테리어를 꼼꼼히 살펴보면 이 교회개척자가 어떤 목회를 하고 싶어 하는지를 알 수 있다. 정기적으로 교회 인테리어를 바꾸어 주는 것도 바람직하다. 큰 비용들이지 않고 벽지 하나만 바꾸어 주어도 큰 변화를 가져올 수 있다. 안주하지 않고 새로운 분위기를 창출하기 위해서 교회개척자는 늘 방문자의 시각을 유지해야만 한다. 이를 위해 실제 방문자의 의견을 듣고 때로는 전문가의 조언을 듣는 것이 필요하다. "공간은 감정과 행동에 지대한 영향을 끼친다."[137]

교회개척자와 교회당(시설)

1. 교회와 교회당은 구별되어야 한다.
   1) 닐 콜, 『교회 3.0』[138]
   "건물은 좋은 것도 나쁜 것도 아니다. 다만 건물은 생명체가 아니기 때문에 번식할 수 없다. 거액의 돈이 들어가고 유지비가 들어간다. 궁극적으로 사람들로 하여금 건물에 헌신하게 만든다. 한 장소에 오래 머물게 되면 결국 교회와 교회 건물을 동일시하게 된다."
   2) 팀 체스터, 『교회다움』[139]
   초기 교회들은 건물을 소유하지 않았다. 주로 부유한 신자의 집이나 허름한 공동주택에서 모였다. 2세기 중반까지도 교회당을 건축하지 않았다. "그리스도인들이 모이는 용도로 사용하는 건물은 훨씬 나중에 생겨났는데, 대개는 콘스탄티누스가 기독교를 로마제국의 시민종교로 만든 후에 이교도의 사원을 따라 만든 것이었다."
   3) 마이클 프로스트, 『새로운 교회가 온다』[140]
   "우리가 건물을 짓고, 그러고 나서 그 건물이 우리를 형성한다. 크리스텐덤Christendom 속에서 우리는 너무나 깊게 건물에 의해 형성되어, 도구로써 건물이 우리 의식과 사회적 모습에 미친 실제적인 영향을 제대

---

137. 정용성, 『닭장 교회로부터 도망하라』 (서울: 홍성사, 2015), 73.
138. Neil Cole, *Church 3.0: Upgrades for the Future of Church* (2010); 안정임 역, 『교회 3.0: 본질과 사명을 되찾는 교회의 재탄생』 (고양: 스텝스톤, 2012), 151.
139. Tim Chester & Steve Timmis, *Total Church*; 김경아 역, 『교회다움』 (서울: IVP, 2012), 128.
140. Michael Frost & Alan Hirsch, *The Shaping of Things to Come*; 지성근 역, 『새로운 교회가 온다』 (서울: IVP, 2009), 277-279.

로 파악하지 못한다." 건물 없는 교회를 상상도 못한다. "건물은 그저 도구이며 우리는 항상 이 사실을 유념해야 한다. 기독교는 자체 건물을 가지지 않았을 때 하나님의 백성으로서 그 본질에 가장 효과적이었고 합당했다." "여기서 분명히 하는 것은, 건물들은 필요하다는 점이다. 그것은 도구이며 때로는 중요한 도구이다. 그러나 유일한 도구는 아니다. 그리고 그 도구가 세상 속에서 우리의 사명과 목적을 성취하기 위한 능력을 둔하게 한다면 우리는 의문을 제기하고 그 문제를 적절하게 처리해야 한다." "우리의 사명과 상황이 어떤 도구를 쓸지를 결정해야지 거꾸로 되어서는 안 된다." "우리가 쓰는 도구가 우리를 설계하는 것이 아니라 우리가 우리의 도구를 설계해야 한다."

4) 스테처와 레이너, 『교회혁명: 변혁적 교회』

좋은 교회 시설과 프로그램들이 교회 사역을 돕는 것은 맞지만 성도들의 관심을 다른 데로 돌리는 원인이 되기도 한다. 이런 부수적인 것들이 "성도들의 시선이 하나님의 사명에 집중하지 못하도록 할 수 있다는 것 또한 명심해야 한다." "그러나 교회 건물이 건축되고, 건물을 중심으로 신앙생활이 이루어지고, 사람들이 교회 건물의 외형적인 모습에 마음을 빼앗기기 시작하면서 자신의 교회만 생각하려는 유혹이 생겨났다. 성도들은 관객이 되어 버렸고 교회들은 종교시설로 전락하고 수동적인 성도들의 모임 장소로 바뀌었다."

5) 정용성, 『닭장 교회로부터 도망하라』[141]

① 사람이 건물을 만들지만, 건물은 사람을 만든다.
② 큰 건물은 사용하는 인간을 소외시키고 차별한다. 바벨탑 문화를 만든다.

---

141. 정용성, 『닭장 교회로부터 도망하라』, 98-106.

③ 예루살렘 성전의 3배 이상으로 성전을 짓던 헤롯 가문

④ 한국교회의 초기 건물들은 초가집과 평민의 집이었다. 하지만 교회 건축 양식이 근대식으로 변하면서 교회 내 위계질서는 강화되었다.

⑤ "예수는 이 땅에서 어떤 집도 소유하지 않으셨다. 교회도 짓지 않으셨다."

⑥ "신약성경 어디에도 교회 건축 시도나 지침, 지시는 없다."

⑦ 교회 건축 구조에 따른 12가지의 결론(104-105쪽)

⑧ 예수는 "그 시대의 역사와 문화의 틀 속에 자신을 제한하셨다."

2. 교회당(모임 장소, 공간)이 주는 유익함이 있다.
   1) 대부분의 사람들이 무형 교회에 대한 이해가 부족하기 때문에, 공간으로서의 교회당이 주는 유익함이 있다. 보이는 교회당은 상징성과 집중력을 준다.
   2) 성도들의 영적인 피로도를 줄이고, 영적 양식 공급에 유리한 유익함이 있다. 집 없는 사람에게 삶의 피로도는 가중된다. 종교적 의미가 담긴 공간은 성도의 신앙생활에 큰 역할을 한다.
   3) 교회당은 사람들과의 접촉점 기능을 제공한다는 차원에서 유익함이 있다.

3. 교회당과 그 시설에 관하여 고려할 사항
   1) 건물 중심의 목회나 교회개척을 재고한다.
      ① 건물로부터 자유로워질 수 있다면 목회자는 훨씬 본질적인 많은 일들을 시작할 수 있을 것이다.
      ② 공간 확장은 가정과 유사하다. 식구가 늘면 공간이 더 필요하다. 교회 건물을 먼저 지어놓고 그 공간을 채우기 위해 사람을 모으는 것은 구 세대적이고 성경에 없는 방법이다.
   2) 그러나 교회당과 그 시설을 비본질적인 요소로만 간주하여 실용적으

로만 접근해서는 안 된다.
① 교회다운 신령한 분위기가 유지되도록 해야 한다. 왜냐하면 교회가 교회당이 아님은 분명하지만, 교회당을 통해 교회를 보여주기 때문이다. 교회당의 외형과 그 안의 시설, 비품 등은 그 교회가 어떤 교회인지를 보여준다. "건물을 너무 성스럽게 숭상하는 것도 문제이지만 건물을 순전히 실용주의적 관점에서만 보아서도 안 됩니다. 예배당 건물과 그 건물 안의 비품은 그 교회가 어떤 교회인지를 가장 가시적으로 보여 준다는 사실을 결코 무시해서는 안 됩니다."[142]
② 교회당의 위치와 교회당 내의 시설 등은 목회자의 목회를 규정한다. "건물은 목사의 목회의 형태를 바꾼다. 담임목사가 예배의 건물에 맞추는 예배를 드리든지, 아니면 건물을 리모델링해서 자신이 원하는 예배를 드려야만 한다."[143] 매체가 곧 메시지다. "우리가 도구를 형성해 내고 그 다음에는 도구가 우리를 형성한다."[144]

4. 교회당과 시설, 그 사용에 대한 확고한 신학과 철학 그리고 원칙이 필요하다.
   1) "결국 목사는 교회 운영에 대한 확고한 원칙이 있어야 하고 그 원칙에 따라 교회당을 구성해야 합니다. 그것도 정도에 따라서."[145]
   2) 교회당과 시설을 지역 사회와 연계하는 공공성을 유지해야 한다. 교회당은 오직 성도를 위한 것이어서는 안 된다. 지역의 주민들에게 유익함을 주어야 한다. 교회가 납부해야 하는 세금을 주민들이 납부하고 있다.

---

142. 이성호, 『바른 목회와 교회 성장: 비법은 없다』, 172.
143. 이성호, 『바른 목회와 교회 성장: 비법은 없다』, 132.
144. Frost & Hirsch, 『새로운 교회가 온다』, 274.
145. 이성호, 『바른 목회와 교회 성장: 비법은 없다』, 135.

15
교회개척 준비(7)
교회 이름

1. 교회 이름의 중요성

 이름의 중요성은 아무리 강조해도 부족하다. 사람의 이름은 그 사람의 삶을 지배하는 경향이 있다. 성경 인물의 이름을 따라 이름 지은 사람들은 성경적 삶을 형식적으로라도 유지해야만 하는 부담을 안고 산다. 하나님께서는 사용하시고자 하는 자들을 부르시어 그들의 이름을 먼저 바꾸어 주신 경우가 많다. 대표적으로 아브람을 아브라함으로(창 17:5), 야곱을 이스라엘로(창 32:28), 시몬을 베드로로(마 16:18), 사울을 바울로(행 13:9) 이름을 바꾸셨다. 이 외에도 성경에는 하나님께서 부르신 자들의 이름을 바꾸신 경우가 허다하다(창 17:15; 창 35:18; 삿 6:32; 룻 1:20; 삼하 12:25; 단 1:7; 막 3:17). 하나님께서는 그들이 지닌 이름을 통해 그들 삶의 본질과 사명을 잊지 않도록 하고자 하셨던 것이다. 이러한 사실은 이름의 중요성이 얼마나 지대한지를 보여 준다 하겠다. 이름을 통해 그 이름 소유자의 인격, 본성, 소유 등 모든 것을 인식한다.
 교회 이름도 마찬가지이다. 교회 이름에는 그 교회의 첫 인상이 담겨져 있으며, 그 교회에 관한 모든 것이 함축되어 있고 함축될 것이다. 교회 이름이 때로 목사의 삶을, 그리고 목회의 방향을 결정한다. 예를 들어 "낮은마음교회"는 부자교회나 대형교회로 갈 수 없다. 낮은마음교회는 목사부터 결코 부자가 될 수 없다. 왜냐하면 그 이름과 존재가 배치되어서는 안 되기 때문이다. 때문에 교회개척자는 교회 이름을 정하는 데 있어서 각별한 기도와 더불어 연구와 주의가 동시에 필요하다. 말씀 묵상이나 기도 중에 떠오른 이름을 너무 쉽게 교회 이름으로 결정하는 것은 다소 경솔하다 하겠다. 비신자들까지도 교회 이름에 많은 관심을 갖고 있음이 충분히 연구되어 있음을 기억하고 보다 신중하게 교회 이름을 정해야만 한다.

2. 교회 이름을 결정할 경우 고려 사항

1) 교단이나 교파 이름 Denomination

교회 이름을 정할 때, 교회가 속한 교단이나 교파의 이름을 넣을 것인가 말 것인가를 고려해야 한다. 예를 들어 장로교회의 경우 "장로"라는 단어를 교회 이름에 공식적으로 사용할지 말지를 결정해야 한다. 교단이나 교파의 이름을 사용할 때 긍정적 영향과 부정적 영향을 동시에 줄 수 있음을 고려해야 한다. 분명한 정체성을 준다는 유익함이 있지만 동시에 최근의 탈교파적 성향의 교인들에게는 거부감을 주기도 한다. 교회개척자는 지역의 정서를 고려하여 그 사용 여부를 판단해야 한다. 교회개척자는 지역에 대해 많은 연구와 더불어 사람들을 만남으로 교회 이름 결정에 영향을 주는 그 지역의 특성이나 요소들을 발견해야 한다.

2) 교회의 정체성 Identity

교회 이름을 정할 때 교회(교회개척자)의 비전과 가치를 넣을 것인지 아닌지를 고려해야만 한다. 예를 들어 선교에 집중하는 교회가 되고자 한다면, 교회 이름 안에 "선교"라는 단어를 사용할지 말지를 결정해야 한다는 것이다. 교회개척자가 중히 여기는 교리적 내용을 교회 이름에 포함시킬지, 교회의 본질이나 가치를 드러내는 단어를 교회 이름으로 택할지 여부도 고려해야 한다. 성경 속에 나타난 의미 있는 지명이나 명칭, 그리고 교회 이름을 사용하는 것도 이 경우에 해당한다. 예를 들어 앞에서 언급한 "낮은마음교회"는 교회개척자의 가치를 드러내는 이름을 택한 것이라 하겠다.

3) 지역 이름 Ministry Area

교회 이름을 정할 때 교회가 위치한 지역 이름을 넣을 것인가 말 것인가를 고려해야만 한다. 지역의 이름을 사용하면 지역 교회라는 정체성을 가질 수 있는 장점이 있다. 오늘날 많은 교회들이 지역명을 교회의 이름에 사용하지 않음으로 지역 교회로서의 기능을 스스로 회피하는 경향이 있다. 만약 지역 이름을 사용할 경우 지엽적인 지명을 사용할 것인가 아니면 보다 광범위한 지역의 이름을 사용할 것인가를 결정해야 한다. 때로 지역 명칭 사용이 목회의 성장 폭을 제한할 수도 있다. 왜냐하면 "강남"이란 지역명을 사용하면 강북 거주자들은 정서적인 거부감을 가질 수 있기 때문이다. 이와 같은 현상은 행정적 구분의 지역명을 사용하는 데 있어서도 동일하게 나타난다. 따라서 교회개척자는 지형의 특성, 지역의 문화, 교통의 특성을 고려해야 한다.

4) 모교회의 이름 Mother Church

교회 이름을 정할 때, 그 시작이 분립 교회개척 또는 지교회개척의 경우, 모교회의 이름을 사용할지 아니면 독립된 새로운 이름을 사용할 것이지를 고려해야 한다. 모교회의 이름을 사용할 경우 소위 말해 프랜차이즈 형태의 교회로서 안정감과 신뢰도를 가질 수 있는 이점이 분명히 있다 하겠다. 그러나 동시에 정서적으로나 실제적으로 모교회로부터 독립하여 새로운 사명을 향해 나가는 새로운 교회가 되기에 어려움이 있으며, 모교회에 대한 사람들의 편견이 그대로 전이된다는 점에서 부정적이 될 수도 있다.

3. 교회 이름을 정하는 방안

1) 널리 알려진 기존 교회의 이름을 선택하기보다는 창조적인 이름을 찾는다. 또한 지역 내의 이미 존재하는 교회 이름을 사용하지 않는다.
2) 전도 대상(비신자 혹은 지역 사람)에게 묻는다. 몇 개의 이름을 정하여 동네 비신자들에게 선택을 요청한다.
3) 짧고 기억하기 쉽고, 쓰기 편하고 발음하기 쉬운 이름을 택한다. 단 지명을 사용할 경우, 그리고 그 지명을 대부분 알고 있을 경우는 예외이다.
4) 사람을 지역적으로, 정서적으로 분리시키는 이름은 피한다. 그 지역에 녹아들 수 있는 이름이 필요하다. 이미 언급한 바와 같이 "강남교회"하면 강북 사람은 정서적 그리고 지역적 거부감을 가질 것이다.
5) 이름을 듣고 난 후 첫 생각이 부정적이게 하는 이름은 피하는 것이 좋다. "음지교회"하면 한자로 그 의미가 아무리 좋다 하더라도 어감 자체가 교회 이름으로는 좋은 인상을 주지 못할 것이다.
6) "교회"라는 명칭을 사용한다. 미국의 경우 "Church"라는 용어에 대한 사회적 반감을 피하기 위해서 혹은 신학적 이유로 해서 "교회"라는 명칭 대신에 "Fellowship," "Chapels," "Centers," "Communities," "Temples" 등을 사용하고 있다. 아직 우리나라

에서는 익숙하지 않은 명칭이지만 조만간 흔하게 볼 수 있을 수도 있다. 하지만 전통적인 명칭인 "교회"를 사용함이 바람직하다 하겠다.

7) 적어도 향후 50년을 내다보고 교회 이름을 결정한다. 특별히 지역명을 따르거나 혹은 유행을 따라서 이름을 지었을 경우, 얼마 후에 이름을 바꾸어야만 하는 불가피한 경우도 생길 수 있다.

이상에서 교회 이름을 정할 때 고려할 사항과 방안을 살펴보았다. 결론적으로 교회개척자는 교회 이름을 정할 때 지역적 개념을 반영할 것이냐, 아니면 가치적 개념을 반영할 것이냐를 고민해야 한다. 물론 이 두 가지를 모두 포함하면 보다 바람직하지만 그것이 그리 쉬운 일만은 아니다. 교회 이름은 장황하기보다는 간결하고 함축적일 필요가 있기 때문이다.

교회 이름들

아래 교회 이름은 필자가 현장에서 수집한 조금은 특이하다 싶을 정도의 창조성을 지닌 이름들이다. 의미 없는 수집일 수 있지만 그럼에도 불구하고 교회개척자들의 창조적인 아이디어를 얻게 한다는 구실로 다음과 같은 교회 이름들을 열거해본다.

오 교회, 활주로교회, 바로 그 교회, 행복나눔교회, 십자가지기교회, 불국사교회, 불꽃교회, 용광로교회, 도토리교회, 누구나교회, 가까운교회, 모자이크교회(모이고 자랑하고 이끌고 크게 되자), 이름없는교회, 불기둥교회, 순복음사랑의온누리교회, 사람을 살리는 어부교회, 그 십자가교회, 아름다운가족교회, 예수그이름교회, 함께걷는교회, 유쾌한교회, 소풍교회(소망이 풍성한 교회),

예몸교회(예수의 몸 된 교회), 옛길교회(종교개혁의 전통 추구한다는 의미), 온사커뮤니티(온전한 사람이 되는 공동체), 뜰안에 작은나무교회, 힐링처치, 그사랑교회, 흩어지기위해 모이는교회, 예수님처럼 꼭 예수님처럼 예수님 닮은교회, 기적을 꿈꾸는교회, 행복한 십자가지기교회, 소나기교회(소통, 나눔, 기쁨), 공가고 은혜교회(공급하시고 가르치시고 고치시는), 친구교회

16
교회개척자의 가정과 배우자

본장에서는 교회개척자와 그의 가정에 관해 살펴보려고 한다. 교회개척자를 포함한 모든 목사들은 자신의 가정을 잘 돌보고 그 책임을 다해야 한다. 목사의 가정이 수많은 속병으로 인해 몸살을 앓고 있음은 어제 오늘의 현상이 아닐 것이다. 목사 가정의 문제가 밖으로 드러날 때는 이미 더 이상 손 쓸 수 없는 지경이라는 사실을 우리 모두가 잘 알고 있다. 교회개척자의 가정은 일반 목회자의 가정보다도 여러 면에서 더 열악하다. 경제적으로, 관계적으로, 감정적으로, 그리고 교회성장의 어려움 등으로 인해 교회개척자 가정은 병들기 쉽다. 최악의 경우 배우자는 우울증을 비롯한 각종 질병으로 영육이 파괴되고, 자녀들은 하나님에 대한 회의주의자들이 되며, 개척자 자신은 소명을 상실하게 되는 등, 결국에 가서는 가정이 해체되기까지 한다. 따라서 교회개척자는 그 어떤 영역에서 사역하는 목사들보다도 더욱 가정 사역에 집중해야만 한다. 특별히 부부관계에 있어서 건강함을 유지해야만 한다. 교회개척 현장이란 거친 벌판에서 끝까지 같이 항상 동행할 수 있는 관계는 부부 관계밖에 없기 때문이다. 그래서 교회개척 전문가들은 한결같이 건강한 부부관계를 교회개척의 조건으로 제시하고 있는 것이다.

1. 교회개척자가 가정을 관리해야만 하는 당위성

1) 가정은 하나님이 최초로 창조하신 인간 조직이기 때문이다

하나님은 교회보다 가정을 먼저 창조하셨다. 교회개척자가 가정을 잘 관리하고 섬겨야 할 당위성은 가정이야말로 하나님께서 최초로 창조하신 인간 공동체이기 때문이다. 하나님께서 교회보다 가정을 먼저 창조하셨다는 이 단순한 사실은 교회개척자가 가정에 대해 어떤 자세를 가져야 하는지를 보여 준다 하겠다. 많은 교회개척자들이 교회를 살리기 위해 가정을 병들게 한다. 우선순위를 지나치게 교회와 목회에 둠으로 해서 가족들에게는 언제나 희생만을 요구한다. 물론 지나치게 가정 목회에 치우침으로 인해 교회와 목회를 최우선 순위에서 밀어내려는 경향의 목사 또한 문제가 없지 않다 하겠다.

2) 가정을 관리하는 것은 성경이 규정한 목사의 자격이기 때문이다

성경이 제시하는 목사의 자격 중에 빼놓을 수 없는 항목이 가정을 잘 돌봐야 한다는 것이다. 아무리 뛰어난 목사라 하더라도 그 가정이 해체된다면 무의미하다. 디모데전서 3장 4-5절에서 "자기 집을 잘 다스려 자녀들로 모든 공손함으로 복종하게 하는 자라야 할지며 (사람이 자기 집을 다스릴 줄 알지 못하면 어찌 하나님의 교회를 돌보리요)"라고 했다. 따라서 교회개척자는 자신의 가정에 대한 책임과 의무를 다해야 한다. 교회개척자는 목회에 성공했지만, 그러나 가정에서는 실패한 어떤 이들의 말년을 유의미하게 보아야만 한다.

3) 가정은 목사에게 있어서 참으로 힘든 영역이기 때문이다

가정은 가족들과의 관계에 있어서 목사 자신의 스트레스, 고통, 기쁨, 감정 등이 고스란히 드러나는 곳이다. 기독교인에게 있어서 결혼과 자녀 양육은 우리의 행복을 위함이라기보다는 우리를 거룩하게 하기 위함이다. 가정은 하나님을 보다 잘 알게 되고 그의 사랑을 보다 잘 깨닫는 현장이다.

4) 교회개척자의 가정의 모습은 교회개척과 교회 분위기에 막대한 영향을 주기 때문이다

목사 부부의 눈에 보이는 관계는 교회의 분위기에, 특별히 늘 서로 간에 대면하는 개척교회의 분위기에 지대한 영향을 끼친다. 목사 가정의 분위기과 구성원 간의 관계는 그대로 교회 분위기에 전이되기 때문이다. "교인들이 목사와 목사의 아내의 관계를 보는 것이 필요하다. 목사 내외의 건강한 관계는 일하는 관계의 좋은 증거이다."[146]

2. 교회개척자에게 있어서 가정과 교회의 관계

1) 교회와 가정은 서로 경쟁하고 하나를 선택해야만 하는 관계가 아니다

한나가 사무엘을 바치는 행위, 아브라함이 이삭을 바치는 행위는 목회와 가정이 하나임을 의미하는 사건이다.

---

146. Abante, *Effective Church Planting: A Primer for Establishing New Testament Churches in the New Millennium*, 48.

2) 성경은 수많은 곳에서 교회와 가정을 연결하고 있다

가정에서 일어나는 문제는 동일하게 교회에서도 일어난다. 가정의 문제를 해결하는데 적용되는 성경적 기준은 교회에도 동일하게 적용된다.

3) 목사가 교회에서 목양을 잘할 수 있는지에 대한 궁극적인 테스트 현장이 가정이다

가정을 관리하는 목사의 능력은 그가 교회를 관리하는 능력을 보여주는 척도가 된다. 목사가 소유한 모든 것, 즉 그의 경건, 거룩, 성령과의 동행, 그리고 그가 소유한 복음의 능력 등의 진위 여부를 가장 잘 보여주는 가시적 증거는 그의 가정이 어떠하냐이다. "만약 당신이 당신의 아내와 자녀들에게 좋은 목사라고 한다면, 당신은 더 많은 사람들에게 역시 좋은 목사일 것이다. 반면에, 당신이 당신의 집 안에 있는 자들의 영혼을 잘 돌보지 못한다면, 마찬가지로 당신은 당신의 이웃의 영혼을 잘 돌보지 못할 것이다."[147]

4) 목사는 교회에서의 역할 못지않게 가정에서의 역할을 잘 감당해야만 한다

"아내에게 사랑스런 남편이요 아이들에게는 좋은 아버지가 될 수 있는 것과 동시에 교회에서는 돌보는 목사일 수 있고 책임 있는 경영자일 수 있다."[148] 가정에 무관심한 사역자가 교회를 개척하는 것은 망하

---

147. Clint Clifton, *Church Planting Thresholds: A Gospel-centered Guide* (San Bernardino, CA: New City Network, 2016), 14.
148. Abante, *Effective Church Planting: A Primer for Establishing New Testament Churches in the New Millennium*, 47.

는 길이다. 교회개척자의 삶이 매우 바쁘고 스트레스가 많지만, 그럼에도 불구하고 건강한 가정을 위해 헌신해야 한다. 교회개척자는 "여러 문제들, 기대에 미치지 못함, 피곤한 스케줄, 실패한 사역, 영적 전쟁, 힘들게 하는 사람들, 복음전도의 어려움 등"으로 인해 가정에서 좋은 목사가 되지 못하는 경향이 있다.

3. 교회개척자의 가정에서의 역할과 의무

목사는 태어날 때부터 목사로 태어난 것이 아니다. 즉, 목사는 목사라는 신분 때문에 일반적으로 인간에게 주어지는 모든 책임과 권리에서 벗어난 초월적 존재가 아니라는 소리이다. 목사 역시 남자로 혹은 여자로 이 세상에 태어났으며, 부모를 통해 태어났으며, 남편과 아내와 부모의 역할이 주어졌고, 가족의 생존을 위해 애써야 하는 의무가 주어졌다. 보편적 소명 위에 더하여 개인적 소명인 목사 신분이 주어진 자가 바로 목사이다.

따라서 목사는 성경이 보편적으로 요구하는 가정에서의 역할과 의무를 감당해야만 한다. 목사로 부름 받았다는 그 소명으로 인해 남자로서의 혹은 여자로서의 보편적 소명에서 제외된 것은 아니라는 것이다. 남편으로서(엡 5:25), 아내로서(엡 5:22-23), 부모로서(엡 6:4; 골 3:21), 그리고 자녀로서(엡 6:1; 골 3:20)의 의무를 감당해야만 한다. 목사로 부름 받았다는 그 소명으로 인해 보편적으로 주어진 역할과 의무를 기피하거나, 기피하는 것을 정당화하는 것은 성경적 근거가 빈약하다 하겠다. 물론 소명 받은 목사로서 가정을 희생해야 할 형편이 발생할 수도 있을 것이다. 그러나 그러한 상황은 자주 있지 않다. 일평생에 한두 번 있을까 말까 하는 상황일 것이다. 오늘날 너무나 많은 목사들이 단지 목사라는 이유로, 가정에 대한 일반적인 의무를 감당하지 않고 있다. 이들은 누가복음 14장 6절의 "무릇 내게 오는 자가 자기 부모와 처자와 형제와 자매와 더욱이 자기 목숨까지 미워하지 아니하면 능히 내 제자가 되지 못하고"를 지나치게 자의적으로 해석을 하고 있다. 여기서 "미워하고"가 제자가 짊어져야만 하는 모든 혈연적, 육체적 의무를 면제시키는 단어가 아님을 모두가 알고 있을 것이다. 교회개척자를 비롯하여 모든 목사들은 아래에 언급하는 가정에 대한 실제적인 의무 몇 가지를 포기하지 않고 감당해야 한다. 즉, 목사의 가정에서 왕적, 제사장적, 그리고 선지자적 의무를 감당해야 한다는 것이다.

1) 가족들의 육체적 필요를 제공하는 의무이다

사도 바울은 디모데전서 5장 8절에서, "누구든지 자기 친족 특히 자기 가족을 돌보지 아니하면 믿음을 배반한 자요 불신자보다 더 악한 자니라"고 했다. 물론 우리가 다루고 있는 주제와 관련이 없는 다른 상황에서 바울이 한 말이긴 하지만, 그러나 모든 목사들은 이 말씀을 주의 깊게 들어야만 한다. 특별히 교회개척자나 미자립교회 목사는 가족의 생계를 비롯한 가족들의 육체적 필요를 위해 애써야 한다는 사실을 기억해야 한다. 이것은 가장의 가정에서의 왕적 의무이다. 목사라는 이유로 현실에 대해 눈을 감고 하나님께서 해결해 주실 것을 기다리고 앉아 있을 수만은 없다. 물론 그것도 한 방법이긴 하다. 그러나 보다 적극적인 노력, 즉 어떠한 노동을 통해서라도 가족의 생계를 해결해야만 하는 행동이 필요하다. 많은 경우에 목사라는 이유로 영적이고 고상한 품위를 유지하고 있을 때, 그들의 가족, 특별히 아내들은 생존의 현장에 내몰려 과도한 노동에 시달리고 있다. 특별히 남자들은, 에덴동산에서 추방된 이후 남자들에게 주어진 하나님의 첫 번째 명령이 얼굴에 땀을 흘려 가족의 생계를 책임지라는 것임을 기억할 필요가 있다(창 3:17-19).

2) 가족들의 정서적 필요를 제공하는 의무이다

가정은 온 가족들이 정서적으로 안정과 평안을 누리는 곳이어야 한다. 가장으로서 목사는 이 의무를 잘 감당해야만 한다. 이는 가장의 제사장적 역할이라 하겠다. 세심한 관심과 배려를 통해 가족 구성원 각자의 정서적 상태와 고민과 기쁨 등을 살펴 알고 적절한 조치를 취하는 것이 가장으로서 목사가 해야 할 또 하나의 의무이다. 많은 현장의 목사들이 목회 현장의 피곤함과 함께 귀가한다. 새벽예배부터 밤늦게까지 동분서주하다가 집에 들어가면 가족들에게 세심한 제사장적 역할을 감당하지 못한다. 그러나 기억해야 하는 사실이 있다. 세상의 그 어떤 가장도 힘들지 않은 직업의 가장이 없다는 사실이다. 목사라는 직업의 특별성, 거룩성을 지나치게 내세워서는 안 된다. 세상의 모든 직업은 특별하고 거룩하고 땀을 흘린다. 그 모든 직업 중에 목사라는 직업이 있으며, 따라서 목사는 가정에 돌아와서는 목사임을 내세우기보다는, 목사의 곤비함을 드러내기보다는 오히려 희생하는 제사장적 자세로 가족들을 세심하게 돌봐야 한다. 아내에게 어떤 고민이 있는지, 아내의 친정에 어떤 일이 벌어지고 있는지, 자녀들의 정서 상태나 성장 상태는 어떠한지, 그들의 고민은 무엇인지 등 가장은 가족들을 살피고 필요한 정서적 환경을 제공해야 한다.

3) 가족들의 신앙적 필요를 제공하는 의무이다

여호수아는 그의 가정의 슬로건을 정했다. 그것은 "오직 나와 내 집은 여호와를 섬기겠노라"(수 24:15)이었다. 이 슬로건 아래 여호수아는 분명 가정의 모든 신앙적 필요들을 마련하고 제공하고 실행했을 것이다. 목사는 이 땅의 어느 가장보다도 자기 가정을 신앙 위에 세워가야 하는 의무를 갖고 있다. 이러한 역할을 선지자적 역할이라고 말하고 싶다. 이 땅에는 가정 목회에 실패한 목사들이 꽤 많다. 아이러니하게도 큰 목회를 감당한 목사들의 경우, 많은 경우에 있어서 가정 목회에는 실패했다. 하지만 목회적 업적 때문에 가정 목회의 실패를 정당화할 수는 없다. 디모데전서 3장 4-5절에서 "자기 집을 잘 다스려 자녀들로 모든 공손함으로 복종하게 하는 자라야 할지며 (사람이 자기 집을 다스릴 줄 알지 못하면 어찌 하나님의 교회를 돌보리요)"라고 말씀하셨고, 디도서 1장 6절에서도 "책망할 것이 없고 한 아내의 남편이며 방탕하다는 비난을 받거나 불순종하는 일이 없는 믿는 자녀를 둔 자라야 할지라"고 분명하게 말씀하고 있기 때문이다. 특별히 교회개척자는 가정에 신앙적 기준을 잘 세우고 실행함으로 온 가족이 신앙적 만족을 얻을 수 있도록 해야 한다. 가정에 무관심한 자가 교회를 개척하는 것은 망하는 길이다. 목사 신분과 남편이나 아버지 신분은 분명 다르지만, 그러나 잘 조화시키는 모습이 필요하다. "목사"와 "아빠"가 다르지 않도록 노력해야 한다.

4. 교회개척자들이 그들의 자녀에 대한 고백

필자는 매 학기 수강생들에게 교회개척자 인터뷰 과제물을 부과한다. 그 결과 매학기 약 250개의 인터뷰가 모아진다. 이 인터뷰를 통해서 필자는 현장을 배운다. 인터뷰 질문에는 교회개척자의 아내와 자녀에 관한 질문이 포함되어 있다. 아래 내용은 그 인터뷰에서 고백된, 교회개척자들과 그들의 자녀들 간의 대화 내용을 발췌한 것들이다. 많은 교회개척자들이 그들의 자녀들을 대견스러워하고 있으며 동시에 안타까워하고 있음을 알 수 있다. 교회개척자가 되기를 원하는 자들에게 참고가 될 수 있을 듯하여 소개한다.

1) 개척교회 하면서 자녀들과 사이가 좋아졌다. 교회를 개척하면서 (분주한 부교역자 생활로 인해) 가족에 대한 잃어버린 사랑을 회복했다.
2) 비록 작은 교회이지만 자녀들이 우리 교회, 우리 아빠 교회라는 자부심을 갖고 있다.
3) "아빠가 교회개척하면 나는 혼자 있어야 하는구나!"라고 푸념하는 딸을 보면 안쓰럽다. (매일 전도 다니느라 아이들과 함께 하지 못하는 교회개척자)
4) "우리 교회에 사람 오게 해 주세요"라는 어린 딸의 기도를 들었다.
5) 주일에 자녀들이 먼저 출석 숫자를 점검한다.
6) 정말 내가 사역하게 될 목회 현장에서 뒹구는 아이들과 내 자녀가 함께 뒹굴 것인데, 나는 내 자녀에게 무어라고 말해야 할 것인가? (불량 청소년을 돌보느라 내 아이가 그 불량 청소년들과 어울린다는 사실을 인지하지 못함으로 인해 내 자녀가 망가졌다.)

5. 교회개척자의 아내에 관한 현장의 소리들

목사의 아내를 어떻게 호칭해야 하는가의 문제는 최근에 젊은 세대의 목사들을 중심으로 해서 제기되고 있다. 전통적으로 "사모"라는 호칭이 사용되고 있지만, 그 호칭에 대해 다소 거부감이 있는 것이 사실이다. 목사는 자신이 처한 목회 환경에 따라 "사모"라는 호칭 외에도 다양하게 아내를 호칭할 수 있을 것이며, 교인들에게 그렇게 호칭해 달라고 요청할 수 있을 것이다. 서양에서는 이름을 직접 부르거나 "미세스"Mrs.라는 경칭을 붙여 부르기도 하는데, 이것도 한 방법이 될 수 있을 것이다. 본장에서는 전통적인 단어 "사모"를 목사의 아내를 가리키는 호칭으로 사용하겠다.

교회개척자들은, 연령에 따라 다소 차이가 있지만, 사모의 역할을 자신의 역할보다 중하게 생각하고 있음이 일반적이라 하겠다. 교회개척자들이 자신의 아내 역할에 대한 다양한 표현을 보면 사모가 교회개척 현장에서 얼마나 중요한 존재인지를 알 수 있다. 교회개척자들은 그의 배우자를 동역자, 내조자, 평신도, 목회자, 자녀 양육자, 아내, 경제력 조달자, 상담자, 목사의 위로자, 격려자, 부교역자. 반주자, 우체통, 쓰레기통(모든 것을 수용한다는 의미에서), 주방장, 갈등 해결자, 친정엄마, 최대의 적, 개척멤버 0호 등으로 여기고 있다.

인터뷰를 통해서 알 수 있는 사실은, 고령으로 갈수록 사모를 목회에 있어서 절대적 동반자로 여기고 있음에 비해, 젊은 연령일수록 전통적인 사모의 모습에서 벗어나려는 경향이 강하다는 것이다. 아래 내용은 교회개척자들 인터뷰를 통해서 그들이 고백하는 그들 아내에 대한 생각들을 발췌한 내용이다. 대부분 남성 목회자 입장에서 나온 소리이기 때문에 그 내용에 있어서 혹여 여성으로서는 다분히 불편할 수도 있음을 밝히고 양해를 바라는 마음이다.

1) 사모는 단지 목사의 아내일 뿐이다.
    ① 역할이 아니라 목사와 관계일 뿐이다. "아내는 나와 책임관계가 있을 뿐이지 교회 사역과 책임관계가 있는 것이 아니다."
    ② 남편인 목사와는 코드가 맞아야 한다. 사모는 뒤에서 버텨 주는 역할이다.
    ③ 사모는 함께 있어주기만 해도 목회자에게 최고의 힘이 된다.
2) 사모는 단지 성도일 뿐이다.
    ① 사모는 교회의 구성원으로서 복음을 듣고 성장해야 하는 양육이 필요한 존재이다. "좋은 성도가 되는 것이 사모의 출발점이다." "예수님 잘 믿는 것으로 충분하다."
    ② 사모가 양육이 필요한 성도가 되지 못하면 사모라는 틀 속에 갇혀 죽는다. "사모를 성장시켜라. 세미나에 동행하라."

③ 사모라는 명칭은 사모를 직분화하고 계급화하는 것이다. 사모는 직분이나 직책이 아니다.
④ "올해 제 와이프는 집사가 되었습니다." "나의 아내는 단지 집사일 뿐입니다."
⑤ 사모는 목사도 아닌 성도도 아닌 이상한 존재이다.

3) 사모의 역할은 그의 성격과 기질에 따라 규정되어야 한다.
① 사모의 역할이 고정될 수 없다. 개인적 특성과 기질에 따라 역할도 결정되어야 한다. "아내가 교회에서 일을 하면 성도들이 괴롭다. 기질이 군림하는 기질이기 때문이다." 적극적인 성격의 경우 새가족부 같은 기득권을 가질 수 없는 사역을 하는 것이 좋다. 기득권을 갖게 되는 사역을 하면 교회를 좌지우지 할 수 있다.
② 남편의 보조자나 동역자가 아니라 자신의 사역을 하고 싶어 한다.

4) 사모는 밥하고 기도하는 자다. "사모가 밥하는 사람 될 마음 없으면 개척하면 안 돼." "밥값을 줄이지 말라. 잘 먹이고 맛있게 음식을 하라. 음식이 있는 곳에 가족이 생긴다."

5) 사모가 건강해야 교회가 건강하다. 사모의 피 위에 세워지는 교회가 개척교회이다. "사모가 개척하자고 할 때가 하나님의 때야!"

6) 사모는 성도들의 눈높이에 맞게 행동해야 하며, 기본적으로 사모가 좀 더 관계에 있어서 수용성이 있어야 하고, 수용하는 그릇이 점점 커져야 한다.

7) 사모의 역할을 개척 초기에 규정하는 것이 필요하다. 교회 상황을 고려하여 사모의 역할이 정해져야 한다.

교회가 개척되는 과정 및 개척자의 역할[149]

†

1. 교회개척자들은 교회개척에 따른 전 과정을 알고 있어야 하며, 항상 그림으로 그리고 있어야 한다.
2. 사도 바울의 교회개척 과정: ①복음 전파 → ②제자 만듦 → ③소그룹 시작[150] → ④교회 설립 → ⑤지도자 임명
3. 교회개척이 각 단계별로 진행 될 때, 교회개척자(팀)의 역할도 반드시 바뀌어야만 한다. 학생Learner → 탐험가Explorer → 전도자Evangelist → 교사Teacher → 개발자Developer → 멘토/동반자Mentor/Partner
4. 물론 이러한 역할들이 반드시 순서대로 되는 것은 아니다. 겹칠 때도 있고 순서가 바뀔 때도 있다. 한 개발자의 역할이라 하여 탐험가의 역할을 포기해서는 아니 된다. 그러나 개척자의 역할이 각 단계별 핵심 역할로 전이되고, 기타 역할은 신자들이 이어받도록 해야 한다. 이 모든 과정에 있어서 성령의 지도를 받는 것은 필수적이다.
5. 찰스 블록Charles Brock이 제시한 다음 일곱 가지 결과가 나타날 때 교회개척은 완성되었다 말할 수 있다.[151]

    1) Self-Identifying(교회라는 자의식)
    2) Self-Supporting(교회의 필요한 재정 스스로 충당)
    3) Self-Governing(자기를 통제)

---

149. Payne, *Apostolic Church Planting: Birthing New Churches from New Believers*, 53-76.
150. 소그룹 조직을 거칠 수도 있고, 거치지 않을 수도 있다.
151. Payne, *Apostolic Church Planting: Birthing New Churches from New Believers*, 86-87.

4) Self-Propagating(자발적인 전도)
5) Self-Expressing(예배 시간 등을 통해 스스로의 믿는 바를 표현)
6) Self-Teaching(서로 간에 가르치고 권면하고 꾸짖음)
7) Self-Theologizing(성경적 진리를 그들의 문화에 바르게 적용)

단계	단계별 행동 지침		개척자의 단계별 역할과 내용
침투 전 단계 (Pre-Entry Stage)	① 현장으로 들어가기 전에 준비해야 할 것들이 무엇이며 어떻게 그것들을 준비할 것인가? ② 개척 팀 조직, 정체성 확립…	학생 역할	① 자신에 대해, 팀원에 대해 배우기, 팀 멤버 훈련(1년 정도) ② 지역에 대해 이론적으로 배우기, 지역 탐방하기
침투 단계 (Entry Stage)	① 외부인으로서 어떻게 현장에 침투하여 현장 사람이 될 것인가? ② 현장 배우기, 현장 이해, 현장 거주민 되기, 현장 정보 습득, 현장의 필요 알기…	탐험가 역할	① 사역하고 살게 될 현장의 탐험(지형, 지도, 사람, 시장, 교통, 먹을거리, 인구분포) ② 현장을 탐험하고 적응하기 위해서 자신의 일상적 삶의 패턴이 버려야 할 필요도 있다.
복음 전파 단계 (Gospel Stage)	① 어떻게 현장 사람들과 사귀며 말과 행동으로 복음을 전할 것인가? ② 어떻게 현장 사람들을 회개하여 예수님을 믿으라고 요청할 것인가?[152]	전도자 역할	① 성경적인 교회 개척은 제자를 만들어 새로운 교회가 탄생하도록 하는 것이다. 교회 개척자는 그들의 시간 대부분을 복음 전파에 사용해야 한다.[153] ② 복음을 사람들에게 전하고, 그들로 하여금 회개하고 예수를 믿으라고 요청해야 한다.

---

152. 현장에서 최대한 기도하기, 최대한 빨리 전도하기, 최대한 널리 복음을 전하기, 최대한 빨리 자신이 그리스도인임을 알리기, 축복을 위한 기도 제목 요청하기, 성경공부 제안하기 등을 통해 복음 전하기.
153. 교회 개척은 복음전도를 통해서이다. 따라서 개척자는 복음을 전해야만 한다. 그렇게 할 의지가 없다면 교회 개척자가 아닌 다른 사역을 해야만 한다.

제자 만들기 단계 (Discipleship Stage)	① 복음을 받아들여 신자가 된 제자로 만들기 위해 즉시로 해야 할 일은 무엇이며, 장기적으로 해야 할 일은 무엇인가? ② 지상대명령은 단순히 복음을 뿌리는데 만족하지 않는다. 제자를 만들기까지이다. ③ 세례를 베풀고, 영적인 훈련을 시키고, 기독교 진리(교리), 윤리를 가르치고…	교사 역할	① 복음을 받아들인 새신자들에게 무엇을 믿는지(교리)와 어떻게 살 것인지(순종)를 가르쳐야 한다. 처음에는 복음으로 충분하지만 이제는 주님이 명령하신 모든 것을 지키도록 가르쳐야 한다.[154] ② 그들의 새로이 갖게 된 믿음을 또한 나눌 수 있도록 가르쳐야 한다. 개척자는 계속해서 전도자의 역할을 감당해야 하지만 이 단계에서는 모범을 보이고 가르쳐서 그 역할을 감당한다.
교회 조직 단계 (Church Formation Stage)	① 새로운 신자들을 어떻게 그들 자신이 바로 "지역 교회"라는 자의식을 가질 수 있도록 인도할 것이며, 어떻게 그들을 또 다른 복음전파자로 만들 것인가? ② 누가 교회인가? 언제 만나는가? 어디서 만나는가? 왜 만나는가? 무엇을 하는가? 지도자를 임명하고 교회 조직을 완성한다.	개발자 역할	① 장로(평신도 지도자)를 임명하는 역할이다. 교회를 조직하는 역할이다. ② 직분론에 대한 교육이 필요하고, 각 직분자의 자격에 대해 가르쳐야 하고, 기도와 금식이 필요하다. ③ 직분자 선택 기준을 분명히 한다.[155]

154. ① "사람들이 예수님을 따르는 자가 된 후에, 다른 제자들과 함께 한 공동체 안에서 제자로서의 여정이 죽을 때까지 계속된다. 선교 팀은 반드시 이러한 제자들로 하여금 천국 공동체(교회)로서 천국 윤리를 믿고 따르도록 독려하고 힘을 부어주어야 한다." Payne, *Apostolic Church Planting: Birthing New Churches from New Believers*, 57-58.
　② 가르쳐야 할 내용: 복음, 새로운 피조물, 구원의 확신, 하나님의 말씀과 공부, 기도와 금식, 천국 소망과 삶, 성찬과 세례, 교회의 기초와 성격, 청지기적 삶, 사역과 전도의 의무, 예수님의 일곱 가지 명령(회개와 믿음, 세례, 사랑, 성찬, 헌금, 기도, 지상대명령).

155. ① 성경적 기준을 벗어나지 말라(행 20:28-35; 엡 4:11-12; 딤전 3:1-7; 5:17-19; 딛 1:5-9; 벧전 5:1-4). ② 사회적 기준을 벗어나라. 얼마나 성경의 지배를 받고 있으며 얼마나 사회적 기준의 지배를 받고 있는지를 분석하라. 일반적인 사회적 기준을 기준으로 장로 후보자를 선출하지 말라. ③ 성령이 그들과 함께 하실 것이라는 믿음, 성령께 모든 것을

지도자 개발/훈련 단계 (Leadership Stage)	① 어떻게 새신자들을 가르치고, 그들에게 본이 되어 그들을 (평신도) 지도자로 세울 것인가? ② 리더십 개발은 복음 전파 단계부터 동시에 시작해야만 한다.	멘토/ 동반자 역할	① 새 목사에게 모든 것을 이양하고 목회자적 역할에서 멘토와 협력자의 역할로 바뀐다. 교회와 함께하는 시간은 줄어들고 새로운 지도자와 함께하는 시간이 늘어난다.

의존하는 믿음, 바울이 에베소 장로들에게 성령이 함께 하실 것이라고 믿었던 그 믿음을 가져라.

3부
교회개척, 그 방향

Church Planting, The Direction

17
교회개척 방향(1)
전통 답습에서 창조적 상상력으로

교회개척은 그 의미상 새로운 세계로의 도전함을 전제로 한다. 남들이 가보지 않은 길을 걸어간다는 도전의식이 교회개척이란 단어 안에 담겨 있다. 따라서 교회개척은 현존하는 교회개척 방법과 형태와 틀을 복제하는 것만을 의미하지 않는다. 교회개척은 어떻게 한 영혼을 구원하고, 어떻게 그들을 제자로 양육하여 또 다른 교회를 이루는 재생산의 도구로 삼을 것인가를 목적으로 한다. 따라서 교회개척은 그 목적을 위해 기존 패러다임의 과감한 전환을 필요로 한다. 하지만 안타깝게도 이 시대의 많은 교회개척자들이 기존의 패러다임, 더 이상 작동하지 않고 효과적이지 않은 패러다임을 기초로 하여 교회개척을 시도하고 있다. 아니, 다른 패러다임으로 교회를 개척한다는 사실을 상상하지도 못하고 있다.

교회개척자들은 반드시 질문하는 습관을 가져야 한다. "교회를 좀 다르게 할 수는 없을까?" 혹은 "성경 중심적이면서도 지금까지와는 다른 방법으로 교회를 세워가는 방법은 없을까?"를 질문하는 습관을 들여야 한다. 『교회다움』이란 책을 저술한 체스터는 이러한 질문과 관련하여 매우 적절한 안내를 제공한다. 그는 말하기를,

> 종종 교회개척의 주된 한계는 상상력의 결여이다. 사람들은 교회개척을 어떻게 할 것인지 혹은 교회를 어떻게 다르게 할 것인지 상상하

지 못한다. 사람들은 교회가 이룬 '성공'을 내려놓고 싶어 하지 않는다.[156]

라고 했다. 그는 또 말하기를 교회개척자는 그들이 속한 선교적 상황을 고려해야만 한다고 했다. 왜냐하면 다른 선교적 상황은 다른 접근 방법을 요구하기 때문이다. 따라서 교회개척의 기존 모델을 무비판적으로 수용하기보다는 새로운 교회학적 사고를 개발해야만 하는 필요성을 강조했다.[157]

켈러 역시 "교회개척자들은 기존 사역을 복제하는 것이 아니라 새로운 사역을 창조해야 한다"[158]라고 했다. 존 스토트John Stott 역시 복음의 맥락화를 주장했다. 그는 말하기를 "목욕물과 함께 아기를 내다 버리기보다 아기는 지키되 목욕물은 교체하라"고 했다. 이 말은 주어진 문화적 그리고 현실적 상황 속에서 복음의 핵심은 지키되 교회를 하는 방식에 있어서는 창조적으로 접근하라는 의미일 것이다. 교회개척 전문가 페인J. D. Payne은 낚시를 예로 들면서 수많은 낚시 종류와 그에 따른 다양한 낚시 방법이 있듯이, 교회개척을 위한 방법들 역시 다양하며, 상황과 문화에 합당한 다양한 방법을 사용해야만 한다고 주장했다.[159]

교회개척자는 교회개척에 대한 고정관념을 버려야만 한다. 만약 교회개척자 자신이 알고 있는 교회의 틀을 파격적으로 깨버린다면, 할 수 있는 교회의 모습과 사역은 무궁무진할 것이다. 하지만 안타깝게도 많

---

156. Chester & Timmis, 『교회다움』, 133. "성공적인 교회개척은 우리로 하여금 복음과 문화에 대해 다시 질문하도록 이끈다. 그리고 종교적인 전통 없이도 복음 중심적이고, 세상에 적응하지 않아도 세상과 관계 맺는 완전히 새로운 교회를 세우게 한다." Chester & Timmis, 『교회다움』, 134.

157. Chester & Timmis, 『교회다움』, 133.

158. Keller, 『팀 켈러의 센터처치』, 31.

159. Payne, *Apostolic Church Planting: Birthing New Churches from New Believers*, 82.

은 교회개척자들이 자신들이 몸담고, 섬겼고, 보았던 익숙한 교회와 전통을 단순 모방하고 있는 형편이다. 빚을 내어 자금을 마련하고, 그 자금으로 예배 장소를 구하고, 간판을 걸고, 사람들이 오기를 기다리는, 과거에는 통했던, 그러나 지금은 더 이상 통하지 않는 건물(장소) 중심의 교회개척 방법을 그대로 답습하고 있는 형편이다. 스테처와 레이너는 "너무나 많은 교회들이 과거의 성공에 묶여 있다.… 그러나 이 과거의 영광은 시간과 함께 흘러가 버렸다. 더 이상 영광이 될 수 없다"[160]라고 했다.

오늘날 비교적 젊은 교회개척자들에 의해 창조적 상상력을 동원하여 교회개척이 시도되고 있음은 고무적인 일이라고 하겠다. 직업과 교회가 융합되는 교회개척, 회사가 교회이고 교회가 회사인 교회개척, 독특한 교회론과 목회철학을 통해 교회당 없는 교회개척 등은 아직은 실험단계이고, 교회론적 검증이 미완상태임에도 불구하고 가치 있는 도전이요 실험이라고 여겨진다. 새롭게 도전하고, 새로운 방법을 실험하는 교회개척자들과 교회들이 많이 나타나야만 한다. 형식과 외형에 있어서 대동소이한 교회가 아니라 이 세상에 단 하나밖에 없는 교회를 개척하겠다는 자세가 교회개척자들에게 필요하다.

---

160. Stetzer & Rainer, 『교회혁명: 변혁적 교회』, 42.

18
교회개척 방향(2)
건물에서 사람으로

한국교회의 전통적인 교회개척 방법은 건물 중심 교회개척이라 해도 과언이 아니다. 교회개척자는 교회개척의 시작을 예배 처소를 마련하는 것으로부터 시작한다. 그러나 놀랍게도 이러한 교회개척은 성경에서는 찾아볼 수가 없는 교회개척 방법이다. 성경에서 발견되는 교회개척은 언제나 사람들이 있는 곳, 그곳이 거리이든지, 회당이든지, 시장터이든지, 감옥이든지, 강둑이든지 사람들이 있는 곳에서 교회가 시작되었다. 즉, 성경에 나타난 교회개척의 방법에는 교회당 건물이 교회개척의 필수 요소가 아니었다는 사실이다. 그리고 1세기의 이 원리는 비록 시대와 환경이 완전히 다른 21세기에도 여전히 중요한 성경적 원리이다.

역사적으로 중요한 사실은 초기 교회들은 건물을 소유하지 않았다는 사실이다. 물론 초기 핍박의 상황 속에서 교회당 건물에 관심을 가질 수 없기도 하였겠지만, 초기 교회는 대체로 부유한 신자의 집이나 허름한 공동 주택에서 교회로 모였다. 초대교회는 교회당 중심이 아닌 가정과 일터 중심이었다. 원래 하나님은 자신을 가두어 놓은 건물이나 형상을 싫어하시는 분이시다. 성전을 짓겠다는 다윗과 솔로몬에게 마지못해 허락하는 모습이 구약성경에 묘사되어 있다. 팀 체스터에 의하면 교회당은 3세기가 지나서야 나타나기 시작했는데, 대개는 콘스탄티누스가 기독교를 로마제국의 시민종교로 만든 후에 이교도의 사원을 따라 만든 것이었다.[161] 이러한 견해를 우리가 받아들인다면 구약의 성전이나 신약시대의 교회당은 확실히 이교도 신전의 영향이 없다 하지 않을 것이다. 어느 시대나 종교적 건물이 화려해질 때면 그 종교의 부패가 최대화되는 것 또한 부정할 수 없는 역사적 사실이다.

1) 건물 중심의 교회개척이 주는 유익함이 있다

물론 교회당(모임 장소, 공간)이 교회개척에 주는 유익함이 있다. 첫째로, 대부분의 교인들이 무형 교회에 대한 이해가 부족하기 때문에, 공간으로서의 교회당이 주는 유익함이 있다. 보이는 교회당은 상징성과 집중력을 준다. 둘째로, 교회당의 존재는 성도들의 영적인 피로도를 줄이고, 영적 양식 공급에 유리한 유익함이 있다. 집 없는 사람에게 삶의 피로도는 가중된다는 점에서 그렇다. 더군다나 우리 민족은 정착민으로서 삶의 중심 터전인 집에 대한 애착이 매우 강하다. 집을 마련하는 것이 성공의 출발점이 된다. 따라서 교회당의 존재는 성도의 신앙생활에 큰 영향을 끼친다. 마지막으로, 교회당은 사람들과의 접촉점 기능을 제공한다는 차원에서 유익함이 있다.

2) 교회와 교회당은 구별되어야 한다

교회당이 주는 유익함이 있음에도 불구하고, 교회당이 교회가 아님은 너무나 분명한 성경적 가르침이다. 많은 교회개척자들이 이 사실을 알고 있음에도 불구하고 실제로는 교회와 교회당을 동일시하는 실수를 범한다. 교회개척자인 목회자가 그리할진대 일반 교인들은 더더욱 교회와 교회당을 혼동하고 있다 하겠다. 학자들은 교회당 건물의 가치를

---

161. Chester & Timmis, 『교회다움』, 128.

인정하면서도 그로 인한 부작용을 지적하고 있다.

  닐 콜Neil Cole은 "궁극적으로 사람들로 하여금 건물에 헌신하게 만든다. 한 장소에 오래 머물게 되면 결국 교회와 교회 건물을 동일시하게 된다"162라고 말함으로 사람들의 교회와 교회당의 혼동을 지적하고 있다. 마이클 프로스트는 이 시대에 교회당이 필요하다는 사실을 강조하면서도 교회당은 단지 교회를 위한 도구임을 분명히 해야만 한다고 강조했다. 그는 말하기를 "건물은 그저 도구이며 우리는 항상 이 사실을 유념해야 한다. 기독교는 자체 건물을 가지지 않았을 때 하나님의 백성으로서 그 본질에 가장 효과적이었고 합당했다"라고 했다.163 스테쳐와 레이너Ed Stetzer & Thom S. Rainer는 건물은 교회개척에 도움이 되는 것이 사실이지만 교인들의 관심을 부수적인 데로 돌리는 원인이 되기도 한다는 사실을 교회개척자는 명심해야만 한다고 말했다. 교인들의 시선이 하나님의 사명에 집중하지 못하도록 할 수 있으며, 교회 건물의 외형적인 모습에 마음을 빼앗기기 시작하면서 자신의 교회만 생각하려는 경향이 생긴다.164

3) 교회당 중심은 한국교회를 빚더미 위에 올려놓았다

  박영돈은 말하기를 "교회가 금융권에서 교회 건축과 관련하여 대출 받은 액수가 9조원"165이라고 말하면서, "건축과 관련해서 금융권에서 대출한 액수가 개신교 일 년 총 운영자금의 3배에 가까운 9조원이니 교

---

162. Neil Cole, 『교회 3.0: 본질과 사명을 되찾는 교회의 재탄생』, 151.
163. Michael Frost & Alan Hirsch, The Shaping of Things to Come; 지성근 역, 『새로운 교회가 온다』 (서울: IVP, 2009), 278.
164. Stetzer & Rainer, 『교회혁명: 변혁적 교회』, 131.
165. 박영돈, 『일그러진 한국교회의 얼굴』, 42.

회 재정이 건축 빚 갚는데 탕진되고 있는 셈이다"[166]라고 지적했다. 대출 금리를 6%로 계산해도 매달 450억 원 이상의 헌금이 이자로 지급되는 것이다. 실로 어마어마한 액수이다. 교인들의 피 같은 헌금이 금융권을 배불리고 있다. 목회자들의 사례비도 깎아가면서 빚을 갚고 있다. 그런데 이 모든 일이 "하나님께 영광"이란 슬로건 아래 실행되기에 교회 내의 그 누구도 반론을 제기할 수 없다.

한국교회는 교회당 건축 때문에 수많은 부정적 면에 직면했다고 해도 결코 과언이 아니다. 교회들은 건축 때문에 부정과 불법, 그리고 비리에 연루되었음이 사실이다. 그럼으로써 교회가 존재하는 것만으로 발산되는 대 사회적 메시지를 잃어버렸고, 오히려 존재하는 것만으로 비난의 대상이 되었다. 결과적으로 교회들로 하여금 엄청난 부채를 떠안게 했으며, 이것은 교회의 부도와 경매[167] 그리고 교인 이탈의 원인이 되었다. 이러한 상황에 대해 조성돈은 "대출을 안고 있는 교회는 말씀 중심에서 벗어나 경제 논리에 빠지는 경향이 있다"면서 "한마디로 세속화되기 쉽다"라고 말했다.[168] 김진호는 보다 극단적인 평가를 내렸는데, 교회당 건축 때문에 "최근 교회 폐업률을 급증시켰고, 교인들을 끼워 파는 식의 파행적인 교회 매매 현상도 적잖이 일어나고 있다"[169]라고 했다.

---

166. 박영돈, 『일그러진 한국교회의 얼굴』, 57.
167. 부동산경매업체의 자료에 의하면, 교회 건물이 경매로 나온 경우가 2008년 181건, 2009년 227건, 2010년 299건, 2011년 251건, 2012년 272건, 2013년 상반기 153건이다. 황윤수, "포럼주제에 대한 프리젠테이션," 대한예수교장로회 총회, 『제98회기 총회전도정책 포럼: 이웃과 하나 되는 우리 교회』, 8.
168. 노컷뉴스, "'키우고 보자' 은행 빚으로 지은 교회들 결국…," http://www.nocutnews.co.kr/news/944092.
169. 김진호, 『시민 K, 교회를 나가다: 한국 개신교의 성공과 실패, 그 욕망의 사회학』 (서울: 현암사, 2012), 137.

4) 교회개척자가 교회당과 관련하여 고려할 사항이 있다

교회당과 관련하여 교회개척자는 먼저 교회당 건물이 교회개척의 필수 요소가 아니라는 신학적 명제를 인지하여야 한다. 교회개척자에게 교회당이 필요한가라는 질문은 우문일 것이다. 월세 사는 사람에게 집이 왜 필요하냐고 묻는 것은 어리석은 질문이다. 사람에게 옷이 필요하듯 교인들에게도 교회당이 필요하다. 그럼에도 불구하고 교회개척자는 건물 중심의 교회개척을 재고해야 한다. "House"보다는 "Home"이 더 중요하다. "Home"의 성장과 더불어 "House"가 결정되어야 한다. 식구가 늘어나면 공간이 더 필요하다. 교회 건물을 먼저 지어놓고 그 공간을 채우기 위해 사람을 모으는 것은 구세대적이고 성경에 없는 방법이다. 교회개척자가 건물로부터 자유로워질 수 있다면 목회자는 훨씬 본질적인 많은 일들을 시작할 수 있을 것이다.

교회당과 관련하여 교회개척자가 고려해야만 하는 또 다른 사항은 건물 중심의 교회개척이 이 시대에서 성공할 확률이 낮다는 사실을 인지하여야 한다. 지금까지 한국교회는 건물 중심의 목회 경향이 팽배했다. 그리고 그 결과는 한국교회가 빚더미에 올라앉았다는 것이며, 교회 생태계가 파괴되었다는 것이다. 이 시대에는 건물을 마련하고 꾸며놓아도, 그것을 보고 방문하거나 정착하는 자는 거의 없다. 따라서 더 좋은 교회당을 마련하려고 하기보다는 건강한 모임을 개척하려고 해야 한다.[170] 하드웨어 개선으로 성장의 한계선을 끌어 올리는 것이 이제는 거의 불가능하다 하겠다. "교회 건축과 같은 하드웨어에 몰입하지 말고, 사람과 소프트웨어에 집중"해야만 한다.[171] 교회를 "건물"이란 개념에서 "사람들"이라는 개념으로 전환해야 한다.

---

170. Chester & Timmis, 『교회다움』, 26.
171. 최윤식, 『2020-2040 한국교회 미래지도』, 48.

19
교회개척 방향(3)
양적 비대에서 공동체적 번식으로

　교회개척자는 개척에 임하기 전에 성경적인 교회론을 확립하는 것이 절대적으로 필요하다. 교회개척의 전략을 찾기 전에 먼저 교회가 무엇인지를 정의하고 정립해야 한다는 소리이다. 교회가 무엇인가? 몸Body인가 아니면 기계Machine인가? 유기체Organism인가? 아니면 체계/조직 System/Organization인가? 이러한 질문은 아주 기초적인 질문에 해당하지만 이 질문에 대한 답은 교회개척자의 모든 삶과 목회와 전략에 결정적인 영향을 준다. 당연히 교회는 살아 있는 유기체인 "몸"으로 존재해야만 한다. 교회개척자는 교회가 한 몸으로 존재하기를 고집해야만 한다. 한 몸으로 존재할 수 없을 정도의 성장을 목표로 한다면 교인은 효율을 따지는 개체화 혹은 부속품화가 되고 만다.
　교회개척자는 "교회성장"과 "교회성장주의"는 구별해야만 한다. 교회개척자는 "부흥"과 "부흥주의"를 구별해야 한다. 교회성장이나 부흥은 하나님께서 강렬하게 원하시는 것이다. 그러나 교회성장주의나 부흥주의는 인간의 탐욕에 의한 것이다. "하나님 나라의 확장"을 교회성장이라고 한다면, 한 지역 교회의 거대화는 "교회비대/비만"라고 표현하는 것이 맞다. 교회성장은 이 땅에 교회가 많아지는 것이지, 한 지역 교회가 비대해지는 것을 의미하지 않는다. 몸이 비대해지면 많은 문제점에 노출되듯이, 교회의 비대화는 교회 생태계의 건강을 해칠 수밖에 없다.

하나님께서는 창조 시에 이 땅의 모든 생명체의 크기를 정하셨다고 본다. 그 크기가 유전자에 새겨짐으로 말미암아 모든 생명체는 일정하게 정해진 크기 이상의 크기로는 커지거나 성장하지 않는다. 만약 어떤 개체가 정해진 크기 이상으로 커진다고 한다면, 우리는 이것을 돌연변이라고 부르고, 돌연변이는 당연히 그가 속한 생태계를 파괴한다.

그렇다면 교회도 유기체로서 생명체인데, 교회개척자는 하나님께서 이 땅에 교회를 남기실 때 그 규모를 어느 정도로 하였을까를 생각해 보아야 한다. 그리고 그 규모는 성경의 사도행전과 서신서 등을 통해서 짐작할 수 있다. 그 규모를 우리는 "작은 교회"[172] 혹은 "목양이 가능한 규모의 교회" 혹은 "한 몸으로서 존재할 수 있는 교회" 등으로 말할 수 있다. 결국 교회개척자는 "한 몸으로 존재할 수 있는 교회"의 규모, 즉 "신앙공동체" 형성을 목표로 교회개척에 임해야 한다. 다시 말하면 교회를 공간이나 장소라는 개념에서 공동체라는 개념으로 전환해야 한다는 것이다.

그렇다면 공동체란 무엇을 의미하는가? 정재영은 공동체를 "상호 신뢰"를 바탕으로 "공동의 의식"과 "공동의 생활양식"을 통해 결속감이 증대된 집단으로서, 서로 간에 책임과 의무를 다하는 도덕적 집단이라고 정의했다.[173] 때문에 공동체로서의 교회에서는 교인 한 사람의 환경, 상황, 그리고 사건이 전체 교회의 환경, 상황, 사건이 된다. 한 교인의 가정에 새 생명이 탄생했으면 전체 교회가 생명을 얻은 반응을 하고, 한 교인이 실직을 했으면 전체 교인이 고민하는 것이 공동체로서의 교회이다. 공동체인 교회에서 한 사람이 겪는 환경 변화는 그 개인의 것만이 아니라 전체의 것이다. 모든 결정들이 개인의 호불호나 가치관에 의해서가 아니라, 서로에 대해 책임을 지고 그들이 속한 공동체를 고려

---

172. 본장에 이어지는 "개척교회(작은 교회) 목사의 목양(Shepherding): 원리와 방법"을 참고할 것.
173. 정재영, 『함께 살아가는 마을과 교회』 (서울: SFC, 2018), 64.

하여 이루어진다.[174]

　사람들은 이러한 공동체에 마음이 끌린다. 세상이 점점 각박해지고 있다. 물질적으로는 제4차 산업혁명 시대에 돌입했고, 정신적으로는 포스트모더니즘이 지배하고 있는 이 시대이다. 이러한 시대일수록 사람들은 공동체에 더욱 끌린다. 팀 체스터는 현대인들은 메시지에 끌리지는 않지만 공동체에는 끌린다고 주장했다. 때문에 누군가가 말씀을 받아들이지 않으면 공동체를 보여 주라고 했다.[175] 그는 "실제로 사람들은 기독교 메시지에 마음이 끌리기 이전에 대개는 먼저 그리스도인 공동체에 마음이 끌린다"[176]라고 말했다.

　교회개척자는 이러한 공동체로서의 교회를 목표로 교회개척에 임해야 한다. 더 이상은 부흥주의나 성장주의에 의한 교회비대를 목표로 해서는 아니 된다. 교회성장주의나 부흥주의에 매몰되어 그저 사람을 끌어 모으려는 자세에서 벗어나, 진정한 신앙공동체를 형성하는 전략을 세워야 한다. 실제로 오늘날 부흥시대의 패러다임으로 교회를 개척하는 것은 실패를 자초하는 시작이다. 박영돈은 여전히 교회성장을 교회의 핵심가치로 보고 성장이 멈추어 버린 것을 위기로 생각하는 구태의연한 교회론을 비판하고 있다. 그는 이러한 교회론을 마치 컴퓨터 하드웨어가 고장 났는데 새로운 소프트웨어만 갈아 끼워 프로그램을 작동하려는 시도와도 같다고 지적했다.[177] 교회개척자가 수년간 갖은 노력을 해서 몇 십 명을 모았다 하더라도, 그것이 해체되는 것은 순식간이다. 오늘날 개척교회를 찾는 이들에게서 소속감과 헌신을 찾아보기란 그리 쉽지 않기 때문이다.

　따라서 교회개척자는 한 사람의 영혼에 관심을 갖는 본질적 목양에

---

174. Chester & Timmis, 『교회다움』, 65.
175. Chester & Timmis, 『교회다움』, 81.
176. Chester & Timmis, 『일상 교회: 세상이 이웃 삼고 싶은 교회』, 88.
177. 박영돈, 『일그러진 한국교회의 얼굴』, 43.

충실해야만 한다. 교회개척자가 부흥에 매달리게 되면 한 영혼이 보이지 않는다. 때문에 교회개척자는 부흥이냐 한 영혼이냐를 결정해야 한다. 현실적으로 지금은 탈기독교 시대이며, 또한 다음 세대의 인구수가 기성세대의 절반이다. 이러한 사실은 더 이상 숫자로는 현재의 교회당을 채울 수 없다는 것을 의미한다고 본다. 요한계시록에는 두 개의 성이 나타난다. 하나는 큰 성 바벨론과 다른 하나는 거룩한 성 예루살렘이다. 교회개척자는 바벨론 성을 추구하기보다는 예루살렘 성을 추구해야만 한다. 교회개척자는 더디고 천천히 가더라도 거룩한 공동체를 만드는 바른 길을 가야 한다. 자신의 대에 승부를 보겠다고 생각한 자는 교회개척자가 될 수도, 되어서도 안 된다. 교회개척은 씨를 뿌리는 것이다. 교회개척자는 한 사람의 바른 교인이 세워지는 것에 집중해야만 한다. 규모보다는 신앙공동체에 관심을 두어야 한다.

이미 교회에 포함된 사람의 숫자보다는, 전도해야 할 대상의 숫자에 초점을 맞추라. 양보다는 방향에 중점을 두라. 숫자에 대한 강박관념을 버려라. 여유롭게 하라. 교회가 왜 사람의 기준으로 잘되어야만 하는가? 어느 개척교회 목사의 다음과 같은 고백을 들으라. "목회라고 하는 것은 10년 해서 몇 명 모이는 교회를 만드는 것이 성과가 아니라, 10년 동안 그리스도의 사랑으로 섬기고 죽어버리는 것이라고 생각해요." 사람들은 교회의 영광을 자꾸만 부흥과 연결시킨다. 그러나 교회의 영광은 교인들의 숫자와 하등 관계가 없다. 교회는 그 자체로 영광스럽다.

작은 교회 목사의 목양: 원리와 방법
Shepherding

†

1. "목자"에 대한 사전적 의미

1) 양을 감독(감시)하고, 돌보고, 보호하는 사람
2) 사람이나 사람이 모인 단체를 보호하고 인도하고 감독하는 사람
3) 성직자

2. 목자의 대한 성경적 의미

1) 행 20:28-31
2) 벧전 5:1-3
3) "감독"Overseer이란 단어는 목자의 의미를 잘 보여준다.
   ① 이 단어는 신약성경에 6회(행 20:28; 빌 1:1; 딤전 3:1,2; 딛 1:7; 벧전 2:25) 나오는데, 그 중에 두 번이 "목자"와 연관되어 있다.
   ② 벧전 2:25, 예수님은 "목자와 감독"으로 불렸다(행 20:28).
   ③ 딤전 3:1, "사람이 감독의 직분을 얻으려 함은 선한 일을 사모하는 것이라" 이는 교회에서 매우 책임이 중한 직책이며, 동시에 가치 있고 존경받을만한 직책이라는 의미이다. "감독"은 직책이 아니라 역할(기능)까지도 강조한다. 감독은 양들을 다스리고 돌보고 감독하는 자이다.
   ④ 감독은 하나님의 백성들의 필요를 알아야 하며 그 필요에 반응하는 자임을 알 수 있다. 마치 실제 양치기가 자기 양 떼를 위해 하는 것과 똑같은 방법으로 말이다.
4) 목사는 다양한 목회적 상황과 조건 속에서 목회를 함에도 불구하

고, 또 필요에 의해 많은 역할을 감당해야 됨에도 불구하고, 성경은 목사가 목자이며, 반드시 목자의 역할을 감당해야 하는 자임을 분명히 한다.

5) 교회개척 목사는, ①자신의 기질이 어떠하든 간에, ②교회의 상황이 어떠하든 간에, ③교회개척 단계에 따라, 목양해야만 하는 목자라는 사실을 기억해야만 한다.

3. 목자의 기능/역할

1) Donald Macnair

　보호자Guardian, 감독자Overseer, 모범자Example, 목자Shepherd

2) Timothy Laniak

　공급Provision, 보호Protection, 인도Guidance

3) Timothy Witmer

　앎Knowing, 먹임Feeding, 인도함Leading, 보호함Protecting

4. 왜 목사는 목자이어야 하는가?

1) 목사는 목양 명령을 받았기 때문이다. 목자장 되시는 예수님의 명령이시다(벧전 5:2).
2) 목사는 삶의 본보기Example이기 때문이다. 목사는 따르는 사람들에게 어떻게 살아야 하는지를 보여주기 위해 부르심을 받은 자이다.
3) 목사는 성도들을 보호할 책임이 있기 때문이다. 목사는 거짓 가르침으로부터 양 떼를 보호하기 위해 부르심을 받았다. 양들은 먹잇감에 의해 쉽게 흩어지는 경향이 있다.

5. 개척교회(작은 교회) 목회자의 목자 역할을 위한 초기 준비

1) 개척교회 목사의 초기 실수
   ① 복음전도에 매진함으로 목양에 무관심하다는 점(산토끼 잡기 위해 집토끼를 굶겨 죽임)
   ② 목양에만 매진함으로 복음전도에 무관심하다는 점
   ③ 목양과 전도(부흥)라는 두 마리 토끼를 모두 잡아야 한다. 교회 개척에 있어서 목회 현장의 모든 책임은 순전히 목사 자신에게 있다.
2) 목양과 관련하여 개척교회 초기 방안
   ① 개척교회 목사는 자신의 기질, 주어진 환경, 그리고 멘토의 조언 등을 감안하여 자신만의 목양철학과 목양 방법론, 원칙 등을 개척멤버들(새 멤버)과 분명하게 소통해야만 한다. (물론 그 모든 내용이 단순할수록 소통은 효과적이다.)
   ② 개척교회 목사는 목양과 관련하여 스스로에게 다음과 같은 질문을 던져야 한다. 이러한 질문에 대해 목사 자신이 대답할 수 없다면 멤버들은 당연히 모른다.
      ❶ 현재 상황 속에서 어떤 목양 시스템(집토끼 관리 체제)을 갖추어야 하나?
      ❷ 교회 사명과 관련하여 어떻게 성도를 목양해야 하나?
      ❸ 성도들이 나의 목양 원칙을 다른 사람들에게 분명하게 설명할 수 있나? ("우리 목사님의 심방 원칙은 이러이러한 거야!")

6. 개척교회 목자의 목양원리 네 가지

1) 목자는 양들을 알아야 한다.
   ① 하나님의 양들을 할당받았다. 하나님께서는, 마치 왕이 일정량

의 땅을 각 시민들에게 할당해 주듯이, 특별한 사람들을 목사에게 배분해주셨다.

② 목사는 자신의 양 떼들의 삶을 개인적으로Personally 알아야 한다. 양 떼와 멀리 떨어져서 인도할 수 있는 목자는 아무도 없다.

③ 베드로전서 5장 2-3절은 목사가 그 "맡은 사람들"(벧전 5:3)을 자세히 알아야만 한다고 가르치고 있다.

④ 목자는 양 떼의 얼굴과 상태를 확실히 알아야만 한다(잠 27:23). 양 떼의 얼굴과 상태를 알기 위해서 목자는 각 양들의 얼굴을 면밀하게 쳐다보아야 할 것이다.

⑤ 팀 켈러Tim Keller가 말하는 목자 리더십Shepherd-Leadership
　❶ 목자는 양 떼를 조사한다Inspect.
　❷ 목자는 양 떼를 세심하게 보살핀다Care.
　❸ 목자는 양 떼를 진단(분석)한다Diagnose.

⑥ 양 떼를 알기 위한 방법
　❶ 그들과 시간을 함께 보낸다.
　❷ 그들의 말에 대해 좋은 청자가 된다.
　❸ 그들의 삶을 심각하게 받아들인다.
　❹ 그들을 동정심을 갖고 이해하려고 애쓴다.

2) 목자는 양들을 먹여야 한다.
　① 말씀으로 먹인다.
　　❶ 하나님께 집중하도록 만든다.
　　❷ 대면하여, 책망하고, 거부하라고 선포해야 한다.
　　❸ 말씀으로 먹이기 위해 목자는 적당한 때에 적당한 말과 적당한 톤, 그리고 영적인 상태를 감지할 수 있는 영적 감각을 달라고 성령을 의존한다.
　② 기도함으로 먹인다. 양과 함께 기도하고 양을 위해 기도한다.
　　❶ 먼저 목자 자신을 위해 기도하는 자이다. 목자는 기도(하나님과

의 동행과 성령을 의존함)를 통해서 양들에게 영감을 준다. 목사는 추수 들판을 향해 가지셨던 주님의 그 마음을 갖고 있어야 하며 삶에서 드러나야 한다.

❷ 양들이 그들의 삶을 위한 하나님의 뜻을 알게 해달라고 기도해야 한다.

❸ 양들이 하나님께서 주시는 모든 영적인 지혜와 이해력이 넘치기를 기도해야 한다.

③ 행동하게 독려함으로 먹인다Equipping. 양들이 실제로 행동하도록 가르친다.

❶ 목자는 양들로 하여금 교회를 세우고 봉사하도록(엡 4:11).

❷ 행동하게 독려하는 방법
- 그물을 수선하게 한다(마 4:21; 막 1:16, 19).
- 하나 됨의 온전함을 이루게 한다(고전 1:10).
- 서로 간의 부족한 점을 보충하도록 한다(살전 3:10).
- 죄와 낙심으로부터 회복할 수 있도록 한다(갈 6:1).

3) 목자는 양들을 인도해야 한다.
① 목자는 영적인 감독이다(행 20:28).
② 목자는 청지기이다. 청지기는 주인의 가정을 관리하는 자이다.
③ 목자는 유연성과 적응력을 갖고 양들을 인도해야 한다.

❶ 목자는 양들이 질서정연하게 따라오도록 인도하는 자이다.

❷ 그러나 숙련된 목자가 되기 위해 유연성과 적응성이 필요하다. 양들의 조건에 따라 그에 맞는 인도가 필요하다.

❸ 마틴 부쳐가 구별한 양의 종류
- 헤매는 양
- 길 잃은 양
- 상처 입은 양
- 병약한 양

- 건강한 양
    - ❹ 목사는 교회가 성장해 감에 따라 목양 구조를 조정하고 발전시켜야 한다.
  4) 목자는 양들을 보호해야 한다.
    ① 죄악으로부터 보호한다.
    ② 삶 속의 여러 유혹의 위험으로부터 보호한다.
    ③ 관계 맺음을 통해 보호한다.
    ④ 어떻게 보호할 것인가?(살전 5:12-14)
      ❶ 게으른 자는 권계함으로
      ❷ 마음이 약한 자들은 격려함으로
      ❸ 힘이 없는 자들은 붙들어 줌으로
      ❹ 모든 사람에게는 오래 참음으로

7. 결론

1) 목사는 목자로서 정체성이 중요하다. 만약 목사들이 성령께서 자신들을 감독으로 삼으셨다는 사실을 인식하고 있다면, 만약 목사들이 하나님께서 자신들에게 그분의 양들을 알도록 하고 보살피도록 하기 위해 맡겨주셨다는 사실을 인식한다면, 목사들은 분명 신실하고 온전한 정신으로 소명을 이룰 것이다.
2) 문제가 생겼을 때 목사들은 양 떼를 포기하고 싶은 유혹을 이겨내야만 한다. 자기 맘에 드는 양들만을 위한 푸른 초장, 능력 있고 좋은 양들만을 위한 푸른 초장을 찾고 싶은 유혹을 이겨내야만 한다.
3) 목사는 하나님께서 그의 아들의 피 값으로 사신 양들을 조심스럽게 감독하고 관리해야 한다. 교회는 목사의 것이 아니라 하나님의 것이다.

20
교회개척 방향(4)
교회중심에서 지역중심으로

"선교적 교회"Missional Church라는 개념은 레슬리 뉴비긴Lesslie Newbigin(1909-1998)에 의해 최초로 잉태되었다. 그가 1936년 안수를 받고 바로 인도 선교사로 파송되어 40여 년을 사역한 후, 1974년 영국으로 돌아왔을 때, 다른 땅이 아닌 영국이 바로 선교지라는 현실을 보고 충격을 받았다. 그 후 그는 많은 저술과 활동을 통해 선교의 새로운 패러다임을 역설하였다. 뉴비긴은 서구 교회들이 이미 후기 기독교 사회가 되었음에도 불구하고 여전히 기독교왕국Christendom 시각으로 사역하고 있음과, 개인적인 삶을 위한 내적 활동에만 초점을 맞추고 있음을 비판하였다. "서양교회들은 이전처럼 계속 사역을 하고 있었으나 오직 전통적이고 보수적인 사람들만이 편안함을 느끼는 환경을 만들고 있었다."[178]

이러한 뉴비긴의 사상은 데이빗 보쉬David Bosch(1929-1992)에 의해 확장 발전되었다. 보쉬는 기독교 사회를 재창조하려고 노력하는 실수(중세의 실수)와 사회에서 물러나 영적 영역에만 머물려고 하는 실수(근대성의 실수) 등의 오류를 피해야 한다고 주장했다.[179] 그는 기독교가 혼합주의를 피하면서도 동시에 단절을 피하는 방식을 택해야 하는데 그것

---

178. Keller, 『팀 켈러의 센터처치』, 524.
179. Keller, 『팀 켈러의 센터처치』, 528.

이 기독교의 메시지를 상황화하는 것이라 했다. 즉, 교회 안에만 집중되는 신자들의 관심을 세상에 대한 관심으로 바꿔야 한다는 것이었다.

이러한 뉴비긴과 보쉬의 영향은 북미로 번졌으며, 영향을 받은 북미의 교회 지도자들과 학자들은 1990년대 "복음과 우리 문화 네트워크"The Gospel and Our Cultural Network라는 단체를 만들고 사역을 시작하게 됨으로 "선교적 교회"Missional Church라는 용어가 공식적으로 등장하였다.[180] 이후에 죠지 헌스버그George Hunsberger와 크레이크 반 겔러Craig van Gelder, 데럴 구더Darrell L. Guder 등의 활약으로 "선교적"이란 말이 널리 쓰이기 시작하였으며, 선교적 교회론에 대한 다양한 방향과 개념들이 본격적으로 등장하기 시작했다.

> "복음과 우리 문화 네트워크"The Gospel and Our Cultural Network의 "선교적 교회" 정의
>
> "선교적 교회는 하나님을 인간 문화와 하나님의 만남 속에서 제시한다. 교회는 인간의 목표나 욕망 때문이 아니라 세상 속에서 지금도 창조와 구원 사역을 행하시는 하나님의 일하심의 결과로 존재한다. 교회는 인간의 삶을 향해 예수 그리스도의 복된 소식을 전하고, 인간의 문화를 창조 세계를 향한 하나님의 의도를 더욱 더 충실하게 반영하도록 변화시키는 하나님의 방법이 가시화된 것이다. 교회는 예수님이 은유적 언어를 사용하여 세상의 소금, 누룩, 빛이라고 하셨던 것처럼 하나님의 활동에 가시적이며 효과적으로 참여하는 공동체이다."[181]

---

180. 신현수, "선교적 교회운동에 대한 개혁주의 선교신학적 비평적 이해," 「신학지남」 통권 318호 (2014): 263.
181. Michael Frost & Alan Hirsch, *The Shaping of Things to Come*; 지성근 역, 『새로운 교회가 온다』 (서울: IVP, 2009). 23-25. www.gocn.org를 보라.

그렇다면 선교적 교회란 구체적으로 어떤 교회를 의미하는가? 선교적 교회는, 기독교왕국 시대의 "보내는 존재"Sending로서의 교회에서 탈피하여, "보냄 받은 존재"Being sent로 자각하는 교회이다. 이런 차원에서 보면, 사도 시대 교회가 보냄 받은 교회이었으며 흩어지는 교회이었음을 감안할 때, 사도 시대 교회의 존재 양식으로 돌아가는 교회가 선교적 교회라 하겠다.

"예수님은 우리에게 온 세상으로 가서 그의 사신이 되라고 말씀하셨다. 그러나 오늘날의 많은 교회들은 어느새 'Go and Be' 명령을 'Come and See'라는 부탁으로 바꾸고 말았다. 우리들은 어느새 건물과 프로그램과 스텝 활용에 집착해 왔으며, 사람들을 즐겁게 하고 그들을 끌어들일 수 있는 다양한 종류의 행사와 상품에 익숙해졌다. '선교적'이라는 말은 'Come to Us'라는 초청을 'Go to Them' 삶으로 바꾸는 것을 의미하는 말이다. '선교적'이라 함은 우리의 존재가 'The Way of Jesus'를 보여주고, 전적으로 타인을 위한 희생적 삶에 초점을 맞추는 것이다. 즉, 우리 문화권 안에서 선교사적 자세로 사는 것을 의미한다. '선교적'은 예수님을 따르는 자들의 매우 본질적인 속성이다."[182]

때문에 선교적 교회는 교회가 위치한 지역과 문화를 중요하게 여기는 교회이다. 선교적 교회는 미전도 종족을 이슈로 삼는 것이 아니라 교회가 위치한 지역과 문화를 이슈로 삼는다. 선교적 교회는 현재하는 지역과 문화 속에서 어떤 교회가 될 것인가를 묻는 교회이다. 복음을 단지 전파하는 교회로서 만족하는 것이 아니라 삶의 현장에서 복음을 구체화하는 것을 중요하게 여기는 교회가 선교적 교회이다.

이러한 선교적 교회는 오늘날의 교회개척자들이 수용해야만 하는 교회론으로서 21세기 교회개척을 위한 대안이라고 확신한다. 교회당을 먼저 마련해 놓고 사람들이 오기를 기다리는, 그것도 비신자가 아니라

---

182. Rick Meigs, http://www.friendofmissional.org.

기존 신자가 오기를 기다리는 식의 20세기 후반부의 교회개척은 더 이상 작동하지 않은 구(舊)시대의 유물이다. 교회 주변에 높은 담을 쌓고, 교회에 오는 사람들과 더불어 교회 안에서 축제를 벌이고, 그 일을 위해 교회의 거의 모든 자원을 사용하는 목회 방식, 그래서 이 잔치와 특권을 누리려면 교회로 오라는 식의 목회론은 그 효력을 잃은 지 오래이다. 세상은 교회를 더 이상 필요로 하지 않고, 따라서 사람들은 교회에 오지 않으며, 그렇기에 기존 교회 역시 점점 고령화 될 수밖에 없고, 결국은 개척교회나 기존 교회나 문을 닫을 수밖에 없게 된다. 이제는 교회개척자가, 그리고 교회가 주도적으로 세상으로 그리고 비신자가 있는 곳으로 나아가야 한다. 즉 선교적 교회가 되어야 한다는 것이다. 따라서 교회개척자는 전통적인 교회개척에서 선교적 교회개척으로 바뀌어야 하는 것이다. 그렇다면 선교적 교회개척은 어떤 교회개척이어야만 하는가?

1) "마을 속 교회"로 자리 잡는 교회개척이어야 한다

교회개척자는 마을 속 교회가 되는데 모든 초점을 맞추어야 한다. 구제와 봉사를 통한 동네 친화적 교회로서, 선한 이웃으로서의 주는 교회, 가난한 자들과 함께 일하는 교회가 아니라 가난 그 자체인 교회로 나가야 한다. 필자의 기억에 의하면 대형교회가 등장하기 전 70년대까지만 해도 교회들은 대체로 동네 교회였다. 목사는 동네 목사였다. 비신자들까지도 "우리 동네 교회" 혹은 "우리 동네 목사님"이란 소리를 스스럼없이 했다. 그리고 교회는 마을과 생사고락을 같이 했다. 그런데 어느 순간부터 교회는 교회가 위치한 동네와 괴리감을 갖게 되었다. 교회개척자는 마을 속 교회가 되도록 교회개척에 임해야 한다.

2) "교회 밖 중심 사역"에 초점을 맞춘 교회개척이어야 한다

지금까지 교회들이 행하는 사역의 대부분은 교회 안에 집중되었다 해도 과언은 아니다. 이미 교회에 들어 온 자들을 위한 사역에만 치중하고 있다는 의미이다. 교회 밖 중심의 사역, 즉 교회가 속한 마을을 위한 사역은 명절 즈음에 한두 번 행하는 불우 이웃 돕기 정도의 구색 맞추기가 대부분이었음이 사실이다. 이러한 경향은 교회개척자에게 있어서도 별반 다르지 않다. 교회개척자가 교회와 마을과의 관계가 중요하다는 사실을 미처 인정하고 있지 못한다. 교회의 기반이 마을이라는 사실을 인정하고 있지 않다. 때문에 마을에 투자하지 않는다. 마을을 대상으로 사역하지 않는다.

모든 목사들이 마찬가지이지만, 특별히 한 명의 교인이 아쉬운 교회개척자는 교회당 밖에서, 그리고 예배시간이 아닌 일상에서 복음을 전하고 사역을 해야 한다, 동네 중심 사역을 해야 한다. 왜냐하면 교회개척자가 표적으로 삼는 사람들은 교회 안에 존재하지 않기 때문이다. 그리고 그들은 예배시간에는 나타나지 않기 때문이다. 어떤 교회개척자는 상품이 더 좋으면 사람들이 그 상품을 사갈 것이라고 추정하고, 교회 안에서 최상의 상품을 만드는 것 같다. 그러나 이 추정은 잘못된 추정이다. 동네 사람들은 그 상품의 존재나 용도를 모르기 때문에 상품의 가치를 매길 능력이 없다. 교회개척자가 그 상품을 들고 동네로 들어가 사람들에게 선전해야만 한다. 그 상품의 용도를 알리고 그 상품에 대한 구매 의욕을 불러 일으켜야 한다. 어느 교회개척자는 동네를 위해 담배꽁초를 줍는 것 한 가지로 그 동네에서 자리 잡고 교회성장까지 경험했다고 한다. 팀 체스터는 "우리가 그들이 있는 그리고 그들이 편하게 느끼는 교회 밖 그들의 영역으로 나가서 그들과 연결되지 않은 한, 잃어버린 영혼들은 주일 아침 예배에 나오지 않을 것"[183]이라고 단언했다. 선교적 교회개척자는 모든 관심을 교회 담장 밖 세상에 두고 교회개척을 실행하는 자이다.

3) 복음과 가치 모두를 소유한 교회개척이어야 한다

소유한 교회, 시대적 소명에 민감한 교회, 시대에 맞는 비전, 교회가 속한 환경 속에 걸맞는 소명과 비전을 추구하라. 주변 기존 교회들의 주보 등을 수집하여 분석한 후 다른 교회의 부족한 영역을 집중적으로 뚫어라. 발로 뛰는 교회개척이어야 한다. 교회개척 목회에서 말씀, 기도, 전도는 기본이다. 그 외에 차별화된 전략이 필요하다. 동네의 Felt Need를 찾아내야 한다. "너 같으면 교회 오겠니?"라는 질문은 교회 밖 사람들에게 그 교회를 판단하는 기준이 된다. 사람들이 교회에 올 수 있는 명분을 제공하는 복음과 가치를 제공해야 한다.

4) 접촉점을 개발하는 교회개척이어야 한다

선교적 교회개척자는 복음과 세상이 만나는 접촉점을 찾아 활용해야 한다. 즉 접촉점 뒤에 감추어진 교회를 세워가는 전략을 의미한다. 실제로 현장에서는 교회개척을 위한 접촉점으로 다양한 방법이 동원되고 있다. 카페, 요양원, 미용실, 독서실, 어린이집, 방과 후 학교, 공부방, 보습학원, 음악학원, 대안학교 등이 접촉점으로 사용되고 있으며, 교회개척자의 전문적 영역이나 기술 등도 교회개척을 위한 접촉점으로 활용되고 있다.

---

183. Chester & Timmis, 『일상 교회: 세상이 이웃 삼고 싶은 교회』, 43-44.

21
교회개척 방향(5)
현재에서 미래로

한국교회는 지난 수십 년 동안을 통해 오늘날의, 소위 말해 열악한 생태계를 만들어 냈다. 그렇다면 왜 한국교회는 이러한 열악한 생태계를 만들어 낼 수밖에 없었는가? 많은 이유가 있겠지만, 그 중의 중요한 이유 하나가, 한국교회와 목사들이 불과 10년 후의 세상도 내다보지 못하고 현재에만 급급하였기 때문이다. 즉, 한국교회와 목사들이 시대를 바라보는 안목이 부족했으며, 시각이 매우 단기적이었고 단편적이었다는 것이다. 이러한 사실은 현재의 교회와 목사들에게 의미 있는 교훈을 던져주고 있다고 하겠다. 특별히 열악한 교회 생태계 속에서 교회개척을 향해 나아가는 교회개척자들에게는 더더욱 고려해야만 하는 교훈이다.

교회개척자는 현재에 매여서는 안 된다. 미래를 바라보고, 미래의 현상에 관심을 갖고 오늘을 시작해야한다. 교회는 세상 가운데 세워진다. 교회는 세상 가운데 무인도가 아니다. 교회는 세상의 영향을 받고 동시에 세상에 영향을 끼치는 기관이다. 따라서 세상과 담을 쌓기보다는 세상을 알아야만 한다. 현재만이 아니라 예측되는 미래도 알고 분석하고 적절한 대책을 세워야 한다. 그래야만이 교회가 장기적으로 생존할 수 있다. 주어진 생태계와 변화될 생태계를 알고 적응력을 키우는 생물만이 생존할 수 있다. 개척교회는 생존이 우선 목적이다. 생존하기 위해서는 오늘 이후 세상이 어떻게 변할 것인지를 미리 예측하고 그에 적응할 수 있는 맷집을 미리 준비해야만 한다.

그렇다면 교회에 영향을 끼칠 수 있고, 목사들의 목회 방향에 영향을 줄 수밖에 없는 미래의 현상은 어떠한 것들이 있겠는가? 교회개척자가 조금만 노력하면 예측되는 미래의 현상들을 쉽게 찾을 수 있다. 미래학자들의 책 한 권을 참고함으로 미래의 현상을 예단할 수 있다. 사회학자들의 논문 한 편이나 현자들의 생각 한 토막을 통해서도 미래의 현상을 참고할 수 있다. 문제는 교회개척자들의 자세이다. 교회를 세상 속의 고립된 거룩한 장소이어야만 한다고 여기고, 교회를 둘러싸고 있는 세상의 변화에 무관심하다는 것이다. 중요한 사실은 세상을 모르면 현실의 가시적 교회는 생존하기 어렵다는 점이다.

미래에는 어떤 세상이 펼쳐질 것인가? 이성호는 미래 교회가 부딪히게 될 심각한 현상들을 양극화(세대, 지역, 빈부, 보혁 등), 고령화, 저출산, 세속화라고 했다.[184] 최윤식은 앞으로 교회는 경제적으로 가난해진 교인들 그리고 초과학화로 인한 환상 세계에 사는 교인들을 직면하게 될 것이라고 예견한다.[185] 이들의 예측에 의하면 앞으로의 교회와 목사들은 현재와는 많이 다른 세상과 사람을 직면하게 될 것이다. 따라서 교회개척자들은 이러한 급변하는 향후 수 년 간의 변화를 예측하고 적절하게 대처하는 교회개척을 시도해야만 한다.

한국적 상황에서 교회에 영향을 이미 끼치고 있으며, 앞으로 더욱 큰 영향을 끼치게 될 현상 중의 하나가 출산율 하락으로 인한 인구 감소이다. 인구 감소는 교회에 여러 문제를 가져다주는데, 교회 구성원의 고령화와 주일학교의 쇠퇴를 가져다준다. 앞으로 교인 수가 줄어드는 것은 기정사실이다. 교회 안에 고령자가 늘어가는 것 역시 기정사실이다. 따라서 양적 성장을 목표로 하는 목회는 보편적인 목회론이 되기 어렵다. (물론 양적 성장을 목표로 삼지 말아야 한다는 의미는 아니다.) 교회 안에

---

184. 이성호, 『바른 목회와 교회 성장: 비법은 없다』, 18-28.
185. 최윤식, 『2020-2040 한국교회 미래지도』, 141, 273.

서 "노인목회"가 주요 사역이 됨은 피할 수 없는 현실이 될 것이며, 이러한 노인 중심의 교회의 모습을 우리는 기독교 선배 국가들의 교회를 통해서 이미 충분히 보고 있다. 인구가 부족하기에, 국가에서는 나라를 유지하기 위한 최소한의 인구 확보를 위해 이민자들을 받아들일 수밖에 없을 것이다. 이미 200만이 넘는 외국인이 국내에 들어와 있는 형편이다. 따라서 대한민국은 다민족 국가가 될 것이며. 따라서 교회 역시 이주민 목회에 관심을 갖지 않을 수 없게 될 것이다. 인구 감소 문제는 교회의 헌금에도 상당한 영향을 끼치게 될 것이다. 교회 구성 멤버가 고령화되면서, 교회의 절대다수가 은퇴자가 될 것이며, 따라서 헌금의 양이 급격하게 줄어들 수밖에 없게 된다. 특별히 재정 헌신도가 매우 컸던 1960년대 출생자들인 베이비부머들이 은퇴하게 되면 교회의 재정은 급격히 약화될 수밖에 없다.

인구 문제 외에도, 제4차 산업혁명으로 인한 초과학화, 중산층이 무너짐으로 인한 빈곤층의 확대, 남한과 북한의 관계, 사회적 이슈들(차별, 인권, 지구온난화, 공정거래 등), 그리고 포스트모더니즘으로 인한 가치관 등은 교회에 큰 영향을 끼치게 될 것이며, 목사들의 목회적 전략을 수정해야만 하게 하는 요소들이 될 것이다. 이러한 요소들은 교회의 존재 양식과 구조를, 개교회 중심에서 하나님 나라 중심으로, 카리스마적 리더십에서 민주적 리더십으로, 목회자 중심에서 평신도 중심으로, 그리고 대그룹 중심에서 소그룹 중심으로 바뀌도록 할 것이라고 판단된다.

교회개척자들은 미래에 직면하게 될 이러한 상황들을 염두에 두면서 "교회를 다르게 할 수는 없을까?"라는 상상력과 창조적인 생각들을 가져야 한다. 성경이 허용하는 교회론의 범주 안에서 교회를 어떻게 변화되는 세상에 적응하게 만들 것인가를 연구해야만 한다. 교회개척자들은 시대의 변화에 적응하기 위해 주변 상황과 미래를 객관적으로 통찰하여 교회를 최적화, 재정립, 개축하는 것이 필요하다. 분명한 사실은 새로운 상황은 새로운 교회개척 방법과 목회 형식을 요구한다는 것이다. 앞으로 목회 환경은 점점 더 어려워질 것이 분명하지만, 그러나 영적으로는 오히려 엄청난 기회가 될 것이라고 필자는 확신한다. 교회개척자는 현실적 위기를 영적인 기회로 삼고, 미래의 예측되는 현상들을 잘 활용하는 전략적인 교회개척과 미래 목회를 준비해야 한다.[186] 교회개척자는 세상을 보는 안목과 적응력을 키워야 한다.

---

186. 최윤식, 『2020-2040 한국교회 미래지도』, 300-14.

22
교회개척 방향(6)
의존에서 자립으로[187]

교회개척자에게 있어서 가장 현실적인 문제는 경제적인 문제이다. 교회개척자는 교회가 자립할 때까지 스스로의 생계와 교회 운영을 위한 경비를 누군가에게 의존하든지 아니면 자력으로 해결해야만 한다. 누군가에게 의존하는 것을 다른 말로 하면 전적으로 하나님 의존(혹은 "까마귀 의존")이라고 말할 수 있으며, 자력으로 해결하는 것을 "두 직업 목사"Bi-Vocational Pastor[188]라고 할 수 있을 것이다. 전통적으로 교회개척자는 하나님만을 의존해야 하며 목회자가 세속적인 일을 해서는 안 된다는 것이 지배적이었다. 하지만 오늘날의 교회개척은 지금까지의 까마귀 의존 교회개척에서 두 직업 목사 교회개척으로의 패러다임 전환이 필요하다.[189]

---

187. 이 부분은 필자의 논문 "한국교회 현실과 교회개척 패러다임의 전환," 「복음과 실천신학」 제40권 (2016)"의 일부분을 발췌한 것임을 밝혀둔다.
188. "두 직업 목사"를 다른 이름으로 이중직 목사, 겸직 목사, 자비량 목사, 전문직 목사, Tent-Making 목사 등으로도 부른다. 두 직업 목사에 관한 이슈는 오늘날 한국교회에 떠오르는 이슈이다. 두 직업 목사가 금지된 배경, 두 직업 목사의 유형, 두 직업 목사가 유의해야 할 사항, 언제 두 직업 목사로 살아야 하는지, 언제 두 직업 목사를 그만 두어야 하는지, 어떤 직업을 선택해야 하는지, 어떻게 목회와 직업을 조화시킬 수 있는지 등에 대한 연구가 필요하다. 미국에서는 이미 상당한 연구가 되어 있으며, 두 직업 목사가 성경과 교회사적 근거를 갖고 있음 또한 밝혀져 있다. 두 직업 목사의 장점 또한 연구되어 있는바, Steve Sjogren이나 Tom Rainer 같은 학자들은 두 직업 목사의 장점을 잘 정리하고 있다. Stetzer, *Planting Missional Church*, 227.
189. 두 직업 목사 유형이 다양하다. ①생계형 두 직업 목사, ②자비량형 두 직업 목사, ③선교

한국교회는 전통적으로 까마귀 의존 목회자만을 신실한 목회자의 표상으로 여겨왔다. 이러한 전통에서 보면, 부흥이 안 되는 교회, 혹은 문을 닫는 교회의 목회자는 사력을 다하여 목회하지 않았기 때문이다. 본 필자의 부친도 개척교회로부터 시작하여 수십 년 목회하시다 은퇴하신 원로목사인데, 요즘 목회자들이 하나님만을 의지하여 열심히 목회하지 않기 때문에 교회가 문을 닫는 것이라는 확고한 신념을 갖고 있다. 하지만 이러한 전통적인 관점은 오늘날의 바뀐 목회 생태계를 전혀 고려하지 않은 과거의 패러다임이라 하겠다.

이제 두 직업 목사에 대한 새로운 관점이 필요한 때가 되었다. 중요한 것은 까마귀 의존 목회나 두 직업 목회나 두 가지 모두 확실한 성경적 근거와 교회사적 근거를 갖고 있다는 것이다. 따라서 두 직업 목사 형태는 성경적 진리 문제가 아니라 문화와 상황에 따른 선택의 문제일 뿐이다. 교회개척자는 생계와 관련하여 자신의 신학적 소신에 따라 까마귀를 전적으로 의존하든지 아니면 두 직업 목사의 길을 선택해야 한다. 어떤 선택도 성경적 지원을 받는다. 두 직업 목사가 "소명의 부실"이나 "물질주의에 빠진 잘못된 목회자"로 죄악시 되는 곳은 아마도 한국이 유일할 것이다.

당연히 두 가지 형태 모두 큰 위험성을 갖고 있음이 사실이다. 하지만 두 직업 목사에 대한 위험성은 과도히 부각되어 왔음에 비해, 까마귀 의존 목사의 위험성은 묵과되어 왔음이 사실이다. 실제적인 결과들을 보면, 까마귀 의존 목사가 겪는 위험이 두 직업 목사가 겪는 위험보다 훨씬 파괴적이다. 까마귀 의존 목사의 대부분은 국가 기준으로 볼 때 극빈자 계층에 속한다. 많은 까마귀 의존 교회개척자들이 시간이 지남에 따라 원망과 좌절, 세간의 이목에 대한 부담, 우울증, 자살 충동 속에서 목회자로서의 정체성을 잃어버리고 망가진다. 최악의 경우 가정

형 두 직업 목사, ④지역 공동체 운동 참여형 두 직업 목사 등으로 나뉠 수 있다.

이 해체되는 상황에 직면하는 경우도 있다. 이 모든 파괴적 현상들을 교회개척 목회자가 극복해야 할 고난으로만 치부하기에는 성경적 근거를 찾기 어려운 지나친 견해라 하겠다.

현실적으로 대부분의 미자립교회의 목회자들이 두 직업 목사들이다. 그들은 자신의 직업(택배화물하차, 과외교사, 전기기사, 학원, 퀵서비스, 우유, 녹즙배달, 공공근로, 문화센터 등), 그들의 배우자의 직업(다양한 전문직, 일반직, 일용직), 그리고 각종 국가가 지원하는 프로그램(방과 후 학교, 학원, 독서방, 노인사역)들을 활용하여 생계와 목회 경비를 해결하고 있다. 즉, 두 직업 목사가 이미 보편화되어 있다는 것이다. 그럼에도 불구하고 이들은 전통적 목회자상이 주는 편견에 의해, 그리고 두 직업을 금지하는 교단의 정책에 의해 스스로 뭔가 부족하고 신실하지 못한 목회자인 것처럼 의기소침한 채 그들의 현장을 지키고 있다.

두 직업 목사로서 교회개척은 이제 장려되어야 할 형태이다. 이 시대에 목사가 살고 교회가 살 수 있는 대안이며 동시에 한국교회가 피할 수 없는 선택이 될 수밖에 없는 목회자 형태이다. 따라서 교단은 두 직업 금지 조항을 해제하고, 오히려 두 직업 목사에 대한 신학적 정당성을 제공하고 두 직업 목사를 위한 일자리를 창출하는 적극적인 노력과 더불어 목회자들의 최저 생계비를 보장할 수 있는 정책을 수립해야만 한다.

23
총결론
교회개척을 위한 제언

본서의 총결론을 내리고 싶다. 지금까지 많은 말을 했고, 그럼에도 불구하고 아직도 많은 생각이 있다. 세상이 자꾸만 목사들의 수준을 문제시 삼는다. 하나님을 사용하는 상식이 안 통하는 그룹이라고 말한다. 교회는 교회대로 이기적인 이익 집단이란 평을 받는다. 결과적으로 목회하기가 쉽지 않은 세상에서 목사는 악전고투를 할 수밖에 없게 되었다. 그래서 많은 젊은 목사들이 현실의 벽 앞에서 낙담하고 소명을 포기하고 있다. 교회개척이라는 소명 앞에서는 더더욱 그러하다. 교회개척이 마치 청빙을 받지 못한 목사들의 도피처인 것처럼 말한다. 낙오자들이 완벽한 패배자가 되는 과정이 교회개척이라고 말한다. 답답하다. 하지만 포기할 수 없다. 많은 희생과 좌절이 있고 넘어짐과 포기가 속출한다 해도 그래도 계속해야 한다. 그것이 교회개척이다. 하나님의 나라의 확장이라는 준엄한 명령, 영혼을 구원하라는 긴급한 명령 앞에서 교회개척은 계속되어야만 하는 것이다. 다음 몇 가지 제언으로 본서를 마감하려고 한다.

1. 교회를 개척하라

교회를 개척하여 세워가는 것은 하나님의 소원이다. 교회는 생명체이다. 지상의 모든 생명체는 그 연한이 있다. 교회도 마찬가지이다. 지상의 가시적 교회는 언젠가는 죽는다. 만약 후손이 태어나지 않는 생명체는 그 세대로 끝난다. 마찬가지로 새로운 자녀교회가 생겨나지 않는다면 세월이 흐르면서 교회는 사라지게 되어 있다. 이러한 실증은 역사 속에서 비일비재하다. 교회개척만이 교회가 생명을 이어가는 방법이다. 교회개척만이 교회가 생존하는 길이다. 야성을 살리고 유지하라. 스스로 살려고 목회하는 것이 아니라 스스로는 죽고 하나님을 드러내기 위한 목회를 하라. 교회를 단지 오래 한다는 사실에 목숨 걸지 말라. 교회 문을 닫을 수도 있다. 하나님이 여기까지 하라고 하신다면 여기에서 내려놓을 수 있다. 시작과 끝이 하나님께 있다. 교회개척에 도전하라. 교회개척이 쉽지 않다. 그러나 교회개척이 어렵지 않은 시대는 없었다. 야성을 갖고, 가능하면 젊었을 때 교회개척에 투신하라.

2. 철저히 준비하라

준비하라고 제안한다. 교회개척을 위해 철저히 준비하라. 개인적으로, 경건에 있어서, 학문적으로, 목회적으로, 그리고 후원그룹 마련에 있어서 보다 철저하고 전략적으로 준비하라. 교회개척은 복권 당첨과 같은 것이 아니다. 하나님의 주권과 섭리 아래서 인간이 해야만 하는 일들에 최선을 다해야 한다. 교회론 정립과 목회철학 확립에 시간을 투자해야 한다. 자신에게 가장 알맞은 목회를 창조하고 구상해야 한다. 아주 작은 영역에서도 탁월한 전문성을 보이도록 준비해야 하며, 정직하고 합법적이어야 한다. "여기는 교회이고 나는 목사다"라는 프로의식을 바탕으로 진정한 전문가가 될 수 있도록 필요한 것을 갖추어야 한다.

3. 패러다임을 바꾸라

　상상력을 키우라고 제안한다. 전통적인 방법을 따르지 않아도 된다는 사실을 기억하기를 제안한다. 다르게 할 수 있는 방법을 찾을 것을 제안한다. 건물에서 자유하라. 사람이 있는 곳에 교회를 세우라. 건물을 세우고 그 안에 사람을 채우려 하기보다는 교회를 먼저 세우고 그 교회를 담기 위해 교회당을 준비하라. 넘쳐나는 비신자에게 포커스를 맞추어라. 성장과 부흥을 목표로 삼기보다는 진정한 공동체 형성에 관심을 두라. 미래를 예측하고 준비하는 목회를 하라. 교회개척의 패러다임이 바뀌어야 한다. 한국적 상황 속에서 패러다임 전환은, 한국적 기독교왕국Christendom 기간의 비정상적이었던 패러다임을 버리고, 초대교회가 추구했던 원래의 패러다임으로 돌아가는 것이며, 그 패러다임을 오늘의 현실에 다시 적용하는 것이다. 오늘날의 한국교회는 진정 교회개척 시대의 적기를 맞이했고, 하나님 나라를 위해 최전선에 서는 개척자들이 일어나야만 하는 시대라고 믿는다.

4. 재생산이 이루어지도록 목회하라

　목양이 있는 목회 사이즈를 의도적으로 고집하라. 현재 한국교회의 성장 DNA를 공동체 형성 DNA로 전환하라. 교회비대를 목표로 삼지 말라. 의도적인 작은 교회를 목표로 해야 한다. 교회를 개척하는 교회 Church-Planting Church가 되라. 스스로 분립하고 분열하라. 분립은 초기 한국교회의 전통이었다. 건강한 작은 교회의 정착이 한국교회의 살 길이다. 개교회 이기주의를 타파하고, 우주적 교회론에 근거한 하나님 나라의 성장과 확장에 무게 중심을 두라. 1만의 성도가 등록한 한 교회를 만들려 하기보다 1천의 성도가 출석하는 10교회를 만든다면, 아니 5백

명의 성도가 다니는 20교회를 만든다면, 그것이 분명 훨씬 더 건강한 교회 생태계일 것이다.

5. 지역(동네) 교회가 되기를 고집하라

교회는 가시적 지역 교회와 불가시적 천상교회로 나뉜다. 지역 교회를 개척하라. 교회개척자가 먼저 지역 사람이 되고, 그 지역에서 성도를 찾고, 그 지역과 융화하는 교회를 세워가라. 그 지역에서 선교적 교회가 되라. 교회가 속한 지역의 문화를 읽고 비판적으로 수용하고 활용하라. 동네 안에 있으면서도 동네와 관계없는 "고립된 성"으로서의 교회를 만들지 말라.

6. 작은 교회와 더불어 상생하라

교회가 자립하면, 주변의 생존이 어려운 작은 교회들과 상생하라. 혹시라도 중대형교회로 자리 잡았다면, 주변의 작은 교회 목회자들의 생존을 책임지라. 어느 개척교회 목사의 다음과 같은 하소연을 경청하라. "대형교회들이 자신들의 지역적 경계만 지켜도 개척교회가 생존하기 조금 쉬울 텐데… 개척교회가 사람을 모아 놓으면 대형교회에서 모두 데려가 버린다. 대형교회가 대형버스만 운행하지 않아도 부스러기라도 주울 수 있을 것인데… 조금 성장하는가 싶다가도 주변에 큰 교회가 들어서면 마치 진공청소기가 빨아들이듯이 성도들이 사라진다." 이 땅의 작은 교회들을 보다 관심 있게 살펴보라. 대형교회가 주변의 작은 교회들의 월세를 조금만 도와줘도 그들의 생존이 훨씬 수월할 것이다. 이것은 대형교회 자신의 생존을 위한 방법이기도 하다. 작은 교회들이 풀뿌리가 되어줄 때, 대형교회가 유지될 수 있기 때문이다. "포용적 교회 발전"을 정착하라. 큰 교회가 작은 교회를 책임지는 것이다. 작은 교회를 기초로 큰 교회가 생겨나기에 큰 교회의 이득을 작은 교회와 나누어야 한다는 원리를 말한다.

7. 생존에 대한 방안을 강구하라

눈을 감으면 주님께서 길을 열어주시는 것 같지만 눈을 뜨면 현실임을 기억하라. 믿음으로 시작했다가 얼마든지 낙심으로 마칠 수 있다. 그렇기에 생존 문제를 하나님께만 맡기지 말고 스스로 해결하는 방안을 처음부터 계획하고 준비하라. 두 직업 목사에 대한 신학적 정당성으로 무장하라.

8. 인격과 경건(영성)을 갖추어라

자신의 소명과 교회개척의 동기를 분명히 점검하라. 교회개척자의 성품과 자세를 갖추라. 경건이 몸에 배도록 하라. 목회는 인격과 영성으로 한다. 특별히 개척교회에서는 더더욱 그러하다. 오늘날 목사는 적고 경영자는 많은 시대이다. 제발 "분수"역할의 목회자가 아니라 "오아시스" 역할의 목회자가 되라. 치열하게 목회하라. 인격을 연마하고 경건을 연습하고 영혼을 목양함에 있어서 치열하라. 대충해서 되는 것은 없다.

9. "떠남의 원리"를 실현하라

소유욕은 모든 교회개척자들과 장기 목회자들이 직면하는 최대의 유혹이자 적이다. 어떻게 소유욕을 제어할 것이냐를 고민하라. 내려놓는 훈련을 하라. 부목사 때와는 비교할 수 없을 정도로 교회를 아끼게 된다. 이는 교회를 사랑하는 건강한 마음을 넘어서서 "내 교회"라고 생각하는 경우가 될 수 있다. 교회 사무실이 내 사무실이 되고, 교회 간판이 내 간판이 되기도 한다. 중심이 무너진 것이다. 할 수만 있으면 개척목사는 일정 기간이 지난 후 개척한 교회를 떠날 것을 제언한다. 그것이 교회에 대한 소유욕을 막을 수 있는 길이기 때문이다. 물리적으로 교회를 떠날 수 없다면 소유욕을 제어할 수 있는 장치를 만들어야만 한다. 교회의 주인은 예수님일 뿐이다.

10. 욕심을 버려라

할 수 있는 것만큼만 하라. 하고 싶은 목회를 하는 것이 아니라 할 수 있는 목회를 하라. 너무 많은 것을 하려고 하지 말라. 능력 밖의 것을 하려 하지 말라. 그것이 욕심이다. 존 파이퍼John Piper 목사가 다음과 같이 말한 것을 읽었다. "제가 드릴 수 있는 원칙 하나는 자신이 할 수 있는 것 이상을 하지 말라는 것입니다. 너무 많은 것을 감당하기 위해 타인의 아이디어를 빌리면 오히려 역효과가 일어납니다. 시간이 없다는 이유로 다른 사람의 책을 읽고 소화한 후 설교를 하면, 성도들은 목회자가 다른 사람의 신발을 빌려 신고 달리고 있음을 단번에 알아챌 것입니다."[190] 무엇이 본질인지를 아는 가장 분명한 방법은 그것을 뺄 수

---

190. 존 파이퍼, "하나님 안에서 만족할 때, 하나님을 영화롭게 합니다," 「목회와 신학」 337 (2017.7): 38.

있느냐이다. 무엇인가를 더해가는 것보다, 무엇을 뺄 것인가를 고민하는 교회개척자가 되라.

부록
Appendix

24
교회개척 마스터플랜 샘플

(본 교회개척 마스터플랜 샘플은, 학생들의 교회개척 마스터플랜 과제물 중에서 선택된, 그래서 강의안에 수록된 샘플들을 조합하여 편집한 것임을 밝혀둔다. 물론 당사자들의 허락을 받았음은 당연하다. 본서의 독자들은 본 샘플의 내용보다는 형식에 관심을 가져주기를 바라는 바이다. 여러 마스터플랜을 조합하였기에 내용에는 일관성이 없으리라 판단된다. 본 샘플은 오직 교회개척 마스터플랜이 어떤 형식이어야 하고, 어떤 요소들이 포함되어야만 하는지를 보여 주려는 목적으로만 만들어졌음을 밝힌다.)

I. 들어가는 말

이 마스터플랜은, 내가 개척할 교회를 염두에 두고, 믿음과 창의력을 통해 구체적으로 작성되었다. 이 교회개척 마스터플랜은 성경의 절대적 권위 아래서, 내가 정립한 교회론과 목회철학을 기초로 하여 작성되었다. 물론 나의 교회개척이 마스터플랜대로만 진행되지는 않을 것이라는 사실을 인정한다. 그럼에도 불구하고 최대한 구체적으로 작성했으며, 계속해서 수정하고 보완할 것이다. 하나님께 간절하게 의존하는 믿음으로 이 교회개척 마스터플랜을 작성했다. 하나님께서 나의 교회개척 소명을 이루실 수 있도록 지혜와 능력과 자원을 허락해 주시리라 확신한다.

II. 소명과 정체성

1. 회심

하나님께서 교회개척자로서 나를 부르신 소명을 이야기하기 전에 먼저 회심 이야기부터 시작해야 할 것 같다. 왜냐하면 회심이 바로 소명의 기초가 되었기 때문이다.[191] 또한 참된 회심은 목사의 필수적 요건 sine qua non이기 때문이다.[192]

초등학교 4학년 때, 교회의 여름성경학교를 참석한 후, 구원에 대해 심각하게 고민하였다. 구원을 받기 위해서는 예수님을 믿어야 한다고 배웠는데, '예수님을 정말 믿는가'에 대해 심각하게 고민을 하였다. 고민 끝에 나는 예수님을 믿는다는 결론을 내렸고, 구원의 확신을 갖게 되었다. 지금 생각해 보면, 어린 10살짜리 어린이가 영원에 대한 고민과 소망을 갖게 된 것이 하나님의 은혜가 아니면 불가능한 것이었다고 생각된다.

그 후, 고등학교 1학년 겨울, 교회 수련회에 참석하여 예수 그리스도의 주되심에 관한 설교를 들었다. 그때까지 예수님을 믿는다고 하였지만 내가 인생의 주인으로 살아왔음을 깨달았고, 그것은 결국 진정으로 예수님을 믿는 것이 아니라는 사실을 깨달았다. 이 깨달음은 나의 영혼에 큰 충격을 주었다. 무릎으로 기도하며 지금까지 그렇게 살아온 죄를 회개하였다. 그리고 이러한 죄인임에도 불구하고 나를 용서하시는 십자가의 은혜로 인한 감격을 주체할 수 없어 하염없이 눈물을 흘렸다.

---

191. 김남준은 목회자는 그리스도와의 깊은 만남을 통해 자신의 소명을 깨닫는다고 하였다. 또한 목회의 소명은 사명감에서 출발하는 것이 아니라 그리스도에 대한 사랑에서 출발하는 것이라고 하였다.; 김남준, 『신학공부, 나는 이렇게 해왔다』 (서울: 생명의 말씀사, 2016), 55-56.

192. C. H., Spurgeon, 『목회자 후보생들에게』 (고양: 크리스챤다이제스트, 2009), 11.

이 날 이후 내 인생의 주인이 하나님이심을 고백하며 살게 되었다.

2. 내적소명

20살 때부터 청소년 선교 단체인 ○○○○에서 사역을 하게 되었다. 20살 때 사역을 하면서 중학생 아이들과 함께 예배를 하고, 훈련을 하는 경험을 하게 되었다. 이 일을 위해 기도하던 중 너무나도 분명하게 이런 마음이 들었다. "한 영혼이 천하보다 귀하다"(시 8:4-8). 이러한 확신 가운데 아이들을 만나고, 이들과 말씀을 나누고, 기도하고, 훈련하고, 사역을 계획하는 모든 시간이 너무나도 즐거워졌다. 이전까지 특별한 직장에 대한 뜻이나 계획 없이 그저 좋아하는 공부를 계속 하겠다는 이유로 대학에 다니던 나에게 이 경험은 "한 영혼을 섬기는 일이 가장 귀하다"라는 생각을 가지게 하였다. 처음으로 "소명"이라는 것에 대해 고민하기 시작했다. 그러던 중 군대에 가면서 소명에 대해 고민하는 시간을 가지게 되었다. 개인적인 방황과 미래에 대한 두려움이 커졌다. 개인적인 신앙마저 위기에 처하였을 때 하나님 안에서 두 가지 내적 문제를 다루는 경험을 하였다.

첫 번째는 부모님의 개척 목회 과정과 부모님과의 개인적인 관계에서 가졌던 상처들을 다루는 것이었다. 내적소명에 대해 생각할 때 항상 들었던 질문은 "과연 목회만이 소명을 이루는 방법인가"였다. 이렇게 생각한 가장 큰 이유는 부모님의 목회를 간접적으로 경험하면서 가지게 된 목회에 대한 부정적인 인식이다. 사람들에게 받은 상처들은 쉽게 극복되는 것이 아니었고, 목회자로서의 모습과 부모로서의 모습에서 차이를 보이는 아버지의 모습을 통해 가지게 된 목회자에 대한 실망감은 '목회' 자체에 대해 회의적인 태도를 가지게 하였다. 하나님은 이런 상처들을 다루도록 하셨고 소명을 좀 더 건강한 시선으로 바라볼 수 있게 하셨다.

두 번째는 부모님의 그늘에서 벗어난 개인의 신앙이 확립되는 과정을 경험한 것이었다. 이전까지 목회자의 자녀로, 교회에서 신앙생활 열심히 하는 학생·청년으로 살면서 은근히 다른 사람의 신앙을 무시하였다. 그러나 실제 나의 신앙은 오히려 빈약하였다. 개인적인 신앙마저 위협받을 만큼 방황하는 과정은 오히려 더욱 하나님을 붙잡도록 하였다. 스스로 하나님의 말씀 앞에 자신을 비추어보면서 그야말로 소망 없는 인간의 실존에 대해 깨닫게 되었고, '오직 하나님의 은혜만이' 유일한 소망인 것을 알게 되었다.

이와 같은 과정을 거치며 자연스럽게 다시 한 번 소명을 고민하게 되었다. 어느 정도 방황의 과정이 끝나가던 24살의 시기부터 다시 ○○○○에서 사역을 하기 시작하였고, 잊고 있었던 한 영혼에 대한 마음을 다시 품게 되었다. 정말 소망 없는 나를 위해 죽어주신 예수님이 또 다른 잃어버린 양을 찾고 계신다는 생각이 들자 나도 그 사역에 동참하고 싶어졌다. 한 영혼이 예수님을 만나고 닮아가도록 하는 일, 다른 어떤 일보다도 영혼을 섬기는 이 일이 가장 귀하게 여겨졌다(시 27:4).

영혼을 섬기며 나아가던 중 스스로 한계를 느끼게 되었다. 내가 가진 지식과 경험으로 충분히 사역할 수 있다고 생각했지만, 더 이상 줄 수 있는 것이 없다고 느껴지기 시작했다. 그래서 기도와 부모님과의 상담을 통해 말씀을 배워야겠다는 생각을 가지게 되었다. 진정으로 한 영혼에게 예수 그리스도를 전하기 위하여, 하나님이 주신 유일한 계시인 말씀을 배우고 전하는 일에 삶을 헌신해야겠다는 확신을 가지게 되었다.

3. 소명에 대한 혼돈과 재확신

신학교에 입학하고서 말씀에 대한 갈급함과 열정으로 공부를 시작하였다. 하지만, 그 갈급함과 열정은 잠시였다. 기대가 너무 컸었는지 학교에서 진행하는 커리큘럼에 크게 실망하게 되었고, 주변의 만류에도 불구하고 한 학기 만에 휴학을 결심하게 되었다. 당시 소명에 대한 혼란이 왔던 것이다. 막상 휴학을 하고서 무엇을 해야 할지 방황하던 중 다시 게임 회사에 취업을 하기로 마음먹고 준비하게 되었다. 그러나 그것 역시 번번이 떨어지게 되었고, 심지어 아르바이트마저 구하기가 어려웠다.

그때 확고히 생각한 것은 "하나님이 진정 원하시는 삶을 살도록 하자. 하나님께 다시 구하자"는 것이었다. 오전에는 운동을 하며, 오후에는 다시금 말씀 앞에 나아가는 시간을 가졌다. 1년의 시간이 그렇게 흘러가면서 학교에 돌아가야겠다는 마음에 재확신이 서게 되었고, 이듬해 2학기에 복학하게 된다. 복학을 하고서 주님이 목회자의 길을 가게 하신 것이라는 확신을 갖고서 신학부 과정을 마치고, 현재 다니고 있는 총신대 신학대학원까지 진학할 수 있게 되었다.

4. 외적소명

외적소명에 대해 고려할 때 분명하게 "이런 경험이 있다"라고 말할 만한 것은 없다. 간혹 주변 친구들이나 교회 내의 어른들이 목회자의 길을 가도 잘 어울린다는 정도의 이야기를 한 적은 있지만, 정말로 "하나님께서 나로 하여금 사역자의 길로 가도록 하시는구나!"라고 느낄만한 사건은 없다. 그럼에도 불구하고 외적으로 나타나는 몇 가지 소양들로써 외적소명에 대해 정리해보고자 한다.

1) 통찰력이다

어릴 때부터 역사에 많은 관심을 가지고 있었고, 이로 인해 학부 때도 역사를 전공했다. 역사적 지식을 습득한 것은 현재의 세상과 문화를 이해하는 눈을 가지게 하였다. 동시에 학부 공부를 하는 과정을 통해 세부적인 관찰력은 부족하지만, 전체적인 통찰력은 남들보다 뛰어나는 것을 알게 되었다. 큰 그림을 그리고, 어떠한 일에 대하여 전후맥락을 파악하는 것에 자신이 있다.

특별히 이러한 통찰력은 인간의 역사와 하나님의 역사를 비교하며 바라보는 눈을 가지게 하였다. 인간의 역사를 한 단어로 정리하자면 '허무'이다. 마치 창세기의 족보처럼 죽음의 연속이다. 그러나 하나님의 역사는 너무나도 분명하다. 이전의 모든 역사가 예수 그리스도를 향하여 달려가고 있고, 예수 그리스도 이후의 역사는 완전한 승리를 향하여 나아가고 있다. 동시에 이미 임한 하나님 나라가 실현되는 과정이다. 이 가운데서 가장 소중한 일로 느껴지는 것은 한 사람을 세우고, 이들로써 하나님 나라를 세워나가는 것(골 1:24-29)이다.

이러한 통찰력은 사역에서도 실제적인 도움이 되었다. 완전한 허무와 완전한 소망의 대비는 말씀을 바라보는 하나의 관점을 갖게 하였다. 또한 선교 단체에서 리더십 그룹에 속하였을 때 전체 사역이 방향성을 잃지 않도록 하는데 큰 도움이 되었고, 현재의 사역을 하는 동안에도 오랫동안 부서를 지켜오던 선생님들을 설득하여 비전에 맞게 사역을 진행해나가는데 많은 도움이 되고 있다.

2) 사람에 대한 이해이다

개인적인 방황의 시간은 "나"뿐만 아니라 "인간" 자체에 대해 실망하는 시간이었다. 그러나 이로부터 회복되는 시간은 정말로 소망이 없는 인간이 예수 그리스도를 만날 때 소망을 가지게 된다는 확신을 가지게 된 시간이었다. 이런 경험은 "모든 사람"을 바라볼 때 현재의 부족한 모습이 아니라 주님 안에서 온전하게 될 모습으로 바라보는 눈을 가지게 하였다.

한편으로 학부 시절 교양을 겸하여 청소년학과의 수업을 듣게 되었다. 이 수업들을 통해 인간의 발달과 심리에 대한 이해를 갖게 되었다. 모든 것을 이러한 학문으로 설명하는 것은 어렵겠지만, 이러한 공부는 분명히 인간에 대해 이해하고 관계에 큰 도움이 되었다. 또한 이런 경험은 어떤 사람들이 문제를 가지고 있을 때, 관계의 어려움이 발생했을 때 "이해가 안 된다"가 아니라 "왜?"라는 질문을 던지는 태도를 가지게 하였다.

이와 같은 질문들이 누적되고, 청소년들을 상담하는 경험을 통해 사람에 대해 이해하는 법, 여러 인간상에 대한 이해, 특별히 "사랑하는 마음"을 배우고 훈련하게 되었다. 또한 한 인간의 건강한 신앙과 인생을 위해 무엇보다도 "가정"이 중요하다고 생각하게 되었다.

3) 가르치는 능력이다

어릴 때부터 다른 사람보다 학습 능력이 좋았다. 그래서 친구들에게 가르치는 기회를 많이 가졌다. 또한 학부 시절 학과의 특성상 사람들과 토론하거나 발표할 기회가 매우 많았다. 이 과정에서 "잘 설명해준다"라는 이야기를 많이 들었다. 이를 통해 내가 다른 사람에게 무언가를 정리하여 가르치는 일을 잘 한다는 것을 알게 되었다. 또한 OOOO에서 가르쳤던 중학생들이 이제는 어엿한 성인이 되어 후배 사역자로 섬기는 모습을 볼 때 가르침의 열매가 맺혔다고 믿는다. 주님의 사역 역시 가르침(마 4:23)을 통해 이루어졌다. 주님을 본받아 가르치며 나아가자.

4) 다른 사람들의 인정이다

어렸을 때부터 목사감이라는 소리를 들어왔기 때문이다. 초등학교 때에는 서로 나와 짝꿍이 되려했고, 학창 시절과 군 시절에 많은 친구들이 꼭 나에게 찾아와 고민 상담을 하며 목사님이라는 별명을 주었다. 심지어는 철저한 불교 친구들도 거부하지 않고 내 말을 들어주고 개종하고, 나를 "박목사"라고 별명을 지어 불렀다.

5. 교회개척자로의 부르심

나는 이러한 내적, 외적소명을 통해 목회자로서의 길을 가는 것이 소명이라 생각하고 지금까지 걸어왔다. 그러나 이 길을 가는 것이 꼭 교회개척자로서의 소명이라고 생각하지 않았다. 즉, 나는 교회개척자로서의 소명은 없다고 생각해 왔다. 교회에 청빙 받을 것만 생각해 왔다. 나는 이렇게 목회자로서의 소명과 교회개척자로서의 소명을 별개의 것이라고 생각해 온 것이다.

그러나 『교회개척과 복음전도』 수업을 들으며, 이것은 구분할 수 없는 것이며, 목회자로서의 소명은 바로 교회개척자로서의 소명을 포함하고 있는 것임을 깨닫게 되었다. 그리고 강력하게 가슴 뛰게 했던 말씀, 마태복음 28장 18-20절의 말씀이 교회개척에 대한 명령임을 알게 되었다. 또한 나의 가슴을 뛰게 했던 위에서 밝힌 사명선언문의 최종목표인 "하나님 나라의 완성을 위해 존재한다"라는 것이 결국은 교회개척이라는 방법을 통해 가능하다는 것을 깨닫게 되었다. 나는 교회가 너무 많다고 생각하여 교회개척을 하지 않으려고 했다. 그러나 교회가 유기체여서 언젠가 생명을 다하기 때문에 계속 개척되어야 함을 알게 되었다. 무엇보다도 교회를 개척해야겠다고 생각하게 된 중요한 계기는 성경 연구를 통한 교회론에 대한 공부 때문이었다. 나는 이번 학기에 에베소서와 디모데전서를 연구하며 한국교회의 잘못된 모습을 발견하게 되었다. 이것을 갱신하기 위해서는 기존 교회에 들어가서 고치는 것보다는 새로운 교회를 개척하여 처음부터 신자들에게 성경적 교회의 DNA를 심어주는 것이 훨씬 쉽겠다는 생각을 하게 되었다. 이러한 일련의 이유들로 나는 목회자, 동시에 교회개척자로서 부르심을 받았다는 것을 확신하게 되었다.

III. 교회론

먼저 내가 연구한 교회론을 간략하게 개괄적으로 밝히면 다음과 같다. 교회의 기원은 구약에서 찾을 수 있다. 하나님은 창세기 12장 1-2절에서 "너는 너의 고향과 친척과 아버지의 집을 떠나 내가 네게 보여줄 땅으로 가라 내가 너로 큰 민족을 이루고 네게 복을 주어 네 이름을 창대하게 하리니 너는 복이 될지라."라고 말씀하신다. 이는 아브라함과 그의 후손인 이스라엘 백성이 하나님의 택함을 받은 공동체가 된 것을 의미하는 것이다. 이 공동체가 바로 교회의 기원이다.[193] 결국, 교회는 하나님으로부터 시작되었기에 교회는 하나님의 것이다.

구약의 이러한 교회는 신약에 와서 "예수 그리스도"를 통해 계승된다. 신약은 교회를 유기체적으로 이해하였다.[194] 즉, 교회를 ① "예수 그리스도를 머리"로 하는 ② "한 몸"으로 보았다(롬 7:14, 고전 10:16; 12:27, 엡 4:12, 히 10:10).[195] ① "예수 그리스도가 교회의 머리라는 것"은 그가 교회를 다스리고 통치하시는 대표자, 즉 교회의 주인이심을 의미하는 것이다.[196] 따라서 교회는 예수 그리스도가 주인이신 공동체이다(마 16:18). ② "한 몸"이라는 것은 건전한 믿음의 일치(수직적 차원)와 사랑의 결합(수평적 차원)을 의미하는 것이다.[197] 건전한 믿음의 일치는 교리의 일치로도 생각할 수 있는데, "예수를 구원자이자 주인으로 믿는 것"을 의미한다. 또한 사랑의 결합은 하나님과 이웃(지체)을 사랑함으로 연합됨을 의미하는 것이다. 이 사랑은 예수 그리스도가 자기 자신을 십자가에 내어주시기까지 먼저 사랑하심에 기초한다. 따라서 교회는 예수를 구원

---

193. 황성철, 『주님, 어떻게 목회할까요?』 (서울: 새물결플러스, 2014), 41.
194. Herman Barvinck, 『개혁교의학2』 (서울: 부흥과 개혁사, 2015), 504-506.
195. 황성철, 『주님, 어떻게 목회할까요?』, 42.
196. 이승구, 『교회란 무엇인가?』 (서울: 도서출판 나눔과 섬김, 2010), 34-47.
197. John Calvin, 『기독교 강요(하)』 (서울: 생명의 말씀사, 1986), 51.

자로 믿고, 그 사랑을 기초로 하여 서로 사랑하는 연합체(공동체)이다(마 16:16). 결국, 교회의 본질은 그리스도가 교회의 머리Societas가 되는 것이고, 성도가 그의 지체가 되는 것Membra이다.[198]

그런데 신약의 교회는 헬라어로 "에클레시아"Evkklhsia이다. 이 "에클레시아"는 신약성경에서 두 가지 의미로 사용되어졌는데, 우주적 교회 (약 20회 정도)와 지역 교회의(82회) 의미로 사용되어졌다.[199] 우주적 교회는 모든 시대를 초월하여 그리스도의 몸이 된 모든 신자들(이미 육체가 죽은 자도 포함)을 의미하는 것이고 지역 교회는 어떤 시간에 특정한 도시나 지역의 모든 신자를 의미한다.

따라서 교회가 하나님의 것이고, 교회의 머리가 예수님이라고 할 때, 또한 교회가 예수 그리스도의 십자가 사랑을 기초로 한 지체 간에 사랑의 연합체라고 할 때, 이것은 지역 교회만을 이야기하는 것뿐만 아니라 시공을 초월한 모든 시대와 세계의 우주적 교회에 대한 것이다. 우주적 교회는 한 몸이다. 이러한 고찰을 바탕으로 교회를 정의하면 다음과 같다.

> 교회란 세상에서 복음의 소식을 듣고 부르심을 받아, 예수 그리스도를 구원의 주님과 왕으로 믿고 그에게 속한 바 되어, 그의 사랑을 기초로 하나님과 지체를 사랑하여 온전한 한 몸인 우주적 교회를 이루기 위해 존재하는 하나님의 백성의 지역적 신앙 공동체이다.

그렇다면 이러한 교회의 사명은 무엇인가? 이 교회가 무엇을 위해 존재하는가? 교회의 '근본적 사명'은 이 땅 위에서 예수 그리스도께서 우리에게 가져다주신 하나님 나라의 증시(證示)를 하는 것이다. "증시(證示)한다"는 것은 "나타내 보인다"는 것으로 예수님이 이 땅에 오셔서

---

198. Calvin, 『기독교 강요(하)』, 8.
199. G. A. Getz, 『척도』 (서울: 국제제자훈련원, 2003), 18-19.

선포하신 하나님의 나라를 나타내 보인다는 것이다.[200]

그렇다면 이 하나님 나라를 어떻게 나타낼 수 있는가? 그것은 예수님께서 우리에게 주신 "가장 큰 계명"The Great Commandment과 "지상대위임령"The Great Commission을 실행함으로 나타낼 수 있다. "가장 큰 계명"의 내용은 하나님 사랑(예배)과 이웃 사랑(봉사)이며(마 22:37-40), "지상대위임령"의 내용은 "너희는 가서(전도) 모든 민족을 제자로 삼아(선교) 아버지와 아들과 성령의 이름으로 세례를 베풀고(교제) 내가 너희에게 분부한 모든 것을 가르쳐 지키게 하라(훈련/양육)"(마 28:18-20, 막 16:15, 눅 24:45-49, 요 20:21, 행 1:8)라는 것이다. 따라서 교회는 예배, 봉사, 전도/선교, 훈련/양육을 통해 하나님 나라를 나타내는 것을 그 사명으로 하는 것이다.

초대교회의 모습은 이러한 교회의 모습을 잘 보여준다. 사도행전 2장 42-47절에 나타난 초대교회의 모습을 보면, 사도의 가르침을 받기를 힘썼고(훈련과 양육), 서로 교제하고(교제), 서로의 필요를 따라 나누어 주었음(섬김/봉사)을 볼 수 있다. 또한 떡을 떼고(교제), 하나님을 찬미하고 기도하기를 힘썼으며(예배), 주께서 구원받는 사람을 날마다 더하게 하셨음(전도)을 볼 수 있다.

IV. 목회철학

1. 비전

1) "영혼을 사랑하는 것"이다

잠언 27장 23-24절에서는 이렇게 증거한다. "네 양 떼의 형편을 부지

---

200. 이승구, 『교회란 무엇인가?』, 294.

런히 살피며 네 소 떼에게 마음을 두라 대저 재물은 영원히 있지 못하나니 면류관이 어찌 대대에 있으랴." 목회란 재물이나 물질에 마음을 두는 것이 아니라 하나님께서 내게 맡겨주신 양 떼와 소 떼에 마음을 두는 것이다. 매체나 미디어에서 전해지는 많은 뉴스들을 보면, 목회자들이 양 떼와 소 떼가 아닌 명예에, 물질에, 정치에 마음을 두는 사례를 자주 접하게 된다. 그러나 성경에서 말하듯 대저 재물은 영원히 있지 못한다. 오직 하나님께서 내게 맡겨주신 양 떼와 소 떼만이 영원하다. 목회 비전은 영혼에게 마음을 두는 것이며, 영혼을 사랑하는 것이다.

2) "사명을 나의 생명보다 귀하게 여기는 것"이다

바울은 사도행전 20장 24절에서 이렇게 증거한다. "내가 달려갈 길과 주 예수께 받은 사명 곧 하나님의 은혜의 복음을 증언하는 일을 마치려함에는 나의 생명조차 조금도 귀한 것으로 여기지 아니하노라." 바울의 고백처럼 목회란 바로 하나님의 은혜의 복음을 내 생명보다 귀한 것으로 여기는 것이다. 다시 말하면, 복음이 전해져야 할 대상인 다른 사람을 나보다 더 소중하게 여기는 것으로 희생을 말한다. 그러나 사역 현장에서 경험해보면, 영혼이 상처받는 것보다 내 마음이 상처받지 않는 것이 더 우선되며, 영혼이 배부르는 것보다 내가 배부르는 것이 우선되는 경우를 자주 접하게 된다. 왜냐하면 다른 사람보다 내가 소중하며, 내가 맡은 영혼보다 내가 더 소중하며, 하나님의 은혜의 복음인 예수 그리스도보다 내가 더 소중하기 때문이다. 그러나 바울은 빌립보서 3장 7-8절에서 이렇게 증거한다. "그러나 무엇이든지 내게 유익하던 것을 내가 그리스도를 위하여 다 해로 여길뿐더러 또한 모든 것을 해로 여김은 내 주 그리스도 예수를 아는 지식이 가장 고상하기 때문이라 내가 그를 위하여 모든 것을 잃어버리고 배설물로 여김은 그리스도를 얻고" 바울은 예수 그리스도 외에 자신이 자랑할 만한 모든 것을 버리고 오직 예수 그리스도만이 귀하며, 그 외는 배설물로 여긴다고 고백한다.

따라서 목회 비전은 바로 나보다 남을 더 귀하게 여기며, 예수 그리스도라는 은혜의 복음과 복음의 대상이 되는 영혼 외에 모든 것을 하찮게 여기는 것이라고 생각한다.

3) "가장 큰 계명"The Great Commandment을 실천하는 것이다

율법에 대해 능통했던 율법사는 예수 그리스도를 곤란하게 만들기 위해 어느 계명이 더 큰 계명인지를 마태복음 22장 36절에서 다음과 같이 질문한다. "선생님 율법 중에서 어느 계명이 크니이까." 이에 대한 예수 그리스도의 답변은 "네 마음을 다하고 목숨을 다하고 뜻을 다하여 주 너의 하나님을 사랑하라 하셨으니 이것이 크고 첫째 되는 계명이요 둘째도 그와 같으니 네 이웃을 네 자신 같이 사랑하라 하셨으니 이 두 계명이 온 율법과 선지자의 강령이니라"이었다. 이처럼 예수님께서 보이신 목회란 하나님을 사랑하는 것처럼 우리의 이웃을 내 몸과 같이 사랑하는 것이다. 건강하지 못한 사랑은 하나님만 사랑하는 것이다. 하나님만을 향한 그 사랑이 하나님에서 멈춰버렸고, 더 이상 흐르지 못해버린 것이다. 흐르지 않는 물은 곧 고이게 되고, 고인 물은 결국 썩게 된다. 사랑도 이와 마찬가지이다. 우리의 사랑은 하나님께로부터 다른 영혼들에게 흘러 들어가야 한다. 그러나 하나님으로부터 출발했지만, 다른 이웃에게로 흐르지 못한 사랑은 곧 고이게 되어 비정상적인 목회 마인드를 낳게 된다. 그러나 건강한 사랑은 다르다. 무엇보다 하나님을 사랑하는 마음은 곧 이웃에게로 흐르게 되고 다른 사람들을 하나님처럼 사랑하게 된다. 이것이 예수 그리스도가 율법사와의 계명 논쟁을 통해 궁극적으로 말씀하신 목회 마인드이자 목회 비전이다.

4) "지상대위임령"The Great Commission Ministry을 실천하는 것이다

이는 교회 존재 이유이며, 교회의 본질이다. 따라서 교회를 교회되게 하는 목회는 지상대위임령을 지키는 것이다. 사도행전 1장 8절에서 예수 그리스도를 통해 증거되었듯이 교회는 지상대위임령을 따라, 가서(전도) 제자를 삼아 세례를 베풀고(교제), 분부한 모든 것을 가르쳐 지키게(훈련) 해야 한다. 예수 그리스도께서 부활 이후, 승천하시기 직전 유언처럼 전하신 말씀이라는 것을 생각해본다면, 지상대위임령은 교회에게 그리고 목회자에게 매우 중요한 의미를 갖는다. 따라서 초대교회의 모습처럼 설립된 교회를 중심으로 지역 주민들에게 가서 전도하고, 그들을 제자 삼아 성부와 성자와 성령의 이름으로 세례를 베풀고, 하나님께서 말씀하신 이 성경책을 가르쳐 지키게 하는 것이 지상대위임령의 실천이자, 교회의 본질이자 교회를 사람의 교회가 아니라 하나님의 교회가 되게 하는 중요한 요소라고 생각한다. 예수님께서 승천하시기 직전 말씀하신 지상대위임령을 실천하는 것이 바로 목회 비전이다.

2. 사명선언문

"우리는 한 영혼을 건지는 공동체이다. 우리 공동체에서 이루어진 한 영혼의 회복이 가정과 지역과 열방으로 확장되도록 한다. 우리는 한 영혼을 건지고, 가르치고, 훈련하여 가정과 지역과 열방을 섬기도록 하여 다른 한 영혼을 건져내는 일을 사명으로 산다."

3. 핵심가치

1) 성경적 가치에 충실

목회는 수많은 선택의 연속이며, 수많은 가치의 판단이 필요한 분야이다. 때로는 효율성을 따져야 하며, 때로는 경제성을 따져야 하며, 때로는 인력을 따져야 한다. 비록 40-50여 명 남짓 맡고 있는 부서의 담당자이지만, 시시때때로 벌어지는 다양한 일에 필요한 것이 바로 가치 판단과 그에 따른 결단이다. 생각보다 자주 필요로 하는 가치 판단은 부서 담당자인 나를 자주 혼란스럽게 하며, 때로는 오판하여 잘못된 선택을 하기도 한다. 그때마다 마음속을 스치는 하나의 질문이 있다면, 바로 "예수님이라면 어떻게 하셨을까?"What Would Jesus Do?이다. 교회 전체를 이끌어야 하는 담임목사는 분명히 부교역자 이상으로 수많은 결정과 선택과 가치 판단이 필요로 하는 자리인데, 하물며 개척교회의 담임목사는 어떻겠는가? 그 위치에서 가장 필요한 것은 심리학도 아닐 것이며, 경제학도 아닐 것이며, 경영학도 아닐 것이다. 목회의 방향은 목회자가 어떤 가치 판단을 하느냐 그리고 어떤 선택과 결정을 하느냐에 따라 방향이 결정된다. 따라서 목회 방향을 결정하는 목회자가 해야 할 모든 판단과 선택과 결정의 기준은 오직 성경이어야 한다. 그러므로 나는 개척을 하게 될 때, 가장 중요한 핵심가치의 첫 번째를 "성경적 가치에 충실한 목회"로 삼을 것이다.

2) 말씀과 예배를 통한 한 사람의 회복

한 영혼이 회복되고 성숙하기 위해 가장 중요한 것은 말씀과 예배의 회복이라고 생각한다. 특별히 한 영혼은 교회 공동체에서 말씀 가운데 밝히 계시된 예수 그리스도(요 1:14)를 만나야 한다. 다른 무엇보다도 말씀을 통해 예수 그리스도를 만나는 것이 회복과 성숙의 첫걸음이다. 이를 위하여 설교 사역과 생동감 있는 예배에 집중한다. 이를 위해 예배 시간을 활용하여 매주의 말씀이 삶으로 적용되도록 하며, 특히 가정에서의 적용을 이끌어내기 위해 힘쓴다.

3) 한 사람의 훈련을 통한 한 가정의 회복

한 개인이 예수 그리스도를 만난 후에는 구체적인 가르침이 이어져야 한다. 예수님도 제자들을 부르는데 그치지 않으시고 끊임없이 가르치셨기 때문이다. 또한 지상대명령을 통해서도 "가르쳐 지키게 하라"(마 28:20)고 분명하게 말씀하셨다. 특히 한 영혼이 말씀을 적용함에 있어서 가정에서 먼저 실천하도록 한다. 이를 위해 상담과 교제를 통한 개인적인 관계 형성이 필요하다. 예배와 설교 적용의 차원에서 훈련된 개인은 좀 더 일반적인 제자훈련에 돌입한다. 한 개인은 제자훈련을 통해 가정을 중심으로 직장이나 학교 등의 삶의 자리에서 말씀 중심, 하나님 중심으로 사는 법을 훈련받는다.

4) 한 가정의 회복을 통한 다음 세대 양육

제자훈련을 통해 한 개인이 가정을 회복하기 시작하면 자연스럽게 다음 세대 양육의 필요를 느끼게 될 것이다. 하나님의 말씀이 이를 분명하게 명령하고 있기 때문이다(신 6:6-9). 우리 OOOO교회는 한 가정이 이러한 신앙교육을 담당할 수 있도록 돕는다. 이를 위해 일반적인 가정 세미나, 가정예배 연구, 가정 단위의 말씀 적용 훈련, 가정 단위의 전도 및 선교 훈련 등을 실제적으로 해나간다.

5) 한 가정의 섬김을 통한 지역의 회복

한 가정이 온전하게 세워지면 지역의 필요를 위해 섬길 수 있게 된다. 먼저 각 가정이 전도 공동체로 세워지도록 훈련한다. 또한 지역 사회의 실제적인 필요를 채우기 위해 목회자와 성도들이 정기적으로 지역의 필요를 파악하고 각 가정이 이를 섬기도록 한다. 동시에 몇 가정을 지역 단위로 묶어 송이 공동체를 형성하여 지역 사회의 필요를 더욱 힘 있게 섬기도록 한다. 송이 공동체의 형성에 있어서 외국인 가정이 한국인 가정과 자연스럽게 교류되도록 함께 묶는다. 교회 차원에서도 지역 사회를 섬기기 위한 방안을 구체적으로 마련하여 실행한다. 특별히 교회 차원의 섬김은 지역 사회의 가정과 다음 세대를 섬기는 일, 외국인 사역에 집중한다. 이 모든 사역을 통해 또 다른 한 영혼을 건지는 일에 힘쓴다.

6) 가정과 지역의 사명을 통한 열방의 회복

우리 교회의 섬김은 열방으로 확대되어야 한다. 각 가정, 또한 지역을 기준으로 한 몇 가정의 연합인 송이 공동체가 선교 사역에 동참하도록 한다. 교회는 선교사님과 각 가정 및 송이 공동체를 연결하며 관리한다. 각 가정과 송이 공동체가 선교 사역에 동참하도록 정기적인 선교지 소식 소개, 선교지를 위한 기도회, 헌금, 비전트립을 시행한다. 이를 통해 또 다른 잃어버린 한 영혼을 되찾는 일에 힘쓴다. 한편으로 외국인 성도들이 모국 선교를 꿈꾸고, 동참할 수 있도록 한다.

IV. 개척 준비

1. 개척 지역

1) 지역: 경기도 용인시 수지구 동천동 (수지 제2도시 개발지구)

2) 선정 이유
   ① 수지 제2도시 개발지구는 친환경 주거 단지이다(웰빙).
   ② 인근에 동천역이 있어서 교통이 편리하다(강남까지 20분소요).
   ③ 2020년까지 총 약 4천 세대 이상의 주거시설이 유입될 예정이다.
   ④ 현재 수지 제2도시에는 교회의 수가 비교적 적다(2개교).
   ⑤ 제2도시 개발 지구로 교육, 상업, 문화 시설 등의 건축이 예상된다.

3) 지역 정보 분석
   ① 경기도 용인시 수지구 지도 일대(위성사진 참고)

　수지구는 경기도 용인시의 북서부에 위치한 일반구이다. 인구는 주민등록인구 기준 35만 명에 육박하고 있으며 구청은 풍덕천동에 위치해 있다. 수지구 산하에 풍덕천1동, 풍덕천2동, 신봉동. 죽전1동, 죽전2동, 동천동, 상현1동, 상현2동, 성복동 등 9개의 행정동으로 구성되어 있다. 용인시에서는 가장 먼저 대규모 개발이 시작되었고, 또 가장 도시화된 구이기도 하다. 2010년대 후반 현재까지도 동천동, 신봉동과 신분당선 연선(성복역 등)을 중심으로 지속적인 개발 사업이 추진되고 있어 인구 성장세는 계속해서 유지될 것으로 보인다.

　② 수지구 동천동 제2도시 개발 지구 일대
　수지구의 북부에 있는 행정동으로, 2014년 12월 31일 기준 면적은 16.60km^2이며, 2016년 2월 말 현재 총 12,174세대에 34,837명(남자 17,202명, 여자 17,635명)의 주민이 거주하고 있다. 동쪽은 죽전1동, 죽전2동, 서쪽은 고기동, 남쪽은 신봉동과 풍덕천1동, 북쪽은 고기동과 성남시 분당구와 각각 접하고 있다. 총 면적 16.60km^2 중 경지 면적은 1.31km^2이며, 밭이 0.85km^2, 논이 0.46km^2, 임야가 11.61km^2이다. 동천동의 동쪽에는 대규모의 아파트 단지가 있어 상가에는 스포츠센터, 학원, 의원, 약국 등의 편의 시설이 집중되어 있다. 신봉의 북쪽에는 수지 가구 단지가 있는데, 차츰 아파트 단지로 변모해져 그 기능이 점점 쇠퇴하고 있다. 주요 교육 기관으로는 동천 초등학교, 손곡 초등학교, 손곡 중학교가 있다. 이외에도 동천동 주민센터와 성심원 원묘지가 있다.

최근 강남과 수지구 동천동을 20분 이내에 잇는 "신분당선"이 새롭게 개통되면서 수도권과의 접근성을 높이게 되었다. 이와 동시에 동천동이 제2도시 개발 지구로 선정되면서 4천 세대 이상의 인구가 유입될 수 있도록 주거 시설이 건설되고 있으며, 지역 특색에 맞게 소형 타운하우스와 전원주택 단지가 조성되고 있다. 특별히 "친환경 주거 단지" 조성을 주요 산업으로 계획하고 있으며, 다양한 조경 사업과 단지 조성이 이루어지고 있는 성장 전망이 있는 지역이다.

③ 친환경 주거 단지 모형도

경기도 용인시 수지구 동천동 산 151-2번지 일원 (동천3지구 A1블럭)에 위치하게 된다. 삼성건설, 현대건설, LG건설, 포스코건설 등 메이져 건설사들이 대규모로 참여할 예정이며, 전체적으로 중소형 위주의 다양한 평면 타입으로 구성된다. 특히 제2지구 동천 개발 단지는 단지 내 지상에 차 없는 공원형 단지를 계획하여 입주민의 안전한 보행과 쾌적한 주거 단지로 조성된다. 아울러 에코가든, 헬스가든, 그린마루, 임적초 화원 등의 테마 휴게 공간과 단지의 중앙 광장과 연결된 수경 시설 및 자연석을 이용하여 친수형의 중앙 광장이 마련될 계획이다.

교육 여건으로는 바로 앞 도보 통학이 가능한 수지 고등학교와 한빛 초등학교, 풍덕 초등학교, 수지 중학교 및 손곡 중학교 등이 있다. 또한 분당과 판교를 두루 이용할 수 있는 생활권으로 신세계백화점, 현대백화점, 롯데백화점, 이마트, 롯데마트, 홈플러스 등의 생활 편의 시설을 비롯한 분당 서울대병원, 차병원 등 대형 병원이 위치해 있다. 또한 CGV, 정자동 카페거리, 용인 포은아트홀 등의 다채로운 문화생활을 즐길 수 있다.

역세권의 교통 환경으로 수지구청역 도보 가능하며 신분당선 동천역을 통한 분당1정거장, 판교2정거장, 강남 20분대로 이동이 가능하며 서분당IC, 서수지IC로 용서고속도로 이용 시 서울과 수도권으로의 진출이 용이하며 영동고속도로, 경부고속도로, 분당-수서 간 고속도로의 이용이 수월하다. '제2지구 개발 단지'의 주변 쾌적한 녹지 공원으로 동천 체육공원과 수지 체육공원, 수지 생태공원 등이 자리하였으며 반면 인근의 개발 호재로 첨단기업 700-800개 이상 상주 인원 5천여 명의 ICT단지가 2020년 완료 예정이다. 아울러 제2판교 테크노밸리 동천동 복합 단지 계획 예정, 대장동 도시 개발 사업으로 주택 수요 증가가 예상되어 향후의 미래 가치가 상승될 것으로 전망된다.

4) 용인시 인구 현황 (2015년)

구 분	총 인구	남 성	여 성	총 내국인	총 외국인
경기도	11,744,210	5,820,250	5,923,960	11,540,110	204,100
용인시	915,005	450,011	464,994	902,985	12,020

자료제공: 국가통계포털(KOSIS)

2015년도에 이르러서 경기도의 총 인구는 "11,744,210명"으로 증가하였으며, 용인시는 2010년도와 다르게 '915,005명'으로 또 다시 증가 추세를 보였다. 국가통계포탈인 "KOSIS"Korean Statistical Information Service에서 제공하는 통계는 2015년도가 최종 통계지만 최근 언론을 통해 보도된 바에 따르면 용인시의 인구는 2017년도 기준으로 100만 명을 초과하였다. 남성과 여성의 성비 간격 또한 2010년도에 이어서 벌어지는 추세를 이어가고 있다. 2000년도부터 이어져 내려오는 용인시의 인구 증가 추세는 앞으로도 지속될 전망이며, 시도 행정 차원에서 이를 해소할 수 있는 새로운 해결 방안이 필요할 것으로 예상된다.

5) 지역과 교회의 연관성

내가 주장하는 교회의 핵심 가치는 크게 6가지이다. 첫째로 교회의 출발점인 가정 공동체를 이루고, 둘째로 하나님의 영광을 찬양하는 예배 공동체를 이루며, 셋째로 그리스도의 작은 제자로 성장하는 훈련 공동체를 이루고, 넷째로 자라나는 다음 세대를 담을 수 있는 살리는 공동체를 이루며, 다섯째로 예수님이 명령하신 이웃을 사랑하는 공동체를 이루고, 여섯째로 땅 끝까지 그리스도의 복음을 증거하는 선교 공동체를 이루는 것이다. 그렇다면 내가 계획하고자 하는 교회의 6대 핵심 가치와 지역과의 연관성은 어떠할까?

이와 관련하여 "수지 제2도시 개발 지구"의 비전은 크게 3가지이다. 첫째는 지역의 특색을 살린 주거 시설의 친환경 도시 조성이다. 수지구에서도 동천동은 아직 미개발지역 중 하나이며, 자연과 어우러지는 특징이 있다. 따라서 이번 개발 프로젝트의 주요 사안은 자연 전망을 최대한 활용하면서 주거 시설을 조성하여 친환경 이미지를 유지하는 것이다. 둘째는 강남과 분당을 하나로 연결하는 도시 마을 시스템이다. "신분당선"이 새롭게 계통되면서 강남과 분당 그리고 수지를 20분 이내로 연결하고 있다. 이는 지역과 수도권의 접근성을 높이는 기능을 하며, 하나의 도시 마을을 건설하는 역할을 한다. 끝으로 셋째는 용인의 인구 포화 상태를 해결하기 위한 새로운 위성도시 조성이다. 현재 용인시는 2017년 기준 국내에서는 3번째로 100만 인구를 돌파한 행정시가 되었고, 지속적으로 인구가 증가 추세에 있다. 특히 내가 선택한 지역인 동천동 지역은 동천역 개통을 시작으로 지속적으로 인구 증가 추세에 있다. 따라서 용인시는 인구 포화 문제를 해결하기 위해 행정 구역 내에 제1도시, 제2도시, 제3도시 등을 선정하여 위성 분할 기능을 추진하고 있다.

따라서 본 교회와 수지 제2도시 개발 지구와 비전의 연관성은 긴밀하다. 첫 번째 특징은 "친환경 도시"는 네 번째 핵심 가치인 '다음 세대를 살리는 공동체'와 연관되어 있다. 왜냐하면 도시의 지향점을 친환경으로 둔다는 것은 현재를 넘어서 다음 세대에게도 좋은 환경을 물려주고자 하는 의도에서 비롯된 것이기 때문이다. 본 교회 역시 다음 세대를 살리는데 있어서 단순히 영적인 부분만을 의미하는 것이 아니라 육적인 영역 또한 건강하게 가꾸고자 함을 내포한다. 두 번째 특징인 "도시 마을 시스템" 역시 본 교회의 여섯 번째 핵심 가치와 맞물린다. 도시 마을이라는 개념은 도시와 도시가 행정적으로는 분리되어 있으나 문화적으로는 하나라는 개념으로 그만큼 정보의 전달이 신속하다는 것을 의미한다. 정보의 전달이 신속하다는 것은 그리스도의 복음의 전달이 신속하게 전파될 수 있음을 의미한다. 성경에서 증거하듯이 과거에는 타 지역에 복음을 전파하기 위해서 많은 시간과 물질과 인력이 필요로 했다. 그런 현대 사회는 도시와 도시가 더 이상 분리된 개념이 아니라 하나로 인식될 수 있을 정도로 정보의 전달이 원활하고 신속 정확하다. 그렇기 때문에 본 교회의 핵심 가치 중 여섯 번째인 복음이 전파되는데 효과적일 것으로 예상된다. 끝으로 세 번째 특징은 "새로운 위성 도시 조성"이다. 2000년대 이후, 용인시의 인구는 급증하고 있으며, 더불어 도시는 인구 포화 상태에 이르고 있다. 이에 대한 해결책으로 제1도시, 제2도시, 제3도시 등을 선정하여 인구를 분산하도록 행정적인 정책을 진행 중에 있다. 이는 본 교회의 핵심 가치인 '가정 공동체의 회복'과 연관이 있다. 새롭게 건설된 신도시에 거주해 본 경험이 있다면, 위성 도시의 환경을 잘 알 것이라 생각한다. 새롭게 선정되어 건설되는 위성 도시의 환경은 고립되어 있고, 도시의 많은 요소들이 분산 그리고 분리되어 있다. 그렇기 때문에 개개인이 독립적으로 활동할 수 있는 다른 도시와는 환경이 다르며, 고립된 영향 덕분에 오히려 가정의 기능은 더욱 강화된다. 본 교회는 약화된 가정의 기능을 강화하고, 건강한 가정 공동체를 회복하게 하는데 큰 사명이 있다.

2. 교회 이름: 아이처치 I-church

교회의 이름을 "아이처치"I-church라고 작명하고자 한다. 이는 교회의 주인이 예수 그리스도임을 부인하는 것이 아니라 교회의 머리가 되시며, 주인이 되시는 예수 그리스도께서만 "나"I를 구원하시고, 위로하시며, 만지시고, 감찰하시며, 보호하신다는 의미를 상징한다. 또한, 현대적 교회의 의미는 건물에 있는 것이 아니라 사람 한 명 한 명, 개개인에게 있다. "너희는 너희가 하나님의 성전인 것과 하나님의 성령이 너희 안에 계시는 것을 알지 못하느냐 누구든지 하나님의 성전을 더럽히면 하나님이 그 사람을 멸하시리라 하나님의 성전은 거룩하니 너희도 그러하니라"(고전 3:16-17) 말씀처럼 하나님은 교회의 의미를 가시적인 영역에서 비가시적인 영역으로 확장하셨다. 다시 말하면, 눈에 보이는 건물 형태의 교회만을 교회라고 말씀하신 것이 아니라 개개인 안에 성령 하나님이 내주하시므로 한 명 한 명, 개개인이 하나님 보시기에는 교회의 모습이며, 의미를 갖는다는 것이다.

V. 개척멤버 확보 방안

1. 내부적 확보

1) 가족 또는 친척들로부터 확보

가족과 친척만큼 개척멤버를 확보하기 이로운 방법은 없을 것이다. 제주도는 본래 할머니의 본가이시다. 여전히 할머니의 형제분들이 ○○○○와 ○○○○시에 두루 살고 계신다. 할머니의 형제들 가운데 대다수가 신앙생활을 하고 있지 않은 비신자들이기 때문에 이들이 어떻게 보자면 1차적으로 복음을 전해야 하는 전도 대상자라 보는 것이 이

롭다. 밀접하게 지내는 일부 친척분께서 통합측 교회에서 일전에 다니셨던 이력이 있어 함께 개척 초기에 함께 사역을 구상하고 준비하는데 도움이 되리라 예상해 본다.

2) 지인들로부터 확보

○○○○고등학교에 함께 재학하며 기독교 동아리인 "○○○○"에서 함께 활동한 친구들과 여전히 좋은 관계를 맺고 있다. 학교에서 함께 복음을 전하고, 예배를 드렸다는 추억은 매우 강한 신앙적 연대감을 형성하였다. 특히 K와 L이라는 두 친구는 여전히 함께 신앙적 고민을 나누고, 함께 ○○○○에서 청소년 사역을 감당하기도 한 친구들이다. 그러다보니 내가 소명을 따라가는 과정을 가까이서 지켜봤고 이 소명에 대해 깊은 이해를 가지고 있는 친구들이다.

동시에 둘 다 ○○○○토박이여서 지역 사회에 대한 이해도가 높다. K는 ○○○○동에, L은 ○○○○동에 거주하고 있어서 물리적인 거리도 가깝다. 이 중 K는 B대학교에서 음악을 전공하고 현재 K예고에서 엔지니어로 활동하고 있다. 이러한 역량을 통해 청소년들이 문화적 혜택을 받도록 돕는다. L의 경우 현재 C대학원에서 생물학을 전공하고 있으며 제약회사에 취직할 계획을 가지고 있다. 두 친구 모두 찬양의 은사가 있고 각각 기타와 드럼도 다룰 수 있다.

이들을 확보하기 위하여 계속해서 좋은 관계를 유지하는 동시에 안산 지역에 대한 비전을 나눌 것이다. 또한 개인적인 목회의 비전인 "한 영혼"에 대해 좀 더 구체적으로 나누고자 한다. 이러한 나눔을 통해 한 영혼에 대한 비전을 품도록 한다. 동시에 목회자 가정과 친구들이 이룰 가정이 긴밀한 관계를 맺도록 하여 초기 멤버의 연합을 강화한다.

3) 모교회로부터 확보

지금 사역하고 있는 교회에서 멤버를 확보할 수 있는 허락을 받고

자 한다. 유초등부를 제외하고는 내가 사역하고 있는 교육부서는 거의 개척 수준이라고 봐도 무리가 아니라고 생각한다. 중고등부는 인원이 25명 정도 되지만 거의 대부분의 학생이 신앙이 없다. 교회를 동아리보다도 못하게 생각하고 자주 빠진다. 이 인원들은 전임 사역자분께서 불신자들에게 재미있는 활동을 제공하며 모은 학생들이기 때문이다. 그래서 현재 사역하는 교회의 중고등부들은 대부분 부모님이 불교이거나 무교이시며, 교회를 다니지 않으시는 분들이다. 따라서 이들에게 신앙을 심어주고 교육함으로 교회의 일원으로 만드는 것이기에 개척이나 다름없다. 청년부도 15명 정도 되는데, 서로 거의 친하지 않다. 같은 교회를 다니나 서로 모르고 개인적인 신앙생활만 한다. 한 몸 된 교회의 모습이 없다. 따라서 청년부도 개척이나 다름없다. 나는 지금 하고 있는 교육 부서를 앞으로 교회개척을 위한 큰 훈련이라고 생각한다. 이들에게 나가 복음을 체계적으로 전하고, 가지고 있는 성경적 교회론을 교육함으로 내가 개척할 교회의 DNA를 심어주고자 한다. 그리고 목사님께도 공식적으로 이들 중에 후에 교회를 개척할 때, 개척멤버로 함께할 수 있도록 허락을 받고자한다. 목사님께서는 나를 믿고 마음이 넓으신 분이기 때문에 분명히 허락해 주실 것이라고 본다. 혹시 허락해 주시지 않는다면, 내가 전도한 사람은 개척멤버로 함께 할 수 있도록 해달라고 부탁드릴 것이다.

2. 외부적 확보

1) 전도를 통한 확보

가장 원색적인 방법이지만, 가장 먼저 시도되어야 할 외부적 확보 방법일지 모른다. 나는 개척하고자 하는 지역에서 전도 활동을 통하여 먼저 개척멤버를 확보할 것이다. 이는 유형 교회에만 국한한 방법이 아니라 예수 그리스도께서 새롭게 말씀하신 교회의 의미인 무형 교회로의 확장을 의미하며, 전도활동을 선행하므로 개척하고자 하는 지역에 그리스도의 복음의 씨앗을 먼저 뿌리고자 한다. 재정적인 부분이 해결이 된다면, 지역 주민뿐만 아니라 인근 상가도 대상으로 하여 전도 활동을 통하여 개척멤버와 개척 시에 함께 예배할 영혼들을 준비할 것이다. 대안으로써 시도하는 방법이 아니라 주 사역 중 하나로 인식하여 공격적이면서도 능동적인 전도 활동을 통하여 불신자들을 미리 전도하여 개척교회의 초석을 다질 것이다. 대학 캠퍼스 사역, 지역 선교 단체와 관계망 형성, 지역 문화 활동, 노방전도 등을 통해 멤버를 확보할 것이다.

2) 공개적 모집으로 확보

사역자를 구하는 각종 인터넷 페이지에 개척멤버를 공개모집 할 것이다. 최근 개척의 유형이 새로워지고 달라지면서 대두된 방법 중 하나로 공개 채용을 통해 관계성은 아직 떨어지지만 미리 훈련된 인적 자원들을 확보하여 개척을 준비하는 방법이다. 지원자가 많다면, 면접을 통하여 선별할 예정이고, 인원이 적다면 가급적 소명이 확실할 시 면접 없이 함께 개척교회의 멤버로 섬기는 자격을 부여할 예정이다.

크게 3가지 팀으로 분류하여 구성할 생각이다. 첫 번째 팀은 "예배팀"으로 인원은 총 10명을 선별하고자 한다. 이들은 예배의 전반적인 요소를 인도하는 팀이며, 주로 찬양을 인도하는 역할이다. 구체적으로 싱어 4명(남2, 여2), 어쿠스틱기타 1명, 일렉기타 1명, 베이스기타 1명, 드럼 1명, 신디 2명으로 구성하고자 한다. 두 번째 팀은 "지원팀"으로 총 4-5명으로 구성하고자 한다. 이 팀은 예배가 자연스럽게 흘러가도록 지원하는 역할을 하며, 주로 찬양팀과 연계하여 예배의 진행을 돕는다. 구체적으로는 음향 1명, 영상 1명, 촬영 1-2명, 편집 1명이다. 끝으로 세 번째 팀은 "디자인팀"이다. 이들은 예배의 은혜의 현장을 기록하는 팀이며, 예배의 현장을 영상과 사진으로 젊은이들의 감성을 자극하는 기능도 병행할 것이다. 구체적으로는 디자이너 1명, 홍보 1명, 기획 1명,

편집 1명 정도로 구성될 것이다.

3) 추천으로 확보

이 방법은 가까운 지인이나 동역자들 또는 멘토들과의 관계 가운데 추천을 통하여 확보하는 방법으로 공개모집보다 신변 확인이 신속하고 정확하다는 장점이 있다. 이는 반드시 추천의 범위만을 의미하는 것이 아니라 파송의 개념 또한 포함하고 있어서 보다 광범위하고 창조적인 방법이라고 이해하면 좋을 것이다. 또한, 반드시 가까운 지인이나 동역자들 또는 멘토들을 통해 추천받을 필요는 없으며, 선교사의 자녀, 목회자의 자녀, 신학교 교수의 자녀 또는 은퇴 이후 사례비와 관계없이 사역할 수 있는 은퇴 사역자 등 다양한 범위 내에서 추천이 이루어질 수 있다.

3. 개척멤버 훈련

개척교회로서 생존하기 위한 가장 중요한 단계라고 할 수 있다. 내부적 확보(가족 또는 친척, 지인과의 관계 등)와 외부적 확보(전도 활동 확보, 공개 채용 확보, 추천 채용 확보 등)를 통하여 확보된 인적 자원들을 개척하고자 하는 교회에 맞게 그리스도의 제자로 훈련시키는 단계이다. 제자훈련이란 한 사람의 그리스도인을 스승인 예수 그리스도를 온전히 좇는 성숙한 제자가 되도록 훈련하는 과정을 말한다(마 16:24). 이는 예수님의 제자 훈련 방법이나 초대교회 사도들의 헌신과 사역을 모델로 한 것으로, 각 교회나 선교단체 등에서 다양한 프로그램으로 실시되고 있으나 그 내용과 방법은 모두 성경에 기초하고 있다. 제자훈련의 목적은 첫째, 하나님의 사람으로 온전케 만들기. 둘째, 봉사의 일을 하게 하기. 셋째, 공동체를 세우기. 넷째, 복음의 증거자가 되기이며, 제자훈련의 내용은 첫째, 전도자(복음을 알고 전한다). 둘째, 정체성(자신의 정체성을 회복하고 이웃을 이해함). 셋째, 멘토링(공동체를 이해하고 모델링이 될 수 있는 멘토를 세움). 끝으로 넷째, 리더십(공동체에 영향을 미치는 인격체로 세움)이다. 나는 개척 전 준비기간을 5-6개월로 고려할 때, 제자훈련의 기간은 약 5개월로 진행된다. 크게는 '기초교리반, 제자훈련반, 사역훈련반'으로 3단계화 되어있다.

VI. 재정 확보 및 지출 계획

1. 개인적인 확보

결혼하고서 현재까지 살고 있는 집은 전세(8,500만원)에 살고 있다. 매달 두 개의 통장에 적금을 25만원씩 2년간 예금했고(600만원), 아내는 직장생활을 하고 있으면서 적금을 매달 30만원씩 2년간 예금해두었다(720만원). 전체적으로 초기 확보 가능한 금액은 약 9,800만 원 정도이다. 개척 초기 비용으로 많은 재정은 아닐지 모르지만, 모든 물질을 아깝게 여기지 아니하고, 하나님께 기쁜 마음으로 드릴 때 하나님께서 기뻐하시리라 본다. 어려운 형편 가운데서 개척의 길로 인도하실 하나님이시기에 믿음으로 담대히 나아가고자 한다.

2. 친척 진지로부터의 확보

내가 신학의 길로 접어들게 되었을 때, 부모님께서 후원하실 계획이 있었다. 정확히 후원금은 얼마인지 알 수 없으나 약 3억 원 정도 일 것으로 예상된다. 자세한 이유는 지극히 개인적인 가정사라 더 이상 기술할 수 없다. 아마도 내가 개척하게 될 때, 부모님께서 작정한 재정을 후원 받아서 개척 교회의 초기 비용으로 사용할 것이다.

3. 개인 후원 확보

외부적인 확보에 대해서는 불특정 다수나 개인으로부터 후원을 요청할 수 있을 것이다. 예를 들어, 3년간 지냈던 반 원우들과 ○○○○대학 학부 동기 동역자들에게 기도 편지와 함께 개인적인 재정 후원이나 기도 후원을 요청할 것이다.

4. 기관 또는 단체 후원 확보

현재로서는 가능성이 희박하다고 생각한다. 그럼에도 불구하고 향후 개척교회를 지원하는 정책이 총회 차원에 생긴다면 적극 요청할 것이다. 이외에 개척교회를 도우려는 단체들에게 후원을 요청할 것이다.

5. 초기 1년간 예상 지출 금액

개척 초기 건물을 들어가는 세나 보증금, 인테리어에 전혀 돈을 쓰지 않을 것이다. 주일 낮 시간에만 건물을 임대할 것이다. 대학 강의실을 알아본 결과 비싼 곳은 200,000원 정도였다. 그리고 종교 활동을 할 수 있는 곳과 없는 곳이 있었다. 어찌 되었든, 종교 활동을 할 수 있는 곳을 빌려 그 가격이 최대 대여료를 200,000원으로 책정하여 계산하면 1년간 아래와 같은 지출 금액이 나온다.

(단위 : 원)

	항목	지출액	내용
1	장소대여료	10,400,000	200,000원 × 52주
2	예 배 비	5,000,000	악기, 성찬기 등
3	전 도 비	3,000,000	전도용품, 선물 등
4	교 육 비	3,000,000	
5	수 련 회 비	4,000,000	여름수련회 + 겨울수련회
6	애 찬 비	10,400,000	200,000원 × 52주
7	기타 운영비	4,800,000	매달 400,000원 × 12개월
8	예 비 비	1,400,000	
	총 합 계	42,000,000	

6. 나의 생존

나와 가족의 생존을 위한 두 가지 방안이 있다. 첫째는 아내가 일을 할 것이다. 아내는 OOOO로 지금도 일하고 있고, 그것으로 충분히 생활이 가능하다. 둘째는 내가 주중에 공부방을 운영하는 것이다. 나는 영어를 가르칠 수 있는 은사가 있기 때문에 사역에 지장을 주지 않을 정도인 주중에 5명을 넘지 않는 학생을 가르칠 것이다. 월 1,000,000원 정도 수입을 창출할 수 있다. 이렇게 공부방을 운영하면서, 전도도 함께 할 수 있을 것으로 기대한다.

VII. 목회활동 타임라인

월	주차	내용	비고
1	1	개척을 위한 가정예배	가족
1	2	개척멤버들과 함께 개척준비 모임 및 기도회	
1	3	개척멤버 훈련 시작 (총 12주)	성경적 교회론
1	4	후원자 방문 및 경과 보고	
2	1		
2	2		
2	3	교회 비전, 목적, 주요 사업 결정	
2	4	예배 장소 확정	
3	1		
3	2		
3	3		
3	4	설립예배 초청장 제작 완료	
4	1	전도 용품 제작 완료	
4	2	개척멤버 훈련 종료	
4	3	개척멤버 비전트립 (1박2일)	
4	4	개척예배 준비 주간	
5	1	설립예배/성찬예배	5가정
5	2	성경연구 방법론 교육 (총 10주)	쉬운 성경연구 방법론
5	3	한림대학교 캠퍼스 전도	
5	4	강원대학교 캠퍼스 전도	
6	1	한림성심대학교 캠퍼스 전도	
6	2	춘천교육대학교 캠퍼스 전도	
6	3	퇴계주공아파트 일대 전도	
6	4	중앙하이츠아파트 일대 전도	
7	1	금호아파트 일대 전도	
7	2	현대아파트 일대 전도	
7	3	성경연구 훈련 종료(총 10주)	
7	4	토요 성경연구 모임 시작	10가정
8	1	전도 구역 편성/성찬예배	화요, 토요, 아파트, 학교
8	2	여름 수련회	
8	3	새신자 양육 시작 (총4주)	
8	4	강원재활원 방문 봉사	

9	1		
	2	새신자 양육 종료 (총4주)	
	3		
	4		
10	1	양육1단계 시작 (총10주)	복음의 기초
	2		
	3	선교사 초청 예배	
	4		
11	1	성찬예배	15가정
	2	새신자 양육 시작 (총4주)	
	3		
	4		
12	1	새신자 양육 종료 (총4주)	
	2	양육1단계 종료 (총10주)	
	3		
	4	교회 비전, 목표, 성취도 평가 및 갱신 회의	
1	1		성경적 교회론
	2		
	3	겨울 수련회	
	4	사랑의 연탄 봉사	
2	1	양육1단계 및 양육2단계 시작 (총 10주) 성찬예배	20가정
	2	새신자 양육 시작 (총4주)	
	3		
	4		
3	1	새신자 양육 시작 (총4주)	
	2	토요 성경공부 시작	
	3		
	4		
4	1	선교사 초청 예배	
	2	양육1단계 및 양육2단계 종료 (총10주)	
	3		
	4		

VIII. 목회전략

1. 예배전략

공식적 예배와 모임으로는 주일 공예배와 새벽예배, 금요기도회, 주중 구역별 모임이 있다. 공예배가 일주일 동안 생활 속 예배의 연장으로서 자리매김 되어야 한다는 점을 강조하고, 예배의 초점이 하나님께 맞춰지도록 신경을 쓴다. 작은 자 교회 공동체가 드리는 예배는 소수가 이끄는 예배가 아니라, 아이들까지 전 교인들이 주도적 참여자가 되는 예배로 나아간다. 모든 성도들이 적극적 참여자의 마음으로 예배에 임하게 한다.

향후 주일에만 복지회관이나 체육관을 임대하여 사용하게 되면 주중에 드려지는 새벽예배와 금요기도회는 목회자 가정에서 모이도록 한다. 예배는 예배팀, 찬양팀, 방송팀으로 구성된다. 예배팀의 경우 목회자와 함께 전체적인 예배의 순서나 예전을 계획하여 진행한다. 찬양팀은 싱어와 악기팀으로 구성하여 전 세대가 함께 통합하여 드리는 예배라는 점을 늘 염두에 두어 준비한다. 방송팀에서는 영상이나 방송 장비를 관리 및 예배 준비에 중점을 둔다.

주일 사역자예배는 예배팀, 찬양팀, 방송팀과 교역자, 부교역자가 함께 예배드리는 시간이다. 이 시간을 통해 사역자들이 먼저 하나님 앞에 나아감으로 준비하여 드리는 예배가 되어야 한다는 취지로 계획하게 되었다. '주일 함께 드리는 예배'는 어린이·청소년·청장년 모든 세대가 함께 드리는 예배이다. 부서별로 주일에 예배드리는 모습이 흔한 풍경이 되었다. 내가 어렸을 적에는 전 세대가 함께 예배드리는 모습이 흔하였다. 예배는 가정들이 함께 모여 하나님께 드리는 것에 있다는 나의 의미를 부여하여 계획하게 되었다. 각 부서별(어린이 제자모임·청소년 제자모임·청장년 제자모임 등) 모임은 토요일이나 주일 오후 시간을 활용하고자 한다.

2. 훈련전략

훈련은 주일 오후 시간에 진행될 것이다. 새가족반, 신앙성장반, 제자반이 순차적으로 진행될 것이며, 이외에 어린이, 청소년 교리학교, 성경통독반, 마마클럽 등이 운영된다. 개척 초기 핵심적 3단계 제자훈련은 목회자가 인도하여 나가지만, 이후 리더로서 성장한 이들이 섬길 수 있도록 목회자는 길잡이 역할을 감당해 나간다. 교회의 직분에 있어서도 본 훈련 과정을 최종 이수한 성도만이 할 수 있도록 정관이 제정될 것이다. 이는 진정 한 사람의 성도로서 그리스도의 제자가 어떠해야하고, 교회가 무엇인지 정확히 인지한 성도에게 직분이 주어질 것이다.

3. 전도전략

"너는 말씀을 전파하라. 때를 얻든지 못 얻든지 항상 힘쓰라. 범사에 오래 참음과 가르침으로 경책하며 경계하며 권하라"(딤전 4:2). 전도는 항상 복음을 전해야 한다. 복음을 전하는 것은 바로 교회가 감당해야 할 가장 우선적인 사명일 것이다. 연간 계획표에서 확인할 수 있듯이 전도하는 것에 중점을 두어 OOOO리를 중심으로 OOOO리와 OOOO리, 그리고 OOOO초·중·고등학교에서 전도 사역을 할 것이다. 분기별로 해당 분기의 전도 계획이 수립되고 분기가 마칠 때에 성과 및 보고가 있을 것이다. 전도팀은 매주 한 차례 모여서 전도에 대한 다각적인 방법 이론과 실습을 병행해 나가게 된다. 무엇보다 복음을 제시함에 있어 정확하고 막힘없이 담대히 전할 수 있도록 모임 시간에 실습에 중점을 두어 꾸준히 노력해 나갈 것이다.

연령층을 고려하여 그에 따라 전도할 것이고, 전도 용품도 다양하게 준비될 것이다. 쉽게 복음을 전할 수 있는 내용이 들어간 교회 소개지를 제작하고 거기에 물티슈, 볼펜, 사탕 등과 같은 간단한 선물을 부착하여 나누어 줄 것이다. 연간 계획에 따라 전도팀을 중심으로 주별 정해진 지역에 방문하여 전도 사역을 진행해 나갈 것이다. 가능한 전교인들이 함께 전도하는 일에 열심을 낼 수 있도록 격려하고 북돋을 것이다.

4. 선교전략

선교는 예수 그리스도의 지상명령이다. 예수 그리스도는 땅 끝까지 모든 족속을 구속하기 위하여 교회를 세우셨다. 그러므로 지상의 모든 교회는 영원히 이 명령에 순종하여 예수 그리스도께서 다시 오시는 그 날까지 선교의 사명을 다해야 한다. 사도 바울은 이 명령을 가장 귀히 여기고 순종하여 가는 곳마다 복음을 선포하고, 구원받은 구성원들과 교회를 개척하고, 교회를 성장시키며, 세계 복음화를 실현시키기 위해 목숨을 아끼지 않았다.

개척 초기부터 선교에 대한 사명을 명확히 교육할 것이다. 선교의 목적은 하나님 나라의 실현, 곧 하나님의 통치를 사람들에게 가져오는 것이며, 삶의 모든 영역에서 하나님의 뜻을 의식하며 살도록 하는 것이다. 하나님의 나라를 위한 교회의 사명에서 한 가지 기억할 것은 종말론적 관점에서의 사명이다. 이런 맥락에서 교회 구성원들은 예배당 중심의 교회 사역에 매몰되지 않고, 세상의 제사장으로서 성도들과 교회가 감당해야 할 선교의 사명에도 눈을 돌려 균형 있는 하나님 나라의 확장을 위한 노력을 기울여야 한다.

넓게는 미전도 지역을 위해서, 좁게는 가까이에 있는 북한선교와 미자립교회를 위해 기도와 재정적으로 후원해 나갈 것이다. 초기에는 협력 선교의 형태로 진행하고 점차적으로 주 파송교회로 설 수 있도록 할 것이다. 현지에서 선교하고 계시는 선교사님을 초청하여 예배도 드리고, 건강하고 개혁적인 신학 노선에 있는 선교 단체를 통해 전문적인 선교 훈련을 받을 수 있도록 할 것이다. 앞에서 언급한 것과 같이, 본 교회에서 전문인 선교사를 육성시켜서 선교지로 직접 파송할 수 있도록 추진해 나갈 것이다.

5. 양육전략

개척 초기 양육은 목회자가 중점적으로 담당해 나간다. 구역별 모임이 형성되면, 각 구역을 한 주에 돌아가면서 구역 모임에 참석하여 예배를 진행하는 일을 맡는다. 이외에 매주 한 가정씩 약속한 날에 심방하여 전교인을 두루 살피고 그들을 위해 기도하며 가르치는데 열심을 다할 것이다. 심방하여 예배드리는 일을 게을리하지 않을 것이다. 이후 제자훈련을 통해 성장한 리더들은 목회자가 초기에 하고 있던 사역들을 조금씩 양분하여 각자 가지고 있는 달란트로 교회를 섬길 수 있는 방안을 모색해 볼 것이다.

6. 행정전략

만인제사장의 성경적 원리에 배치된다는 점을 인식하고 목회 사역과 행정 사역을 분리한다. 행정을 포함한 교회 운영 전반을 성도들의 의견 수렴과 참여를 통해 꾸려 나가는 성도 중심의 민주적 운영 구조를 갖춘다. 목회자는 말씀 사역과 목양 사역에 집중하고, 교회의 전반적 운영은 운영 위원회(위임 목사는 의결권이 없다)가 교회 총회의 위임을 받아 1년씩 책임을 맡는다. 담임 목사의 임기는 5년으로 하되 재신임으로 연임할 수 있고, 부 목회자의 임기는 3년으로 하되 담임 목사의 추천과 운영 위원회의 결의에 따라 연임할 수 있다. 또한 공동체성을 유지하기 위해 규모가 커지는 것을 지양한다. 정관에 등록 교인이 150명을 초과한 때부터 교회 분립을 추진하는 분립 추진 위원회를 운영하도록 한다. 불투명한 재정 지출 구조를 투명하게 바꾸고, 월 단위로 교회 재정 상태를 성도들에게 공개한다.

제직회는 필요에 의해 개최하도록 한다. 반면, 당회는 매주 개최하여 교회의 제반 사항에 대해 공유하고 의논해 나간다. 당회원들 사이에 충분한 공감대가 형성되면 그 사항에 대해 결정을 내린다. 아무리 좋은 취지의 사역이라도 해도 당회원들의 공감대 형성 없이 결정을 서두르진 않을 것이다. 목회와 관련된 사안에서는 목회자가 권위를 발휘하고, 교회 운영과 관련해서는 해당 부서에 자율성을 부여해 나갈 것이다. 교인의 수평 이동을 지양하고, 민주적 운영 과정에 참여하는 교인들이 작은 자 교회의 정신을 공유하도록 신경쓸 것이다.

7. 지역사회전략

한국교회가 더 이상 기존의 성장주의 패러다임으로 교회를 운영하고 신앙생활을 영위하는 데에는 한계가 있다는 것은 분명하다. 단순히 교회성장이 아니라, 교회에 내실을 기하며 교회가 속한 지역 사회에서 공적인 역할을 감당해야 할 때이다. 지역 사회와 주민들의 필요를 찾아내고 교인들이 지역 사회 안으로 들어가 그들과 함께함으로써 지역이 교회가 되도록 할 것이다. 지역 전체를 하나님의 선교 현장으로 인식하여서 교회 주변의 3개 지역을 "작은 자 교회"로 선포한다. ○○○○리를 중점적으로 지역 사회와 함께 건강하게 성장해가는 교회가 되도록 한다. 지역의 필요에 따라 공부방이나 작은 도서관, 문화 교실, 주민 카페 등을 운영하고, 1년에 한두 차례 바자회나 마을 음악회와 같은 지역 행사를 개최해 주민들의 참여를 유도할 수 있을 것이다. 인근에 위치한 ○○○○ 초·중·고등학교를 중점적으로 "좋은 학교 만들기 프로젝트"를 진행한다. 또한 홀로 지내는 독거노인을 위한 "안부사역", 그리고 지역 사회에 소외된 계층을 적극적으로 돕기 위한 "나눔 마켓"을 진행하여 교회 안에서뿐만 아니라, 교회 밖에서 더욱 그리스도의 빛과 소금의 역할을 감당해 나갈 수 있는 장을 마련할 것이다. 지역 사회를 섬기는 사역은 교회 본질의 사역임을 늘 염두에 두고 텃밭을 가꾸는 일로 여기며, "하나님을 사랑하고 이웃을 사랑하라"는 예수님의 말씀을 잘 준행하며 지역에 있는 이웃을 위한 사역을 잘 감당해 나가고자 한다.

8. 홍보전략

홍보를 할 때 가장 염두에 두어야 할 것은 한국의 상당수 교회가 규모와 상관없이 성장 중심적 목회관과 교회론에 기반하고 있다는 사실이 가장 큰 문제라고 본다. 전도와 선교를 할 때는 분명한 복음의 메시지와 하나님의 말씀을 선포하지만, 정작 홍보에는 메시지와 하나님의 말씀이 빠져 있는 경우가 많다. 교회에 대한 좋은 인상이나 이미지를 심어 준다고 하면서, 정작 그 안에 기독교의 핵심인 예수 그리스도의 복음이 없다면 무슨 소용이 있는지 도무지 알 수가 없다. 교회 홍보보다 먼저 교회가 건강하고 바르게 성장하는 것에 주안점을 두어야 할 것이다. 작은 자 교회는 개척 초기 교회 홈페이지를 직접 제작하여서 외부적으로 교회에서 하고 있는 일들에 대해 소개하고 내부적으로는 소개 팸플릿을 제작하여 전도 시 주로 활용할 수 있도록 한다. 지역 환경에 맞는 전도 방법 및 전도 용품을 개발하여 사용할 것이다.

IX. 나가는 말

교회는 그리스도의 몸이므로 예수님을 대신하여 행동하고, 예수님의 통치와 사랑을 대변하며, 하나님의 나라를 증언한다. 결국 교회는 하나님의 나라를 지키는 관리인이다. 그 나라를 위해 교회는 성경의 메시지를 경청하고 연구하고 이해하고 선포하는 사역을 충실히 감당해야 한다. 단순히 하나님의 나라를 선포하기 위해서가 아니라, 하나님 나라의 존재를 삶으로 전하기 위해 보냄을 받는다. 내가 개척하는 교회는 지역 사회를 섬기기 위해 존재하고, 나는 성도를 섬기기 위해 존재한다는 방향성을 가지고 목회 사역을 할 것이다. 내가 개척하는 교회는 건강한 교회를 꿈꾼다. 교회가 지역 사회의 필요에 부응하면 지역 사회의 흐름이 달라질 것을 확신한다. 하나님과의 관계, 공동체 내에서의 관계, 세상과의 관계가 건강하게 유지되도록 한다. 성도들의 신앙 성장을 어린이부터 노인까지 가족과 구역이 모두 함께하는 공동체이다. 이웃 교회와 전문 사역 단체, 지자체와 협력하여 신앙 공동체 생태계를 만들어 나갈 것이다. 낮은 자의 겸손으로 사람들의 가슴에 예수 그리스도의 사랑을 심겨 주는 것이 진정한 교회의 역할임을 잊지 않고 늘 지향해 나갈 것이다.

나는 계속해서 이 마스터플랜을 좀 더 완성도 있게 수정해 나갈 것이다. 성경을 통해 새롭게 알게 된 것이 있을 때, 그것을 반영하도록 하기 위해 수정할 것이다. 독서를 통해 알게 된 것이 있을 때, 그것을 반영하기 위해 수정할 것이다. 지금 사역의 현장에서 사람을 세우고 양육하며, 현실적인 부분을 습득하고 경험한 바를 근거로 수정, 보완할 부분이 있다면 수정할 것이다. 하나님께서 나의 교회개척 위에 은혜를 베푸시기를 간절히 소망한다.

25
한국교회의 대안으로서 교회개척[201]

1. 들어가는 말

한국교회에 대한 어두운 전망들이 대세를 이루고 있다. 최근 필자가 읽은 책자를 보면, 우리나라 교회 앞에 놓인 장애물을 고령화와 저출산과 양극화와 세속화라고 규정하고 있다.[202] 필자의 견해로는 이러한 장애물 중에서도 세속화라는 장애물이야말로 한국교회의 총체적 위기를 자초한 결정적 요인이라고 믿는다.

교회의 세속화는 다양한 결과를 가져왔다고 믿는다. 먼저 양적인 감소를 가져왔다. 1960년대부터 시작된 기독교 역사상 그 유래를 찾을 없을 정도의 빠른 교회 성장이, 1990년대부터 둔화되더니만 이제는 정체의 시기를 지나 감소하고 있다.[203] 미래 학자이자 목회자이기도 한 최윤식은 "이대로 가면 2050-2060년경에는 400만, 아니 300만 명대로 교인 수가 줄어들 수 있다"[204]라고 경고하고 있다. 세속화는 또한 한

---

201. 본 논문은 「총신원보」에 기고했던 논문임을 밝혀둔다.
202. 이성호, 『바른 목회와 교회 성장: 비법은 없다』 (수원: 그 책의 사람들, 2013), 18-28.
203. 1960-70년 사이 교인 수는 412%나 증가했고, 1970-85년 사이에도 103%나 증가했지만, 1985-95년 사이에는 증가율이 35%로 떨어졌다. 그러다가 1995-2005년 사이에는 드디어 14만 4천 명이 줄어들어 -1.6%의 성장률을 보이게 되었다. 이원규, "한국교회, 새 희망을 말할 수 있는가?," http://www.churchr.or.kr/news/articleView.html?idxno=3438.
204. 최윤식, 『2020 2040 한국교회 미래지도』 (서울: 생명의 말씀사, 2013), 39.

국교회를 배금주의Mammonism의 포로가 되도록 했다. 외형적으로 크게 성장하면서 물질적 번영을 누리게 되었고, 그 번영은 배금주의로 변질되어 한국교회를 지배하고 있다. 세속화는 결정적으로 한국교회를 윤리와 도덕적인 면에서 세상의 지탄의 대상이 되도록 만들고 말았다. 목회자와 교회는 비기독교인이나 비기독교 단체보다도 못한 윤리와 도덕 수준을 보임으로 세상의 걱정거리로 전락한 실정이다.

결국 한국교회에 관한 많은 부정적인 표현들이 난무하게 되었다. 기복신앙, 성장주의, 성공주의, 세속주의, 개교회 이기주의, 상업적 교회 운영과 재정비리, 세습, 직분 매매, 초대형 교회당 건축, 이단의 범람, 성적타락, 양극화된 정치 이념화, 목회자의 과잉공급, 교회의 분열과 분쟁 등 이루 말할 수 없는 부정적 표현들이 관련 교회와 목회자들의 이름과 더불어 회자되고 있다. 그리고 이러한 부정적인 요소들의 결과는 최근에 발표된 "2013년 한국교회 사회적 신뢰도 여론조사"에 고스란히 반영되어 있다. 해당 여론 조사에 의하면 기독교, 가톨릭, 불교 등의 3대 종교 중에서 기독교는 가장 낮은 사회적 신뢰도를 얻고 있다. 신뢰도가 19.4%로서 10명 중 2명만이 교회를 신뢰하고 있다.[205]

2. 대안이 필요한 한국교회

그렇다면 한국교회에는 희망이 없는 것인가? 몰락한 선배 기독교 국가들처럼 과거의 화려함만을 자랑하는 그들의 전철을 그대로 밟아야만 할 것인가? 필자는 그렇지 않다고 본다. 역사는 우리에게 교훈을 준다. 선배 기독교 국가들이 겪은 역사를 통해 배우면서, 대안을 세워나가면 우리는 교회의 중흥을 다시 맞이할 수 있다고 본다.

대안은 한 가지이다. 그것은 처음으로 돌아가는 것이다. 처음 정신과

---

205. "해설, 2013년 한국교회 사회적 신뢰도 여론조사 결과-도덕성, 신앙본질 회복이 최우선 과제," 「기독신문」 1950호 (2014년 2월 12일).

자세로 돌아가는 것이다. 처음 이 땅에 복음이 전파되고 뿌리내리던 그 때의 목회자의 삶과 자세 그리고 교회의 모습으로 돌아가야만 하는 것이 대안이다. 더 나아가 성경시대의 초대교회가 보여준 교회의 모습과 역할과 정신으로 돌아가는 것이 근원적인 대안이 될 것이다.

그렇다면 처음으로 돌아간다는 것이 구체적으로 무엇인가? 필자는 그 구체적 대안으로 초대교회가 보여준 교회개척을 제시한다. 초대교회 사도들이 보여주었던 그 공격적 교회개척 정신으로 오늘날 목회자들과 교회들이 나아간다면, 그 정신으로 목회를 하고 그 정신으로 복음을 전하는 삶을 살아간다면, 그것이야말로 한국교회의 중흥을 다시 경험하게 하는 대안이 될 것이라고 믿는다.

3. 교회개척의 당위성

우리나라에 교회가 너무 많다고 한다. 이렇게 교회가 많은데 교회개척을 이제 그만해야 한다고 말한다. 그리고 목회자 배출을 과감히 줄여야 한다고 말한다. 논리적이나 현상적으로 보면 설득력 있는 말이다. 실제로 교회들이 많다.[206] 그리고 실제로 목회자의 공급이 그 수요를 앞지르고 있다. 우리 교단의 경우 2001년에서 2010년까지의 10년 동안 목사 수가 10,424명에서 19,268명으로 84% 증가했다.[207] 또한 너무 많

---

206. 문화체육관광부의 2010년 5월 17일 발표에 의하면, 한국 개신교 교회 숫자는 170개 종파 60,785개로 나타나 있다. http://stat.mcst.go.kr/mcst/resource/static/info/info02.html 양희송은 교회 수가 편의점 수의 4배라고 주장한다.
207. "한국교회 교인은 줄고 있는데 목사는 과잉 배출되고 있고 개척교회 수도 꾸준히 늘고 있다. 예장 통합의 경우 2001년부터 2010년까지 최근 10년간 교회 수는 6793개에서 8162개로 늘어 약 20% 증가했다. 교인 수는 232만8413명에서 285만2311명으로 늘어 약 23%의 증가세를 보였다. 반면 같은 기간 목사의 수는 1만415명에서 1만5521명(증가율 49%)으로 늘어 교회와 교인 수 증가율을 배 이상 앞질렀다. 예장 합동도 상황은 비슷하다. 예장 합동의 경우 지난 2001년부터 2010년까지 10년간 교회 수는 6795개에서 1만1456개로 늘어 약 68% 증가했고 교인 수는 230만327명에서 295만3116명으로 늘어 약 28%의 증가세를 보였다. 반면 같은 기간 목사의 수는 1만424명에서 1만9268명(증가

은 교회들로 인해 개척교회의 생존율이 식당의 생존율과 동일한 25%라는 주장이나,[208] 이보다 훨씬 더욱 비관적인 250 대 1이라는[209] 주장도 나름 설득력이 있다.

그러나 그렇다고 하여 목회자 수를 줄인다든가 혹은 교회개척의 시대가 지났다고 결론을 내리는 것은 성경적으로는 옳지 않다. 성경은 지금도 새로운 교회를 개척하라고 명령하고 있다. 교회사는 교회개척의 역사라고 필자는 단언한다. 하나님의 소원은 이 땅에 새로운 교회들이 계속해서 세워지는 것이다. 하나님께서 당신의 나라를 확장하기 위해 사용하시는 유일한 방법은 교회를 세우는 것이다. 비록 그의 신학에 동조하지는 않지만, 피터 와그너C. Peter Wagner가 말한바 "하늘 아래 유일하고도 가장 효과적인 전도 방법은 교회를 개척하는 것"[210]이라는 주장에는 전적으로 동의한다.

20세기 말 도입된 왜곡된 교회성장학의 부정적 결과로 인해, 오늘날 교회가 양적 성장을 추구하면 마치 잘못된 번영신학에 물든 것처럼 오

율 84%)으로 늘었다." "[개척교회 '2012 新풍속도'] 카페·식당… 개척교회는 변신 중," 「국민일보」 (2012년 8월 17일).

208. "한국개발연구원(KDI) 영세 사업자 실태분석 보고서를 보면 여관의 생존기간이 5.2년, 태권도장이 3년, 치과의원의 생존기간이 평균 4.9년으로 나온다. 일반 음식점 등은 길어야 2-3년이다. 즉 100곳 중 75곳은 3년 안에 문을 닫는다는 의미다. 종교사회학자들은 교회 역시 리사이클 기간이 2년에서 3년 정도에 불과할 것으로 본다. 1년에 국내 모든 개척교회가 인테리어로 버리는 비용이 수백억 원에 달한다고 한다. '개척교회는 인테리어를 하는 순간부터 망한다'는 말도 나오고 있다. 심지어 항간에는 인테리어 업자들을 교회와 식당이 먹여 살린다는 말까지 있을 정도다." "[개척교회 '2012 新풍속도'] 카페·식당… 개척교회는 변신 중," 「국민일보」 (2012년 8월 17일).

209. 어떤 근거에 의한 것이지 모르지만, 목회컨설팅 연구소 소장 김성진 목사는 오늘날 개척교회가 생존할 가능성은 250 대 1이라고 주장한다. "1970년대에는 50대 1이었고, 1980년대는 100 대 1이었으며, 1990년대는 150대 1의 성공률을 보이던 것이 2000년도에 들어와서는 200 대 1정도로 어려움을 나타내었다. 지금은 교회개척의 성공률이 무려 250 대 1에 이르는 어려운 점수판을 갖게 되었다." 김성진, 『Church-Planting: 개척교회의 이론과 실제』 (성남: 목회컨설팅연구소, 2005), 5.

210. C. Peter Wagner, *Church Planting for a Greater Harvest*; 편집부 역, 『교회개척 이렇게 하라』 (서울: 서로사랑, 1990), 8.

인되고 있음이 사실이다. 그럼에도 불구하고, 교회가 양적인 성장을 목표로 삼는 것은 철저히 성경적이며, 그리스도께서 명령하신 지상 최대의 명령에 대한 순종이다. 분명한 사실은 우리나라는 아직도 교회개척이 필요하고 교회의 양적 성장이 절대적으로 필요한 형편 속에 있다는 것이다.

우리나라에 아직도 교회개척이 필요한 첫 번째 이유는 비신자들이 너무 많기 때문이다. 정부에서 10년마다 시행하는 종교인구 센서스 2005년 통계에 의하면, 개신교인의 수는 전체 인구의 18.3%이다.[211] 즉, 길거리에서 만나는 사람 100명 중에 82명은 비신자들이다. (전체 인구의 10.9%인 가톨릭을 포함시킨다 하여도 100명 중에 70명은 비신자에 속한다.) 이 수치는 2005년 통계이며, 앞으로 2015년에 실시될 조사에서 어떠한 수치의 변화가 있을지 자못 궁금하다. 오늘날 개신교 교회가 마이너스 성장을 하고 있다는 일반적인 주장을 받아들인다면, 어쩌면 오늘날 길거리에서 만나는 100명 중에 90여 명이 비신자일 확률이 대단히 높다. 이러한 통계를 직면하고서도 새로운 교회의 개척과 교회의 양적인 성장을 강조하지 않을 수 있겠는가? 그럼에도 교회개척을 강조하지 않는다면, 그것은 현실에 대한 불감증이자 동시에 성경의 명령을 명백히 무시하는 죄악이라 하겠다.

한국에서 여전히 새로운 교회가 개척되어야만 하고 그 교회가 성장해야만 하는 두 번째 이유는 소위 말해 "가나안 성도"[212]의 존재 때문이다. 가나안 성도들이 몇 명이나 되는지에 대한 객관적이고 확실한 통계는 없다. 그 숫자가 100만 명에서부터 시작하여 수백만 명에 이른다

---

211. 양희송, 『다시, 프로테스탄트: 한국교회, 우리는 지금 어디에 서 있는가?』, 26.
212. 스스로를 기독교인이라고 하지만, "가나안"을 거꾸로 읽으면 "안나가"이듯이 기성교회를 거부하고 출석하지 않는 사람들을 의미하는 말이다. 가나안을 위해 광야를 방황했던 이스라엘 백성들처럼 교회를 찾아다니는 사람들을 일컫는다.

는 다양한 주장이 제기되고 있다.²¹³ 그들이 왜 교회를 떠났는지에 대한 그들만의 이유를 모두 인정할 수 없음에도 불구하고, 그러나 "제대로 된 교회만 찾으면 출석한다"란 그들의 항변을 무시할 수만은 없다. 이 엄청난 숫자의 가나안 성도들을 기존 교회에서 수용하기란 당연히 쉽지 않은 일이다. 새로운 교회개척은 이들을 위한 현실적 대안이다.

4. 본질을 회복하는 교회개척

교회개척 전문가인 오브리 말퍼스Aubrey Malphurs는 교회개척을 "친히 교회를 세우시겠다는 예수님의 약속에 근거하고, 지상대명령을 이루어내기 위해, 어떤 지역에 새 교회를 세우고 성장시켜가는 계획된 과정으로서, 힘들지만 신나는 믿음의 모험"²¹⁴이라고 정의했다. 이 정의 안에는 여덟 가지의 요소가 포함되어 있다. ①예수님의 약속에 근거함(마 16:18), ②지상대명령을 이루어 냄(마 28:19-20), ③어떤 지역에 새 교회(지역 교회, Local Church)를 세움, ④성장시켜가는, ⑤계획된 과정Planned Process, ⑥피곤한 과정, ⑦신나는 일, ⑧믿음의 모험 등이다.

필자는 교회개척을 "하나님의 사역자로 소명 받은 자가, 영혼 구원의 뜨거운 열정을 갖고, 복음 전파를 통해, 지역 교회를 세우고, 목회

---

213. 2004년 한국갤럽의 조사 결과로 추정해 본다면, 개신교 신앙을 가지고 있다가 교회를 떠난 사람들의 수가 무려 758만 명에 이르고, 이 중에서 다른 종교로 개종한 198만 명을 제외한 560만 명이 개신교를 믿다가 무종교인이 된 수라는 점을 감안할 때 가나안 성도의 수가 결코 적지 않을 것임을 미루어 짐작할 수 있다. 이원규, 『한국교회의 위기와 희망』(서울: KMC, 2010), 135. "목회사회학연구소"가 발표한 "소속 없는 신앙인 조사 결과보고서"에 의하면 가나안 성도는 전체 성도의 26%라고 했다. 또한 "한국기독교목회자협의회(한목협)"가 설문조사를 통해 발표한 자료에 의하면 10.5%가 가나안 성도이다. (출처: 「선교타임즈」 홈페이지, http://missiontimes.co.kr/?p=2345) 이 통계를 2005년 "종교인구 센서스" 통계에 적용한다면, 개신교인 총 860여만 명 중에서 86만 명에서 220만 명까지를 가나안 성도로 분류할 수 있을 것이다.

214. Aubrey Malphurs, *The Nuts and Volts of Church Planting: A Guide for Starting Any Kind of Church* (Grand Rapids: Baker Books, 2011), 17.

하는, 모든 영적인, 현실적인 과정"이라고 정의한다. 이러한 정의 안에도 일곱 가지의 요소가 포함되어 있다. ①하나님의 사역자로 소명 받은 자, ②영혼 구원이라는 동기, ③복음 전파, ④지역 교회, ⑤목회하는, ⑥영적인 과정, ⑦현실적인 과정 등이다.

교회개척에 관한 이상의 두 정의는 강조점에 있어서 다소 차이는 있지만, 그러나 그 의미에 있어서 대동소이하다 하겠다. 그리고 이러한 정의는 한국적 상황 속에서의 교회개척자들이 회복해야만 하는 중요한 본질들을 보여준다고 하겠다. 그러한 본질들 중에서 우리나라 교회개척자들이 시급하게 회복해야만 하는 두 가지를 지적하고자 한다.

첫째는 순수한 교회개척이다. 이는 초대교회가 보여준 교회개척의 동기와 자세와 목적으로 돌아가야만 한다는 뜻이다. 초대교회가 보여준 교회개척의 동기와 방법은 다름 아닌 "영혼 구원"이었다. 그들은 영혼 구원을 통해서 교회를 개척하고, 영혼 구원을 통해서 교회를 성장시켰다. 이러한 단순하면서도 분명한 초대교회의 교회개척이 오늘 한국에서 반드시 회복되어야만 한다고 본다.

오늘의 한국의 교회개척 현실을 보면, 초대교회의 DNA라 할 수 있는 "영혼 구원"이 없다. 오늘날 교회개척자들은 비신자들을 대상으로 교회를 개척하기보다는 기존 신자들이 전입을 기대하고 그것을 목표로 삼는 교회 개척을 하고 있다. 기존 신자들을 흡수하여 성장을 추구하는 신학이나 목회나 교회개척은 성경적으로 정당화될 수 없다. 그리고 이제는 그러한 교회개척은 성공할 수도 없다. 왜냐하면 개척교회 간판을 보고 찾아올 기존 신자는 이제 거의 없기 때문이다. 교회개척자들은 바른 신학에 근거하여 영혼 구원을 사명으로 삼는 교회개척에 도전해야만 한다. 비신자 구원을 목적으로 한 교회개척이 필요하다.

둘째는 지역 교회Local church로서의 교회개척이다. 오늘날 한국의 교회개척자들이 시급하게 회복해야만 하는 신학과 목회철학이 바로 지역 교회 개척이라는 개념이다. 이른바 동네 교회를 개척하는 것이다. 이원규는

1990년 이전에 한국교회가 급속히 성장하게 된 이론적 배경으로 "지역성 이론"Localisim Theory[215]을 소개하고 있다. 즉, 교회가 지역 지향적일 때 사람들이 교회에 더 출석한다는 주장이다.

그런데 오늘날 개척교회들은 그들이 위치한 지역의 커뮤니티와 깊은 관계를 맺고 있지 못하다. 그리고 그것이야말로 개척교회가 생존을 뛰어 넘어 성장으로 나아가지 못하는 중요한 원인이라고 본다. 교회개척자는 교회가 세워진 그 지역에서 승부를 가려야 한다. 교회와 바로 접한 이웃부터 시작하여 주변을 복음으로 점령해가야 한다. 멀리 떨어진 지역에 거주하는 친지나 크리스천 지인을 의존한 교회개척은 초대교회적 교회개척이라 할 수 없다. 초대교회의 교회개척은 지역 교회를 세우는 것이었다.

역사적으로 한국교회가 급격히 부흥했던 1990년 이전의 교회를 보면, 거의 모든 교회가 동네 교회이었다. 한국교회의 과거 기적적인 부흥은, 동네 사람들을 구원하겠다는 열정을 가진 동네 안 교회들을 통해서 이루어졌다. 지역 교회 개념을 파괴한 대형교회Mega Church의 출현과 더불어 한국교회 부흥이 멈추었다고 말한다면 과연 과장된 말인가?

물론 오늘날 지역Local이라는 개념이 교통과 통신의 발달로 인해 초대교회 때와는 확연히 달라진 것이 사실이지만, 그래서 지역이란 개념을 물리적으로 어떻게 설정할 것이냐의 문제가 제기되는 것도 사실이지만, 그럼에도 불구하고 교회개척자는 지역 속의 교회, 지역과 함께하는 교회를 개척해야만 한다. 따라서 교회개척자는 해당 지역을 공부하고 이해하고 사랑하는 것으로부터 시작해야 한다.

---

215. 이원규, 『한국교회 무엇이 문제인가?』 (서울: 감리교신학대학교 출판부, 1998), 176.

5. 제언

1) 교회개척에 대한 신학도들의 준비가 필요하다

하나님의 종으로 부름받았다는 소명과 교회를 개척하는 소명을 구별하려는 시도는 소명에 관한 오해이다. 주님의 종으로 부름 받았다는 것은 교회를 세우는 사명을 받았다는 의미이다. 사역의 종류와 방향은 다양하지만 그 모든 사역들이 결국은 교회가 개척되고 세워지고 성장하고 재생산하여 또 하나의 교회가 세워지도록 하는 것이 소명의 성취이다. 따라서 소명을 받았으되 교회를 개척하는 소명은 받지 못했다는 주장은 어불성설이다.

필자가 신대원 학생들에게 부여한 과제물을 통해서 얻은 개척교회 목회자 인터뷰 393개를 분석한 결과, 필자는 그들의 교회개척의 동기와 이유에 관하여 매우 흥미로운 결과를 얻을 수 있었다. 놀랍게도 393명 중 307명(78.1%)은 애초에 자신들이 교회개척자가 되리라고 생각한 사람들이 아니었다. 86명만이 교회개척을 신학을 공부하는 과정에서부터 소명으로 삼았을 뿐이다.

그러나 자세히 들여다보면 86명 중에서도 처음부터 자신의 소명과 교회개척을 동일시 한 사람은 오직 37명(9.4%)일 뿐이며, 나머지는 본인의 나이나 환경을 고려한 초기 전략적 선택이었다. 결국 응답자 중의 90.6%가 상황에 의해서, 떠밀려서, 아니면 피할 수 없는 선택에 의해서 교회개척의 길로 내몰렸음을 알 수 있다. 그 결과 본인을 포함하여 가족 전체가 교회개척자라는 새로운 삶 앞에서 당혹스러움을 경험하고, 가정적인 문제, 경제적인 문제, 그리고 심리적인 여러 문제들에 직면하게 된다. 인터뷰 질문 중의 또 하나인 "후배들에게 하고 싶은 조언"에 있어서, "지금부터 준비하라"는 한결같은 그들의 답변은 오늘날 신학도들에게 시사하는 바가 매우 크다고 하겠다.

신학도들은 자신이 받은 소명이 교회개척과 분리될 수 없다는 사실을 인식하고 교회개척을 지금부터 준비해야 한다. 신학적인 준비와 더불어 라이프스타일의 구축을 지금부터 훈련해야 한다. 특별히 온 가족과 더불어 자발적인 가난의 훈련을 지금부터 실시해야 한다. 설사 교회개척자의 길로 가지 않는다 하더라도 이러한 훈련과 준비는 어떤 형태의 사역자가 되든지 유익하리라 믿는다.

2) 개척교회에 대한 보호와 지원이 필요하다

개척교회에 대한 관심과 보호가 필요하다. 먼저 신학적으로 개척교회 역시 완벽한 교회임을 인식해야 한다. 목사가 목회를 잘 못해서 작은 개척교회로 존재하는 것이 아니다. 개척교회가 사라지면 우리나라의 기독교가 사라진다. 개척교회는 하나님 나라를 구성하는 풀뿌리들이다. 이 땅의 개척교회들이 건강해지고 그 존재 가치가 존중될 때 우리나라의 전체 교회가 건강하게 된다.

그렇기에 개척교회나 작은 교회에 대한 관심과 그들을 살리려는 노력이 필요하다. 그리고 이 노력은 전적으로 대형교회로부터 시작되어야만 한다. 개척교회와 대형교회가 공생해야 하는데, 먼저 대형교회 쪽에서 관심과 배려와 도움을 제공해야만 한다. 이것이 오늘날 대형교회가 가져야만 하는 선교적 사명이다.

신자 수는 분명 줄고 있는데 대형교회는 점점 확장되는 이 이상한 현상을 어떻게 설명할 것인가? 그리고 그 현상이 앞으로 얼마나 지속되겠는가? 안영혁 교수가 말한바, "한 교회가 자라는 것이 아니라 한국교회가 자라야 한다"[216]라는 외침이 오늘날 더욱 선지자적 음성으로 들리는 이유가 무엇인가? 개척교회들이 생존할 수 있도록 배려하는 자세가 필요하다.

이제 해외로 나가는 선교비의 일부를 국내 개척교회를 살리는 데로

---

216. 안영혁, 『작은 교회가 더 아름답다』 (서울: 겨자씨, 2001), 8.

돌려야 할 때가 되었다고 본다. 먹고 살만한 교회들은 주변의 개척교회와 작은 교회들을 살리기 위한 선교 마인드를 갖고 구체적인 행동으로 들어가야 할 때가 되었다고 본다. 선교하던 나라에서 어느 날 갑자기 선교 대상 나라가 되어버린 서구 유럽의 국가들을 보면서, 풀뿌리 개척교회들이 사라지게 되면 한국교회 역시 그렇게 될 수밖에 없다는 사실을 모두가 자각해야만 한다. 더 늦기 전에 한국교회를 살려야 한다.

3) 분립개척이 필요하다

필자는 "목양이 있는 목회"라는 말을 강의 시간에 자주 사용한다. 이 말은 한 사람의 목회자가 목회할 수 있는 규모를 규정하는 말이다. 목회Ministry라는 말은 성도 한 사람의 교회로부터 시작하여 수만 명 되는 교회까지 모든 교회에 적용되는 말이다. 그러나 목양Pastoral Care이란 말은 영혼을 보살핀다는 의미가 담겨져 있다. 따라서 한 목회자가 얼마나 많은 영혼을 보살필 수 있는지 그 한계를 정하는 표현이 바로 "목양이 있는 목회"이다.

그러면 이 "목양이 있는 목회"의 규모는 어느 정도일까? 물론 목회자의 역량에 따라 다를 것이다. 필자는 이 규모를 100가정 정도라고 규정한다. 유진 피터슨은 진정한 목회와 목양을 위한 섬김 공동체는 장년 규모 250여 명이라고 규정했다.[217] 이 정도의 규모는 어린이, 청소년 등을 포함하면 대략 400-500명 정도의 교회를 의미한다. 이 정도면 한 목회자가 성도들 모두를 목양할 수 있는 이상적인 성장의 한계라고 할 수 있다.

문제는 교회가 "목양이 있는 목회" 규모를 넘어섰을 때이다. 여기서 분립개척의 필요성이 제기된다. 앞에서도 언급했듯이 한국교회는 절대적으로 숫자적인 부흥이 필요하고 교회개척이 필요한 시기이다. 그런

---

[217]. "건강한 교회 대안, 교회 분립개척 주목 받는다," 「기독신문」 (2012년 11월 26일) 재인용, http://www.kidok.com/news/articleView.html?idxno=68505.

데 교회가 성장하여 자신의 목양의 범위를 넘어섰다면, 그 다음 단계는 또 다른 교회를 생산하는 것이다. 소위 말해 의도적인 성장의 한계를 정하고, 그 한계에 도달하면 재생산을 실천하여 또 다른 교회를 생산하는 것이다. 바로 교회를 낳는 교회Church-Planting Church가 되는 것이다. 그것을 분립개척이라고 하겠다.[218]

물론 분립개척이 쉬운 일은 아니다. 목회자의 신학적 확신으로부터 시작하여 분립하는 구체적인 방안에 이르기까지 많은 준비와 주의가 필요한 것만은 사실이다. 그럼에도 불구하고 오늘 한국교회는 교회를 자발적으로 나누는 작업이 필요하다. 그리하여 "목양이 있는 목회" 규모로 돌아가야 한다. 그러한 교회들이 동네마다 자리 잡아야 한다. 그리할 때 한국교회가 산다고 필자는 확신한다. 하나님께서는, 만 명이 출석하는 하나의 교회를 바라시는 것이 아니라 500명이 출석하는 20개 교회, 아니 100명이 출석하는 100개의 교회가 존재하기를 원하신다고 믿고 싶다.

4) 두 직업 목회자Bi-vocational Pastor에 대한 선입견 해소가 필요하다

교회개척학자 스테처Ed Stetzer는 "만약 하나님의 소명이 분명하다면, 그리고 다른 방법이 없다면 최소한 교회가 당신을 부양할 수 있을 때까지 일해야 한다"[219]라고 말했다. 경제적인 필요성 때문에 본인이나 혹은 배우자가 목회 외의 다른 직업을 갖고 있는 목회자를 두 직업 목회자(혹은 자비량목회자)라고 부른다. 이들에 대한 인식이 바뀔 필요가 있다. 두 직업 목회자는 성경적 근거를 분명하게 갖고 있는 형태로서, 오늘날

---

218. 맬퍼스는 분립개척의 경우 모교회나 지교회 모두에게 장점이 있다고 전제하고, 특별히 지교회에 미치는 장점으로 재정지원, 핵심그룹 지원, 격려와 기도후원, 모교회로 인한 신뢰성 획득, 상담과 재능의 후원 등을 열거하고 있다. Aubrey Malphurs, *Planting Growing Churches for the Twenty-first Century*; 홍용표 역, 『21세기 교회 개척과 성장과정』 (서울: 예찬사, 1996), 531-536.

219. Stetzer, *Planting Missional Church*, 226.

무거운 경제적 부담을 안고 시작하는 교회개척자들이 선택할 수 있는 성경적이고 현실적인 대안이다.

전통적으로 두 직업 목회자에 대한 시선이 부정적이었음이 사실이다. 소명의식이 약하고 목회에 전념하지 않는다는 선입관으로 이들을 바라보았음이 일정 부분 사실이다. 그러나 목회 환경이 바뀌었고, 열심히만 한다고 되는 시대가 아닌 이 시대의 교회개척자들에게 두 직업 목회자가 하나의 대안이 될 수 있음을 인정해 주어야만 한다. 많은 교회개척자들이 경제적 활동 능력이 있음에도 불구하고 성직자라는 신분에만 매몰되어 있다. 결국은 경제적 압박을 이겨내지 못하여 개척한 교회를 포기하고, 가정적으로 어려움을 겪을 뿐 아니라, 스스로는 깊은 실패감과 좌절감에 빠져 목회자의 길까지도 접는 경우가 많다. 이러한 현상은 하나님 나라의 엄청난 인적·물적 손실이 아닐 수 없다.

사실 두 직업 목회자는 이미 일반화 되어 있다. 개척교회 그리고 작은 교회 목회자들의 배우자들은 대부분 일을 하고 있다. 또한 많은 교회들이 어린이 사역이나 노인 사역이란 이름하에 사실은 수익 사업을 하고 있다. 최근 세상과의 다양한 접촉점을 활용하는 교회개척의 양태는 대부분 수익 사업을 겸하고 있다. 이 모든 것들은 두 직업 목회자들이 일반화되고 있음을 보여 준다.

물론 두 직업 목회자의 길을 걷는다는 것이 쉬운 일은 아니다. 주의해야만 할 사항이 많다. 첫째는 두 직업 목사로 사는 것이 항구적인가 아니면 단지 임시적인가를 결정해야 하며, 왜 또 하나의 직업을 가졌는지에 대한 근본 이유를 망각하지 말아야 한다. 그 직업이 주업이 되어 과도한 에너지와 열정을 쏟게 된다면 대단히 위험한 현상이다. 따라서 목회자가 어떤 직업을 가져야 하는지에 대한 고민도 필요하다.[220]

---

220. Stetzer, *Planting Missional Church*, 228.

6. 나가는 말

한국교회의 미래의 대안은 무엇인가? 이 질문 앞에서 필자는 초대교회 정신으로 무장된 교회개척 투사들을 더 많이 배출하는 것이라고 대답한다. 전체 국민의 18%만이 교회에 출석하고 있을 뿐인데, "가나안" 교인들이 수백만으로 알려지고 있는데, 사람들은 교회개척시대가 끝났으며, 더 이상 교회개척이 성공할 수 없다고 말한다. 과거 한 때의 번영에 취하여 마치 우리나라가 기독교 국가인양 착각하고 이제 잔치를 끝내려고 한다. "교회성장"이란 단어를 마치 번영신학과 기복신학이 만들어 낸 쓰레기쯤으로 여긴다.

필자는 아직도 우리나라에는 더 많은 교회개척이 필요하고, 더 뜨거운 교회개척의 열기가 필요하며 아직도 교회가 양적으로 성장해야만 한다고 믿는다. 생존이 보장되지 않은 광야로 나가서 복음을 전함으로 영혼을 구원하여 교회를 세우겠다는, 그러한 전투 의식이 없는 목회자와 신학도를 보면 답답하다. 가치 없는 엘리트 의식에 빠져, 그리고 근거 없는 낙관주의에 빠져 제도권의 탄탄한 길을 꿈꾸는 우리네 신학도들을 보면서 분노한다. 광야와 같은 현장에서 한 명의 불신 영혼을 구원하기 위해 정열을 바치는, 야성과 투쟁 의식을 소유한 도전적 소명자들이 절실한 시대이다.

26
한국교회 개혁을 위한 대안
이머징교회 운동[221]
Emerging Church Movement

1. 들어가는 말

20세기 말엽, 미국 기독교 안에 이머징교회Emerging Church란 말이 등장했다. 이 말이 등장한 이후 20여 년이 흐른 지금, 이 말은 21세기의 교회가 반드시 가야만 하는 길이라고 주장하는 부류에서부터 시작하여, 정통적인 교회론을 무너뜨리는 것으로서 교회가 따라가서는 안 되는 길이라고 주장하는 부류에 이르기까지, 폭넓은 논쟁을 불러일으키고 있다. 마치 신학의 범주가 극단적 근본주의에서부터 극단적 자유주의에 이르기까지 그 폭이 넓은 것과 같이, 이머징교회에 관한 개념 역시 오늘날 넓은 범주를 형성하고 있는 것이다.

문제는 한국교회이다. 이머징교회라는 말이 발원지인 미국과 거의 동시대적으로 한국교회에 유입되었음이 사실이다. 2002년경부터 브라이언 맥클라렌Brian D. McLaren의 『저 건너편의 교회』를 비롯한 몇 권의 책들이 번역되어 출간되기 시작했다.[222] 그러더니만 댄 킴벌Dan Kimball

---

221. 본 연구는 2017년 4월 22일, 〈한국복음주의신학회〉 제69차 정기논문발표회(주제: 종교개혁과 한국교회)에서 실천신학 분과 주제 발표 논문임을 밝혀 둔다.

222. Brian McLaren, *Church on the Other Side*; 이순영 역, 『저 건너편의 교회』 (서울: 낮은울타리, 2002). 맥클라렌은 이머징교회 운동의 넓은 스펙트럼 중의 좌측 진영인 이머전트 그룹의 유력한 멤버이다(이머징교회 운동의 분류는 본 논문의 후반부를 참고할 것). 당시 한국에서 이러한 책들을 이머징교회 운동과 연결시켜 출간했다고 보이지 않는다.

의 『그들이 꿈꾸는 교회』(2008),[223] 에디 깁스와 라이언 볼저Eddie Gibbs & Ryan K. Bolger의 『이머징교회』(2008),[224] 마이클 프로스트와 앨런 허쉬 Michael Frost & Alan Hirsch의 『새로운 교회가 온다』(2009),[225] 로버트 웨버 Robert E. Webber의 『젊은 복음주의자를 말하다』(2010)[226] 등이 출간되면서 이머징교회에 대한 개념이 본격적으로 한국에 소개되기 시작했다. 그리고 거의 동시대적으로 이머징교회에 대한 비판적인 시각의 저작들도 번역되어 소개되었다. D. A. 카슨D. A. Carson의 『이머징교회 바로 알기』(2009),[227] 케빈드 영과 테드 클럭Kevin DeYoung & Ted Kluck의 『왜 우리는 이머징교회를 반대 하는가』(2010),[228] 로저 오클랜드Roger Oakland의 『이머징교회와 신비주의』(2010),[229] 게리 존슨과 로널드 글리슨Gary L. W. Johnson & Ronald N. Gleason의 『이머징교회는 교회개혁인가 교회변질인가』(2011),[230] 게리 길리Gary E. Gilley의 『포스트모던 신비주의와 이머

당시 필자는 미국에서 수학과 목회를 병행하고 있었을 때인데, 그 당시 미국에서조차도 "이머징교회"라는 용어의 등장이 막 시작되었던 것으로 기억한다.

223. Dan Kimball, *They Like Jesus But Not the Church*; 차명호 역, 『그들이 꿈꾸는 교회』 (서울: 미션월드, 2008).
224. Eddie Gibbs & Ryan K. Bolger, *Emerging Churches*; 김도훈 역, 『이머징교회』 (서울: 쿰란출판사, 2008).
225. Michael Frost & Alan Hirsch, *The Shaping of Things to Come*; 지성근 역, 『새로운 교회가 온다: 문화 속에 역동하는 21세기 선교적 교회를 위한 상상력』 (서울: IVP, 2009).
226. Robert E. Webber, *The Younger Evangelicals: Facing the Challenges of the New World*; 이윤복 역, 『젊은 복음주의자를 말하다』 (서울: 죠이선교회, 2010).
227. D. A. Carson, *Becoming Conversant with the Emerging Church*; 이용중 역, 『이머징교회 바로 알기』 (서울: 부흥과 개혁사, 2009).
228. Kevin DeYoung & Ted Kluck, *Why We Are Not Emergent*; 이용중 역, 『왜 우리는 이머징교회를 반대하는가?』 (서울: 부흥과 개혁사, 2010).
229. Roger Oakland, *Faith Undone*; 황스데반 역, 『이머징교회와 신비주의』 (서울: 부흥과 개혁사, 2010).
230. Gary L. W. Johnson & Ronald N. Gleason, *Reforming or Conforming? Post-Conservative Evangelicals and the Emerging Church*; 김성웅 역, 『이머징교회는 교회 개혁인가 교회 변질인가』 (서울: 부흥과 개혁사, 2011).

징교회의 도전』(2011)[231] 등이 바로 그러한 책들이다.

이러한 과정을 통해 한국교회에 유입된 이머징교회 운동은 여러 면에서 왜곡되는 현상이 일어났다. 가장 큰 문제는 이머징교회 운동에 관한 개념이 너무 지엽적이고 협의적 의미로 정착되었다는 사실이다. 사실은 이머징교회가 개념도 정확히 정의되지도 않은 채 정착되었다고 말할 수 있다. 다시 말하면, 이머징교회 운동이라는 큰 우산 속의 극 좌측에 위치한 한 부류(이머전트 그룹)를 이머징교회 운동 전체로 여기는 편견이 자리 잡은 것이다. 그 결과 지금의 한국 보수적 정통교회들은 이머징이란 말 자체에 예민한 알레르기 반응을 보이고 있다. 그들은 이머징교회 운동을 자유주의 신학이 만들어 낸 한 신학적 분파로서, 단지 시대에 부응하고 현대인의 기호를 맞추려는 변질된 교회의 모습 혹은 정통교회를 무너뜨리는 이단적 집단으로 여기고 있는 형편이다.

본고에서는 이러한 현실을 염두에 두고, 이머징교회 운동의 출현 배경, 정의, 특징, 그리고 다양성 등을 살펴봄으로 이머징교회 운동에 대한 편견을 제거하고, 오늘날 위기 상황의 한국교회가 수용해야만 하는 이머징교회 운동의 한계가 어디까지인지를 살펴봄으로서 종교개혁 500주년을 맞이한 한국교회가 추구해야만 하는 개혁의 길을 제시하고자 한다.

II. 시대와 그 시대가 배양한 교회 모습

프로스트와 허쉬는 말하기를 "복음과 상황은 떼려야 뗄 수 없다"라고 전제하고, "하나님은 문화를 넘어 계시지만 그분의 목적을 이루시기

---

231. Gary E. Gilley, *This Little Church Stayed Home*; 김세민 역, 『포스트모던 신비주의와 이머징교회의 도전』(서울: 부흥과 개혁사, 2011).

위해 문화 속에서 일하기로 작정하셨다"라고 주장했다.²³² 카슨은 "문화의 변화는 새로운 교회의 출현을 예고한다"²³³라고 말했다. 깁스와 볼저는 비록 그 대상을 서구 교회로 한정했지만, 왜 교회가 그 시대의 문화를 연구해야만 하는 지 그 이유를 11가지로 요약하고 있다.²³⁴ 그들은 "예수가 그랬던 것처럼 우리도 우리 시대의 각각의 문화에 젖어 들어야 한다"²³⁵라고 했으며, "목회 지도자들은 문화에 조심스럽게 귀 기울여야 하며, 필요하다면 소중히 생각하고 있는 교회의 형식들을 포기할 준비를 해야 할 것이다"²³⁶라고까지 말했다.

상기 학자들의 인용은 교회가 이 땅에 존재하는 한, 이 땅의 문화와 관련 맺을 수밖에 없음을 지적하고 있다 하겠다. 그렇다. 교회는 그 시대와 문화를 이해해야만 한다. 교회 역사 2,000여 년 동안, 교회는 교회가 존재했던 시대의 문화와 더불어 끊임없이 긴밀한 영향을 주고받았다. 그 결과 시대마다, 그리고 시대의 문화에 따라 교회의 모습이 달라졌다.

필자는 먼저 시대를 크게 세 시대로 구분하고, 각 시대에 어떠한 교회 형태가 등장했는지를 살펴보고, 그 교회들의 특징들을 간략하게 살

---

232. Frost & Hirsch, 『새로운 교회가 온다: 문화 속에 역동하는 21세기 선교적 교회를 위한 상상력』, 163.
233. Carson, 『이머징교회 바로 알기』, 15.
234. ①성육신 때문에, ②문화를 이해하는 것은 좋은 선교 실천에 항상 필요하기 때문에, ③기독교와 모더니티(Modernity, 근대성)가 급속히 쇠퇴하고 있기 때문에, ④서구는 거대한 문화적 변화의 한복판에 있기 때문에, ⑤교회가 쇠퇴하고 있기 때문에, ⑥현재 교회의 대다수 제도들은 지금은 더 이상 존재하지 않은 사회에 대한 문화적 수용이기 때문에, ⑦서구 사회에서는 기본적인 커뮤니케이션 방식과 양태가 달라졌기 때문에, ⑧새로운 문화는 새로운 제도적 구조가 필요하다는 것을 의미하기 때문에, ⑨근대적 교회에 행복해 하는 세대는 베이비 붐 세대가 마지막이기 때문에, ⑩타 종교에 뿌리를 둔 영성이 가지는 호소력이 점점 커가고 있기 때문에, ⑪많은 그리스도인들이 더 이상 부모의 종교를 따르지 않기 때문에. Gibbs & Bolger, 『이머징교회』 27-38.
235. Gibbs & Bolger, 『이머징교회』, 27.
236. Gibbs & Bolger, 『이머징교회』, 30.

펴보려고 한다. 시대 구분은 에릭슨Millard J. Erickson의 시대 구분을 따라 크게 프리모던Pre-Modern시대, 모던Modern시대, 그리고 포스트모던 Post-Modern시대로 구분하고자 한다.[237] 이와 같은 시대를 살펴보는 궁극적 이유는 오늘날의 포스트모던 문화 속에서 이머징교회 운동이 출현할 수밖에 없었다는 그 배경을 설명하기 위함이다.

1. 프리모더니즘과 중세교회 출현

프리모던 시대는 르네상스 이전의 고대와 중세시대를 의미한다. 이 시대는 우주에 대한 합리성을 인정하고 그 목적이 있다고 믿었으며, 하나님이 우주와 인간을 창조하고 다스리신다는 신념이 있었던 시기이다. 이 시대에는 보이지 않은 다른 차원의 세계의 존재를 믿는 이원론적 사고가 전혀 의심 없이 받아들여졌다. 하나님의 계시를 진리로 받아들였으며, 이성은 단지 그 진리를 이해하기 위한 도구로 간주되었다.[238] 따라서 이 시대에는 교회와 문화 간에 어떤 갈등이나 충돌이 있을 수 없었다.

이러한 시대정신과 문화 위에서 중세시대 가톨릭교회가 세워지고 자리 잡았다. 이 시대는 하나님이 존재한다는 사실을 증명할 필요가 없었다. 하나님께서 인간이 되셔서 인간의 죄를 속죄하셨다는 사실을 설명해야만 하는 어떤 논리도 필요하지 않았다. 그렇기에 "성경적인 기독교는 명백히 프리모던적이다.… 프리모던적 세계관은 복음을 전하는데

---

237. Millard J. Erickson, *Postmodernizing the Faith*; 박찬호 역, 『기독교 신앙과 포스트모더니즘』(서울: 기독교문서선교회, 2012), 22-24; 신국원 역시 시대를 전(前)근대, 근대, 그리고 포스트모던으로 나누어 각 시대를 개괄적으로 설명하였으며, 포스트모던이 나오게 된 배경을 설명하고 있다. 신국원, 『포스트모더니즘』 (서울: IVP, 1999), 39-69를 참조할 것.

238. 이문균, 『포스트모더니즘과 기독교신학』 (서울: 대한기독교서회, 2008), 16.

있어서 모더니즘이나 포스트모더니즘보다는 훨씬 좋은 토양이었다"[239]라고 말한 길리Gilley의 견해는 정당성을 가진다.

2. 모더니즘과 전통적 교회/구도자 중심 교회 출현

모던 시대는 르네상스 이후 계몽주의(대략 1648-1789년)[240]가 지배했던 16세기 이후부터 19세기 후반(1990년)에 이르는 시대를 의미한다. 깁스와 볼저는 모더니즘 시대의 도래에 대하여 다음과 같이 말하고 있다.

> AD 313년부터 20세기 중반에 이르기까지 교회는 서구 사회의 중심이었다. 이 긴 기간을 기독교시대라고 한다. 교회는 이 기간 핵심적인 사회기관으로서 안정과 안전을 제공하였다. 그러다가 문화적, 사회적 요소로 모더니티가 출현했다. 모더니티는 르네상스 이전에 시작하여 존속하다가 20세기에 이르러 붕괴되기 시작하였다.[241]

모더니즘은 "16세기 이후 서구 사회에서 시작해서 범세계적인 영향을 미친 과학 기술과 계몽사상에 근거한 인본주의적이고 이성주의적인 삶의 양식"[242]이다. 이 시대는 인과관계로만 판단하는 과학주의(과학혁명)와 더불어 베이컨, 칸트, 데카르트로 대표되는 개인주의, 합리주의, 이성주의 등의 철학 사조가 지배했던 시대이다. 인식론적 확실성을 인정했으며, 인간이 무언가를 할 수 있다는 합리주의적 낙관주의, 진보주의를 신봉했다. 모더니즘은 "과거의 전통이나 인습과 단절을 꾀하는 한

---

239. Gilley, 『포스트모던 신비주의와 이머징교회의 도전』, 28.
240. 이문균, 『포스트모더니즘과 기독교신학』, 13; 이형기, 『모더니즘과 포스트모더니즘, 그리고 기독교 신학』 (서울: 장로회신학대학교출판부, 2003), 31-32.
241. Gibbs & Bolger, 『이머징교회』, 28.
242. 신국원, "포스트모더니즘과 기독교 생명문화," 「신학지남」 288 (2006): 167.

편 주관성과 개인주의를 중시"[243]했던 사조이다.

따라서 모던 시대의 교회는 프리모던 시대에서 누리던 그 절대적 자리를 잃어버리고 말았다. 과학과 철학의 혁명으로 인해 이성이 최고의 지위를 얻었으며, 신앙은 개인적인 영역으로 밀려나고 말았다. 성경의 진리는 교리의 영역으로 떨어졌으며, 객관적이 아닌 주관적인 것에 불과하게 되었다.[244] 아이러니하게도 신앙 영역이 사적인 영역으로 떨어진 이러한 모더니즘 시대에 오늘날 우리에게 익숙한 소위 말해 "전통적 교회"가 자리 잡았으며, 1970년대 이후에는 "전통적 교회"에 반발한 "구도자 중심의 교회"(혹자들의 표현에 의하면 "실용주의 복음주의적 교회"[245])가 출현하여 30여 년의 전성시대를 누리기도 하였다.

모더니즘 시대를 풍미한 전통적 교회는 모더니즘의 특징을 고스란히 수용하여 권위주의적, 논리적, 설명적, 개인주의적, 교조적이었다. 이러한 문제점을 지닌 전통적 교회는 아쉽게도 당시 새로운 세대인 베이비부머를 품지 못했다. 베이비부머들이 전통적 교회에 적응하지 못하고 떠나자 이들을 표적으로 삼은 새로운 교회 형태가 등장했으니 바로 미국의 실용주의 정신을 기초로 한 구도자 중심 교회라 하겠다. 구도자 중심 교회는 맥가브런의 비기독교인이 기독교인이 되기 위해 그들의 문화적 장벽을 뛰어넘으라고 강요해서는 안 된다는 이론을 기초로 했

---

243. 김욱동, 『모더니즘과 포스트모더니즘』(서울: 현암사, 2004), 72. 한상화는 모더니즘의 특성 열 가지를 열거했다. 자연주의, 인본주의, 과학적 방법, 환원주의, 진보주의, 자연관, 확실성, 결정론, 개인주의, 반권위주의 등이다. 한상화, 『포스트모던 사상과 복음주의 신학』(서울: CLC, 2008), 34-35.
244. 김승호는 모더니즘의 특징을 다음 다섯 가지로 요약했다. ①인간은 우주의 중심이다. ②진리는 계시를 통해서가 아니라 인간의 이성을 통해 발견된다. ③과학이 입증하지 못하는 것은 진리가 아니다. ④우주는 하나의 닫힌 곳이다. ⑤도덕은 상대적이다. 김승호, "포스트모던 문화 상황에서 한국 복음주의 교회의 선교",「성경과 신학」39 (2006): 168.
245. 이러한 구도자 중심 교회를 "실용주의적 복음주의 교회"라고 웨버는 불렀다. Webber, 『젊은 복음주의자를 말하다』, 27-29.

다.²⁴⁶ 구도자 중심 교회의 전략은 한 마디로 교회를 매력적인 장소로 만들어서 사람들이 마치 백화점을 찾듯이 교회를 찾게 만든다는 것이다. 대표적인 구도자 중심 교회가 빌 하이벌스Bill Hybels의 윌로우크릭 교회Willow Creek Church와 릭 워렌Rick Warren의 새들백 교회Saddleback Church라고 하겠다.

하지만 혜성과 같은 등장과 더불어 30여 년간의 선풍적인 전성시대를 누렸음에도 불구하고, 구도자 중심 교회는 전통교회뿐만 아니라 새로운 세대들로부터의 비판을 피할 수 없었다. 전통적 교회들은 구도자 중심 교회가 교회의 대형화와 물량화, 그리고 소비주의가 지배하는 성장지상주의 교회성장학을 만들어 냈다고 비판했다. "성경의 원리"보다는 "효과가 있는 시장 원리와 방법"을 사용함으로 교회의 세속화를 부추겼다는, 교회의 초점을 하나님에게서 빼앗아 사람에 맞추었다는, 그리고 고객의 필요에만 민감하여 값싸게 기독교를 판매했다는 등의 전통적 교회의 비판을 구도자 중심 교회는 피할 수 없었다. 심지어 존 맥아더John MacArthur는 구도자 중심 교회를 "User-Friendly Church"라고 명하기도 했다.²⁴⁷

구도자 중심 교회에 대한 비판은 그들의 다음 세대들인 X-세대들의 의해서도 가해졌다. 새로운 세대들은 구도자 중심 교회가 성도들 간의 온전한 교제를 어렵게 만들고, 진정한 영적인 요구를 채워주지 못하며, 궁극적으로 구도자 중심 교회는 새로운 문화(포스트모던 문화) 속에 살고 있는 새로운 세대를 이해하지 못하고 있다고 비판했다. 결국 하이벌스 목사 역시 그가 30년 목회한 윌로우크릭 교회가 성도들의 영적 성장에

---

246. Timothy Keller, *Center Church: Doing Balanced, Gospel-Centered Ministry in Your City*; 오종향 역, 『팀 켈러의 센터처치』, (서울: 두란노, 2016), 398.

247. John F. MacArthur, *Ashamed of the Gospel*; 황성철 역, 『복음을 부끄러워하는 교회』, 개정증보판 (서울: 생명의 말씀사, 2010), 81.

있어서 탁월하지 못했음을 인정할 수밖에 없었다.²⁴⁸ 결국 이러한 상황은 X-세대들이 교회를 떠나는 직접적인 원인이 되었으며, 궁극적으로 이머징교회의 출현을 초래하는 원인이 되었다 하겠다.

3. 포스트모더니즘과 이머징교회 출현

"포스트모던"이란 단어의 어원에 대해서 일치된 견해가 없다. 다만 역사학자 토인비Arnold Toynbee의 역사구분법에서 유래되었다는 견해가 있을 뿐이다.²⁴⁹ "포스트모더니즘"과 "포스트모더니티" 두 단어 중에 어떤 단어가 이 시대를 묘사하는데 적합한지에 대한 논란도 있으며,²⁵⁰ 포스트모더니즘은 철학 운동으로, 그리고 포스트모더니티는 문화 현상으로 보고 이 둘을 구별하는 이도 있다.²⁵¹ 포스트모더니즘의 정의에 대해서도 일치된 견해가 없다. 학자들마다 그리고 학문 영역마다 각기 다르게 정의하고 있다. 포스트모더니즘과 모더니즘과의 관계에 있어서도 명확하지 않다. 포스트모더니즘을 모더니즘의 연속성으로 보는 자들은 "후기 모더니즘"으로 규정하며, 불연속성으로 보는 자들은 "탈모더니즘"으로 규정한다.²⁵²

---

248. Greg L. Hawkins & Cally Parkinson, *Reveal: Where Are You?* (Barrington, IL: Willow Creek Resources, 2007), 3-4.
249. 신국원,『포스트모더니즘』, 14. 이 용어에 대한 보다 구체적인 기원과 용법에 관해서, 한상화,『포스트모던 사상과 복음주의 신학』, "제1장 포스트모더니즘의 정의"를 참고할 것.
250. Stanley Grenz, *A Primer on Postmodernism* (Grand Rapids: Eerdmans Pub., 1996), 12.
251. James K. A. Smith, *Who's Afraid of Postmodernism?: Taking Derrida, Lyotard, and Foucault to Church*; 박삼종 & 배성민 역,『누가 포스트모더니즘을 두려워하는가?: 포스트모더니즘 삼총사, 교회에 오다!』(서울: 살림출판사, 2009), 35.
252. 한상화,『포스트모던 사상과 복음주의 신학』, 26-27. 모더니즘과 포스트모더니즘의 차이점을 논한 연구서들은 많이 있는바, 이형기,『모더니즘과 포스트모더니즘 그리고 기독교 신학』, 63-89를 참고하라. 한미라는 모더니즘과 포스트모던과의 관계를 연속성에서 보는 학자들과 불연속성에서 보는 학자들을 다음과 같이 구분한다. 포스트모더니즘이 모

그러나 분명한 사실이 있는데, 포스트모더니즘은 이미 왔고 지금도 오고 있으며, 오늘날 거스를 수 없는 거대한 문화 사조라는 점이다. 뒤에서 조금 더 자세히 언급하겠지만, 포스트모더니즘은 모더니즘에 대한 "비판과 저항"을 그 기조로 한다. 이성의 절대 권위를 인정하고 인간의 무한한 발전 가능성을 믿는 합리주의의 "해체"를 주장하면서, 해체주의, 다원주의와 상대주의를 그 기치로 내세운다.253 이러한 포스트모더니즘과 더불어서 이머징교회 운동이 태동하였으며 자리 잡았다.

이머징교회 운동의 태동 배경을 살펴보자. 베이비부머가 40대로 넘어가면서, 즉 1990년대가 되면서, 구도자 중심의 교회 역시 늙어가기 시작했다. 한 때 젊은 세대의 교회라고 여겨졌던 구도자 중심 교회이었지만, 30여 년이 흐르면서 비록 청바지에 운동화, 그리고 여전히 반바지 착용의 자유로운 예배 형식을 유지하고 있었음에도 불구하고, X-세대들은 구도자 중심 교회를 구세대의 유물로 간주하였다. 전술한 바와 같이, 베이비부머 이후의 세대, 소위 말해 X-세대의 눈에는 구도자 중심 교회가 자신들의 문화를 이해하지 못하는 것으로 비춰졌고, 실제로 그것은 사실이었다. 따라서 X-세대들은 구도자 중심 교회를 이탈하기 시작했다.

더니즘의 연속선상에서 이해하려는 학자들은 위르겐 하버마스(Jurgen Habermas), 프레드릭 제임슨(Fredric Jameson), 피더 훼더스톤(M. Feather Stone) 등이다. 이와는 달리 포스트모더니즘을 모더니즘과 불연속성 가운데 새로운 대안으로 보는 견해는 미셸 푸코(Michel Foucault), 자끄 데리다(Jacques Derrida), 진 프란코이스 리오타르(Jean-Francois Lyotard), 안드리스 후이센(Andreas Juyssen) 등이다. 한미라, "포스트모더니즘과 기독교교육-상생인가 해체인가," 「기독교교육정보」 36 (2013): 7-8.

253. 이러한 포스트모더니즘의 특징을 에릭슨은 다음과 같이 정리하고 있다. ①객관적인 지식은 거부된다. ②지식은 불확실하다. ③모든 것을 포괄하는 설명의 체계는 그것이 형이상학적이든 역사적이든 불가능하며 그러한 설명 체계를 건설하려는 시도는 포기되어야 한다. ④지식의 본래적인 선함 또한 의문시 된다. ⑤진보가 거부된다. ⑥개인이 인식의 주체라는 의식에서 공동체에 근거한 지식으로 대치되고 있다. ⑦탐구의 객관적인 방법을 집약한 과학적 방법이 의문시된다. Erickson, 「기독교 신앙과 포스트모더니즘」, 27-28.

1990년대에 이르러, 이러한 현상을 직시하고 우려를 드러낸 젊은 목회자들이 미국 전역에 나타나기 시작했다. 그들은 당시 대세를 이루고 있었던 구도자 중심 교회와 아직도 영향력을 행사하고 있었던 전통적 교회 모두가 교회를 이탈하는 새로운 세대를 위한 대안이 될 수 없다는 사실을 직시했다. 따라서 이들은 단지 X-세대를 품을 수 있는 교회를 꿈꾸고 그들을 위한 새로운 형태의 교회들을 미국 각지에서 세우기 시작했다. 초기에는 이들 서로 간에 어떤 연결성Connection도 없었다. 그러나 시간이 흐르면서 컨퍼런스 등의 집회를 통해 이들은 연합체를 이루어 갔으며,[254] 사람들은 이렇게 다른 모습으로 새롭게 등장하는 젊은 교회들을 통칭하여 이머징교회라고 부르기 시작했다.[255]

III. 포스트모더니즘과 이머징교회

1. 이머징교회의 존립 기반인 포스트모더니즘

그렇다면 모더니즘 시대의 전통적 교회와 구도자 중심 교회들이 이해하지 못했던 X-세대들의 시대는 어떤 시대이며, X-세대의 문화는 어떤 문화인가? 바로 포스트모더니즘이다. 모더니즘에 대한 비판과 저항 그리고 해체를 주장하며 탄생한 포스트모더니즘은 다음 네 가지의

---

254. Jim Belcher, *Deep Church: A Third Way Beyond Emerging and Traditional*; 전의우 역, 『깊이 있는 교회: 전통교회와 이머징교회를 뛰어넘는 제3의 길』 (서울: 포이에마, 2011), 37.
255. 1999년 미국 시카고의 복음주의 루터교회 여 부목사였던 카렌 워드(Karen Ward) 역시 X-세대를 품지 못하는 기존 교회에 대해 절망하고 있었다. 결국 카렌은 젊은 세대들과 소통하기 위해 웹 사이트 하나를 만들었는데, 그것이 바로 www.EmergingChurch.org 이었으며, 이후로 이머징이란 말이 X-세대 교회를 가리키는 용어로 널리 사용되게 되었다. Gibbs & Bolger, 『이머징교회』, 44.

특징으로 요약될 수 있을 것이다.[256] 이러한 포스트모더니즘의 네 가지 특징은 모든 이머징교회 운동 안에서 고스란히 발견되기에 이러한 특징들을 살펴보는 것은 중요하다 여겨진다.

1) 상대주의Relativism

포스트모더니즘은 모더니즘 아래에서 확립된 질서와 가치와 도덕, 그리고 권위를 거부한다. 당연히 객관적이고 절대적인 진리, 불변의 가치와 규범은 존재하지 않는다. 카슨은 포스트모더니즘의 상대주의를 가리켜 "절대론을 부정하고 도덕과 종교는 그것을 받아들이는 사람들에게 상대적인 것이라고 주장"하는 이론이라고 정의했다.[257] 팀 체스터와 스티브 티미스Tim Chester & Steve Timmis는 그의 저서 『교회다움』에서, 포스트모더니즘은 계몽주의의 진리 추구 방법을 거부한다고 주장했다. 포스트모더니즘은, 진리가 너무나 자주 힘의 논리에 의해 좌우되는 것이기에, 객관적인 진리가 있을 수 없다고 주장한다는 것이다. 체스터와 티미스에 의하면 포스트모던 사람들은 "진리는 자기들의 지위와 부를 지키려하는 힘이 있는 사람들에 의해 형성된다"[258]고 믿는다는 것이다. 따라서 포스트모더니즘 아래에서는 기독교 진리만이 유일한 진리가 아니라, 진리라고 여겨지는 많은 것들 중의 하나가 될 뿐이다. 다른 말로 하면 포스트모더니즘은 모더니즘의 모든 것을 해체해야 한다고 주장하는 해체주의라고 할 수 있다. 따라서 포스트모던 사람들은 당연히 절대적 진리가 존재한다고 믿지 않는다. 즉 그들은 모던 사람들이 인정한

---

256. 포스트모더니즘의 특징을 학자마다 대동소이하게 지적하고 있는 바, 길리는 포스트모니즘의 특성을 보편적 진리에 대한 거부, 상대주의, 해체주의, 공동체가 기준이 되는 진리, 다원주의, 모순적인 사고 등으로 묘사했다. Gilley, 『포스트모던 신비주의와 이머징교회의 도전』, 37-56을 참조할 것.

257. Carson, 『이머징교회 바로 알기』, 43.

258. Tim Chester & Steve Timmis, *Total Church*; 김경아 역, 『교회다움』 (서울: IVP, 2012), 『교회다움』, 237.

절대적 가치 혹은 상위 가치를 인정하지 않는다는 것이다. (모더니스트들은 기독교가 진리가 아니라고 비판한다. 그러나 포스트모더니스트들은 기독교가 유일한 진리가 아니라고 주장한다.)

2) 다원주의Pluralism

포스트모더니즘은 모더니즘이 주장한 토대주의Foundationalism, 구조주의Structuralism 혹은 거대담론Metanarrative을 인정하지 않는다. 신앙을 강요, 강조하는 것은 당연히 무식하고, 교만하고, 독선적인 자세라고 간주한다. 닐 콜Neil Cole의 말대로, 포스트모던 사람들은 "획일성보다는 다양성"을 추구한다.[259] 그렇기에 모든 사람의 모든 것을 있는 그대로 인정해주려는 경향이 있다. 그들은 상대방을 인정하려는 관용과 여유가 최고의 덕목이며, 일이나 결과보다는 과정과 관계를 더 소중히 여긴다.[260] 포스트모던 세계에서는 "어떤 단일한 세계관도 삶의 모든 것을 설명하는 체계 혹은 실재에 대한 관점이 될 수 없다"[261]고 믿는다. 그렇기에 관용과 포용은 포스트모던 세계에서 최고의 덕목이다. 옳고 그름에 대한 기준을 인정하지 않기에 있는 그대로를 받아들이는 것이 최고의 미덕인 것이다.

3) 감성주의Emotionalism

포스트모더니즘의 또 다른 특징은 "감정이 흘러가는 대로"이다. 포스트모던 사람들은 논리적 혹은 문헌적 진리나 규정보다는 개인의 느낌이나 체험 그리고 명쾌한 해답을 줄 수 없는 신비를 중시한다. 해답보다는 질문을 더 즐긴다. 그들은 목적지보다는 여정을 중시한다. 닐

---

259. Neil Cole, *Upgrade for the Future of the Church*; 안정임 역, 『교회3.0』 (서울: 스텝스톤, 2012), 66-87.
260. Cole, 『교회3.0』, 66-87.
261. Carson, 『이머징교회 바로 알기』, 42.

콜Neil Cole은 이러한 포스트모더니즘의 감성주의를 잘 요약하고 있다.[262]

4) 혼합주의Syncretism

포스트모던 세상에서 새로이 사용되는 단어들은 그들이 얼마나 혼합주의를 추구하는지를 단적으로 보여 준다. 예를 들어 유니섹스Unisex, 팝페라Popera, 팩션Faction, 그리고 키덜트Kidult 등의 신조어들은 포스트모던 사람들의 탈장르화를 보여주는 혼합주의적 경향을 드러내고 있다 하겠다. 이러한 포스트모던적 특성을 김욱동은 "장르 확산 또는 탈장르 현상"이라고 명명하고 "포스트모더니즘에 이르러 장르와 장르 사이에 놓여 있던 높다란 장벽이 허물어졌다"[263]라고 평가했다.

2. 이머징교회 운동의 정의

"Emerge"란 영어 단어 뜻은 어둠 속이나 숨어 있던 곳에서 "나오다" 혹은 "그 모습을 드러내다"의 의미이다. 형용사형인 "Emerging"은 그 뜻이 "최근 생겨난" 혹은 "최근에 만들어진" 등의 의미를 갖고 있다. 결국 20세기 말엽 미국의 여러 지역에서 교단과 교파를 초월하여 동시다발적으로 포스트모더니즘이라는 바다에서 수면 위로 들어나기 시작한 X-세대를 위한 "새로 떠오르는 교회"[264]를 이머징교회라 할 수 있다. 따라서 이머징교회라는 명칭은 교파적 구분이나 신학적 구분의 개념이 내포되어 있지 않다. 결코 "어느 누군가가 가지기로 결심한

---

262. 콜은 포스트모더니즘이, "일보다는 관계중심," "탁월성보다는 진실성," "논리보다는 체험," "해답보다는 신비," "획일성보다는 다양성," "목적지보다는 여정"을 추구하는 감성주의라고 말하고 있다. Cole, 『교회3.0』, 66-87.
263. 김욱동, 『모더니즘과 포스트모더니즘』, 224-225.
264. 이머징교회를 말하기 위해 카슨이 사용한 용어이다. Carson, 『이머징교회 바로 알기』, 14.

교회적 명칭이나 신학적 명칭"[265]이 아니다. 그렇기에 이머징교회 "운동"Movement이라고 부르는 것이다.

전술한 바와 같이 이머징교회는 모던 세상에서 전성기를 누렸던 전통적인 교회나 구도자 중심 교회가 포스트모던 세상 속에서는 더 이상 살아남을 수 없다는 사실을 직시한 "젊은 복음주의자"[266]들의 몸부림으로부터 시작되었다. 이것은 모든 교파와 모든 신학적 진영에 나타난 현상이었으며, 지금까지 계속되고 있는 하나의 교회 운동이다. 즉 포스트모던이라는 시대 속에서 어떻게 하면 살아남을 수 있을까를 고민하며 자구책을 강구하고 있는 모든 교회들을 포함하는 하나의 거대한 우산이 이머징교회 운동이다. 맷 스릭Matt Slick은 이러한 사실을 단순하고 분명하게 말하고 있다. 그는 "포스트모던 문화 안에 있는 잃어버린 영혼을 구원하기 위해 애쓰는 교회라 한다면 이머징교회다"[267]라고 말한다.

그렇다. 이머징교회 운동은 포스트모던 문화 속에 있는 사람들을 구원하기 위해 그들에게 다가가려 한 젊은 목회자들의 몸부림으로서, 포스트모던이라는 새로운 시대 패러다임에 적응하고 그것을 사용하려는 교회 운동이다. 깁스와 볼저 역시 이러한 정의에 동의하고 있다. 그들은 "이머징교회란 무엇인가?"라고 질문하고 궁극적으로 "포스트모던 문화 안에서 자신들의 삶을 구체화"[268]하는 교회, "포스트모던 문화 안에서 예수의 길을 실천하는 공동체"[269]라고 답한다. 카슨은 이러한 이머징교회들의 몸부림을 "변화하는 시대를 읽어내고 상당한 정도로 바뀐 새로운 문화 속에서 복음을 전할 수 있도록 적절한 대응책을 강구하

---

265. Gibbs & Bolger, 『이머징교회』, 61.
266. Webber, 『젊은 복음주의자를 말하다』, 27-29.
267. Matt Slick, "What Is the Emerging Church?" http://carm.org/what-emerging-church. (2017년 2월 22일 접속).
268. Gibbs & Bolger, 『이머징교회』, 70.
269. Gibbs & Bolger, 『이머징교회』, 71.

려고 노력"하는 모습이라고 했다.270

결국 이머징교회는 1990년대에 발생하여 지금까지 계속되고 있는 일종의 교회 운동으로서, 모더니즘 시대의 두 종류의 교회, 즉 전통교회와 구도자 중심 교회의 해체를 주장하고 포스트모더니즘 세계에서 살아남을 수 있는 형태의 모든 교회들을 통칭하는 명칭이라 하겠다.271

3. 이머징교회 운동의 특징: 해체와 저항

이머징교회는 포스트모더니즘을 전제로 하고 있다. 포스트모더니즘은 모더니즘에 대한 반항에서부터 시작되었다. 따라서 이머징교회 역시 모더니즘 환경 속의 교회들에 대한 반항이라 하겠다. 결국 이머징교회는 모더니즘 아래에서 수 세기 동안 번영을 누렸던 전통적인 교회와 20세기 후반 30여 년을 풍미했던 구도자 중심 교회에 대한 "저항"이라고 하겠다. 카슨은 이러한 점을 분명하게 언급하고 있는데, 그는 이머징교회를 영적인 매카시즘(권위, 권력, 전통)에 대한 저항 운동으로 보고 있으며,272 "전통적인 복음주의에 대한 상당한 저항, 더 넓게는 모더니즘이라는 말로 이해하고 있는 모든 것에 대한 저항"이라고 규정하고,

---

270. Carson, 『이머징교회 바로 알기』, 70.

271. 이 외에도 여러 연구자들이 이머징교회의 특징들을 관점에 따라 긍정적으로 혹은 부정적으로 열거하고 있다. 깁스와 볼저는 ①지도자들은 주로 백인 중산층 남자, 광범위한 독서량과 통찰력 소유, ②여성의 사회적 이치에 대한 관심이 높음, ③도시에서 발생, ④정치적으로 정의추구, 가난한 자 섬김, 공정거래 강조, ⑤성경에 대한 신뢰, 그러나 정통과 다르게 해석 등으로 말하고 있다. Gibbs & Bolger, 『이머징교회』, 서론부분. 글래드 윈은 ①신앙의 여정과 하나님을 경험하는 것에 초점을 맞춤, ②덜 구조적이고 더 직접적인 참여를 열망함, ③우연한 직제와 비계급적 문화, ④교회의 경험은 제자의 삶을 지원하기 위한 것이라는 인식 등으로 말하고 있다. John Gladwin, *Love and Liberty: Faith and Unity in a Postmodern Age* (London: Darton, Longman &Todd, 1998), 209. 길리는 ①고객의 필요를 채워주는 복음, ②포용주의, ③신비주의적/실용주의적, ④체험위주의 예배 등으로 말하고 있다. Gilley, 『포스트모던 신비주의와 이머징교회의 도전』, 57-66.

272. Carson, 『이머징교회 바로알기』, 20.

구체적으로 전통적 복음주의 교회, 구도자 중심적인 교회, 그리고 대형 교회에 대한 저항으로 묘사했다.²⁷³ 짐 벨처Jim Belcher 역시 이머징교회의 사상적 배경을 전통교회의 "해체와 재건"이라고 표현했다. 그는 모더니즘 아래서의 전통교회와 실용주의적 교회를 해체하고 21세기 포스트모더니즘을 정복하기 위한 재건으로 보았다.²⁷⁴

포스트모던 문화에 적응하고 그것을 이용하려는 이머징교회의 특징을 학자들은 저마다 다르게 열거하고 있다. 카슨은 이머징교회가 ①시대를 읽는 능력, ②진정성의 추구, ③우리 자신의 사회적 위치에 대한 인식, ④국외자들에 대한 전도, ⑤전통과의 연결고리 찾기 등에서 뛰어나다고 했다.²⁷⁵ 깁스와 볼저는 이머징교회들은 ①예수님의 삶에 초점을 맞추고 그를 따라하려는 것, ②자신이 존재하는 현장에 초점을 맞추는 것, ③교회라는 울타리가 아닌 일상의 생활 영역에서 하나님 나라를 추구하는 공동체 건설에 초점을 맞추고 있다고 했으며, 이머징교회를 "포스트모던 문화 안에서 예수의 길을 실천하는 공동체"²⁷⁶라고 결

---

273. Carson, 『이머징교회 바로알기』, 50.
274. 벨처는 이머징교회의 특징을 전통교회와 비교하면서 다음과 같이 열거하였다. ①전통교회는 계몽적 합리주의에 사로잡혔다. "전통교회는 모더니즘을 버리고, 세속주의를 해체하는 포스트모더니즘을 받아들여라." ②전통교회는 구원관이 편협하다. 전통교회는 개인구원에 너무 치중한 나머지 "그리스도인으로서 어떻게 사느냐는 문제에 소홀했다." "전통교회가 칭의에 지나치게 집중한 나머지 성화과정을 제대로 강조하지 못했다." 하늘만큼이나 땅에도 관심을 두라. ③전통교회는 속하기보다 믿기를 앞세운다. 이머징교회 진영에서는, 믿기보다는 속하기가 먼저다. ④전통교회는 상황에 맞지 않은 예배를 드린다. 전통교회 예배는 주변 문화에 말을 걸지 않는다. ⑤전통교회는 설교가 효과적이지 못하다. 연설은 더는 영적 성장을 위한 효과적인 방법이 아니다. ⑥전통교회는 교회론이 약하다. ⑦전통교회는 종족주의를 좇는다. 배타적이고 분파적이다. Belcher, 『깊이 있는 교회』, 57-60.
275. Carson, 『이머징교회 바로 알기』, 65-81.
276. Gibbs & Bolger, 『이머징교회』, 69-71. 깁스와 볼저는 그들의 책에서 이머징교회의 정신으로 ①예수 따라 살기, ②세속 영역 변화시키기, ③공동체로 살기, ④낯선 자 영접하기, ⑤넓은 마음으로 섬기기, ⑥생산자로 참여하기, ⑦창조된 존재로 창조하기, ⑧몸으로 인도하기, ⑨고대영성과 현대영성의 융합 등을 각 장으로 꾸며 설명하고 있다.

론지었다. 웨버는 이머징교회(젊은 복음주의자들)의 특징을 무려 24가지로
열거하기도 했다.²⁷⁷

IV. 에드 스테쳐Ed Stezter의 이머징교회 운동의 분류

그렇다면 과연 이머징교회 운동의 분류가 가능한가? 그리 쉽지는 않
다. 왜냐하면 이머징교회 운동은 거의 모든 신학적 경향 속에서 일어나
고 있는 운동이기 때문이다. 소위 말해 근본주의 신학 진영의 이머징교
회로부터 시작하여 초자유주의 신학 진영의 이머징교회도 존재한다.
모두가 다 포스트모더니즘 속에서 교회가 살아남기 위한 몸부림이다.
결국 신학의 진영이 다양하고 넓은 만큼 이머징교회 운동도 넓은 스펙
트럼을 형성하고 있다.

웨버는 20세기 교회들을 "정통적 복음주의," "실용적 복음주의," 그
리고 "젊은 복음주의"라는 용어를 사용했으며, "젊은 복음주의"를 이
머징교회 운동 전체를 가리키는 용어로 사용했다.²⁷⁸ 즉 이머징교회

---

277. Webber, 『젊은 복음주의자를 말하다』, 94-95.
278. 웨버는 20세기 문화를 기반으로 하는 이전 복음주의(1975년 이전 세대)와 21세기 가운
데 형성되고 있는 새로운 복음주의(1975-2000년 세대)라는 두 패러다임의 충돌이 새로
운 리더십, 즉 젊은 복음주의(2000년 이후 세대)를 탄생시켰다고 주장했다. 즉, 2000년
을 기준으로 하여 그 이전의 모더니즘을 기본으로 하는 근대 복음주의자와 그 이후의 포
스트모더니즘을 기본으로 하는 젊은 복음주의자라 나누었다. 또한 근대 복음주의자는
두 종류로 나뉘는데, 1975년을 중심으로 하여 그 이전의 전통적 복음주의자와 그 이후의
실용적 복음주의자로 나누었다. 전통적 복음주의자로는 2차 세계대전 이후 등장한 복음
주의자로서 빌리 그레이엄이 대표자이며, 실용적 복음주의자는 1960년 이후의 베이비부
머, 교회성장 운동, 메가 처치 운동, 현대인 예배, 구도자 중심 교회 등으로 빌 하이벨
스를 대표자로, 젊은 복음주의자는 9.11 이후 나타난 현상으로서 대표자로 브라이언 맥
클라렌을 들었다. Webber, 『젊은 복음주의자를 말하다』, 22-26. 그러나 맥클라렌은 이
머징교회 운동의 최 좌측 진영의 이머전트 그룹을 대표한다. 웨버는 이머징교회 운동을
이머전트 그룹과 동일시하는 오류를 범하고 있다. 즉 젊은 복음주의자들 안에 넓은 신학
적 스펙트럼이 있음을 간과하고 있다.

를 젊은 복음주의자들의 교회로 보았던 것이다. 또한 마크 드빈Mark DeVine은 오른쪽의 "엄격한 정통주의"Doctrine Friendly 이머징으로부터 시작하여 왼쪽 끝의 "관대한 정통주의"Doctrine Wary/Averse 이머징 그룹으로 나누고 그 사이에 다양한 이머징교회 형태가 존재한다고 보았다.[279] 스캇 맥나이트Scot McKnight는 Christianity Today에 기고한 그의 칼럼을 통해서 이머징교회 운동을 ①선지자적Prophetic 이머징교회, ②탈현대적Post-modern 이머징교회, ③실천중심적Praxis-Centered 이머징교회, ④탈복음주의적Post-Evangelical 이머징교회 등으로 분류하였다.[280]

가장 보편적인 이머징교회 분류는 아마도 스테쳐의 분류일 것이다. 스테쳐의 분류는 나름 설득력이 있는 구분이며, 많은 자료에서 인용되는 분류법으로써, 그는 이머징교회 운동을 크게 세 그룹으로 나누었다. 첫째 그룹을 오른쪽 진영의 "연결주의자"Relevants요, 둘째 그룹은 중도진영의 "재건주의자"Reconstructionists, 그리고 마지막 그룹을 좌측 진영의 "수정주의자"Revisionists라고 불렀다. 스테쳐가 이머징교회 운동을 분류한 중요한 기준은 두 가지인데, 바로 "복음"과 "교회"에 대한 관점이다. 즉 복음과 교회에 대한 해석을 어떻게 하느냐에 따라 어느 그룹에 속하느냐가 결정된다 하겠다.

1. 연결주의자Relevants

연결주의자는 우측 진영, 즉 보수적인 신학을 견지하는 진영의 이머징교회들이다. 이들은 전통적인 교회론과 전통적인 복음 해석을 유지

---

279. Mark DeVine, "The Emerging Church: One Movement Two Streams," in *Evangelicals Engaging Emergent*, William D. Henard & Adam W. Greenway, eds. (Nashville: Broadman & Holman, 2009), 7-8.

280. Scot McKnight, "Five Streams of the Emerging Church: Key Elements of the Most Controversial and Misunderstood Movement in the Church Today", *Christianity Today* (2007, Feb.), 35-39.

하면서 포스트모던 세상 속에서 살아남기를 추구한다. 따라서 정통주의적이며 개혁신학적 이머징이라 부를 수 있다. 드빈의 분류에 의하면 "엄격한 정통주의 이머징"이다.

이 그룹에 속하는 주창자들로서, 팀 켈러Tim Keller, 마크 드리스콜Mark Driscall, 짐 벨쳐Jim Belcher, 제임스 맥도널드James Mcdonald, 대린 패트릭Darrin Pateic, 에드 스테쳐Ed Stezter, 맷 첸들러Matt Chandler 등을 들 수 있다.

2. 재건주의자Reconstructionists

재건주의자는 중도 진영, 즉 소위 말해 복음주의권의 신학을 견지하는 진영의 이머징교회들이다. 이들은 전통적인 복음은 받아들이지만, 전통적인 교회론에 대해서는 의문을 제기한다. 즉 정통적인 복음은 유지하지만, 그러나 포스트모던 세상에서 살아남기 위해서 교회론과 교회의 형태는 바꾸어야만 한다고 믿는다. 정통주의를 지키면서도 정통적인 교회를 신약교회의 모델을 따라 선교적이며 유기적인 교회론에 따라 재건하려는 모습이다. 오늘날 널리 알려져 있는 선교적 교회 Missional Church가 이 그룹에 속한다 하겠다.[281]

이 그룹에 속하는 주창자들로서, 앨런 허쉬Allen Hirsch, 닐 콜Neil Cole, 프랭크 비올라Frank Viola, 어윈 멕머너스Erwin McManus, 댄 킴볼Dan Kimball, 랍 벨Rab Bell 등을 들 수 있다.

3. 수정주의자Revisonists

수정주의자는 좌측 진영, 즉 자유주의 신학을 견지하는 진영의 이머

---

281. 신현수, "선교적 교회운동에 대한 개혁주의 선교 신학적 비평적 이해," 「신학지남」 318 (2014): 263.

징교회들이다. 이들은 전통적인 교회론과 전통적인 복음 해석 모두를 거부한다.[282] 교회가 포스트모던 세상에서 살아남기 위해서는 정통적인 복음 해석이 반드시 재해석되어야 하며, 정통적인 교회론 역시 포스트모던에 맞도록 수정되어야만 한다는 것이다. 드빈의 분류에 의하면 이들은 "관대한 정통주의 이머징"이며, 이 그룹이 소위 말해 "이머전트 그룹"Emergent Group 혹은 "이머전트 빌리지"Emergent Village로 불리는 그룹이다.

이 그룹에 속하는 주창자들로서, 덕 패짓Doug Pagitt, 브라이언 맥클라렌Brian McLaren, 토니 존스Tony Johns, 에디 깁스Eddie Gibbs, 라이언 볼저Ryan K. Bolger, 스팬서 벌크Spencer Burke, 로버트 웨버Robert Weber, 크리스 세이Chris Seay, 마크 오스트라이커Mark Oestreicher, 아이브 벡위드Ivy Beckwith, 팀 킬Tim Keel, 카렌 워드Karen Ward 등을 들 수 있다.

V. 이머징교회 운동의 평가와 한국교회

작금의 한국교회와 관련하여 이머징교회 운동을 평가하기 위해서는 먼저 몇 가지 질문을 던져야만 한다. 첫 번째 질문은 한국 사회에 포스트모더니즘 시대가 도래 했는가, 두 번째 질문은 한국교회는 이머징교회 운동에 대해 어떤 이해를 갖고 있는가, 그리고 마지막 세 번째 질문은 과연 이머징교회 운동이 종교 개혁 500주년을 맞이하여 교회의 개혁과 회복을 외치는 한국교회를 위한 대안이 될 수 있는가이다.

---

282. Belcher, 『깊이 있는 교회』, 64-67.

1. 한국교회와 포스트모더니즘 시대의 도래

한국 사회가 포스트모던 사회인가라는 질문에 대해 답하기는 쉽지 않다. 왜냐하면 모더니즘과 포스트모더니즘의 시간적 경계가 분명하지 않기 때문이다. 모더니즘과 포스트모더니즘을 시기별로 정확하게 구별하기 어려운 이유는 포스트모더니즘은 모더니즘을 포함하면서도 동시에 모더니즘을 넘어서려고 하기 때문이다. 다시 말하면 모더니즘과 포스트모더니즘 사이에는 연속성과 불연속성이 동시에 존재한다는 것이다.[283]

미국에서도 포스트모던 시대가 언제부터 시작되었는지 정확하게 선을 긋는 것 역시 쉽지 않은 일이다. 대략 1990년 이후라는 것에는 동의하지만, 딱히 그 시기를 규정하기란 쉽지 않다. 그러나 미국 사회가 포스트모던 사회가 아니라는 주장에 동의하는 사람은 아무도 없으리라고 믿는다. 한국 사회도 마찬가지라고 믿는다. 분명한 사실은 한국에도 포스트모던 문화가 이미 시작되었고 결국은 포스트모더니즘이 한국 사회를 점령하게 될 것이라는 사실이다. 그리스도인이나 비그리스도인이나 상관없이 우리 모두는 어쩔 수 없이 포스트모더니즘 시대에 살고 있을 뿐만 아니라, 우리 대부분은 포스트모던주의자가 되고 말 것이다.[284] 그렇다면, 결국 우리는 포스트모던이 한국교회를 위한 위기인가, 아니면 기회인가를 판단해야만 한다. 즉, 이머징교회 운동에 동참해야 하는가 아니면 전통적인 교회나 구도자 중심의 교회를 고집해야 하는가를 결정해야 한다는 것이다.

어떤 이들은 포스트모더니즘의 탈토대주의나 혼합주의 등을 근거로 하여 포스트모더니즘과 기독교 신앙은 조화될 수 없다고 주장한다.[285]

---

283. 한상화, 『포스트모던 사상과 복음주의 신학』, 25.
284. Gilley, 『포스트모던 신비주의와 이머징교회의 도전』, 35.
285. James K. A. Smith, "누가 포스트모더니즘을 두려워하는가?" in Myron B. Penner, ed.,

그들은 포스트모더니즘이 기독교의 정체성을 흔들 것이라고 믿고 포스트모더니즘을 기독교의 대적으로 여긴다. 대부분의 한국 복음주의 학자들은 포스트모더니즘을 기독교가 경계해야 할 사조로 보고 있는 듯하다. 김승호는 포스트모더니즘을 "인간을 멸망으로 해괴한 포스트모던 사상"[286]이라고 하면서 다음과 같이 말하고 있다.

> 포스트모던과 같은 위험한 사상과 문화에 대해 교회가 무방비 적이나 잘 대처하지 못할 경우 교회와 사회는 세속화될 수밖에 없을 뿐 아니라 사회에 아무런 소망을 줄 수 없는 나약한 집단으로 전락할 수밖에 없다.[287]

하지만 또 다른 차원에서 본다면 포스트모더니즘이 모더니즘의 이성주의를 벗어나려고 한다는 사실, 다양성을 인정한다는 사실, 진정한 관계 맺기를 원하는 공동체성과 일상에서 영성을 추구한다는 사실을 들어 포스트모더니즘이 오히려 교회에 기회를 제공하게 될 것이라고 보는 시각도 있다. 필자는 이 후자에 속한다. 문화는 언제나 복음의 적이자 동시에 복음 전파의 토양이었다. 프리모더니즘이나 모더니즘이 복음에 결코 협조적이지 않았다. 그럼에도 그 문화를 사용함으로 복음을 확장시킬 수 있었다. 어차피 한국교회는 포스트모던 세상을 피할 수 없다. 포스트모더니즘이 조만간 한국 사회의 토대가 되는 것은 자명한 사실이다. 그렇다면 한국교회는 포스트모더니즘을 보다 분명하게 인지하고 오히려 포스트모더니즘을 복음 전파를 위한 절호의 기회로 삼을 수 있어야 하겠다. 이머징교회 운동은 그러한 포스트모더니즘을 오히려

Christianity and the Postmodern Turn: Six Views (Grand Rapids: Brazos Press, 2005); 한상화 역, 『기독교와 포스트모던 전환』 (서울: CLC, 2013), 354-360.
286. 김승호, "포스트모던 문화 상황에서 한국 복음주의 교회의 선교," 174.
287. 김승호, "포스트모던 문화 상황에서 한국 복음주의 교회의 선교," 159.

사용하기 위한 현상이라 하겠다.

2. 한국교회의 이머징교회 운동 이해

필자의 견해에 의하면, 한국교회에서의 이머징교회 운동에 대한 이해는 단지 스테쳐의 구분법에 의한 수정주의자, 즉 이머전트 그룹에 대한 이해뿐이라고 여겨진다. 때문에 한국교회는 이머징교회 운동을 대체로 부정적으로 평가하고 있으며, 변질된 교회론을 추종하는 무리로 간주하고 있다고 보인다. 하지만 이머징교회 운동과 이머전트 그룹은 반드시 구별해야만 한다. 맥나이트는 "혼동을 피하기 위하여 '이머징'Emerging과 '이머전트'Emergent 사이의 구별이 필요하다"[288]라고 말했다. 벨처도 "많은 사람이 이머징교회 운동과 이머전트 빌리지가 같다고 본다"[289]라고 말하면서 전통교회가 이머징의 의미를 정확히 모르고 너무 빠르게 "이머징교회는 역사적 기독교를 포기한다고 성급한 결론"에 도달했다고 지적했다.[290]

이머전트 그룹은 전체 이머징교회 운동의 최 좌측 진영으로서, 포스트모더니즘 문화를 비판 없이 적극적으로 수용하는 부류이다. 근본적으로 이들의 생각 속에는 모더니즘은 악하고 포스트모더니즘은 선하다는 전제가 깔려 있다. 따라서 이들은 모든 정통적인 것 - 정통신학, 복음, 성경 교리, 교회 - 들을 포스트모던 사회에 맞추어 수정하려고 한

---

288. Scot McKnight, "Five Streams of the Emerging Church: Key Elements of the Most Controversial and Misunderstood Movement in the Church Today," 35-39. 맥나이트는 동 칼럼에서 "이머징이 광범위하고 비공식적이고 글로벌하고, 교회 중심적 관점의 [운동]임에 반하여, 이머전트는 미국과 영국에 존재하는 한 공식적 조직을 의미한다.… 이머전트가 이머징 운동 안의 한 지적이고 철학적인 네트워크임에는 분명하지만, 그러나 모든 이머징을 이머전트 빌리지로 좁히는 것은 실수이다"라고 말했다.

289. Belcher, 『깊이 있는 교회』, 66.

290. Belcher, 『깊이 있는 교회』, 106.

다. 그러다 보니 자연스럽게 탈정초주의 혹은 탈토대주의가 될 수밖에 없으며, 혼합주의와 다원론적인 경향을 추구할 수밖에 없다.

결과적으로 이머전트 그룹은 성경의 가르침은 물론이려니와 성경 자체까지도 재해석하고 재평가한다. 절대 진리를 인정하지 않으며, 정통적 기독교의 핵심 신조를 약화시킨다. 당연히 진리체계에 있어서 포용주의Inclusivism를 주장한다. 말씀보다는 개인의 감성을 앞세우고, 진리보다도 관계를 중히 여기고, 조직체로서의 교회보다는 공동체를 강조한다. 예배 의식, 예배 장소, 예배당 구조, 그리고 예배 음악 등에 있어서 전통적 교회 형식을 파괴한다. 예배에 있어서 테크놀로지를 적극적으로 활용하며, 인간의 오감을 자극하는 조명, 아이콘, 이미지, 소리, 냄새 등을 사용하는데 주저함이 없다.

이러한 이머전트 그룹은 성경적 교회라 간주할 수 없으며, 더군다나 보수적인 경향의 한국교회로서는 받아들이기 어렵다. 한 마디로 복음을 훼손하며 복음적 교회를 무너뜨리는 무리일 뿐이다. 그런데 이머징교회 운동이 한국에 소개될 때, 이러한 이머전트 그룹이 이머징교회로 소개되었다는 사실이다. 따라서 한국교회는 이머징교회 운동의 기원과 동기, 그리고 그 다양성과 긍정적인 면은 인식하지 못한 채, 이머전트 그룹의 모습만을 통해 이머징교회 운동 전체를 부정적으로 평가하게 되었던 것이다.

3. 개혁이 필요한 한국교회와 그 대안으로서의 이머징교회

그렇다면 이머징교회 운동이 오늘날 위기라고 일컬어지는 한국교회의 대안이 될 수 있는가? 필자는 그것이 분명한 대안이 될 수 있으며, 되어야만 한다고 확신한다. 물론 전술한 바와 같이 이머전트 그룹은 매우 위험한 그룹이다. 특히 개혁주의 신학 진영에서는 이머전트 그룹의 교회함Church Doing의 자유로움과 그들의 신학적인 자유로움을 결코 받아들일 수 없다.

하지만 적어도 오른쪽 진영의 연결주의자 진영으로부터 시작하여 중도 그룹인 재건주의자 진영까지는 위기의 한국교회를 개혁하고 회복할수 있는 대안이 된다고 믿는다. 즉, 개혁주의 이머징 운동으로부터 시작하여 선교적 교회 운동까지는 오늘날 한국교회가 반드시 수용하고 활용하고 개발해야만 하는 교회 운동이라는 것이다.[291]

종교개혁 500주년을 맞는 한국교회의 문제점이 무엇인가? 그것을 한 마디로 정리하면 시대를 읽지 못한다는 것이다. 일반적으로 전통적 교회는 문화를 부정적으로 대한다. 벨처는 말하기를 "전통교회는 대체로 문화를 정죄하고 창조 세계를 부정적으로 본다. 이 때문에 폐쇄적이고 방어적이다.… 성경이 말하는 세상이라는 단어를 잘못된 시각에서 보기 때문이다"[292]라고 했다. 맞는 말이라 여겨진다. 오늘날 교회는 주변의 문화와 단절되어 있으며, 문화를 정복하기보다는 문화와 구별된 교회 스스로만의 높은 아성을 쌓고 있다. 달리 말하면, 한국교회는 포스트모더니즘 세상 속에서 태어나고 자라는 새로운 세대들을 이해하지 못하고 있다는 것이다.

한국교회는 사회적으로 영향력과 권위를 많이 잃어버렸다. 간단한 인터넷 검색만 통해서라도 우리는 기복신앙, 성장주의, 성공주의, 세속주의, 개교회 이기주의, 상업적 교회운영과 재정비리, 세습, 직분 매매, 초대형 교회당 건축, 이단의 범람, 성적 타락, 양극화된 정치 이념화, 교회의 분열과 분쟁 등의 교회 세속화와 배금주의를 가리키는 용어들을 쉽게 찾을 수 있다.

2017년 3월 기독교윤리실천운동의 "한국교회 사회적 신뢰도 조사"

---

291. 혹자들은 "이머징교회"와 "선교적 교회"를 구별하려 한다. 그러나 "이머징교회" 운동 안의 중도그룹에 "선교적 교회"를 위치시키는 것이 옳다 여겨진다. "선교적 교회"에 관해서는 Frost & Hirsch, 『새로운 교회가 온다』를 참고할 것을 권장한다.

292. Belcher, 『깊이 있는 교회』, 267.

에 의하면 교회에 대한 세상의 신뢰도는 20.2%로 10명 중에 2명만이 교회를 신뢰하고 있다. 기독교는 가톨릭이나 불교보다도 낮은 신뢰를 받고 있다.[293] 동자료에 의하면, 세상이 교회를 불신하는 이유는 불투명한 재정운영(26.1%), 타종교 배타적(21.9%), 교회지도자들의 삶(17.2%), 교인들의 삶(14.5%), 성장주의(12.3%), 기타 목회자들의 성윤리, 탐욕, 타종교를 향한 현대판 십자군 전쟁, 교권주의 등으로 나타났다. 사실 타 종교에 비해 기독교의 사회적 공헌도는 매우 월등하다. 그럼에도 불구하고 타종교보다 못한 신뢰도를 보이는 것은 사실 억울한 일로서, 우리 기독교에 뭔가 문제가 있음을 보여주는 것이다.

그 결과 기독교 인구수가 줄고 있다. 1990년대부터 둔화되더니만 이제는 정체의 시기를 지나 감소하고 있다.[294] 많은 사람들이 정부에서 발표한 "2015 인구주택 총 조사"의 결과에 고무되는 듯하다. 기독교인이 전체 인구의 19.7%로서, 지난 10년 동안 120만 명 증가하여 968만 명이 되어 제1종교가 되었다는 사실 때문이다.[295] 하지만 전문가에 의하면 이 숫자 안에는 200만의 이단과 100만의 교회 밖 성도들(소위 말해 "가나안 성도")이 포함되어 있다.[296] 이것이 사실일 경우 정상적으로 교회에 출석하는 실제 기독교인은 전체 인구의 13.5%에 불과하다. 교회 밖 성도들을 포함해도 15.6%에 불과하다.

---

293. "국민 절반 이상 한국교회 신뢰 안한다,"「기독신문」http://www.kidok.com/news/articleView.html?idxno=102016. (2017년 7월 15일 접속).

294. 1960-70년 사이 교인 수는 412%나 증가했고, 1970-85년 사이에도 103%나 증가했지만, 1985-95년 사이에는 증가율이 35%로 떨어졌다. 그러다가 1995-2005년 사이에는 드디어 14만 4천 명이 줄어들어 -1.6%의 성장률을 보이게 되었다. 이원규, "한국교회, 새 희망을 말할 수 있는가?," http://www.churchr.or.kr/news/articleView.html?idxno=3438, (2017년 3월 20일 접속).

295. "대한민국 '제1의 종교' 된 개신교⋯10년간 120만 명 이상 증가,"「국민일보」(2016년 12월 19일), http://www.ccnanum.org/bbs/board.php?bo_table=tb12&wr_id=9990 (2016년 12월 20일 접속).

296. 조성돈, "잃어버린 300만을 찾아라,"「목회와 신학」332 (2017.2), 170-174.

이 모든 상황의 원인을 필자는 교회가 세상을 제대로 읽지 못하고 있기 때문이라고 확신한다. 분명한 것은, 교회는 어떤 문화 속에서도 그 문화에 함몰되지 않으면서도 그 문화권의 사람들을 복음화해야 한다는 것이다. 니버Helmut Richard Niebuhr가 말한바, 교회는 문화와 대립도 아니요, 문화에 속한 것도 아니요, 문화 위에 군림하는 것도 아니요 오직 "문화를 변혁하는" 그 역할을 감당해야만 한다.297 그렇다면, 한국 사회가 포스트모더니즘 문화를 피할 수 없을 터인데, 한국교회는 당연히 포스트모더니즘을 정복하기 위한 이머징교회가 되어야만 한다는 결론에 도달한다.

이머징교회 운동은 오늘 이 시대의 포스트모던 문화를 이해하고 그 문화 속에서 교회의 역할을 재정립하고, 잃어버린 신뢰도를 회복하고, 잃어버린 영혼을 되찾기 위해 불변의 진리를 어떻게 선포할 것이냐에 대한 몸부림이다. 한국교회는 한국의 제1종교가 "종교 없음"으로서 전 국민의 56.1%라는 사실을 직시해야만 한다.298 (미국의 경우, 2012년 통계에 의하면 전 국민의 19.3%가 "종교 없음"에 속한다.299 가톨릭에 이어 제2의 종교이다.) 100만이 넘는 성도들이 교회 밖에서 "예수님은 좋은데 교회는 싫다"라고 외치고 있다는 사실을 한국교회는 인식해야만 한다.

이러한 현실에 직면하여 전통교회들과 구도자 중심의 실용주의적 교

---

297. Helmut Richard Niebuhr, *Christ and Culture*; 홍병룡 역, 『그리스도와 문화』 (서울: IVP, 2007), 제6장을 참조 할 것. 켈러는 그의 책 『센터처치』 Part 3 "복음의 상황화: 복음이 현실에 다가서게 하라"에서 "건전한 상황화"의 중요성을 매우 강조했으며, Part 5 "문화 참여: 교회, 도시 문화를 이끌라"에서 문화와 교회의 관계를 자세히 논하면서 교회는 문화 참여에 적극적이어야 한다고 주장하고 있다. Keller, 『팀 켈러의 센터처치』의 해당 부분을 참고할 것.

298. "개신교 인구 '967만 명', 첫 최대 종교 등극," 「기독교연합신문」 (2016년 12월 19일), http://blog.naver.com/PostView.nhn?blogId=igoodnewsnet&logNo=220889808370&beginTime=0&jumpingVid=&from=search&redirect=Log&widgetTypeCall=true (2016년 12월 20일 접속).

299. James Emery White, *The Rise of the None*; 김일우 역, 『종교없음』 (서울: 베가북스, 2014), 30-31.

회들, 소위 말해 복음주의권 교회들의 자정능력과 변화와 개혁이 절대적으로 필요하다. 전통적 교회들은 이제 21세기 포스트모던 문화에서 새롭게 정착하기 위해 몸부림쳐야만 한다. 잘못된 제도가 개혁되어야 하며, 진정한 교제와 생명력이 있는 공동체를 세워야 하며, 그리고 개교회주의(소비주의, 물량주의, 성공주의)에 대한 깊은 반성이 필요하다. 이머징교회 운동을 통해, 포스트모던 사회 속의 사람들을 복음화 하는데 보다 효과적으로 대처해야 한다는 것이다.

하지만, 그럼에도 불구하고 오른쪽 진영에 위치한 개혁주의 교회 혹은 복음주의권의 교회에서는 현재 포스트모던 속의 세상을 복음으로 정복할 특별한 이머징교회 운동 모델을 제시하고 있지 못한 형편이다. 그나마 미국에서는 리디머 장로교회 팀 켈러의 "City to City" 운동이 있지만(물론, 이 운동을 이머징교회와 구별하는 견해도 존재한다.), 한국에서는 이렇다 할 대안이 없다. 오늘날 개혁신학을 포함하여 복음주의권의 신학진영은 포스트모던 사회 속의 사람들을 어떻게 복음으로 인도할 것인가를 심각하게 고민해야만 한다. 복음주의권 교회들은 종교개혁 시대에 뼈대가 잡힌 이론 신학에만 머무르는 것을 탈피하여, 빠르게 변하는 포스트모던 현장에 관심을 갖고 현장 중심적이고, 역동적이고, 실제적인 교회론과 목회론을 발전시킬 필요가 절실하다.

결국 오늘날 한국교회의 위기를 극복하고 회복할 수 있는 대안은 이머징교회 운동의 중도 그룹에 위치한 선교적 교회Missional Church 운동이다. 선교적 교회에 관한 깊은 고찰은 본 논고에서는 생략 한다.[300] 그러나 선교적 교회를 한 마디로 정리하자면, 그것은 초대교회의 모습으로, 즉, 초대교회 때의 "교회 됨"Church Being과 "교회 함"Church Doing으

---

300. 오늘날 "이머징교회 운동" 논의는 상당부분 "선교적 교회" 논의로 전이되었음이 사실이다. 그러나 "선교적 교회"를 논하기 위해서는 "이머징교회 운동"으로부터 시작해야 한다고 필자는 확신한다. 하지만 "선교적 교회"를 연구하는 자들은, "선교적 교회"를 중도 "이머징교회 운동"의 한 현상으로 간주하는 것을 기피하는 경향이 있다.

로 되돌아가자는 운동이라 하겠다. 카슨은 오늘 21세기 시대가 1세기와 유사하다는 레너드 스위트Leonard Sweet의 글을 인용하면서[301] 이 시대야말로 1세기 때 교회가 처한 시대라고 강조하고 있다. 그렇다면 이 시대의 대안은 1세기 교회 방식이었던 선교적 교회일 수밖에 없다. 깁스와 볼저는 다음과 같이 말했다.

> 19세기 교회 형태로는 21세기 문화에서 더 이상 통할 수 없다는 것을 교회는 인정해야 한다. 교회가 문화를 이해하는 방식이 변해야 한다. 교회가 21세기 변화된 목회 환경에 잘 대처하기 위해서이다. 교회는 포스트모던 세계 속에 있는 현대적 제도이다. 종종 이 사실을 간과해 버린다. 교회가 21세기에 살아남으려면 포스트모던 문화 속에서 복음을 구체화해야 한다.[302]

VI. 나가는 말

이머징교회 운동은 포스트모더니즘을 전제로 한 교회 운동이다. 하지만 이머징교회 운동 현상은 이 시대만 있었던 것은 아니라고 본다. 시대와 문화가 바뀔 때마다, 때로는 교회가 세속화되어 갱신이 필요할 때마다 있었던 현상이었다고 감히 평가한다. 새로운 시대와 문화 속에서 교회가 생존하기 위해 탈바꿈을 시도했던 개혁이자 몸부림을 우리는 이머징교회 운동이라고 폭넓게 정의할 수 있다. 유대교의 시각으로 보았을 때 예수님은 이머징이었다. 가톨릭의 시각으로 보았을 때 종교개혁은 이머징이었다. 17세기 교조화된 종교개혁 진영의 시각으로 보

---

301. Carson, 『이머징교회 바로 알기』, 56.
302. Gibbs & Bolger, 『이머징교회』, 28.

왔을 때 경건운동은 이머징이었다. 합리주의에 근거한 정통교회의 시각으로 보았을 때 구도자 중심 교회는 이머징이었다. 그리고 지금 그 정통교회와 구도자 중심 교회에 익숙한 기성세대의 시각으로 볼 때 포스트모더니즘을 정복하기 위해 선교적 교회로 돌아가려는 이머징교회 운동은, 즉 복음은 지키지만 "교회 함"Church Doing을 바꾸려는 몸부림은 이머징이다. 따라서 이머징교회 운동을 오늘날의 현상으로만 볼 것이 아니라 기독교 전 역사를 통해 폭 넓게 봐야 할 필요가 있다. 무엇보다도 이머징교회 운동을 이머전트 그룹으로 동일시하는 우를 범하지 말아야 한다.

오늘날 우리는 21세기 상황 속에서 "교회를 좀 다르게 할 수는 없을까"를 고민해야만 한다. "성경 중심이면서도 교회를 좀 더 다르게 할 수는 없을까"를 고민해야 한다. 존 스토트John Stott의 "목욕물과 함께 아기를 내다 버리기보다 아기(복음의 핵심)는 지키되 목욕물(주어진 문화적 상황 속에서 교회를 하는 방식)은 교체하라"[303]는 단언을 기억해야 한다. 피할 수 없는 시대적 변화에 적응하지 못하고 여전히 스스로의 아성과 만족에 빠져 있으며, 다음 세대를 이해하지 못하고 세속화에 빠져 있는 한국교회는 진정한 개혁을 필요로 한다. 한국적 종교개혁이 필요한 시점이다. 이머징교회 운동은 그 개혁을 위한 한 방편이 될 수 있다.

---

303. Chester & Timmis, 『교회다움』, 13.

참고문헌

Abante, J. Hernes. *Effective Church Planting: A Primer for Establishing New Testament Churches in the New Millennium*. Bloomington, IN: West Bow Press, 2016.

Anderson, Robert C. *The Effective Pastor: A Practical Guide to the Ministry*, Chicago: Moody Press, 1985.

Baxter, Richird. *The Reformed Pastor*; 고신석 역.『참된 목자: 현대인을 위한』. 서울: 프리셉트, 2011.

Belcher. Jim. *Deep Church: A Third Way Beyond Emerging and Traditional*; 전의우 역.『깊이 있는 교회: 전통교회와 이머징교회를 뛰어넘는 제3의 길』. 서울: 포이에마, 2011.

Bickers, Dennis. *The Healthy Small Church: Diagnosis and Treatment for the Big Issues*; 조계광 역.『건강한 작은 교회』. 서울: 생명의말씀사, 2009.

Bryant, James W. and Brunson, Mac. *The Guidebook for Pastors*. Nashville: B&H Academic, 2007.

Carson, D. A. *Becoming Conversant with the Emerging Church*; 이용중 역.『이머징교회 바로 알기』. 서울: 부흥과 개혁사, 2009.

Chester, Tim & Timmis, Steve. *Everyday Church*; 신대현 역.『일상 교회: 세상이 이웃 삼고 싶은 교회』. 서울: IVP, 2015.

Chester, Tim & Timmis, Steve. *Total Church*; 김경아 역.『교회다움』. 서울: IVP, 2012.

Clifton, Clint. *Church Planting Thresholds: A Gospel-centered Guide*. San Bernardino, CA: New City Network, 2016.

Cole, Neil. *Church 3.0: Upgrades for the Future of Church*; 안정임 역.『교회 3.0: 본질과 사명을 되찾는 교회의 재탄생』. 고양: 스텝스톤, 2012.

DeYoung, Kevin. & Kluck, Ted. *Why We Are Not Emergent*; 이용중 역.『왜 우리는 이머징교회를 반대하는가?』. 서울: 부흥과 개혁사, 2010.

Earley, Dave and Gutierrez, Ben. *Ministry Is: How to Serve Jesus with Passion and Confidence*. Nashville: B&H Academic, 2010.

Erickson, Millard J. *Postmodernizing the Faith*; 박찬호 역. 『기독교 신앙과 포스트모더니즘』. 서울: 기독교문서선교회, 2012.

Frost, Michael & Hirsch, Alan. *The Shaping of Things to Come*; 지성근 역. 『새로운 교회가 온다』. 서울: IVP, 2009.

Gibbs, Eddie. & Bolger. Ryan K. *Emerging Churches*; 김도훈 역. 『이머징교회』. 서울: 쿰란출판사, 2008.

Gilley, Gary E. *This Little Church Stayed Home*; 김세민 역. 『포스트모던 신비주의와 이머징교회의 도전』. 서울: 부흥과 개혁사, 2011.

Gladwin, John. *Love and Liberty: Faith and Unity in a Postmodern Age*. London: Darton, Longman & Todd, 1998.

Grenz, Stanley. *A Primer on Postmodernism*. Grand Rapids: Eerdmans, 1996.

Guinness, Os. *The Call*; 홍병룡 역. 『소명 인생의 목적을 발견하고 성취하는 길』. 서울: IVP, 2009.

Hadaway, C. Kirk. "The Impact of New Church Development on Southern Baptist Growth." *Review of Religious Research*. 31, no. 4 (June 1990): 370-379.

Harvey, Dave. *Am I Called*. Wheaton: Crossway, 2012.

Hawkins, Greg L. & Parkinso, Cally. *Reveal: Where Are You?*. Barrington, IL: Willow Creek Resources, 2007.

Henard, William D. & Greenway, Adam W. Eds. *Evangelicals Engaging Emergent*. Nashville: Broadman & Holman, 2009.

Hoadly, Frank T. & Browne, Benjamin. *Baptists Who Dared*. Valley Forge: Judson Press, 1980.

James, John Angell. *An Earnest Ministry*; 서문강 역. 『간절목회』. 서울: 청교도신앙사, 2012.

Johnson, Gary L. W. & Gleason, Ronald N. *Reforming or Conforming?: Post-Conservative Evangelicals and the Emerging Church*; 김성웅 역. 『이머징교회는 교회 개혁인가 교회 변질인가』. 서울: 부흥과 개혁사, 2011.

Keller, Timothy. *Center Church: Doing Balanced, Gospel-Centered Ministry in Your City*; 오종향 역. 『팀 켈러의 센터처치』. 서울: 두란노,

2016.

Kimball, Dan. *They Like Jesus But Not the Church*; 차명호 역.『그들이 꿈꾸는 교회』. 서울: 미션월드, 2008.

MacArthur, John. Jr. *Rediscovering Pastoral Mnistry*; 서원교 역.『목회사역의 재발견』. 서울: 생명의말씀사, 1997.

MacArthur, John F. *Ashamed of the Gospel*; 황성철 역.『복음을 부끄러워하는 교회』. 개정증보판. 서울: 생명의 말씀사, 2010.

Malphurs, Aubrey. *Planting Growing Church for the Twenty-first Century*; 홍용표 역.『21세기 교회개척과 성장과정』. 서울: 예찬사, 1996.

Malphurs, Aubrey. *The Nuts and Volts of Church Planting: A Guide for Starting Any Kind of Church*. Grand Rapids: Baker Books, 2011.

Martin, William. *A Prophet with Honer: The Billy Graham Story*. New York: W. Morrow, 1991.

Matt, Slick. "What Is the Emerging Church?" http://carm.org/what-emerging-church.

McGavran, Donald & Arn, Winfield C. *Ten Steps for Church Growth*. New york: HarperCollins Publishers, 1977.

McKnight, Scot. "Five Streams of the Emerging Church: Key Elements of the Most Controversial and Misunderstood Movement in the Church Today," *Christianity Today* (Feb. 2007): 35-39.

McLaren, Brian. *Church on the Other Side*; 이순영 역.『저 건너편의 교회』. 서울: 낮은 울타리, 2002.

Miller, Donald E. *Reinventing American Protestantism: Christianity in the New Millennium*. Berkeley: University of California Press, 1997.

Murray, Stuart. *Planting Churches in the 21st Century*. Scottdale, Pennsylvania: Herald Press, 2010.

Murray, Stuart. *Post-Christendom: Church and Mission in a Strange New World*. Milton Keynes, MK: Paternoster, 2005.

Niebuhr, Helmut Richard. *Christ and Culture*; 홍병룡 역.『그리스도와 문화』. 서울: IVP, 2007.

Oakland, Roger. *Faith Undone*; 황스데반 역.『이머징교회와 신비주의』. 서울:

부흥과 개혁사, 2010.

Oden, Thomas C. *Pastoral Theology: Essentials of Ministry*; 오성춘 역.『목회신학: 교역의 본질』. 서울: 대한예수교장로회 출판국, 1987.

Ott, Craig. & Wilson, Gene. *Global Church Planting: Biblical Principle and Best Practice*. Grand Rapids: Baker Academic, 2011.

Paton, David M. Ed. *New Forms of Ministry, Research Pamphlets* No. 12. London: World Council of Churches Commission on World Mission and Evangelism, 1965.

Patrick, Darrin. *Church Planter: the Man, the Message, the Mission*. Wheaton: Crossway, 2010.

Payne, J. D. *Apostolic Church Planting: Birthing New Churches from New Believers*. Downers Grove: IVP, 2015.

Payne, J. D. *The Barnabas Factors: Eight Essential Practices of Church Planting Team Members*. Smyrna, DE: Mission Press, 2008.

Piper, John. "하나님 안에서 만족할 때, 하나님을 영화롭게 합니다."『목회와 신학』. 337(2017.7): 30-38.

Porthouse, Clive. Ed. *Ministry in the Seventies*. London: Foison Books. 1970.

Rothauge, Arlin J. *The Life Cycle in Congregations: A Process of Natural Creation and an Opportunity for New Creation; Alice Mann, Can Our Church Live?: Redeveloping Congregations in Decline*. Bethesda, MD.: Alban Institute, 1999.

Saarinen, Martin F. *The Life Cycle of a Congregation*. Washington, D. C.: Alban Institute, 1986.

Shenk, David W & Stutzman, Ervin. *Creating Communities of the Kingdom: New Testament Models of Church Planting*; 최동규 역.『초대교회 모델을 따라 교회를 개척하라』. 서울: 베다니출판사, 2004.

Smith, E. Elbert. *Church Planting by the Book*. Fort Washinton, PA: CLC Publication, 2015.

Smith. James K. A. *Who's Afraid of Postmodernism?: Taking Derrida, Lyotard, and Foucault to Church*; 박삼종 & 배성민 역.『누가 포스트모

더니즘을 두려워하는가?: 포스트모더니즘 삼총사, 교회에 오다!』. 서울: 살림출판사, 2009.

Spurgeon, Charles H. *Lectures to My Students*; 원광연 역.『목회자 후보생들에게』. 서울: 크리스찬다이제스트, 2009.

Stetzer, Ed & Rainer, Thom S. *Transformational Church*; 궁인 역,『교회혁명: 변혁적 교회』. 서울: 요단출판사, 2014.

Stetzer, Ed. *Planting Missional Churches*. Nashville: B & H Publishing Group, 2006.

Sugden, Howard F. & Wiersbe, Warren W. *When Pastors Wonder How*. Chicago: Moody, 1973.

Viola, Frank. *Finding Organic Church*; 이남하 역.『유기적 교회 세우기』. 서울: 대장간, 2010.

Wagner, C. Peter. *Church Planting for a Greater Harvest*; 편집부 역.『교회개척 이렇게 하라』. 서울: 서로사랑, 1990.

Watson, David. *I believe in Evangelism*; 박영호 역.『복음전도』. 서울: 기독교문서선교회, 1980.

Webber, Robert E. *The Younger Evangelicals: Facing the Challenges of the New World*; 이윤복 역.『젊은 복음주의자를 말하다』. 서울: 죠이선교회, 2010.

White, James Emery. *The Rise of the None*; 김일우 역,『종교없음』. 서울: 베가북스, 2014.

Wood, Tom. *Church Planter Field Manual: Book One-Exploring*. Alpharetta, GA: Sandals in Sand Communication, LLC, 2013.

권오서.『교회 행정과 목회』. 서울: kmc, 2012.
김욱동.『모더니즘과 포스트모더니즘』. 서울: 현암사, 2004.
김성진.『Church Planting: 개척교회의 이론과 실제』. 성남: 목회전략컨설팅연구소, 2005.
김송식.『교회개척 전략』. 서울: 도서출판 로고스, 2008.
김진하. "제4차 산업혁명시대, 미래 사회 변화에 대한 전략적 대응 방안 모색."「KISTPEP Int」. 제15호. https://www.kistep.re.kr/getFileDown.jsp?file

Idx=6694&contentIdx=10502.

김진호. 『시민 K, 교회를 나가다: 한국 개신교의 성공과 실패, 그 욕망의 사회학』. 서울: 현암사, 2012.

김홍근. "초기 자아개념 형성과 목회자 정체성 확립과의 관계성."「복음과 실천신학」. 제9권(2005): 81-104.

민장배. "교회개척의 원리와 전략."「복음과 실천신학」. 10(2005): 277-300.

박영돈. 『일그러진 한국교회의 얼굴』. 서울: IVP, 2013.

성석환. "팀 목회와 선교적 리더십."「목회와 신학」. 338(2017.8): 72-77.

신국원. "포스트모더니즘과 기독교 생명문화."「신학지남」. 288(2006): 167-182.

신국원. 『포스트모더니즘』. 서울: IVP, 1999.

신현수. "선교적 교회운동에 대한 개혁주의 선교 신학적 비평적 이해."「신학지남」 318 (2014): 258-271.

심민수. "교회리더십 승계의 실행전략: (초)대형교회를 중심으로."「복음과 실천신학」. 제21권(2010): 246-283.

안성모. "탐욕에 찌든 우상, 부끄럽지 않은가."「시사저널」. (2014.2.20). http://media.daum.net/v/20140220133023091.

안영혁. 『작은 교회가 더 아름답다』. 서울: 겨자씨, 2001.

양현표. "개혁신학에서 바라본 21세기 한국의 이주민 전도전략."「신학지남」. 제84권 4집(2017): 193-228.

양현표. "불신의 시대, 헌금하지 않는 교인들."「목회와 신학」. 354(2019.12): 52-57.

양현표. "예배 헌금과 관련된 5가지 이슈."「목회와 신학」. 352(2018.10): 62-68.

양현표. "한국교회 현실과 교회개척 패러다임의 전환."「복음과 실천신학」. 제40권(2016): 125-155.

양현표. "한국교회 개혁을 위한 대안: 이머징(Emerging)교회 운동."「성경과 신학」. 83(2017): 119-153.

양희송. 『다시, 프로테스탄트: 한국교회, 우리는 지금 어디에 서 있는가?』. 서울: 복 있는 사람, 2012.

용한규. "한국교회 정체성 회복을 위한 목회패러다임의 전환."「복음과 실천신학」. 제35권(2015): 225-251.
이문균.『포스트모더니즘과 기독교신학』. 서울: 대한기독교서회. 2008.
이상훈.『Re Form Church: 변혁을 이끄는 미국의 선교적 교회들』. 서울: 교회성장연구소, 2015.
이성호.『바른 목회와 교회 성장: 비법은 없다』. 서울: 그 책의 사람들, 2013.
이원규. "한국교회, 새 희망을 말할 수 있는가?." http://www.churchr.or.kr/news/articleView.html?idxno=3438.
이원규.『(종교사학적 관점에서 본) 한국교회의 위기와 희망』. 서울: 도서출판 KMC, 2010.
이원규.『한국교회 무엇이 문제인가?』. 서울: 감리교신학대학교 출판부, 1998.
정용성.『닭장 교회로부터 도망하라』. 서울: 홍성사, 2015.
정재영.『함께 살아가는 마을과 교회』. 서울: SFC, 2018.
조성돈. "잃어버린 300만을 찾아라."「목회와 신학」. (2017.2): 170-174.
차스티브. "스페셜인터뷰: 미국 저니교회(The Journey Church) 대린 패트릭 목사."「목회와 신학」. 305호(2014.11): 45-51.
최윤식.『2020-2040 한국교회 미래지도』. 서울: 생명의말씀사, 2013.
하재성. "팀 목회, 왜 이상에 그치는가?."「목회와 신학」. 338(2017.8): 53-59.
한국복음주의신학회 제72회 정기논문발표회 자료집.『위기시대의 바른 목회』. (2018.10).
한미라. "포스트모더니즘과 기독교교육-상생인가 해체인가."「기독교교육정보」. 36 (2013): 1-43.
한상화.『포스트모던 사상과 복음주의 신학』. 서울: CLC, 2008.
황윤수. "포럼주제에 대한 프리젠테이션." 대한예수교장로회 총회,『제98회기 총회전도정책포럼: 이웃과 하나 되는 우리 교회』. "국민 절반 이상 한국교회 신뢰 안 한다."「기독신문」. http://www.kidok.com/news/articleView.html?idxno=102016.
"[개척교회 '2012 新풍속도'] 카페 · 식당… 개척교회는 변신 중."「국민일보」. (2012.8.27).
"'키우고 보자' 은행 빚으로 지은 교회들 결국…."「노컷뉴스」. http://www.nocutnews.co.kr/news/944092.
"건강한 교회 대안, 교회 분립개척 주목 받는다."「기독신문」. (2012.11.26). 재인용, http://www.kidok.com/news/articleView.html?idxno=68505.
"교회 42%가 예산 3500만 원 미만 '미자립'." 「뉴스앤조이」. (2018.9.13). http://www.newsnjoy.or.kr/news/articleView.html?idxno=219807.
"대한민국 '제1의 종교' 된 개신교⋯10년간 120만 명 이상 증가." 「국민일보」. (2016.12.19). http://www.ccnanum.org/bbs/board.php?bo_table=tb12&wr_id=9990.
"신자 수, 개신교 1위⋯ '종교 없다' 56%." 「조선일보」. (2016.12.20). http://news.chosun.com/site/data/html_dir/2016/12/20/2016122000155.html.
"해설, 2013년 한국교회 사회적 신뢰도 여론조사 결과-도덕성, 신앙본질 회복이 최우선 과제." 「기독신문」. (2014.2.12).